그대는 불멸의 존재다

그대는 불멸의 존재다

YOUR IMMORTAL REALITY

생사의 쳇바퀴를 벗어나게 하는
예수의 진정한 가르침

개리 레너드 지음 | 강형규 옮김

정신세계사

옮긴이 강형규는 1980년에 태어났고 서울교육대학교 졸업 후 2008년부터 서울미아초등학교에서 교사로 재직 중이며, 기적수업 한국모임(acimkorea.org)에서 기적수업 연구회 회원으로 활동하면서 미국의 '내면의 평화 재단'의 〈기적수업〉 한국어 번역자 구정희의 마무리 작업에 함께하고 있다.

YOUR IMMORTAL REALTY
by Gary Renard

Copyright ⓒ 2006 by Gary R. Renard
Originally published 2006 by Hay House Inc., USA
Korean Translation rights ⓒ 2011, Inner World Publishing Company
Korean translation rights are arranged with Hay House UK Ltd.
through Amo Agency Korea.
All right reserved.

이 책의 한국어판 저작권은 아모 에이전시를 통해 저작권자와 독점 계약한 정신세계사에 있습니다.
신저작권법에 의해 한국 내에서 보호를 받는 저작물이므로 무단전재와 무단복제를 금합니다.

그대는 불멸의 존재다
ⓒ 개리 레너드, 2006

개리 레너드 짓고, 강형규 옮긴 것을 정신세계사 정주득이 2011년 11월 25일 처음 펴내다. 편집주간 이균형, 김우종이 다듬고, 김윤선이 꾸미고, 경운출력에서 출력을, 한서지업사에서 종이를, 영신사에서 인쇄와 제본을, 기획 및 영업부장 김영수, 하지혜가 책의 관리를 맡다. 정신세계사의 등록일자는 1978년 4월 25일(제1-100호), 주소는 110-045 서울시 종로구 자하문길 21 (영혜빌딩) 4층, 전화는 02-733-3134, 팩스는 02-733-3144, 홈페이지는 www.mindbook.co.kr, 인터넷 카페는 cafe.naver.com/mindbooky 이다.

2011년 11월 25일 펴낸 책(초판 제1쇄)

ISBN 978-89-357-0352-4 03290

〈기적수업〉을 사랑하는 모든 이들과
이제 막 〈기적수업〉을 공부하려는 모든 이들에게
사랑과 존경을 담아 이 책을 바칩니다.

차 례

저자에 대해 9
옮긴이의 글 11
서문 17
들어가며 23

1 아턴과 퍼사! 25
2 진정한 힘 69
3 개리의 일생 107
4 시체 없는 살인 153
5 꿈의 '주인공' 179
6 멍청아, 중요한 건 이번 생이야 209
7 퍼사의 도마복음 235
8 미래 들여다보기 — 2부 283
9 누가 아턴인가? 303
10 지상의 초라한 장난감 321
11 그대 불멸의 본성 335

〈퍼사의 도마복음〉 원문 345

저 자 에 대 해

　베스트셀러《우주가 사라지다》의 저자인 개리 레너드는 매사추세츠 주의 유서 깊은 북안北岸 지방에서 태어났고, 성공적인 직업 기타리스트가 되었다. 1987년에 일어난 하모닉 컨버젼스* 기간 동안에 그는 내면의 부름을 듣고 삶의 방향을 돌렸다. 1990년대 초에 메인Maine 주로 이사를 하고 거기서 강력한 영적 깨어남의 체험을 겪었다. 지시받은 대로 그는 천천히, 주의 깊게 9년에 걸쳐 《우주가 사라지다》를 집필했다.

　2003년 가을, 다른 강연자들과 〈기적수업〉 학생들의 끈질긴 격려 끝에 개리는 강연과 워크샵을 열기 시작했다. 강연자로서의 새 인생은 놀라우리만치 빠르게 전개되었고, 현재 그는 영적 가르침을 전하는 세계적 단체인 오메가 협회의 한 구성원으로 있고 국제적으로 강의를 하러 다니기도 한다. 마음의 무장을 풀어놓는 유머 감각과 최첨단의 급진적인 형이상학적 정보에다 실천적 훈련법까지 두루 갖춘 그는 세계에서 가장 재미있고 가장 용기 있는 영성 강연자 중 하나로 손꼽힌다. 2004년과 2005년 두 해 동안 개리는 미국 35개 주와 캐나다, 호주, 영국, 코스타리카 등에서 〈기적수업〉을 전했다. 또 그는 2005년 솔트레이크 시티에서 열렸던 〈기적수업〉 국제 컨퍼런스에서 기조 강연을 하기도 했다. 그의 강연 여행은 지금도 계속되고 있다.

---

* Harmonic Convergence: 고대 마야 달력의 예언대로 1987년 8월 16~17일에 걸쳐 일어난 태양계의 행성정렬 현상. 영성계에서는 이때를 지구의식에 사랑과 일체성에 대한 자각이 각성되는 시기로 보았음. (이 책의 모든 각주는 역주임.)

옮긴이의 글

《그대는 불멸의 존재다》은 정신세계사에서 2010년 8월에 펴낸 《우주가 사라지다》의 후속편이며, 이 두 권은 현 시대의 영성가들에게 가장 큰 영향력을 미치고 있는 불후의 고전 〈기적수업〉(A Course In Miracles)의 핵심 원리와 그것을 자기 삶에 적용하는 법을 대화식으로 쉽고 재미있게 풀어낸 책입니다. 대부분의 독자들은 《우주가 사라지다》를 먼저 읽고 나서 《그대는 불멸의 존재다》을 접하시는 것이겠지만, 혹 이 후속편부터 먼저 읽게 되셨더라도 상관없습니다. 〈기적수업〉 자체가 하나의 거대한 복습 과정이고, 《그대는 불멸의 존재다》 역시 이를 충실히 반영하고 있기 때문입니다. 하지만 이 책을 다 읽고 나면 자연스레 《우주가 사라지다》도 읽고 싶어질 것입니다. 나아가서 〈기적수업〉 자체를 공부해보겠다는 결심이 들었다면 《우주가 사라지다》 시리즈는 그 역할을 충실히 해냈다고 할 수 있겠습니다.

《우주가 사라지다》와 마찬가지로 《그대는 불멸의 존재다》에도 아턴과 퍼사가 등장합니다. 이 후속편은 전편의 주제들을 복습하고 심화해가는 가운데, 혼란을 가져올 만한 새로운 문제들을 용서의 관점에서 명쾌하게 정리해줍니다. 왜 어떤 사람들은 용서하기 더 어렵게 느껴지는지, 성공적인 관계와 직업이란 무엇인지, 미래의 변화무쌍한 시나리오에 성공적으로 대처하는 방법은 무엇인지, 〈기적수업〉의 의미를 놓고 분분한 해석을 제시하는 단체나 교사들을 어떻게 받아들여야 하는지 등에 대해 다루고 있습니다. 저 개인적으로 이 후속편에서 가장 좋았던 부분은, 전편에서도 간간이 소개되었던 〈도마복음〉의 전문全文이 도마 사도가 의도했던 원래의 내용 그대로 실려 있다는 것입니다.

하지만 독자가 실제로는 깨어남을 방해하기만 하는 장애물들을 '신념', 혹은 '진리'라는 이름하에 부지불식간에 애지중지하고 있다면 이 후속편은 전편과 마찬가지로 엄청난 저항감을 불러일으킬 것입니다. 하지만 인내심을 계속 발휘해서 끝까지 읽는다면 최소한 이 책이 자신에게 맞는지 어떤지, 나아가 〈기적수업〉이 자신에게 맞는지 어떤지를 다른 누구의 말에 의해서가 아니라 자신의 주관으로 판단할 수 있을 것입니다.

〈기적수업〉이 당장에 모든 이를 위한 수업이 될 수는 없듯이, 《우주가 사라지다》 시리즈도 당장에 모든 〈기적수업〉 학생들을 위한 입문서와 참고서가 될 수는 없을 것입니다. 하지만 이 책들의 도움을 받아들일 준비가 되어 있다면, 〈기적수업〉이 불필요한 세월을 절감해주기 위해서 세상에 왔듯이 이 책들도 공부 초기에 〈기적수업〉의 핵심을 파악하는 데 걸릴 시간을 크게 단축시켜줄 것입니다. 특히나 〈기적수업〉 공부의 초기에는 자신의 사고체계를 〈기적수업〉의 사고체계로 가져가기보다는 오히려 〈기적수업〉을 자신의 사고체계를 강화시키는 수단으로 이용하려는 성향이 강하게 나타나는데, 《우주가 사라지다》 시리즈는 이 문제를 정면에서 다룸으로써 〈기적수업〉의 핵심으로 곧장 들어가게 해주는 점이 탁월합니다.

이 후속편에도 전편과 마찬가지로 〈기적수업〉의 원문이 많이 실려 있습니다. 그리고 나중에라도 〈기적수업〉을 공부하려는 독자들을 위해 저자는 교재(T), 학생용 실습서(W), 교사용 지침서(M) 등의 약자와 함께 쪽수도 제시하고 있습니다.• 하지만 〈내면의 평화 재단Foundation for Inner Peace〉에서 〈기적수업〉 한국어판이 출판될 날도 이제 그리 멀지 않기에, 재단에서 〈기적수업〉 원문에다 매기고 있는 기호도 알아두는 것이 공부에 도움이 되리라 생각하여 다음과 같이 소개합니다.

T : text	교재	pⅠ : partⅠ	1부(실습서 1~220과)
W : workbook	실습서	pⅡ : partⅡ	2부(실습서 221~360과)
M : manual	지침서	FL : final lessons	마지막과제 (실습서 361~365과)
C : clarification for terms	용어해설	R : review	복습(실습서)
P : psychotherapy	심리치료	In : Introduction	들어가기
S : song of prayers	기도의 노래	Ep : epilogue	나가며

〈예시〉

T-27.Ⅷ.6:2	교재 27장, 8과, 6번 문단, 2번 문장
W-pⅠ.169.8:2	실습서 1부, 169과, 8번 문단, 2번 문장
W-pⅡ.12.1:3	실습서 2부의 12번째 주제, 1번 문단, 3번 문장
W-pⅡ.227.1:1-7	실습서 2부, 227과, 1번 문단, 1~7번 문장
M-12.3:3	지침서 12번 주제, 3번 문단, 3번 문장
C-in.4.4:5	용어해설 들어가기, 4번 주제, 4번 문단, 5번 문장

그러므로 이 책에서 〈기적수업〉 인용문을 읽다가 'T84 / T-5.V.5:1'와 같은 기호가 나타나면, 영어 원서 '교재 84쪽'을 펴거나 '교재 5장 5과 5번

● 이하 학생용 실습서는 '실습서'로, 교사용 지침서는 '지침서'로 줄여서 표기함.

문단 1번 문장'을 보라는 뜻으로 받아들이시면 됩니다.

　재미 반 공부 반으로 시작한 번역이기는 하지만, 정식으로 계약을 맺고 하는 번역은 처음이라 책임감도 사뭇 다르고 부담도 많이 느껴서 처음에는 작업 속도가 잘 나지 않았습니다. 또 속어나 제게 생소한 분야의 표현이 나올 때에는 정말이지 막막했습니다. 영어와 우리말을 맛깔나게 구사하시는 대구의 여지원 님과 〈기적수업〉 번역 작업에 여러 해 참여 중이신 캐나다의 김지화 님의 도움이 없었더라면 이 번역 작업은 아직도 진행 중이었을 것입니다. 이 책에 인용된 〈기적수업〉 원문의 정확한 의미 전달을 위해, '내면의 평화 재단'의 한국어 번역자로 선정되신 구정희 님께서 현재까지 다듬으신 〈기적수업〉 번역문을 선뜻 제공해주셨습니다. 그리고 이 원고를 보다 자연스럽게 다듬어주신 이균형 님과 이 책이 한국의 학생들에게 닿을 수 있도록 도와주신 정신세계사 사장님과 직원분들께도 감사를 드립니다. 익살꾼 개리와 아턴과 퍼사, 그리고 헬렌과 빌을 통해 〈기적수업〉을 전해준 제이에게도 한없는 고마움을 전합니다.

　하지만 《우주가 사라지다》 시리즈를 읽는 것만으로 〈기적수업〉의 내용을 모두 이해하고 자신의 삶에 완전히 적용할 수 있다고 믿는 것은 물론 무리입니다. 《우주가 사라지다》 시리즈가 〈기적수업〉의 내용을 잘 소개하고 정리해주기는 하지만 〈기적수업〉 공부 자체를 대신할 수는 없기 때문입니다. '내면의 평화 재단'의 〈기적수업〉 한국어판이 공식 출판되기 전에 우리말로 〈기적수업〉을 공부하고 싶거나, 《우주가 사라지다》 시리즈에서도 자주 언급되었던 켄네쓰 왑닉 박사의 가르침을 공부하고 싶은 경우, 기적수업 한국 모임(acimkorea.org)에 접속하시면 도움을 받으실 수 있을 것입니다.

　〈기적수업〉 교재 1~5장의 번역문과 실습서 전체와 지침서 전체의 번역문을 열람 및 제본하는 방법, 왑닉 박사의 동영상 강의, 〈기적수업〉에 관해 자주 제기되는 질의응답, 〈기적수업〉 한국어판의 출판 진행상황 등이 소개되어 있습니다.

하지만 제일 중요한 것은, 아턴과 퍼사가 말하듯이, 이 모든 앎과 삶의 모든 사건을 단 하나의 목적, 즉 용서를 위해 사용하는 것입니다.

"세상을 용서하라, 그러면 너는 신이 창조하신 것에는 끝이 있을 수 없고, 신이 창조하지 않은 것은 실재가 아니라는 것을 이해하리라."(M52/M-20.5:7)

옮긴이 강형규

이 세상에서 살고 있는 '너'는 누구인가?
영은 불멸하며, 불멸이란 지속적인 상태이다.

— 〈기적수업〉(T59/T-4.II.11.8-9)

서 문

　나의 첫 번째 책《우주가 사라지다》*를 아직 읽지 않은 독자에게 경고하나니, 당신은 지옥불을 면치 못하리라! 아니, 농담이다. 다만《우주가 사라지다》와《그대는 불멸의 존재다》은 이어지는 내용이 많기 때문에,《우주가 사라지다》를 먼저 읽으면 이 후속편이 더욱 의미 있게 다가오리란 뜻이다. 이 두 권의 차이점을 굳이 말하자면, 이 책은 지난 책에 비해 훨씬 더 자유분방하고 덜 단선적單線的이어서 더 자유롭게 다양한 주제를 넘나든다. 이렇게 하는 것이 〈기적수업〉의 주요 개념들을 우리 삶의 모든 측면에 적용하는 데 도움이 될 것이기 때문이다. 그러나 〈수업〉의 혁신적인 메시지와 수미일관한 영적 훈련에 대해서만은 어김없이 강조점이 주어질 것이다. 그리고 이 영적 훈련은 실천하는 즉시 실질적인 결과를 가져올 것이며, 결국에는 당신을 깨달음으로 이끌어 윤회를 종식시킬 것이다. 윤회의 종식이란 육신의 종식을 뜻하기에, 당신의 진정한 정체, 곧 당신의 불멸의 본성은 시작부터 확실히 짚고 넘어가야만 한다. 진정한 당신은 육신이나 두뇌와는 아무 관계도 없다.

　인류는 갈수록 더욱 새로운 생각들을 접해가고 있다. 이 책에 나오는 스

---

* 원서는 2003년에 Fearless Books에서 처음 출판이 되었고, 후에 Hay House로 판권이 넘어갔다. 한국에서는 2010년 8월에 정신세계사에서 번역 출판되었다.

승들이 전해준 가르침들은 과학이 날마다 입증해주고 있어서 기존의 생각들은 결국 시대에 뒤떨어진 낡은 생각으로 치부될 것이다. 양자역학과 현대 심리학의 괄목할 만한 발전 덕택에 우리는 거시적인 이 세상의 수준에서조차 분리란 없다는 것을 배우고 있다. 분리란 마음속의 관념으로서만 존재할 뿐이다. 이런 낡은 관념들을 떨쳐내는 과정에는 엄청난 저항이 올라오곤 한다. 마음의 밑바닥에 파묻힌 주춧돌에 접근해가는 과정이 우리의 외견상 분리된 개체성에 위협을 가하기 때문이다. 그것은 집단 에고의 죽음을 뜻하기에, 에고는 고분고분 당하고만 있으려 하지 않는다.

나는 지난 3년 동안 영성과 형이상학을 공부하는 수천 명의 학생들을 직접 대면하는 영광을 누렸다. 이 만남을 통해서 나는 많은 사람들이 현재 대부분의 영적 스승들과 대중매체가 주고자 하는 것보다 훨씬 더 깊은 가르침을 기다리고 있다는 것을 확인할 수 있었다. 나는 사람들이 새로운 사상을 기꺼이 받아들일 준비가 되어 있을 뿐만 아니라, 예수나 붓다와 같은 위대한 영적 스승들이 보여준 길이라고 기성종교들이 제시하고 있지만 실제로는 전혀 그렇지 않은 낡은 사상들에 대해서도 언제든지 의문을 제기할 준비가 되어 있음을 보고 존경심을 느꼈다.

이러한 맥락하에서, 2003년 12월부터 2005년 9월까지 실제로 일어났던 사건들을 여기에 옮겼다. 이것은 해설 부분을 제외하면 나(개리)와 아턴과 퍼사(육신의 형태로 나타난 승천한 스승들)가 서로 대화를 나누는 방식으로 전개된다. 나의 해설은 따로 구분해서 표시하지 않았지만 대화의 흐름에 방해가 된다 싶을 때는 별도로 '주註'로 표시했다. 굵은 글자로 표시된 부분은 화자가 강조해서 말한 부분이다.

이 책에서 얻은 정보를 자신에게 유익한 것으로 만들기 위해서 반드시 승천한 스승들이 정말로 나타났다고 믿어야만 하는 것은 아니다. 하지만

나 같은 문외한이 이런 이들로부터 영감을 받지도 않고 이런 글을 쓴다는 것은 정말이지, 가능한 일이 아니다. 이 책의 출원에 관한 판단은 독자에게 맡긴다.

 이 내용을 제대로 전하려고 최선을 다하기는 했지만 난 완벽한 사람이 못 되고, 따라서 이 책도 완벽하지 않다. 그러나 여기에 실린 내용 중 혹시 오류가 있다면 그것은 내 스승들의 잘못이 아니라 나의 잘못이라는 점을 밝혀두고 싶다. 그리고 앞서 말했다시피, 여기에 실린 대화들은 순차적으로만 진행되지 않는다. 앞서 말한 내용이 뒤에 가서 다뤄지기도 하고, 뒤에서 다뤄질 내용들이 앞에서 제시되기도 한다.

 이 책은 여느 영성서적들과는 다르다. 내 스승들이 몸을 입고 나타난 것은, 그들이 나와 나누는 대화가 인간의 방식으로 진행되길 바랐기 때문이라 믿는다. 몸을 가지고 대화를 나누는 것이 우리에게 가능한 유일한 대화방식이 아닌가. 그래서 결국 우리는 보통 사람들이 실제로 얘기를 나누는 것과 같은 식으로 얘기를 나눈다. 당신에게는 이런 방식이 맘에 들 수도, 들지 않을 수도 있을 것이다. 어떤 사람들은 '영성'이란 것이 뭔가 환상적인 것이기를 바란다. 그러나 세상은 환상적이지 않다. 우리는 자신이 시간과 공간 속에 존재한다고 생각하지만, 우리는 그 환영에서 빠져나와야만 한다. 이제 나는 내 스승들이 그런 대화방식을 택한 데에는 다 이유가 있었다는 것을 안다. 그러니 나는 내 역할만 자연스럽게 하면 된다는 것을 깨달았다.

 책 중간과 각 장의 첫머리에 인용된 〈기적수업〉 원문들은 각주에 출처를 밝혀놓았다. 〈기적수업〉을 안내해주는 음성에 무한한 감사를 전한다. 이 음성이 무엇인지는 곧 설명될 것이다.

 그리고 출판에 관해 아낌없는 조언을 준 패트릭 밀러에게 감사의 인사를 전하고 싶다. 패트릭은 대안영성 분야에서 신문잡지의 기고가, 평론가,

편집자, 출판업자로 20년 넘게 일을 해왔다. 그는 내가 전하는 메시지의 진정성을 처음으로 알아준 이다. 나의 성공에 그가 기여한 바는 다른 누구보다도 크다. 그가 고마운 것은 물론이고, 나는 그를 존경해마지 않는다. 저작권 대리인이자 훌륭한 소설가인 로리 팍스에게도 감사를 전한다. 로리는 내 계약서들을 꼼꼼히 검토해주고, 그 외의 유익한 조언도 많이 해주었다. 로리와 함께하면 손해 볼 일이 없다.

지난 몇 년 동안 나를 도와준 모든 이들을 이루 다 헤아릴 수 없다. 여기에 그들의 이름을 낱낱이 올리지 못하는 것을 용서해주길 바란다. 현재는 글을 쓰고 강연을 하는 것이 나의 역할이며, 이 일을 하는 데에 많은 이들의 도움을 받고 있다. 그들의 은혜를 결코 잊지 않을 것이다. 그래도 헤이하우스Hay House 출판사의 대표이사이자 사장인 리드 트레이시에게만큼은 이 자리를 빌려 특별히 감사를 표하고 싶다. 그의 덕택으로 전 세계의 독자들이 이 메시지를 접할 수 있게 되었다. 마지막으로 헤이하우스 출판사의 편집장인 질 크래머에게 감사를 전한다. 그녀는 전문가답게 책을 편집하면서도 내 스승들이 했던 말의 내용을 고스란히 살려줬다.

이 책에는 나중에 〈기적수업〉을 공부하고 싶어할 독자들에게 도움이 되도록 〈기적수업〉에서 인용한 많은 글이 담겨 있다. 출판사 대표와 나는 캘리포니아 주 밀 밸리에 소재한 〈내면의 평화 재단〉(Foundation for Inner Peace)의 직원들과 같은 주 테메큘라에 소재한 〈기적수업 재단〉(Foundation for A Course In Miracles)의 직원들에게도 감사를 전하고 싶다. 그들의 수십 년간의 노력 덕택에 세상 어느 곳에서나 〈기적수업〉을 접할 수 있게 된 것이다.

마지막으로 〈기적수업 재단〉의 설립자인 글로리아 왑닉과 켄네쓰 왑닉에게 진심으로 감사를 전하고 싶다. 내가 이 재단과 무슨 관계가 있는 것은 아니지만 이 책은 분명 그들의 노고에 빚을 지고 있다. 아턴과 퍼사를 만난 초기에 그들은 나에게 왑닉 박사의 가르침을 배우도록 인도해주었는데, 이 책은 그 모든 배움의 반영이라 하겠다.

개리 레너드
메인 주와 하와이 주 사이의 어딘가에서

들어가며

　　1880년대 텍사스 주에 부유한 농장주가 살았다. 그는 영적인 것과는 거리가 다소 먼 사람임에도 불구하고 재산 불리는 일에는 탁월하여 이웃들로 하여금 영성과 부가 항상 함께 붙어 다니는 것만은 아닌가 보다 하고 고개를 갸우뚱하게 만들었다. 그는 말로는 기독교인이라고 했지만 행동은 전혀 딴판이었던 것이다.

　　그러던 어느 날, 집에 먹을 게 하나도 없었던 가난한 농부가 식구들을 먹여 살리기 위해 이 부유한 농장주의 땅에 몰래 들어와 닭을 한 마리 훔쳤다. 때마침 거기서 일하던 일꾼 중 하나가 이를 발견하고는 그를 붙잡아 농장주에게 끌고 왔다. 농장주로서 할 수 있는 말은 많이 있었겠지만, 그가 내뱉은 말은 "교수형에 처해! 저런 놈에게는 본때를 보여줘야지!"가 고작이었다.

　　2년 뒤, 새로운 인생을 살아보려고 멕시코로부터 건너온 한 남자가 또 이 농장에 몰래 침입했다. 그도 매우 가난했다. 그러나 그 역시 거기서 일하던 일꾼들에게 들켜서 농장주에게 끌려갔다. 농장주는 이 침입자를 아래위로 훑어본 후, 또 "교수형에 처해! 저런 놈에게는 본때를 보여줘야지!"라고만 했다.

　　그의 일생 동안 이와 같은 일은 수도 없이 있었다. 하지만 그가 다른 이들의 처지를 조금이라도 헤아려본 적은 단 한 번도 없었다. 언제나 분노하고 심판하고 단죄했을 뿐이며 언제나 "교수형에 처해! 저런 놈에게는 본때를 보여줘야지!" 하는 것이 그의 결론이었다.

그러던 어느 날 그 농장주의 육신도 죽음을 맞았다. 정신을 차리니 그는 진주로 장식된 천국 문을 향해 가고 있었다. 자신을 아무도 알아보지만 않는다면 무사히 안으로 들어갈 수 있을 거라는 희망을 품고⋯ 그런데 문을 막 통과하려는 찰나에 베드로 성인이 그를 가로막고는, "잠시 대기하시오. 예수께서 당신에게 할 말이 있다 하오"라고 말했다.

이 농장주는 불안해지기 시작했다. 자신이 저질렀던 일들 중 몇 가지가 기억났다. 이제 예수가 자신을 직접 심문한다고 한다! 그는 공포에 질려 사시나무 떨듯 몸을 떨었다. 마침내 예수가 나타나 천천히 그에게 다가왔다. 그리고 그의 눈을 똑바로 들여다보면서 베드로에게 이렇게 말했다. "용서해줘라. 본때를 보여줘야지."•

• "It'll teach him a lesson."에서 "teach somebody a lesson."은 본래 "본때를 보이다, 혼쭐을 내다"는 일상적 의미로 사용되지만, 이 농담에서 예수가 이 표현을 쓸 때에는 "용서의 과제를 가르치다"라는 문자적 의미로 사용된다.

1
아턴과 퍼사!

> … 좋은 번역자는 형태는 바꾸더라도 의미는 결코 바꾸지 않는다.
> 사실, 번역자의 유일한 목적은 형태를 바꾸어
> 원래의 의미를 보존하는 것이다.
>
> (T115 / T-7.II.4:3-4)

아턴과 퍼사의 마지막 방문 이후 2년간 내 삶은 완전히 바뀌었는데, 이것조차도 시작에 불과한 것임을 난 몰랐다. 우리의 몸과 다를 게 없어 보이는 몸의 형태로 난데없이 나타나곤 했던 승천한 스승들이자 내 벗이었던 그들이 과연 다시 돌아올 것인지에 대해서는 알 수가 없었다. 내가 그들에게 던진 마지막 질문은 "당신들을 다시 볼 수 있을까요?"였다. 그러자 아턴은 "사랑하는 형제, 그건 당신과 성령에게 달린 일이에요. 다른 일들과 마찬가지로 이 일도 성령에게 이야기해보세요"라고 답해주었다.

그래서 난 성령에게 묻고 귀를 기울였다. 이때 난 참된 기도의 방법을 사용했다. 이 방법은 전에 아턴과 퍼사가 나에게 알려준 방법으로, 실제로는 신과 하나되는 명상의 한 형태라 할 수 있었다. 그러면 그 부산물로서 영감이 뒤따랐는데, 그 영감이 내가 뭘 해야 할지, 무슨 결정을 내려야 할지 등에 관해 마음을 통해서 인도(Guidance)를 받는 한 방식이었다.

아턴과 퍼사가 마지막으로 떠날 때 나는 그들의 음성이 하나의 음성, 곧 성령의 음성으로 합해지는 것을 들었다. 그러자 내가 예수의 음성을 들었을 때의 경험이 떠올랐다. 참고로, 내 스승들은 그를 그냥 '제이J'라고 부르곤 했다. 제이의 음성이 다른 사람들의 음성과 어떻게 다른지를 곰곰이 생각하던 중에 자연스레 비치 보이스의 멤버였던 브라이언 윌슨이 떠올랐다. 윌슨을 워낙 좋아했지만, 나 역시 음악인이다 보니 나는 브라이언 윌슨이 자신이 작곡한 노래를 입체음향으로는 결코 들어본 적이 없다는 것을 알고 있었다. 그는 한쪽 귀가 먹었기 때문이다. 그래서 그는 작곡을 해놓고서도 자신의 음악의 일부분밖에는 들을 수가 없었다. 그런데 제이의 음성을 들었을 때, 그것은 난생처음으로 입체음향을 듣는 것과도 비슷했다. 여태까지 내가 들어왔던 음성들은 뭔가가 빠져 있는 듯했다. 그러나 제이의 음성은 꽉 차 있었고, 뭐 하나 빠진 것 없이 완전했다. 윌슨도 자신이 작곡한 그 엄청난 음악을 온전한 음향으로 들을 수 있었다면, 내가 제이의 충만한 음성을 들었을 때처럼 깜짝 놀랐을 것이다. 그러면서도 나는 제이의 그 충만한 음성이 실제로는 나의 음성이라는 것을, 신을 대변하는 음성이라는 것을 알았다.

 아턴과 퍼사의 음성이 하나로 합쳐져서 들렸을 때도 이와 똑같았다. 그리고 그 음성은 내 곁에 머물렀다. 이제 난 그 음성을 더욱 분명히 들을 수 있다. 그리고 내가 받은 인도는 나를 실망시키는 법이 결코 없었다. 성령의 인도가 늘 나의 기대에 들어맞는 것은 아니었지만, 그것은 항상 나뿐만이 아니라 모든 이에게 최선이 될 수 있는 방식으로 작용하는 듯해 보였다. 이것이 성령의 인도의 중요한 특징이다. 나는 극히 일부만을 볼 수 있지만 그는 모든 것을 볼 수 있었다. 그래서 성령의 인도는 개인뿐만 아니라 모두를 위해서도 이로운 것이다. 때로 이 사실은 짜증스럽기도 했다. 내가 나에게만 좋은 것을 바랄 때, 또 그것을 당장 원할 때에는 특히 그랬다. 하지만 이제 와서 생각해보건대, 내 생각은 실패에 실패를 거듭했지만 성령의 생각은 항상 옳았다는 것을 인정하지 않을 수 없다. 게다가, 앞으로 무슨 일이 벌어질지를 나는 모르지만 성령은 전부 다 알고 있다. 그러니 누구의 판단이 더 믿음직스럽겠는가? 그래서 난 그에게 귀를 기울이기로 결심했고, 이 결심은 대개는 성공했다.

> 나는 극히 일부만을 볼 수 있지만 그는 모든 것을 볼 수 있었다. 그래서 성령의 인도는 개인뿐만 아니라 모두를 위해서도 이로운 것이다.

주註: 성령은 하나(One)이며 온전하기에(whole) 남녀의 성별이 없다. 성별이란 분리의 개념이고, 일체성(oneness)●이 아니라 분리를 반영하는 산물이요 대극일 뿐이다. 성령을 정확히 기술하고자 한다면 그것(It)이라 칭해야 할 것이다. 그러나 문학적인 이유로 해서 아턴과 퍼사는 그(He)라는 용어를 사용했고, 나 역시 그렇게 할 것이다. '그'라는 호칭은 그냥 비유적 표현일 뿐, 이를 문자 그대로 심각하게 받아들여서는 안 된다. 성령을 그녀라고 부르고 싶다면, 개인적으로는 나도 환영하는 바이다. 그렇다고 해서 그녀라는 호칭이 그라는 호칭보다 더 정확한 것은 아니다.●●

2001년 말 아턴과 퍼사가 떠났을 때, 난 사람들 앞에 나서서 책에 대한

● acimkorea.org 〈기적수업〉 한국 모임 홈페이지-〔주요 용어〕로 들어가서 "〈기적수업〉 주요 용어 해설"을 클릭한 후 일체성(oneness)에 관한 설명을 참고.
●● acimkorea.org 〈기적수업〉 한국 모임 홈페이지-〔주요 용어〕로 들어가서 "〈기적수업〉 주요 용어 해설"을 클릭한 후 성령(Holy Spirit)에 관한 설명을 참고.

이야기를 하고 싶은 생각이 추호도 없었다. 그냥 책을 내놓기만 하면 그것이 그냥 저 혼자 굴러가겠거니 생각했다. 그런데 퍼사는 방문 초기에 "당신은 많은 사람들 앞에서 이야기하는 걸 별로 좋아하지 않죠?"라고 사뭇 의미심장한 질문을 던진 적이 있었다. 사실 퍼사는 모든 일을 다 알고 있었으니까. 그때 나는 "그럴 바엔 차라리 가시방석에 앉아 있는 게 낫겠어요"라고 대꾸했다.

그런데 나의 이런 태도에 서서히 변화가 일기 시작했으니, 9.11 참사가 일어난 직후인 2001년 10월에 나는 메인 주 베델에서 열렸던 〈기적수업〉 연례회의에 처음 참석해보았다. 1990년대에 나는 한적한 메인 주에서 사람들과 크게 접촉하지 않고 은둔자처럼 지냈다. 한 가지 예외로, 아턴과 퍼사의 첫 방문이 있고 나서 6개월 정도 뒤부터, 그러니까 1993년부터 〈기적수업〉 공부모임에 쭉 참석하긴 했다. 소규모로 아기자기하게 진행되는 모임이었고, 이 모임에 11년 동안 참석하면서 좋은 친구들을 사귀기도 했지만, 사람들과 교류할 기회로 삼겠다는 의도로 거기에 나간 것은 아니었다.

사실 베델에서 〈기적수업〉 연례회의가 있다는 것을 처음 안 것은 1993년이었다. 그때 가려고 마음먹기는 했지만 실제로는 그러지 못했다. 그다음 해인 1994년부터 2000년에 이르는 동안에도 계속해서 가려고 마음을 먹긴 했으나 실제로 가진 못했다. 참석해보겠노라고 9년이나 다짐한 후에야 2001년 연례회의에 참석했고, 가보니 정말로 좋았다. 그런데 이것을 마지막으로 회의는 끝났고 앞으로는 더 열릴 것 같지 않다. 무슨 사고가 일어나거나 한 것은 물론 아니다. 그즈음에 나는 《우주가 사라지다》 원고를 거의 마무리한 상태였다. (그리고 아턴과 퍼사는 그해 연말에 한 번 더 방문하겠다고 약속했다.) 여기다 9.11 사태가 터졌고, 이러한 상황들이 나의 등을 떠밀었다. 나는 에너지가 넘치는 그런 사람이 아니어서 언제나 외부의 자극이 필요했다.

　베델에서 만났던 사람들 대부분은 뉴잉글랜드* 지역이나 뉴욕에서 온 사람들이었는데 이들은 이제껏 내가 만난 사람들 중에서도 가장 다정다감해서, 영성을 공부하는 학생들을 더 많이 만나보고 싶은 마음이 들게 했다. 하지만 사람들 앞에서 이야기하고 싶다는 생각은 여전히 없었다. 연례회의 때 〈기적수업〉의 초기 교사들 중 한 사람인 존 먼디도 만났다. 존은 사람들 앞에서 말하는 것에 관한 나의 생각을 바꿔놓는 일에 한몫했다. 당시 존은 간이서점에서 자신의 상품을 팔고 있었는데, 나는 거길 가끔씩 들리곤 하다가 그에게 최초로 내가 승천한 두 스승을 만난 사실과 그에 관한 책을 쓰고 있다는 이야기를 꺼냈다. 그의 반응은 열광적이지도 않았지만 비판적이지도 않았다.

　승천한 스승들이자 내 친구였던 그들이 12월 21일에 최종 방문을 마친 후, 나는 석 달 동안 타자 작업을 마무리하고 원고에 이상이 없는지를 점검했다. 내 스승들은 이 책과 관련해서 내가 해야 할 일들을 일러주었다. 그러나 그 내용은 그들의 지시에 따라 《우주가 사라지다》에 포함시키지 않았다. 그들의 계획은 내 계획과 달랐다. 내 계획은 이 책을 뉴욕에 있는 대형 출판사에 넘겨 6개월 이내에 백만 부를 팔고 하와이로 이사를 가는 것이었다. 그들은 그렇게는 안 된다면서 자신들의 청사진을 제시했다. 그 당시 난 정말 순진했고 출판시장이 어떻게 돌아가는지를 전혀 몰랐다. 또 '〈기적수업〉 도道판'의 사람들이 대부분 다정다감하긴 하지만 그 내부에서 어떤 분열이나 알력을 겪고 있는지에 대해서는 전혀 모르고 있었다.

---

* 뉴잉글랜드New England: 미국 북동부에 있는 메인, 뉴햄프셔, 버몬트, 매사추세츠, 코네티컷, 로드아일랜드의 여섯 주에 걸친 지역을 가리킨다.

여하튼 이 일이 진행되는 과정에서 내가 처음으로 접한 기쁜 소식은, 기적수업 재단이 내 스승들이 책에서 언급했던 수백 개의 〈기적수업〉 구절을 인용해도 좋다고 허락해준 것이다. 내 스승들의 인도를 따른 결과로 이 허가는 매우 쉽게 얻을 수 있었다. 이토록 많은 인용문을 싣도록 허락받은 것은 정말 오랜만의 일이라고 했다. 대답해주기만을 꼬박 1년이나 기다리다가 결국은 안 된다는 통보만 받은 사람들도 부지기수라는 것이다!

나는 켄네쓰 왑닉 박사의 워크샵에 참가하려고 뉴욕 라스코Roscoe에 두 번 간 적이 있다. 켄네쓰 왑닉은 〈기적수업〉을 받아 적은 헬렌 슈크만의 친구이다. 그는 이제 〈기적수업〉의 중요한 교사이자 〈기적수업〉의 저작권을 관리하고 있다. 나는 워크샵의 쉬는 시간을 이용해서 켄과 이야기를 나눴다. 스승들에게서 충고받은 대로 나는 존중과 협력의 마음을 품고 그에게 다가갔다. 그는 나를 상냥하고도 유머러스한 태도로 맞아주었다. 그 후 2002년 4월에 나는 켄에게 원고를 보내어 책에 실린 〈기적수업〉 원문의 인용을 허락해주기를 기다렸다. 그로부터 딱 한 달 뒤에 재단으로부터 책에 실린 원문 모두를 인용해도 좋다는 내용의 편지를 받았다.

주: 그로부터 얼마 지나지 않아, 〈기적수업〉을 탐탁히 여기지 않던 한 똥고집 판사가 '사전배포'라는 거의 거론되지도 않는 미심쩍은 조항을 들먹이며 〈기적수업〉의 저작권을 무효화시켰다.•

그다음으로 접한 기쁜 소식은, 생각보다 책을 쉽게 출판할 수 있게 되었

• 기적수업 저작권에 관한 내용은 〈기적수업〉 한국 모임 홈페이지-[기적수업이란?]으로 들어가서 "기적수업의 편집과 출판에 대한 짤막한 역사 5부"를 참고.

다는 것이다. 나는 분명 이것이 내 스승들의 인도를 따른 결과라 생각한다. 사실 나는 내세울 만한 경력이 전무한, 거실 소파에 나타난 두 존재에 관한 괴상한 이야기를 쓴 무명작가였을 뿐인데 말이다. 나는 이 책을 내줄 '주류' 출판사를 찾는 일이 하늘의 별따기란 사실조차 몰랐지만 원고를 패트릭 밀러한테 보내라고 한 스승들의 말은 기억하고 있었다. 패트릭 밀러는 캘리포니아 주 버클리 시에 소재한 피어리스 북스Fearless Books 출판사의 사장인 동시에 유일한 직원이었다. 그때까지만 해도 그는 자기가 쓴 책만 출판했지 다른 사람이 쓴 책은 낸 적이 없었다. 하지만 내 원고를 읽고 나서 그는 "뭔가 심상찮은 게 있네요" 하면서 관례를 깨고 내 책을 내기로 결정했다. 그해 10월에 우리는 계약을 맺었다. 정식 출판일은 2003년 5월 1일이었다. 그런데 실제 책 판매는 그보다 좀 이르게 그해 3월부터 온라인으로 100부 정도가 이루어졌다. 패트릭이 자기 웹사이트에 올려놓은 발췌문을 본 독자들이 책을 구입한 것이다.

한 가지 재미있는 사실은, 수년간 집필되어왔던 세 권의 책이 같은 시기에 출판되었다는 것이다. 그 세 권의 책이란 일레인 페이절스Elaine Pagels가 쓴 《믿음을 넘어서: 도마의 비밀 복음서》, 댄 브라운이 쓴 《다 빈치 코드》, 그리고 《우주가 사라지다》이다. 참고로 내 책이 출판되자마자 일부 독자들은 즉시 그것을 《우사》* 라는 약어로 부르기 시작했다. 무의식의 물밑에서 어떤 생각들이 점차 응결되다가 적당한 때가 되면 대중의식의 표면으로 떠올라온다는 사실이 매우 놀라웠다. 이 세 권의 책은 여러 비슷한 주제들을 다루고 있다. 다른 책들과 《우사》의 차이점을 말하자면, 《우사》가 〈기적수업〉의 가르침을 다루고 있다는 점은 물론이고, 앞서 말한 두 책의 메시지에 대

---

* 영어권 독자들은 《the Disappearance of the Universe》에서 두 글자를 따서 D.U.라 부르곤 한다.

해서도 명확히 밝혀주고 있다는 것이다. 분명 이것은 《우사》를 통해서 〈수업〉을 소개받은 초심자들뿐만 아니라 〈수업〉을 오래 공부해온 학생들에게도 큰 선물이었으리라. 물론 대부분의 초심자들은 이 책을 읽는 것으로 얼마나 많은 세월이 절감節減되는지를 절감切感하지 못할 테지만.

이와 관련해서 한 해 전쯤에 들은 이야기가 생각난다. 버지니아 비치에는 '연구와 깨달음을 위한 협회'(A.R.E)•라는 이름의 에드가 케이시 모임이 있는데, 그 모임의 교사 중 하나인 더그 허프가 그곳 학생들에게 이렇게 말했다고 한다. 〈기적수업〉을 공부할 때 《우사》를 같이 읽으면 세월을 20년은 단축할 수 있을 거라고. 나는 이 말이 사실이라 본다. 하지만 나 혼자만의 힘으로 이런 일을 해낼 수 없다는 것은 너무나도 분명하다. 이 점을 충분히 인식하지 않았더라면 나는 엄청 우쭐대었을 것이다. 이 책의 내용 대부분은 내가 아니라 스승들이 말한 것이므로 나로서는 이에 대해 우쭐하게 느낄 이유가 전혀 없는 것이다.

일단 출판사를 찾은 나는 2002년 10월에 존 먼디에게 이메일을 보내어 이 책에 대해 좀더 자세히 설명했다. 그런데 답장이 오지 않았다. 화가 났다. 하지만 조금 지나고 나서 나는 그를 용서했다. 나는 이런 일들을 늘 그 자리에서 용서하지는 못했어도 결국은 항상 용서를 했다. 이 끈질긴 의지 덕분에 그 이후로 여러 일을 겪는 와중에서도 〈수업〉의 공부를 계속 실천해 갈 수 있었다.

2003년 봄에 책이 출판되자 존 먼디에게서 전화가 왔다. 그는 요즘 그 책을 읽고 있다며 탄성이 절로 나온다고 했다. 그러고는 자기가 메인 주 포틀랜드에 있는 유니티 처치 Unity Church에 워크샵을 하러 올 예정인데 나도

• the Association for Research and Enlightenment: 줄여서 A.R.E.라고 한다.

거기에 오면 좋겠다고 했다. 나는 말을 할 필요가 없고, 자기가 나를 대신해서 나와 내 책을 소개해주겠다는 것이었다. 그래서 나는 그 자리에 갔다. 존이 날 소개했을 때, 난 자리에서 재빨리 일어서서 "안녕하세요"라고 수줍게 말하고는 다시 재빨리 앉아버렸다. 이것이 내가 대중 앞에서 처음으로 뱉은 말의 전부였다.

워크샵이 끝난 후 그와 같이 저녁을 먹었다. 존은 나에게 "이제 사람들 앞에 나서서 이 책에 대해 말할 거죠, 그렇죠?"라고 물었다. 나는 "아니요. 못할 것 같아요"라고 답했다. 그러자 존은 "그래도 상관없어요, 개리. 하지만 그렇게 하지 않는다면 사람들은 아무도 당신의 경험을 확실히 이해하지 못할 거예요. 이것이 다 정말로 일어난 일이었는지, 아니면 일부는 지어낸 이야기인지 구분하지 못하는 사람들도 있거든요." 이 말을 듣고 나서 나는 그 부분에 대해 진지하게 생각하기 시작했다. 계속 대화를 나누다가 존은, 이번 가을에 뉴욕에서 워크샵을 열려고 하는데 이 워크샵을 내가 한 번 맡아보면 어떻겠냐고 제안했다. 그런데 나는 놀랍게도, 나도 모르게 그러겠노라고 대답해버렸다. 그날 밤 이후로, 나는 어떻게 해야 이 궁지에서 빠져나갈 수 있을지를 궁리하느라 고민에 빠졌다.

여전히 나는 사람들 앞에서 이야기하고 싶은 마음이 전혀 없었고, 그것을 준비하기 위해 어떤 노력도 기울이지 않았다. 그럼에도 불구하고 뉴욕에 가지 않겠다고 존에게 말하는 일도 차일피일 미루고 있었다. 고민 끝에, 이것이 피할 수 없는 문제라면 한 번 직면해보자고 마음먹었다.

그런데 그해 여름에 매사추세츠 주에 살고 있는 빅키 포페라는 여자에게서 전화가 왔다. 그녀는 포틀랜드 해안 근처에 있는 픽스 아일랜드에서 기도 모임(prayer circle)을 하기 위해서 메인으로 올라올 거라고 말하면서 나보고 와줄 수 있겠냐고 물어보았다. 이 제안은 꽤 괜찮아 보였다. 여름에 메인은 꽤나 멋진 곳이었고 나 역시 그 선착장에는 아직 가보지 못했기 때문이다. 빅키 말고도 열 명이 더 왔다. 섬에 도착했을 때 그녀는 갑자기, "개리, 혹시 아턴과 퍼사를 만났을 때의 경험을 좀 말해줄 수 있나요?"라고 물었다. 그때 나는 성령이 내 안에 들어오도록 계속 내맡기고 있던 중이어서, 햇살이 따가운 그 오후엔 아주 편안히 이완되어 있었다. 나는 앞으로 나가 둘러앉은 사람들에게 내 스승들이 방문했을 때의 경험을 이야기했다. 끝나고 돌아오는 배에서 빅키는 나에게 다가오더니, "이봐요, 개리. 이번에 열 명 앞에서 말을 했잖아요. 열 명 앞에서 말할 수 있다면 백 명 앞에서도 말할 수 있을 거예요. 무슨 차이가 있겠어요? 다 환영일 뿐이잖아요"라고 말했다.

> 이봐요, 개리. 이번에 열 명 앞에서 말을 했잖아요. 열 명 앞에서 말할 수 있다면 백 명 앞에서도 말할 수 있을 거예요. 무슨 차이가 있겠어요? 다 환영일 뿐이잖아요.

당시 빅키는 내가 11월에 뉴욕에 간다는 것을 알고 있었다. 그래서 그녀는 다음과 같이 제안했다. "한 번 이렇게 해봐요. 우리 집에 와서 워크샵을 미리 해보는 거예요. 그래도 싫으면 다시는 안 하면 돼요. 하지만 최소한 한 번은 시도해봐야죠!" 나는 두 손 두 발을 다 들고는 그러겠노라고 대답했다. '그런데 그 집에 대체 몇 명이나 올까?' 하는 생각이 들었다.

빅키의 집은 매사추세츠 주의 퀸시 시 아담스 가에 있었는데, 그 집 맞은편에는 존 퀸시 아담스 대통령의 생가가 있었다. 이 워크샵은 9월의 첫 주말에 열렸고, 일단은 책을 읽는 것부터 시작했다. 생각보다 사람들이 너무 많이 와서 깜짝 놀랐다. 그런데 정말로 놀라웠던 것은 참석한 사람들의 숫자가 아니라 그들의 태도였다. 그들은 열려 있었고, 다정다감했고, 날 너무나도 격려해주어서 감격할 지경이었다. '앞으로도 이렇다면 난 잃을 게 없겠구나. 이토록 영적인 사람들이라면 내가 강연을 망치더라도 기꺼이 용서해주겠구나' 하는 생각이 들었다.

첫 번째 워크샵에서 사실 난 상당히 잘했던 것 같다. 하지만 강연을 시작하기 전에는 너무나 긴장한 나머지 "다시는 이런 일을 하고 싶지 않아요"라고 말해버렸다. 그런데 강연을 시작하고 나서 20분 정도 지나자 흥미로운 일이 벌어졌다. 나는 사람들에게, 내 스승들이 나에게 가르쳐준 명상의 방법이 있는데 같이 해보자고 제안했다. 사실 이것은 기도의 형태라고도 할 수 있고 또 신과 하나되는 방법이기도 했다. 이것을 하고 나자 나는 나보다 위대한 무엇에 연결된 듯한 느낌을 느꼈다. 그 시점 이후부터는 워크샵을 진행하고 있는 자가 더 이상 내가 아닌 듯했다. 성령이 나를 통해서 메시지를 보내는 것을 그냥 지켜보기만 했다는 것이 더 정확할 듯하다. '야, 이럴 줄 알았으면 성령에게 좀더 일찍 맡길 걸 그랬네!' 그 워크샵 이후에도 말할 기회가 한 번 더 있었고 이때도 그대로 했다. 마침내 두 달 뒤 뉴욕 시에 왔을 때, 난 그 네 번째 강연이 가장 긴장될 거라고 예상했었는데 그 어느 때보다 청중이 많았음에도 불구하고 오히려 이때가 가장 덜 떨렸다.

책은 점점 더 자체의 관성을 얻기 시작했다. 달이 바뀔 때마다 지난달보다 책이 더 많이 팔리곤 했다. 판매 부수가 많은 것은 아니었지만 점점 주목을 받기 시작했고, 강연 제의도 점점 더 많아졌다. 나는 내가 이 일을 언제까지 하고 싶어할지 몰랐다. 그냥 강연만 몇 번 하길 원했던 것인지, 아니면 장거리 여행까지 하면서 훨씬 더 활발하게 강연하기를 바라는 것인지 알지 못했다. 그전까지는 비행기 타고 어딜 다녀본 적이 없었다. 이제까지 난 뉴잉글랜드 지역의 몇 군데만 차를 몰고 가봤을 뿐이다. 뉴욕도 차를 끌고 딱 한 번 가봤을 뿐이다. 그런데 이제 나는 기로에 서 있었다.

2003년 12월 20일에 빅키 포프의 집에서 크리스마스 파티가 열렸다. 21년 동안 부부로 지낸 카렌과 함께 갔었다. 거기서 밤을 지새웠고 다음 날 메인에 있는 우리 집으로 차를 몰고 돌아가기 전에 난 빅키에게 말했다. "당신도 느꼈겠지만, 곧 무슨 일이 일어날 것 같아요." 그녀도 맞장구쳤다. "네, 저도 느꼈어요. 그게 뭔지도 알 것 같고요." 더 이상 아무런 말도 필요 없었다.

그날 늦은 밤에 나는 메인 주 어번의 아파트 거실에 앉아 있었다. 이곳은 오늘로부터 11년 전에 아턴과 퍼사가 처음으로 나타났던 폴랜드 스프링의 옛날 집으로부터 이사 온 곳으로, 아턴과 퍼사는 바로 이 거실을 마지막으로 세 번 방문했다. 거실에 앉아 있는데 문득 인기척이 느껴졌다. 소파와 의자가 텔레비전을 향하고 있었기 때문에 난 내가 앉아 있던 의자에서 고개를 왼쪽으로 돌려야 했다. 그러자 나의 오랜 두 친구가 보였고 난 기뻐 탄성을 질렀다. 이번에도 그들은 나타날 때마다 항상 앉곤 했던 그 소파 위에 앉아 있었다. "아턴! 퍼사!" 난 달려가서 그들을 동시에 끌어안았다. 나중이 돼서야 내가 남자인 아턴의 몸을 처음으로 만져보았다는 사실을 알아차렸다. 여자인 퍼사의 몸은 전에 한 번 만져볼 기회가 있었다.

아름다운 퍼사와 그 사내는 이전과 다름없었다. 생각해보니 이번에 나는 그들이 나타나는 순간을 실제로 지켜본 것은 아니었다. 그런데 11년 전 그들의 첫 방문 때에도 그들이 나타나는 순간을 보지 못했다는 것을 떠올리고는 재미있다는 생각이 들었다. 그들을 다시 보게 되었다는 기쁨에 떨리는 무릎으로 자리에 앉았다. 퍼사가 말문을 열었다.

퍼사: 사랑하는 형제여, 잘 지냈어요? 마지막으로 만난 이후 재미있는 일이 좀 있었나요? 농담인 거 알죠? 당신이 하고 있는 일을 우리가 다 알고

있다는 것을 당신도 알잖아요.

아턴: 그럼요. 하나만 예를 들어볼까요? 당신은 조금 전에, 독일에서 어떤 사람이 누군가를 죽이고는 그 시체를 먹었다는 기사를 읽고 있었죠? 거기서는 큰 이야깃거리죠. 인육을 먹었다는 죄목으로 그는 기소되었고 이제 재판에 회부될 참이죠.

개리: 네, 맞아요. 세상에 공짜 점심 같은 건 없죠.

퍼사: 똑똑한 체하는 성격이 아직 완전히 낫지 않은 걸 보니 반갑네요. 우리와 작업을 다 마칠 때 즈음이면 다시 그 성격이 필요해질지도 몰라요.

개리: 아, 그래요? 무슨 일을 계획하고 있죠?

아턴: 때가 되면 다 알게 돼요, 개리.

개리: 잠깐만요! 녹음기 좀 켤게요. 다시 보게 돼서 정말 반가워요. 믿을 수 없어요. 오늘이 우리가 만난 기념일이라 혹시나 했더니 역시나였군요.

주: 12월 21일은 도마 사도의 축일이다. 전에 퍼사는 자신이 2000년 전에 남자인 도마 사도로서 살았었다고 스스로를 소개했다. 그리고 아턴은 자신이 다대오 사도였다고 밝혔다.

퍼사: 알아요. 그럼 예전처럼 곧바로 일을 시작하지요. 우리가 다시 온 이유는, 말하자면 사람들의 어깨를 톡톡 건드려줘서 본궤도로 돌아오게 하려는 거예요. 물론 어떤 이들은 쇠망치로 얻어맞는다고 느낄 수도 있겠지만요. 우리가 이렇게 하는 데에는 다 이유가 있어요. 우리는 사람들이 초점을 놓치지 않기를 바랍니다. 나중에 고도로 진보한 양자역학적 용서를 설명할 작정이지만, 이 용서를 실천해야만 당신은 가장 빠른 속도로 당신의 불멸의 본성*을 경험할 수 있게 됩니다. 우리는 생사의 쳇바퀴를 단번에 부

쉬버릴 수 있는 방법을 가르쳐주기 위해서 여기에 왔어요.

개리: 에이, 그게 전부에요? 난 내 의식 수준을 측정하는 법을 좀 배울 수 있을 줄 알았더니만.

아턴: 농담 고마워요. 그런데 당신이 방금 말한 것도 우리가 여기에 온 이유 중의 하나예요. 사람들은 뭔가 근사해 보이는 것에 주의를 쉽게 빼앗기곤 하죠. 그런데 그런 것들의 진짜 목적은, 정말로 중요한 것으로부터 사람들의 주의를 빼돌려서 이곳에 계속 처박혀 있게 만들 것들에만 관심을 두게끔 하려는 거예요.

퍼사: 그건 나중에 자세히 다루기로 하구요, 우선은 대부분의 구도자들이 '정보수집 단계'에서 시간을 거의 다 허비한다는 점부터 짚어봐야겠어요. 그들은 영적인 정보를 더 많이 움켜쥘수록 더 많이 깨달으리라는 믿음 때문에 그렇게 행동하곤 합니다. 그래서 그들은 이것저것 기웃거리고 영성에 관한 온갖 책들을 섭렵하곤 하죠. 이전에 당신을 찾아왔을 때 우리는 이런 경향을 '영적 뷔페'에 줄을 서는 것으로 표현했었지요.

정보를 모으는 것 자체가 잘못이라는 건 아니에요. 정보를 모으면 자신에게 필요한 배경지식이 쌓이기는 하거든요. 그런데 문제는 사람들이 정보를 모으는 것 자체를 우상화한다는 데 있습니다. 정보를 모으는 것만으로는 어디에도 이를 수가 없습니다. 이건 속임수예요. 당근과 채찍이죠. 그러니 정말로 중요한 것은, 당신이 무엇을 알고 있느냐가 아니라 알고 있는 것을 가지고 무엇을 하느냐입니다. 영성의 발전을 가속하는 가장 중요한 단계는 '실천 단계'입니다.

어느 시점에 이르면, 진지한 영적 학생과 교사는 자신이 이제껏 배웠던

• your immortal reality: 이것이 이 책의 원제인데, 이 표현은 이 책에 실린 대화에 자주 등장한다.

모든 것을 모든 사람과 모든 상황과 날마다 일어나는 모든 사건에 실질적으로 적용해야만 합니다. 말 그대로 모든 것에 적용해야 합니다. 이건 무슨 신비로운 비전의식秘傳儀式 같은 것이 아닙니다. 당신의 삶에서 무슨 일이 벌어지든, 그것이 바로 당신이 배웠던 가르침들을 적용시킬 공부대상입니다. 성령이 당신에게 바라는 것은 그것입니다. 그리고 성령의 위대한 구원의 도구는 바로 용서입니다. 그러나 알다시피 이 용서는 구식의, 그런 종류의 용서가 아닙니다. 부모님 세대의 영성이 아니에요. 이전과는 완전히 판이 다른 새 패러다임입니다.

용서의 생활양식을 지키는 이가 영광스런 '경험 단계'에 들어가는 것은, 철저한 실천을 통해서만 가능합니다. 그리고 사랑하는 형제여, 장담하건대 이 경험만이 당신을 행복하게 해줄 수 있습니다. 말은 절대로 당신을 행복하게 해줄 수 없어요. 지적인 개념도, 이론도, 철학적인 사색도 마찬가지예요. 다 잊어버리세요. 알다시피 신의 말씀을 전하고 있는 제이란 이름은 이슈아Y'shua라는 이름에 대한 영어식의 상징입니다. 제이는 〈기적수업〉에서 **"말이란 상징의 상징에 지나지 않고, 따라서 실재로부터 두 번 멀어졌다"**고 말하죠.(M53/M-21.1:9-10) 생각해보세요. 어떻게 상징의 상징물이 당신을 행복하게 해줄 수 있겠어요? 어림없지요. 당신의 본성을 경험하는 것 말고는 당신을 행복하게 해줄 수 있는 것은 아무것도 없어요. 정말로 당신을 만족시켜줄 것은 본성에 대한 '상징'이 아니라 본성의 '경험'입니다.

수업의 다른 구절에서 제이는 사람들이 던지는 난해한 질문들 모두에 대해서 다음과 같이 이야기하는데, 상당히 주목할 만한 내용입니다. **"… 그러나 답은 없다. 경험만이 있을 뿐이다. 오로지 경험만을 추구하라, 신학적 이론에 빠져서 지체하지 않도록 하라."**(C77/C-in.4.4:5)

그리고 이 경험은 당신이 성령처럼 생각하고 성령처럼 사람들을 바라보도록, 성령에 의해 당신의 마음이 훈련되도록 허락할 때 그 결과로서 따라오는 것입니다. 하지만 이렇게 성취를 앞당기기 위해서는 불교나 〈기적수업〉과 같은 탄탄한 사고체계가 필요해요. 마음이 꾸며낸 것들에다 마음을 마냥 내맡겨두면 마음은 치유될 수가 없어요. 그래서 제이도 〈수업〉에서 **"훈련되지 않은 마음은 아무것도 이룰 수 없다"**고 말하는 거예요.(W1 / W-in.1:3) 사실 이것은 엄청난 발언입니다. 지구상의 사람들 중 99.9퍼센트가 아무것도 성취하지 못하고 있다는 뜻이거든요. 마음이 훈련되기 전까지 당신은 그저 쳇바퀴를 돌리고 있을 뿐이에요.

개리: 맞아요. 시간이 갈수록, 그런 점에서 실습서가 참 중요하다는 것을 느끼고 있어요. 또 어떤 일이 닥쳐오더라도 그 모든 일은 단 하나의 목적, 즉 용서를 위한 것이라는 점도 깨닫고 있어요. 물론 내가 늘 그 자리에서 용서를 한다는 건 아니에요. 난 그러지 못해요. 하지만 결국에는 용서를 하고야 맙니다. 좀더 빨리할수록 괴로움도 덜 겪지요. 한 가지 예를 들면, 난 사람들 앞에서 강연 같은 걸 하고 싶다는 생각은 한 번도 해본 적이 없었어요. 마음이 불안해져서 정말 싫었어요. 그런데 성령이 나를 돕도록 허락하자, 난 내가 생각했던 그 이유 때문에 불안한 것이 아니었음을 깨닫기 시작했어요. 〈수업〉이 **"나는 결코 내가 생각하는 그 이유로 심란한 것이 아니다"**라고 말하는 것처럼 말이에요.(W8/W-pI.5)

아턴: 맞는 말이에요, 똘똘이 학생. 모든 이들이 이 세상에 있는 뭔가를 두려워하고 있어요. 그런데 사람들이 갖고 있는 모든 두려움은 무의식적 마음의 수준으로 내려가면 신에 대한 두려움으로 소급된답니다. 이 두려움은 무의식에 묻혀 있기 때문에 사람들이 이 사실을 믿는 것이 어려울 수도 있겠지만 말이죠. 그리고 신에 대한 두려움은 신에게서 떨어진 것처럼 보이는 당신의 분리와, 이로부터 기인한 무의식적 죄책감의 결과입니다.

개리: 잠깐, 그런데 우리가 또 한 권의 책을 내게 되는 건가요? 그럴 거라면 당신이 방금 말한 내용을 이해하지 못할 사람들도 분명 있을 것 같아서요.

아턴: 그럼 당신이 대신 좀 복습을 해주면 어때요? 간결하게 정리해주면 초심자들뿐만 아니라 숙련된 학생들도 우리가 하는 이야기를 잘 이해할 수 있을 것 같아요. 당신은 할 수 있어요. 지난번에 당신이 사람들 앞에서 《우주가 사라지다》에 대해 이야기했던 것처럼 지금도 말하기 딱 좋은 상황으로 보이는데, 그렇지 않나요?

개리: 네, 모든 게 원활히 진행됐었죠. 몇 가지 실수가 좀 있긴 했어요. 그리고 나머지는 아예 다 말아먹은 수준이구요. 농담이에요. 그런데 강연하는 일을 계속해야 할지는 잘 모르겠어요. 그때는 내가 원해서 강연을 했어요. 나는 심지어 뉴욕 맨해튼까지 가서 이 책은 내가 경험한 내용이라고 직접 말했죠. 이 책은 내게 일어난 일을 그대로 전하고 있는 거라고 말이에요. 사람들이 이 말을 믿을 수도 있고 믿지 않을 수도 있지만, 이제는 최소한 자신이 믿지 않는 이유가 내가 직접 말해주지 않았기 때문이라고 발뺌할 수는 없겠죠.

퍼사: 당신의 용서 수업은 이제 갓 시작에 불과하다고 말해주고 싶어요. 내년 2월 말부터 시작해서 1년에 16만 킬로미터 이상 비행기를 타고 다니며 영성을 가르치게 된다면 어떻겠어요?

개리: 농담이겠죠?

아턴: 형제, 그렇게 하면 정말 큰 도움이 될 거예요. 사실 〈수업〉을 제대로 정확히 가르치고 있는 사람은 당신을 포함해도 단 두 명밖에 되지 않아요. 하지만 정말로 중요한 건 따로 있어요. 여행을 하고 강연을 하는 동시에 우리는 당신이 당신의 '진짜' 일을 하길 원해요. 용서 말이에요. 낡은 방식

의 용서가 아니라 새로운 방식의 용서로 말이죠.

퍼사: 당신의 삶에서 격렬한 변화들을 기꺼이 겪을 준비가 되어 있나요? 상황이 아무리 심각해지는 것처럼 보이더라도 그것이 사실은 당신이 몸이라고 믿도록 만들기 위한 속임수라는 것을 알아차리고 기꺼이 용서하시겠어요?

개리: 아, 아뇨.

아턴: 글쎄요, 당신에 대해선 우리가 더 잘 알죠. 그러니 당신의 문제들을 차근차근 정리해나가세요. 앞으로 할 일이 아주 많아요. 일단은 아까 하던 복습부터 마무리하면 어떨까요?

개리: 이미 이 내용을 다 알고 있는 사람들은 어떡하죠? 중언부언하는 것으로 보이지 않을까요?

퍼사: 당신을 처음 만났을 무렵 우리가 했던 말을 잊지 마세요. 복습은, 하면 좋고 안 하면 말고 하는 식의 선택사항이 아니에요. 이것은 의무사항입니다. 바른 마음의 생각들은 아무리 들어도 지나치지 않습니다. 이 생각들이 무의식적 마음의 심연 속으로 가라앉는 데는 시간이 좀 걸린답니다. 네, 맞아요. 아까도 말했듯이, 많은 정보를 쑤셔 넣는다고 해서 더 많이 깨닫는 것은 아니에요. 그건 분명해요. 그런데 또 동시에, 〈기적수업〉과 같은 형이상학적 가르침을 배경지식으로 지니고 있으면 당신이 알고 있는 것을 실천하겠다는 '결심'을 내리는 것이 좀더 쉬워진다는 것도 사실입니다. 그 결심이야말로 실천의 가장 중요한 부분이죠. 일단 진실을 이해하고 나면, 가장 어려운 단계는 어려운 상황이 발생할 때 그것을 기억해내는 일입니다. 어려운 상황 속에서도 진실을 기억해내는 습관을 계속 들이다 보면 그것을 실천하는 것은 당신의 제2의 천성이 되다시피 합니다. 이때가 오면, 당신은 우리가 줄곧 언급해왔던 그 경험을 향해서 빛의 속도로 진보해가게

됩니다. 〈수업〉이 말하듯이요. **"수업이 지향하는 것은 바로 이 경험이다."** (C77/C-in.2:6)

개리: 알았어요. 그럼, 농담부터 해도 될까요? 전 워크샵 때 농담하길 좋아하거든요.

아턴: 당신은 지난달에 뉴욕 맨해튼에 갔다 왔죠. 당신이 좋아하는 뉴욕 조크를 들려주세요.

개리: 네, 그러지요. 한 불교도가 센트럴 파크를 걷다가 핫도그 장사를 발견하곤 다가가서 "골고루 다 넣어서 하나 만들어주세요"● 했어요. 장사꾼이 핫도그를 건네주자 그는 지폐를 주고 잔돈을 달라고 했지요. 그러자 그 장사꾼이 하는 말이, "잔돈은 내면으로부터 오는 겁니다."●● 하더래요.

퍼사: 네, 사람들은 그 대목에서 자지러지곤 하죠. 사람들 앞에서 이야기할 때 유머 감각을 잃지 않는 당신의 모습이 좋아요. 웃음이 중요하다는 걸 잊지 마세요. 제이가 교재에서 말한 내용을 기억하세요. **"모든 것이 하나인 영원 속으로 아주 작은 미친 생각 하나가 슬며시 기어들었고, 신의 아들은 그것을 웃어넘기기를 기억하지 못했다."**(T586/T-27.Ⅷ.6:2)

개리: 그리고 그 작고 미친 생각이란 물론 자신이 신에게서 분리된 개별적인 정체성을 가질 수 있다는 생각을 말합니다. 전에 다룬 내용을 저보고 훑어달라고 하셨으니 이제 시작해볼게요. 〈기적수업〉은 크게 세 부분으로 구성된 한 권의 영적 문헌입니다. 교재(Text)는 전체적인 이론을 제시하고, 학생용 실습서(Workbook for Students)는 1년 동안 행하는 훈련 프로그램이에요. 실습서를 마치는 데 1년 이상이 걸리는 경우도 종종 있지만요. 아무튼 실습

● Make me one with everything. — "나를 모든 것과 하나로 만들어주세요"라는 불교적 의미도 된다.
●● change에는 '잔돈' 말고 '변화'라는 본래 의미도 있다.

서는 학생이 〈수업〉을 자신의 일상에 적용하여 실천하게 하는 훈련을 도와줍니다. 마지막으로 교사용 지침서(Manual for Teachers)가 있고, 이 책은 〈수업〉 전체를 다루면서 보강해줍니다. 〈기적수업〉은 예수가 뉴욕에 살고 있던 헬렌 슈크만이라는 심리학자에게 7년 동안 전해준 내용입니다. 헬렌은 예수가 말한 내용을 일단은 자신의 속기용 노트에다 받아 적고 자신의 동료인 빌 텟포드에게 읽어주어 타이핑을 하게 했죠.

그러다 당신들이 나에게 나타났고, 당신들은 2천 년 전의 예수에 대해 다른 관점을 제시해주었습니다. 사실 예수의 진짜 이름은 이슈아였고 그는 유대교 랍비였어요. 그는 종교를 창시하려는 뜻을 품은 적이 전혀 없었지요. 당신들을 만나 이야기를 듣고 나서, 내가 거쳐온 생들에 대한 기억이 좀 나기 시작했어요. 내 여러 전생들에 대해 이야기를 듣고 나자, 몇 주 혹은 몇 달 동안 그때의 기억들이 점점 더 살아났어요. 예를 들면, 당신들은 지금부터 천 년 전에 제가, 아메리카 원주민이었고 위대한 태양(Great Sun)이라 불리던 깨달은 스승의 친구이자 제자였다고 말해주었어요. 그러자 카호키아에서 원주민으로 살았을 적의 느낌이라든지 기억이나 장면들이 떠올랐지요. (주: 카호키아는 일리노이주 콜린즈빌에 있다. 카호키아는 멕시코 북부 지역에 있었던 아메리카 원주민들의 선사시대 사회 중 가장 발전된 사회였다.) 심지어는 '카호키아' 할 때 발음의 강세가 실제로는 현대영어에서와 같이 두 번째 음절이 아니라 세 번째 음절에 있었다는 것까지도 기억이 나더라고요.

아턴: 네, 맞아요. 하지만 당시에 우리는 당신에게 영어로 말하고 있었기 때문에 현대영어식으로 그 단어를 발음했었죠. 하지만 방금 당신은 천 년 전 원주민들처럼 그 단어를 발음했어요.

개리: 그리고 2천 년 전에는 내가 제이와 함께 있었다는 이야기를 듣자, 그때의 기억도 조금씩 되살아나기 시작했어요.

퍼사: 당신이 그 당시에 도마 사도였고, 내가 당신이었다는 것을 알았을 때 기분이 어떻던가요?•

개리: 내가 뭐라고 대답할지 알고 있으면서 그냥 한 번 물어본 거죠? 당신은 모든 걸 알고 있잖아요. 그리고 난 지금도 당신이 여기에 있다는 걸 믿기가 어려워요! 제이가 살았을 당시에 나도 그와 함께 있었다는 것을 알았을 때, 이틀 정도는 기분이 정말 좋았어요. 정말로 근사했지요. 그런데 시간이 좀 지나고 나자 해묵은 똥덩어리가 아직도 내 앞에 그대로 있다는 것을 발견했어요. 용서의 숙제는 여전히 그 자리에 있었던 거죠. 자신이 전생에 누구였든 그건 중요하지 않아요. 지금 당장 무슨 일이 벌어지더라도 항상 우리는 그것을 용서하기로 선택해야만 하지요.

퍼사: 사랑스런 형제, 말씀을 아주 잘 하셨어요. 누구나 어떤 생에서는 매우 유명하거나 외견상 중요해 보이는 자리에 있어본 적이 있어요. 또 다른 생에서는 그냥 지상의 쓰레기처럼 살았던 때도 있고요. 이게 바로 이원성이에요. 정말로 중요한 건 바로 지금 용서의 숙제를 하는 것뿐이에요. 그것이 여기서 빠져나가는 길이에요. 하지만 이 용서는 낡은 방식의 그런 용서가 결코 아닙니다. 왜 그런지 설명해주시겠어요?

개리: 최선을 다해볼게요. 랍비이자 신비주의자였던 제이는 유대교의 고대 신비주의 가르침도 잘 이해하고 있었죠. 이 가르침 중 하나를 말하자면, "천국이란 신과 가까운 정도이고 지옥이란 신에게서 떨어진 거리"라는

• 전편 《우주가 사라지다》에서 퍼사와 아턴은 자신들의 전생이 도마 사도와 다대오 사도였다고 말한다. 그 둘은 그 후로도 윤회를 거듭하다가, 퍼사와 아턴이라는 이름으로 살던 생애 속에서 완전한 깨달음을 얻어 육신의 삶과는 무관한 '승천한 스승'들이 되었다는 것이다. 그런데 여기에 놀라운 반전이 숨어 있었으니, 퍼사의 전생은 도마 사도임과 동시에 개리 레너드이기도 하단 사실이다. 즉 개리 레너드는 시간이란 환상 속에서 도마의 후생이자 퍼사의 전생이며, 윤회의 굴레를 벗어난 미래의 자신으로부터 가르침을 받고 있는 셈이 된다.

> 그에게 있어서, 천국은
> 신과 가까운 정도로
> 그치지 않았습니다.
> 천국은 그냥 신과 하나인
> 상태였어요. 좀더 정확히
> 말하자면 신과 '완벽히'
> 일체인 상태 였어요.

것이죠. 하지만 제이는 거기서 멈추지 않았어요. 제이는 결코 타협하지 않거든요. 그에게 있어서, 천국은 신과 가까운 정도로 그치지 않았습니다. 천국은 그냥 신과 하나인 상태였어요. 좀더 정확히 말하자면 신과 '완벽히' 일체인 상태(Oneness)였어요. 그러니 지옥도 신에게서 떨어진 거리로 그치지 않았지요. 신에게서 분리되어 있는 것은 무엇이든 지옥이었습니다. 이렇게 하자 문제는 판이하게 다른 두 선택지로 좁혀졌습니다. 그리고 그 둘 중 하나만이 진짜입니다. 왜냐하면 완벽한 일체성에 필적할 수 있는 것은 존재하지 않기 때문이죠. 만약 그런 것이 있다면 일체성은 더 이상 완벽하지 않거든요.

그러니 제이에게 신은 불변하고 완벽하고 영원한 무엇입니다. 그리고 신과 영(spirit)은 동의어입니다. 왜냐하면 신이 만들어내는 것 중 신과 조금이라도 다른 것은 하나도 없거든요. 혹시 그런 게 있다면 그것은 완벽한 것이 아닐 테니까요. 게다가, 만약 그가 완벽하지 않은 것을 만들어낼 수 있다고 한다면 이 말은 그도 똑같이 완벽하지 않다는 뜻인데, 그가 정말 그렇겠어요? 그리고 영은 진화할 필요도 없습니다. 진화라는 말에는 완벽하지 않다는 뜻이 함축되어 있거든요.

물론 신은 남자도 여자도 아닙니다. 〈수업〉에서 부르듯이 저도 그냥 성서의 표현대로 그(He)라고 부를 뿐이에요. 물론 그것(It)이라고 부를 수도 있겠죠. 하지만 그것도 딱히 적당하게 여겨지진 않습니다. 여하튼 시작서부터 우리 친구 제이에게는 두 가지 점이 두드러집니다. 첫째, 그는 타협을 모릅니다. 둘째, 상황이 아무리 복잡해 '보이더라도' 선택지는 언제나 두 개만 있을 뿐이고 그중 하나만이 진짜입니다. 그렇다면 나머지 선택이란 환영이겠죠. 제이가 나타나기 전에도 힌두교와 불교에서는 이것을 가르쳤습니다. 그런데 제이는 환영에 대한 대안을, 모순덩어리의 불완전한 신이 아니라 정말로 완벽한 사랑(Pefect Love)인 신이라는 흠 잡을 데 없는 버전으로 격상시켰어요.

다음으로, 우리는 제이의 배경이 중동지역임을 기억해야 해요. 제이에게는 서구적 성향 보다는 동양적 성향이 많았어요. 그래서 분명 제이는 불교의 가르침을 매우 잘 알고 있었지요. 불교에서 말하는 에고에 해당하는 개념도 알고 있을 테고요. 제이는 실제로는 단 '하나의' 에고밖에 존재하지 않지만 그것이 무수히 많은 것처럼 '보인다는' 점을 이해하고 경험했어요. 이것을 힌두교에서는 다중성의 세계(world of multiplicity)라 부르고 불교에서는 무상無常(impermanence)이라 하지요. 그러니 자신이 여기에 있다고 생각하는 '우리'는 오직 하나뿐이고, 나도 그것입니다. 사실 다른 사람이란 존재하지 않습니다. 저 바깥에는 아무도 없습니다. 그렇게 보일 뿐, 속임수예요. 마음의 의식되는 부분은 바깥을 바라보고 모든 종류의 분리와 서로 다른 몸과 형상들을 보고 있지만, 그것은 하나의 환영입니다. 하지만 마음의 의식되지 않는 부분은 '우리'란 단 하나밖에 없다는 사실을 알고 있습니다. 의식되는 부분보다 의식되지 않고 숨겨져 있는 부분이 사실 마음의 거의 대부분을 차지하고 있습니다. 빙산이 수면 위로는 조금만 드러나고 대부분은 아래에 잠겨 있듯이 말이에요.

시간과 공간과 갖가지 차이들은 그 모든 겉모습에도 불구하고 다 가짜임이 드러납니다. 만물이 서로 연결되어 있는 이유는 오직 하나의 환영만이 존재하기 때문입니다. 오직 하나의 신만이 존재하는 것처럼 말이죠. 하지만 신은 이 환영과 아무런 관련이 없습니다. 인간들이 내린 잘못된 가정이 바로 이것입니다. 그리고 인간은 자신의 모습이라고 믿고 있는 그 이미지를 본떠서 신을 지어내었습니다. 하지만 신은 원래 자신의 이미지를 본떠서 우리를 지어냈지요. 완벽하고 순진무구하고 하나인 모습으로 말입니다. 환영 속에 존재하는 일체성은 짝퉁 일체성입니다. 에고는 신을 흉내 내려고 애쓰지요.

최근에 와서는 양자물리학자들도 시간과 공간은 환영일 뿐임을 확증해 주고 있어요. 과거와 현재와 미래는 동시에 일어납니다. 사실 우리는 공간을 경험하고 있는 비공간적 존재들입니다. 나는 여기에 있는 것처럼 보이고 상대방은 저기에 있는 것처럼 보이지만, 그건 착각입니다. 공간은 시간이 그런 것과 마찬가지로 분리의 생각일 뿐이에요. 우리는 시간에 다양한 간격이 있고 공간에 서로 다른 장소들이 있는 것처럼 보이게 만들려고 시공간을 나눠서 펼쳐놓았습니다. 그래서 모든 것이 서로 다르게 보이는 것입니다. 하지만 이것들은 정말이지 모두 다 지어낸 것이고 다 똑같은 것이에요. 왜냐하면 이것들은 전부 다 분리의 생각에서 비롯된 하나의 환영이기 때문이죠. 물리학자들도 이 부분까지는 아직 모르고 있어요. 그들은 그저, 사물을 확대해서 들여다볼 때 보이는 방식에 비하면 우리의 경험이란 환영에 지나지 않는다는 식으로만 이해하고 있지요. 하지만 그들은 한 부분만 이해하고 있을 뿐, 아직 전체 윤곽을 파악하지는 못했어요. 과학과 영성은 아직 완전히 만나지 못했지만 점점 더 가까워지고는 있어요.

예를 들면, 그들은 만약 누군가가 200억 광년 거리에 떨어진 별을 바라보고 있다면 그의 시선이 그 즉시 그 별에 아원자 차원의 변화가 일어나게 한다는 점을 이해하고 있어요. 이것이 왜 가능할까요? 왜냐하면 그 별은 정말로 200억 광년 거리에 떨어져 있는 것이 아니기 때문이에요. 사실 그 별은 내 마음 안에 있답니다. 좀더 정확히 말하자면, 그건 내 마음의 투사물이에요. 내가 그것을 지어낸 거예요. 대부분의 사람들이 생각하듯이 그건 내게로 오는 무엇이 아니라 나에게서 나오는 무엇입니다. 심지어, 내가 그것을 바라보거나 건드리기 전까지는, 그건 물질도 아닙니다. 그것은 에너지입니다. 그리고 에너지란 사실 생각입니다. 그래서 에너지는 파괴되지 않는 것입니다. 물질이란 에너지의 여러 형태 중 하나일 뿐이고, 다시 에너지로 돌아가고 순환을 반복한답니다.

퍼사: 그러면 이번에는 오늘날 물리학자들이 발견해낸 사실들에 상응하는 불교의 가르침과 유대교 신비주의 지식을 제이가 2천 년 전에 어떻게 사용했는지 말해주시겠어요?

개리: 이 모든 과학적 성과들과 심리학의 진보에도 불구하고 아직도 사람들이 이해하지 못하는 어떤 것을 제이는 이해하고 있었어요. 그게 뭐냐면, 사실은 여기에 '우리'란 것이 하나뿐이라면, 또 마음의 무의식적 부분은 이를 알고 있다고 한다면, 우리가 다른 이들을 심판하고 단죄할 때 우리는 대체 무엇을 하고 있는 거냐는 겁니다. 이때 사실 우리는 다름 아닌 우리 자신의 무의식적 마음에다, '나는' 심판받고 단죄받아 마땅하다는 메시지를 보내고 있는 것입니다. 자기가 다른 사람들을 어떻게 생각하든지 간에, 그때 우리는 자신에 관한 메시지를 자기 자신에게 보내고 있는 것입니다. 그래서 제이는, '우리'가 사실은 하나뿐이라면, 또 무의식적 마음이 이를 알고 있다면 사람들을 육신으로 바라보는 대신 그들의 본성인 완벽한 영으로 바라보면서 자신의 삶을 살아가기로 결심했습니다. 그에게 육신이란 사실 분리라는 거짓된 생각일 뿐이었거든요. 그는 모든 이를 순진무구한 그리스도로 바라보았어요. 그는 그들을 생각할 때 그들의 본성을 떠올렸어요. 상처 입을 수 없고 이 세상에 의해서 조금도 영향을 받을 수 없는 불멸의 무엇으로 말이죠.

이렇듯 깨달음의 열쇠는 이제껏 극소수만이 알고 있던 비밀, 그러나 제 이는 너무나도 잘 알고 있었던 비밀로 남겨져 있지요. 내가 스스로를 어떻게 경험하고 느끼느냐 하는 것은 다른 이들이 나를 어떻게 바라보고 생각하느냐에 좌우되는 것이 아니에요. '내가 그들을' 어떻게 바라보고 생각하는가에 따라 내가 자신을 어떻게 경험하고 느끼는지가 결정되는 것입니다. 이것이 결국은 우리의 정체성을 결정하게 되지요. 다른 이들을 어떻게 바라보느냐에 따라서 우리는 자신을 육신과, 아니면 완벽한 영과, 그리고 분리된 존재와, 아니면 온전한 전체와 동일시하게 될 것입니다. 이 점만 제대로 이해하고 나면 우리는 자신이 다른 이들을 어떻게 바라보고 있는지를 살피느라 정신없이 바빠지겠죠!

퍼사: 우리에게 스승 대접을 하느라 말을 아끼지 않아도 돼요. 당신은 우리의 진정한 스승이 누구인지 알고 있잖아요. 얘기를 계속해주세요.

개리: 뭐라고요? 저보고 다 하라고요?

퍼사: 우리는 이 복습 중간 중간에 거들어주는 것 말고도 할 얘기가 많거든요.

개리: 꼭 그러길 바라겠어요. 아, 갑자기 생각나서 그러는데요, 우리가 대화한 내용을 책으로 옮기다보니 지난번 책엔 저의 개인적인 내용들도 좀 많이 들어갔잖아요. 그것 때문에 계속 생각해봤어요. 용서와 관련된 제 개인적인 이야기를 털어놓은 건 괜찮아요. 그런데 이전 책에서, 제가 용서했다고 언급한 두 사람이 있었는데 사실 그들은 그 표현에 대해 별로 탐탁스럽게 여기지 않더라고요. 모든 이야기에는 양면이 존재하니까요. 그게 바로 이원성이고요. 그렇지 않나요? 그래도 제가 할 수 있는 최선이란 제 경험을 내놓고 나누는 일인 것 같아요. 그래서 개인적인 이야기를 꺼내는 방법에 관해 조언을 좀 듣고 싶어요.

퍼사: 개리, 걱정 마세요. 이제 당신의 삶은 제대로 방향을 잡았기 때문에 우리는 당신의 개인사보다는 용서에 관한 더 전문적인 내용에 초점을 맞출 거예요. 다 잘 될 거예요. 우리를 믿어요. 그럼 복습을 마저 하고 싶으세요?

개리: 당신들이 부탁해놓구선… 그런데 퍼사, 당신은 그 어느 때보다도 아름다워요. 우리끼리만 하는 이야기인데요, 미래의 자신과 사랑을 나눈다면 근친상간이 될까요?

퍼사: 아니요. 하지만 그건 해괴한 일이 될 거예요. 하던 이야기나 계속 하시죠.

개리: 네, 무슨 말인지 알아들었어요. 이야기를 계속하자면, 제이는 용서할 때마다 실제로는 자기 자신과 다시 결합한 것이었어요.

아턴: 그보다 더 큰 뜻도 이해하고 있나요?

개리: 네. 제이는 사실 분리의 경험으로부터 전체성(wholeness)의 경험으로 나아가고 있던 거예요. '거룩하다'(holy)는 말은 사실 '온전하다, 전체적이다'(whole)라는 말에서 나왔어요. 도마복음에서 제이는, "나는 온전한 것으로부터 나온 자다. 나는 내 아버지의 것들로부터 받았다. 그러므로 내 말하노니, 온전한 자는 빛으로 채워질 것이나, 분열된 자는 어둠으로 채워질 것이다"라고 말했어요. 동시에 이 두 상태에 있을 수는 없습니다. 조금만 온전할 수는 없는 법이죠. 충성심은 나뉘지 말아야 합니다. 충성심이 나뉘어 있다면 '당신이' 분열되어 있는 것입니다. 상황이 아무리 복잡해 보인다 해도 사실은 언제나 두 가지의 선택지만이 있을 뿐이에요. 하나는 온전함 혹은 거룩함을 위해 선택을 내리는 것이고, 이는 하나이며 완벽합니다. 그래서 오래된 기도문은 "우리 주 하느님은 하나(One)이시다"라고 말하지요. 다른 선택은 완벽한 일체성(Oneness)이 아닌 다른 무엇을 위해, 즉 분열을 위

해 내리는 선택입니다. 이 두 개 말고 다른 선택지란 없습니다. 그래서 제이는 세상을 완전히 용서했습니다. 제이의 사랑과 용서는 전적이고 모든 것을 포괄하는 것이었어요. 세상을 부분적으로만 용서한다면 자신은 부분적으로만 용서를 받은 것이고, 그렇다면 자신은 계속 분열된 상태로 남아 있으리라는 점을 그는 이해했어요. 하지만 세상을 완전히 용서한다면 당신은 완전한 용서를 받게 될 것입니다.

그래서 제이와 성령의 위대한 가르침은 용서에 초점이 맞춰져 있습니다. 하지만 이 용서는 양자역학적 용서이지, 주체와 대상이 있는 뉴턴 물리학 식의 구식 용서가 아니에요. 구식의 용서란 이렇습니다. "좋았어. 널 용서해주겠어. 나는 너보다 잘났으니까. 넌 실제로 그 죄를 저질렀어. 너는 정말로 죄인이야. 나니까 봐주는 거야. 그래도 넌 지옥에 가게 될 거야." 하지만 이렇게 할 때, 우리가 실제로 우리 자신에 대해 품고 있는 분리의 괴상한 믿음은 무의식적 마음속에서 계속 순환될 뿐입니다. 이건 용서가 아니에요. 반면에 제이는 모든 이의 마음 깊숙한 곳에 있는 무의식적 죄책감에 대해 잘 알고 있었어요. 그 죄책감은 신으로부터의 외견상의 분리로부터 온 것이었죠. 그리고 이 외견상의 분리를 해제(undo)* 할 수 있는 가장 빠른, 이전과는 다른 방식의 용서가 있다는 것도 알았어요. 그리고 외견상의 분리를 해제한다는 말은 에고를 지운다(undo)는 말과 동의어입니다.

아턴: 이 주제에 대해서는 나중에 좀더 설명을 해야겠네요. 그때는 마음이 우주를 잘못 지어내게 된 그 이야기를 압축해서 설명해드릴게요. 죄책감이 어디서 비롯되었는지를 알려면 꼭 필요한 이야기거든요. 마음 안에 무의식적 죄책감이 남아 있는 한 당신은 생사의 순환 고리를 끊을 수 없고

• undo: 문맥에 따라 '해제', 혹은 '지우다'로 옮김.

또 윤회하는 것처럼 보이는 이 현상을 멈출 수 없습니다.

개리: 맞는 말이에요. 그런데 부탁을 드릴 게 있어요. 이 모든 것이 꿈이라는 점에 대해 좀더 말씀해주시겠어요? 사람들 앞에서 이 주제를 꺼낼 때마다 엄청나게 많은 질문들이 쏟아지곤 했거든요. 사실 나는 지금도 당신들이 여기에 있다는 것이 믿기지 않아요!

퍼사: 개리, 당신도 알겠지만 여기에는 아무도 없어요. 그래요. 꿈에 대해 이야기를 해볼게요. 당신에게 네 살배기 딸아이가 있다고 가정해봅시다. 지금은 밤이고 그래서 아이는 침대에 누워 꿈을 꾸고 있어요. 당신은 그 애가 잘 자는지 확인하려고 들여다보았는데 아이는 뭐가 불안한지 몸을 뒤척이고 있어요. 그래서 당신은 아이가 꿈을 꾸고 있다는 것을 알게 되죠. 아이에게 그 꿈은 이제 현실이 되어버렸어요. 아이는 꿈에 보이는 인물들이 진짜인 양 반응하죠. '하지만 당신은 그 꿈을 볼 수 없어요.' 왜 그럴까요? 왜냐하면 꿈은 실제로 존재하는 것이 아니거든요. 사실 당신의 그 네 살배기 딸아이는 침대를 떠난 적이 없어요. 그 애는 여전히 안전한 집 안에 있어요. 하지만 정작 아이는 그것을 알지 못하죠. 아이는 이것을 자각할 수 없어요. 아이에게는 꿈이 자신의 현실로 되어버렸거든요.

당신은 아이가 더 이상 무서워하지 않도록 깨우고 싶겠죠? 그럼 어떻게 해야 할까요? 당장 아이에게 달려들어서 마구 흔들어야 할까요? 아니죠. 그렇게 하면 아이는 그것도 꿈의 일부인 줄 알고 훨씬 더 무서워할 거예요. 그러니까 아이를 조용히, 부드럽게 깨워야 해요. 아마도 이렇게 속삭여주는 것이 좋을 거예요. "얘야, 이건 그냥 꿈이야. 걱정할 필요 없어. 네가 보고 있는 건 사실이 아니야. 지금 네가 느끼고 있는 모든 문제와 걱정과 두려움과 아픔은 다 부질없는 일이야. 그럴 필요가 전혀 없거든. 그것들은 존재하지도 않는 꿈속에서 일어나는 일이야. 그것들은 애초에 그 꿈을 만들어냈던 어리석은 생각들의 결과일 뿐이야. 지금 내 목소리를 들을 수 있다면 넌 이미 깨어나기 시작한 거야."

이래서 진실이 꿈속에서도 들릴 수 있는 거예요. 기억하세요. '진실이 꿈속에 있는 것은 아니지만 꿈속에서도 들릴 수는 있습니다.' 이제 당신의 네 살배기 딸아이는 당신의 목소리를 듣고 안심하기 시작합니다. 아이는 천천히 부드럽게 깨어날 거예요. 이제 꿈도 점점 행복한 꿈으로 변합니다. 다 깨어나면 아이는 자신이 침대를 떠난 적이 없다는 것을 알게 되지요. 사실 아이는 꿈을 꾸는 동안에도 여전히 집에 있었습니다. 집은 계속 있었지만 아이가 그것을 알지 못했던 것뿐입니다. 정신을 차려 잠에서 깨고 나면 안전한 집 안에 있다는 사실이 이제 아이의 현실이 됩니다. 그리고 당신도 아이가 항상 거기에 있었다는 것을 알고 있었죠. 사실 당신은 아이의 꿈을 보고 이해하고 반응할 필요도 없습니다. 아이가 꿈에서 깨고 나면 그 꿈은 어디로 갈까요?

개리: 아무 데도 없어요. 그냥 사라져버립니다. 애초부터 존재하지 않았으니까요. 꿈이 진짜인 것처럼 보이고 느껴지더라도 꿈은 실제로 존재한 적이 없어요. 우리가 꿈속에서 보고 있는 형상들은 사실 투사물들입니다. 우리는 우리 마음의 일부를 가지고 이 형상들을 보고 있는 거예요. 그리고 사실 이 형상들은 우리 마음의 숨겨져 있는 다른 부분에 의해서 투사되고 있는 것이죠.

퍼사: 맞아요. 당신이 말했듯이, 이건 속임수에요. 자, 이제 재미있는 대목이 등장합니다. 네 살배기 아이가 꿈에서 깼지만 아이는 여전히 또 다른 꿈을 꾸고 있는 거예요. 당신은 오늘도 침대에서 깨어났겠지만 이 역시 또 다른 형태의 꿈일 뿐이에요. 이렇듯 꿈에는 여러 수준이 있습니다. 하지만 순수한 영이라는 실상實相에서는 수준이란 것이 존재하지 않아요. 사실 당

신에게는 깨어 있는 동안 꾸는 이 꿈이 밤에 꾸는 꿈보다 더 생생하게 느껴지기 때문에 깨어 있는 동안 꾸는 이 꿈을 현실이라고 믿어버리게 되는 거예요. 과연 그렇다고 확신하죠. 하지만 이 꿈 역시 사실이 아니에요. 깨어 있는 동안 저 밖에 있다고 생각하는 사람들 역시 존재하지 않아요. 하지만 당신에게는 꿈이 현실이 되어버렸고, 당신은 자신이 실제로 있는 곳을 의식하고 있지 못합니다. 그래서 〈수업〉은 **"너의 모든 시간은 꿈을 꾸는데 허비될 뿐이다. 자면서 꾸는 꿈과 깨어서 꾸는 꿈은 형태만 다를 뿐, 내용은 동일하다"**고 하는 거죠.(T376/T-18. II. 5:12-14)

성령은 당신이 밤에 침대에서 잠들어 있는 네 살배기 딸아이에게 속삭여주고 싶은 바로 그 이야기를, 꿈을 꾸고 있는 당신에게 지금도 속삭여주고 있습니다. 그는 이렇게 말하는 듯합니다. "이봐, 이건 그냥 꿈이야. 걱정할 필요 없어. 네가 보고 있는 것은 사실이 아니야. 지금 네가 느끼고 있는 모든 문제와 걱정과 두려움과 아픔은 다 어리석은 일이야. 그럴 필요가 전혀 없거든. 게다가 그것들은 존재하지도 않는 꿈속에서 일어나는 일이야. 그것들은 애초에 그 꿈을 만들어냈던 어리석은 생각들의 결과일 뿐이야. 지금 내 목소리를 들을 수 있다면 넌 이미 깨어나기 시작한 거야. 왜냐하면 꿈속에서도 진실이 들릴 수는 있거든."

'진실이 꿈속에 있는 것은 아니지만', 꿈속에서도 '들릴 수는' 있는 것입니다. 성령은 진실을 매우 다양한 방법으로 당신에게 전하고 있으며, 진실을 깨닫기 시작하면 당신은 마음을 놓고 편안해지기 시작합니다. 이제 당신은 용서라 불리는 누에고치와도 같은 시절을 통과하며 천천히 부드럽게 깨어나고 있는 것입니다. 애벌레가 덜 구속적이고 더 높은 형태의 삶을 준비하기 위해 고치의 단계를 거치는 것처럼, 당신도 세상에 대한 자신의 지각(perception)을 바꿈으로써 보다 높은 형태의 삶을 위해 준비를 갖추어가는 것입니다. 이렇게 할 때 당신의 꿈은 점점 더 행복해집니다. 하지만 꿈속에서 벌어지는 것처럼 보이는 일 때문에 행복해지는 건 아니에요. 그것은 꿈속에서 벌어지는 것처럼 보이는 일들과는 무관하게 행복을 느낄 수 있게 해주는 내적 평화 때문입니다. 행복한 꿈도 지나가고 마침내 다 깨고 나면, 당신은 자신이 집을 떠난 적이 없다는 것을 알게 되지요. 그리고 그 집이란 바로 당신과 신과의 완벽한 일체성입니다. 사실 당신은 줄곧 집에 있었어요. 집은 항상 그 자리에 있었지만 당신이 그것을 의식하지 못했던 것뿐이죠.

이에 대해 도마복음에서 제이는 이렇게 말합니다. "아버지의 왕국(Kingdom)은 땅 위에 펼쳐져 있으나 사람들은 그것을 보지 못한다." 제정신(awareness)이 돌아옴에 따라, 당신은 왕국의 실상實相으로 깨어나고, 그러면 당신은 자신이 줄곧 안전한 집 안에 있다는 지식(knowledge)•을 갖게 됩니다.

개리: 하지만 당신 이야기가 다 맞다면 신은 내가 여기에 있는지조차 모른다는 거잖아요!

아턴: 개리, 핵심을 완전히 놓쳤네요. 당신은 여기에 '있지 않아요.' 그리고 신은 당신이 '실제로' 어디에 있는지 알고 계세요. 신에게는 당신의 꿈속으로 뛰어들어 환영인 꿈을 사실로 만들어놓는 것 말고 더 좋은 생각이 있어요. 당신이 깨어나서 자신(Him)과 함께 있길 원하시는 겁니다. 결국 당신은 '천국'으로 깨어날 것이고, 신은 당신이 항상 거기에 있었다는 걸 알고 계셨어요. 그가 당신의 꿈을 들여다본다든지, 거기에 반응할 필요는 전혀 없었지요.

그래서 〈수업〉은 "너는 신의 품 안의 집에서 떠돌이의 꿈을 꾸고 있지만,

• acimkorea.org 〈기적수업〉 한국 모임 홈페이지-[주요 용어]로 들어가서 "〈기적수업〉 주요 용어 해설"을 클릭한 후 지식(knowledge)에 관한 설명을 참고.

실재 속으로 깨어날 능력을 완벽하게 지니고 있다"고 말하는 거예요.(T182/T-10. I.2:1) 개리, 시간과 공간의 꿈을 깨고 나면 그 꿈은 이제 어디에 있을까요?

개리: 아무 데도 없어요. 그냥 사라져버려요. 꿈이 원래 그렇듯 시공간이라는 꿈도 사라져버릴 신기루요 풀려버리고야 말 주문이기 때문이죠. 그럼 천국의 실상이 이제 나의 현실이 되는 거죠.

> 시간과 공간이라는 꿈에서 깨어나고 나면 더 이상 그것은 존재하지 않습니다.

아턴: 맞아요. 시간과 공간이라는 꿈에서 깨어나고 나면 더 이상 그것은 존재하지 '않습니다.' 즉 이 말은 다른 모든 사람들이 깨어날 때까지 몇백만 년을 서성이면서 기다릴 필요가 없다는 뜻이에요. 당신 말고 깨어나야 할 사람은 아무도 '없어요.' 당신 말고는, 즉 무수히 많은 것처럼 보이지만 실제로는 하나인 에고말고는, 저 바깥에는 아무도 없습니다. 당신이 저 바깥에 있다고 '생각하는' 이들은 이미 천국에서 당신과 함께 있어요. 육신으로 있는 것이 아니라 그들의 본모습인 영으로요. 이 일체성 안에는 그 누구도 빠짐없이 다 있습니다. 그리고 이 전체성 안에는 아무것도 빠져 있지 않습니다. 그러므로 당신이 이제껏 사랑했거나 관심을 주었던 모든 이들, 모든 동물들도 당신의 이 앎 속에 다 있습니다. 다시 강조하지만, 이 일체성의 상태에서 그들은 분리된 어떤 사물의 형태로 있는 것이 아니에요. 결코 분리될 수 '없는' 무엇으로서 존재하는 것이지요. 완벽함 안에는 그 무엇도 빠져 있을 수 없어요. 이것은 완벽하게 하나이고, 이 일체성은 지속적인 상태입니다. 이것은 시공간 우주에는 없는 속성이죠. 하지만 이 지속적인 상태는 당신이 몸 안에 있는 것처럼 보이는 동안에도 경험될 수 있습니다.

개리: 네, 저도 경험해본 적이 있어요.

퍼사: 예, 우리도 알고 있지요. 그것에 대해서는 나중에 더 다룰게요. 왜냐하면 그것은 모든 질문에 대한 '대답'이기 때문입니다. 우리는 당신이, 현재의 품행과는 상관없이, 다시는 에고를 이전처럼 완전하게 믿을 수 없게 되었다는 걸 알고 있어요. 일단 이 경험을 하고 나면, 모래가 아니라 바위 위에 집을 짓는 일이 수월해집니다. 여기서 모래란 시간과 공간이라는 변화의 모래를 말합니다. 이 모래밭 위에서는, 이 또한 변하겠구나 하는 사실 말고는 믿을 만한 것이 아무것도 없어요. 왜냐하면 그것은 시간과 변화의 세계이기 때문이지요. 그러므로 당신이 확신할 수 있는 것은 딱 하나, 다음 순간이 지금과 같지 '않으리라는' 사실밖에 없습니다. 하지만 바위는 영구불변합니다. 안심하고 기댈 수 있는 것이지요.

개리: 맞아요. 잠깐이라도 실재(reality)를 한 번 경험하고 나면 이 세상 모든 것은 생고기를 맛본 후에 엉터리 냉동가공육을 먹는 것과도 같아요.

아턴: 맞아요. 당신은 두 가지 중 올바른 선택을 잘 하고 있어요. 완벽하지는 않지만 잘해나가고 있어요. 그래서 우리는 기쁩니다.

개리: 고마워요. 아 참! 이 이야기 중 일부를 제 강연 때 사용해도 될까요?

아턴:《우주가 사라지다》도 이미 그렇게 사용하지 않았나요?

개리: 허락한다는 의미로 받아들일게요. 여하튼, 세상에서 일어나는 것처럼 보이는 일들이 진짜처럼 보이고 느껴지더라도 실은 그렇지 않습니다. 밤에 꿈을 꿀 때 내가 보게 되는 심상들은 투사물이에요. 나는 그 심상들을 내 마음의 일부분을 가지고 보고 있습니다. 하지만 그것들은 사실 숨겨져 있는 내 마음의 다른 부분에 의해서 투사되고 있는 것이지요.

이와 마찬가지로, 낮 시간에 육안으로 보고 있는 것들도 모두 내가 나에 대해 사실이라고 은밀히 믿고 있는 것들을 내 무의식의 마음이 투사해낸 것입니다. 꿈속에 등장하는 인물들이 사실은 다 자기 자신이라고 프로이트가 말했듯이, 깨어 있는 동안에 내가 만나고 보는 사람들도 사실은 다 나의 상징입니다. 제이는 이를 알고 있었지요. 그는 아주 똘똘한 사람이라서, 사람들이 남을 심판하고 단죄할 때 하는 일이란 단지 자신의 에고의 거짓된 정체성을 계속 유지시키는 것뿐이라는 사실을 알았어요. 하지만 참된 의미의 용서를 하면 그들도 에고의 거짓된 정체성을 지워 영으로 돌아가게 될 것이라는 사실도 알았지요.

아턴: 네, 그렇죠. 한 가지 흥미로운 사실은, 사실 프로이트는 '에고'란 단어를 쓴 적이 없다는 거예요. 프로이트는 이히ich란 용어를 사용했는데, 이것은 개인의 정체성을 나타내는 '나'를 가리키는 말이었습니다. 프로이트의 이 용어와 불교에서 사용하는 '에고' 개념을 합쳐보면 자신이 자기 근원(Source)으로부터 분리된 정체성을 갖고 있다고 착각하는 한 존재가 드러납니다.

퍼사: 에고의 해제라는 주제를 꺼내줘서 고마워요. 세상은 실재하지 않는다고 사람들에게 말하는 것만으로는 충분하지 '않아요.' 그것만으로는 여기서 벗어날 수가 없어요. 물론 세상이 환영임을 아는 것이 필수적인 부분이긴 해요. 하지만 실제로 에고를 지울 수 있는 것은 오직 참된 용서밖에 없습니다. 우리는 뒤로 갈수록 이 주제를 훨씬 더 많이 다룰 거예요. 용서 없이는 성장이 거의 일어나지 않습니다. 용서란 전적으로 당신의 사고방식에 관한 것입니다. 당신이 보고 있는 사람이 육신이라고 생각한다면 당신도 육신이에요. 하지만 그가 영이라고 생각한다면 당신도 영이에요. 당신의 무의식적 마음은 그런 식으로 번역을 하지요. 절대로 이 법칙에서 벗어날 수 없습니다. 상대방을 어떻게 생각하느냐가 결국은 자신을 어떻게 느

낄지를 결정하게 됩니다. 오늘은 일단 여기까지만 복습하고 나머지는 다음에 할게요.

개리: 〈기적수업〉 같은 영적 문헌이 기독교 용어를 쓰면서도 불교적인 개념을 이렇게 많이 수용하고 있다는 것이 참 재미있어요. 일부 기독교인들이 이 〈수업〉을 받아들이기 꺼려 하는 것도 그 때문인 것 같아요.

아턴: 맞아요. 그래서 극우 기독교인들은 〈기적수업〉을 알아보지 못하지요.

개리: 그 정도는 약과죠. 그들은 후터스*에서도 서로를 알아보지 못하는 걸요.

퍼사: 귀여운 농담이군요. 우리의 정보도 어느 정도 공개된 만큼 사람들도 우리를 알아볼 것이기에, 우리는 '오직' 당신에게만 나타날 것이라는 점을 분명히 해두고 싶어요. 다른 사람에게는 이런 형태로 정보를 전해주거나 나타나는 일이 '절대로' 없을 거예요.

개리: 불평하는 건 아니지만, 왜죠?

퍼사: 간단해요. 헬렌 슈크만은 〈기적수업〉을 받아 적느라 7년이 걸렸어요. 헬렌 이전의 채널러들은 거의 대부분이 몽환 상태에서 채널링을 했어요. 영매였던 에드가 케이시도 그랬고, 세쓰Seth를 채널링한 제인 로버츠도 마찬가지였어요. 이 사람들은 높은 근원에서 오는 정보를 받아들이긴 했지만 정작 그것을 본인이 직접 들을 수는 없었어요. 그래서 자신은 비켜나고 정보가 자신을 통해 흘러나오게 할 방법이 필요했지요. 〈수업〉도 말하듯이, **"신의 음성(Voice)을 듣기라도 하는 것은 오직 극소수뿐이다…."**(M31 / M-12.3:3) 그런데 〈기적수업〉이 세상에 나오고, 헬렌이라는 여자가 성령의 현

---

* Hooters: 핫팬츠를 입은 섹시한 여급들이 서빙을 하는 호프집.

현인 예수의 음성을 직접 들었다는 이야기를 접한 이후로는 자기도 제이의 음성 혹은 성령의 음성을 들었다고 주장하는 사람들이 갑자기 '여기저기서 마구' 튀어나오는 거예요. 〈수업〉은 분명 그럴 수 없다고 밝히고 있는데 말이죠! 그 이유는 매우 분명합니다. 만약 그들이 성령의 음성을 들을 수 있었다면, 사실 그들은 〈수업〉을 이해하거나 〈수업〉이 요구하는 용서의 과제를 해야 할 필요도 없었을 거예요. 그렇지 않나요? 에고나 자신의 무의식적 죄책감을 들여다보거나, 그에 대해 뭔가를 해야 할 필요도 없었을 거고요. 제이는 그들에게 제이 자신이 직접 행했던 용서의 방식을 통해서 완전히 다른 차원으로 올라오라고 권하지만, 그들은 이 도전을 받아들이는 대신 오히려 자기 좋을 대로 자신만의 〈수업〉을 만들어내고 있어요. 〈수업〉을 공부하고 용서의 과제를 할 시간도 부족했을 텐데 갑자기 자칭 〈기적수업〉의 교사 행세를 하는 사람들이 사방에서 튀어나온 거죠. 이렇게 해서 사람들은 〈기적수업〉을 제대로 접하기도 전에, 제이가 〈기적수업〉에서 스스로 말한 내용과 모순되는 것을 자신에게 말하고 있다고 주장하는 자들에게 둘러싸입니다.

우리가 한 말에 대해서도 이런 일이 똑같이 반복되는 것을 우린 원치 않아요. 그래서 여기서 분명히 밝힙니다. 만약 아턴과 퍼사가 자신에게 나타났다든지 무슨 말을 했다든지 어떤 정보를 주었다고 주장하는 사람이 있다면, 그것이 현재든 미래든, 그 사람은 착각한 것입니다. 그건 분명 우리가 아닙니다. 우리는 결코 그렇게 하지 않을 거예요. 이렇게 분명히 말해놓아야 아무도 우리 이름을 내세워 우리가 했던 말과 모순되는 내용을 말하거나 우리가 했던 말을 희석시킬 수 없을 겁니다. 제이와 성령에 관한 엉터리 이야기들은 〈수업〉을 제대로 해본 적도 없으면서 〈수업〉에서 영감을 받았다고 주장하는 자들의 것으로 내버려두겠습니다.

개리: 상당히 도발적으로 들릴 수도 있겠군요. 이 말을 듣고 너무 모질게 말한다고 느끼는 사람들도 있을 것 같아요. 당신을 직접 만나본다면 당신의 애정 어린 태도를 느낄 수 있을 텐데 말이죠.

퍼사: 개리, 유감스럽기는 하지만 '누군가는' 이런 것들을 짚어줘야 해요. 눈에 띄게 성장하려면 여러 해의 훈련과 실천이 필요한데도 많은 이들이 용서라는 도구는 사용하지도 않고 곧장 결과로 건너뛰고 싶어해요. 학생도 되지 않고 곧장 마스터가 되길 원하죠. 하지만 당신은 스스로를 〈수업〉을 공부하면서 겪은 경험을 나누는 학생일 뿐이라고 소개하고 있지요. 우리는 이 점이 매우 기쁘답니다.

하지만 이 선을 넘어서 뭔가를 더 하려고 한다면, 일이 이상해지기 시작합니다. 예를 들면, 소위 〈기적수업〉의 교사라고 하는 이들 중에는 종교지도자를 자처하는 이들이 몇 있습니다. 징후가 이렇게 명백하게 드러날 때도 있지만, 때로는 좀더 미묘하게 진행되기도 해요. 어느 경우든 간에, 어떤 교사나 그 추종자들이 당신더러 뭔가를 헌납하라고 한다든지 엄청난 액수를 기부하라고 한다든지 자신들이 모여 사는 곳으로 당신도 이사 와야 한다고 말한다면, 일단 그들을 의심해보는 것이 좋습니다.

분명히, 〈수업〉은 사회로부터의 도피처로 이용되어서는 안 됩니다. 〈수업〉은 사회를 용서하기 위한 도구로 사용되어야 해요. 하지만 〈수업〉의 지도자를 자처하는 자들은 예외 없이 겉보기에는 완벽한 논리를 제시할 거예요. 〈수업〉의 목적은 분명 당신이 용서의 과제를 해내도록 힘을 주는 것인데, 그들은 그렇게 하는 대신 자신들과 함께 지내는 것이 중요하다고, 자신들을 추종해야 깨달을 수 있다고 설득하려 애씁니다. 당신도 몇 달 안에 이런 사람들 중 하나를 직접 만나보게 될 거예요. 하지만 그에게 대응하려 하지 마세요. 대신 용서하세요. 〈수업〉을 배우고 실천할 필요를 느끼지 못하고 대신 사람들을 이용하기로 결심할 때 자신을 스승으로 내세우려는 일이 항상 일어나곤 합니다. 그는 이런 일의 전형적인 본보기에 불과하다는 것을 기억하세요.

주: 하지만 '빛의 경로들'(Pathways of Light)이라는 단체의 사람들은 퍼사가 위에서 언급하고 있는 유^類의 교사에 포함되지 '않는다고' 본다. 로버트 스톨팅과 매리 스톨팅이 위스콘신 주 키엘^{Kiel}에서 운영하고 있는 이 단체는 〈수업〉의 가르침을 충실하게 전하고 있다.

개리: 그런 거라면 딱히 새롭다 할만 한 것도 없네요. 그런데 왜 이 사이비 지도자들은 자신들이 〈기적수업〉을 가르친다고 말하는 거죠? 왜 성서나 다른 책은 이용하지 않나요?

퍼사: 때로 그들은 성서도 이용하고 다른 책들도 이용하면서 〈기적수업〉과 섞어버려요. 당신은 그렇게 해서는 안 되죠. 물론 하다 보면 다른 책들을 언급해야 할 경우도 있겠지만, 그렇게 할 때에는 일단은 자신이 〈수업〉의 메시지에 정말로 충실하다는 확신이 있어야만 해요. 그다음에 대조를 하거나 〈수업〉을 뒷받침하기 위한 목적으로만 다른 책들을 언급해야 해요.

개리: 〈수업〉을 가르치는 것과 실천하는 것을 동시에 하는 것은 가능한가요?

아턴: 가능하냐고요? 네! 어렵냐고요? 물론이죠. 이 둘을 동시에 할 수 있는 유일한 방법은 이 모든 것의 목적을 항상 기억하는 거랍니다. 그 목적이란 물론 용서죠. 사랑하는 형제, 당신은 이것을 매번 즉석에서 기억해내지는 못해도 결국은 늘 기억해내고 있어요. 당신의 용서는 완벽하진 않아도 끈질기긴 합니다. 용서를 계속 연습해나가는 한 당신은 잘 나아가고 있

는 것입니다. 하지만 용서를 미룬다면 그 시간만큼 스스로 괴로움을 연장시키는 것입니다!

개리: 그렇다면 당신들이 조금 전에 언급한 그 사이비 지도자들에게도 용서를 실천해야겠군요.

아턴: 네, 맞아요. 앞서 말했듯이, 그들 중 한 사람을 직접 만나 용서해야 할 기회가 생길 거예요. 그리고 향후 몇 년 동안에도 이와 비슷한 경험을 숱하게 겪을 것입니다.

개리: 좋네요. 내게 필요한 것… 보다 많은 용서의 기회 말이로군요.

아턴: 이것이 당신을 가장 빨리 집으로 데려다주리라는 점을 기억하세요.

개리: 그렇다면 명상은요?

퍼사: 전에 우리가 당신에게 말해준 그 방식이 가장 좋은 명상법이에요. 《우주가 사라지다》에서 '진정한 기도와 풍요'라는 장의 마지막에 나와 있지요. 이 명상법은 사실 기도의 원형을 반영하고 있어요. 기도의 원형이란 그저 고요히 신과 합일하는 것, 그게 전부랍니다. 신을 최우선으로 생각하고 그분을 당신의 유일한 참된 '근원'으로 인정한다면, 이것은 당신의 마음 안에 있는 분리를 해제시키는 것을 도울 뿐만 아니라 영감이라는 부산물도 가져다줄 수 있어요. 지금도 아침저녁으로 5분씩 이렇게 명상을 하고 있는 걸 보니 기쁘네요. 사실 이것이 당신에게 필요한 전부예요. 영감을 받는 데는 이보다 더 좋은 방법이 '없어요.' 그냥 신의 사랑 안에 빠져서, 감사를 느끼고 그와 완벽하게 하나인 자신을 그려보세요.

하지만 용서의 실천 자체를 대체할 수 있는 것은 아무것도 없다는 것을 잊지 마세요. 이것이 우리의 형제 제이가 2천 년 전에 말과 모범으로써 가르쳤던 '급행선'의 영적 삶이에요.

개리: 지금에 머무르는 것은 어떤가요?

아턴: '지금 여기에 머무르기' 연습이 데려다주는 곳은 이곳이에요. 그건 당신을 이완시켜주기는 하겠지만 집으로 데려다주지는 않을 겁니다. 이 수련은 그 한 방편으로서, 자신의 판단을 지켜보라고 합니다. 하지만 판단을 지켜보는 것이 곧 판단을 용서하는 것은 아닙니다. 그리고 이러한 연습을 할 때 경험되는 지금은 천국의 영원한 항시성(eternal always)이 아닙니다. 이 영원한 항시성은 에고가 성령에 의해서 완전히 지워진 후에라야 지속적으로 경험될 수 있습니다. 그러려면 당신은 당신 몫의 용서를 해야 해요. 그러면 성령은, 당신의 무의식적 마음의 깊은 곳에서, 당신이 보지 못하는 부분의 일을 맡아서 해줄 겁니다. 이 일을 계속 해나가노라면 내가 지금 바로 가고 있구나, 하는 것을 알게 해주는 체험도 겪게 될 겁니다. 때로 이것은 단순하게, 깊은 내적 평화의 느낌으로 찾아오기도 합니다. 그런데 여기에는 당신이 깨닫지 못하는 훨씬 중요한 의미가 있습니다. 평화가 왕국(Kingdom)을 위한 조건이라 한다면, 당신의 마음이 왕국으로 다시 들어가기에 앞서 마음은 평화의 상태로 회복되어야 합니다. 그러지 않으면 마음은 왕국에 맞지 않을 겁니다. 동그란 구멍에다 사각형을 쑤셔 넣으려는 것과 비슷하지요. '이해를 넘어서는 신의 평화'는 집으로 가기 위한 선행조건이에요. 다시 말하지만, 무의식적 죄책감이 성령에 의해서 마음에서 다 제거되기 전까지는 아직 이 조건이 영구적으로 획득된 것이 아닙니다. 가르침과 관련해서 우리가 했던 말, 즉 반복에는 잘못된 것이 아무것도 없다는 말을 기억하세요. 사실 반복은 필수사항입니다.

개리: 그 말도 이미 하셨잖아요.

아턴: 재미있군요. 그런데 〈기적수업〉의 어느 곳을 읽다 보면 전에 분명 여기를 읽었다는 것을 알면서도 마치 처음 읽는 느낌을 받은 적이 있을 거예요. 그리고 이런 일은 《우주가 사라지다》를 다시 읽을 때에도 일어나곤

합니다. 전에 이 책에 적힌 말을 읽은 적이 있다는 것이 기억은 나죠. 하지만 이제 그것을 완전히 다른 수준에서 이해하게 됩니다. 글자나 내용이 변한 것은 물론 아니에요. 자신이 변한 거죠. 그때 이후로 에고가 좀더 지워졌기 때문에 이제 다른 위치에서 이 책을 이해하게 되는 거랍니다. 반복은 책의 내용을 배우는 데에만 중요한 것이 아니라 용서를 연습하는 데도 중요합니다.

때로는 똑같은 일을 놓고 몇 번이고 반복해서 용서하는 것처럼 보일 수도 있어요. 당신과 함께 일하는 사람들을 오늘 용서해도, 다음날이 되면 그들은 여전히 그대로인 듯합니다. 당신이 똑같은 일을 용서하고 있는 것처럼 보이더라도 그 역시 환영이라는 것을 기억하세요. 실제로는, 더 많은 무의식적 죄책감이 마음의 수면에 올라오고 있는 것입니다. 이때 멈추지 말고 계속 용서함으로써 그것을 놓아보내어 제거하는 기회로 삼으세요.

퍼사: 우리는 잠시 뒤에 떠날 거예요. 두 달 안에 다시 방문할게요. 그때는 힘에 대해서, 진정한 힘에 대해서 이야기를 해볼게요. 진정한 힘이란 무엇인지, 그리고 그것을 사용하는 방법에 대해서요. 진정한 힘을 이해하고 사용하노라면 결국에는 보다 깊은 수준의 용서를 실천하게 됩니다. 그러면 당신이 살고 일하고 있는 것처럼 보이는 이 세상에서 당신이 당면하는 일들, 바로 그것을 윤회를 종식시키는 데에 써먹을 수 있는 방법이 보일 것입니다.

개리: 아, 저는 여기서 일하지 않아요. 저는 고문顧問으로 있는 거예요.

아턴: 그래도 생사의 쳇바퀴에선 벗어나고 싶지 않나요?

개리: 그야 그렇죠. 하지만 지난번에 당신들이 말하길 어차피 저는 한 번 더 여기로 돌아와서 살아야 한다고 했잖아요. 그런데 뭐가 문제죠? 윤회를 끝내는 법을 배울 거라면 다시 돌아와야 할 이유는 뭐죠?

아턴: 개리, 성령은 전체를 볼 수 있지만 당신은 일부밖에 볼 수 없다는 것을 항상 기억하세요. 〈수업〉은, 성령은 "시간이 품고 있는 모든 것을 인식(recognize)했고, 이를 모든 마음에게 주어 각 마음이 계시와 영원 속으로 놓여날 때를 시간이 끝난 시점으로부터 결정할 수 있게 하였다"고 가르칩니다.(W324/W-pI.169.8:2)

당신은 자신이 한 번 더 여기에 돌아오면 다른 이들에게 얼마나 큰 도움이 될지를 생각해본 적 있나요? 사실 그 생애에서 굵직한 용서의 과제는 딱 하나만 있을 뿐이에요. 당신은 그 커다란 일뿐만 아니라 사소한 일들도 용서함으로써 다른 이들에게 좋은 본보기가 될 거예요. 그 생에서 퍼사로서의 당신은 나에게도 엄청난 도움이 돼요. 대개 윤회의 마지막 생은 그 개인에게도 큰 의미가 있겠지만 다른 이들을 위해서도 지대한 공헌을 하는 때이기도 합니다. 그것은 간혹 공공연하게 일어날 수도 있지만 대개는 조용히 이루어지지요. 홀로그램처럼 모든 일은 다 서로 맞물려 있습니다.● 모든 마음들이 각자의 놓여날 때를 정하게 하려면, 각각의 마음들은 '용서의 고리가 맞물리게 하기 위해' 자신의 역할을 수행해야만 해요. **"용서의 고리가 완성되면 그것이 곧 속죄이다."**(T4/T-1.I.25:1)

그러니 형제, 자신의 역할을 행하고 감사를 드리세요. 멋진 날들이 펼쳐질 겁니다. 다른 많은 이들에게도 마찬가지고요. 이 행성에서 이제껏 그 어느 때보다도 많은 사람들이 오늘날 깨달아 있거나 이제 곧 깨닫게 될 거라고 말했던 것을 기억하세요. 당신이 받은 가르침들을 나눔으로써 당신은 그들이 그 길을 찾는 것을 돕게 됩니다. 그들 중 일부는 다시는 돌아올 필요가

● 입체상을 만들어내는 필름인 홀로그램은 파동의 간섭무늬를 기록한 것이다. 입체상들은 서로 분리되어 있어서 관계가 없는 것처럼 보이지만 홀로그램 위에서는 모든 것이 서로 겹치고 맞물려 있어서 상호간섭한다.

없어질 거예요. 부분적으로는 당신 덕택으로 말이죠! 함께 길을 가는 동안 다른 이들과 진실을 나누고 용서하는 것보다 더 보람된 소명은 없습니다.

퍼사: 지금부터 두 달 뒤에, 당신은 처음으로 전국 각지로 비행기를 타고 다니면서 메시지를 퍼뜨리게 될 거예요. 처음에는 좀 긴장도 되고 서툴 수도 있어요. 하지만 그것을 용서의 기회로 삼는다면 그 또한 지나갈 거예요. 그러라고 용서가 있는 거니까요. 용서만 실천하세요. 그러면 아무런 문제 없을 거예요. 미국 전역을 횡단하는 첫 여행을 마치고 돌아온 직후에 다시 방문할게요.

개리: 와! 재밌겠는걸요. 알겠지만, 아직 난 그렇게 많은 곳엘 가보지 못했거든요.

아턴: 이 모든 것이 꿈이라는 것만을, 그리고 이 꿈이 얼마나 행복해지느냐는 당신의 용서에 달려 있다는 것만을 기억하세요.

아턴과 퍼사는 그 즉시 사라졌다. 그래도 내 친구들이 돌아왔다는 사실에 난 너무나 흡족했다. 나는 작년에 일어났던 모든 일로 인해서 다소 어리벙벙해 있던 차라 이런 코치를 받게 된 것이 반가웠다. 그 당시만 하더라도 난 그들과 향후 2년간 펼쳐질 일이 나에게 던져줄 과제들이 그렇게까지 힘들 것이라고는 전혀 예상하지 못했다.

2
진정한 힘

결정하는 힘은 이 세상의 포로인 너에게 남겨진 유일한 자유다.
너는 세상을 바르게 보기로 결정할 수 있다.

(T231 / T-12.Ⅶ.9:1-2)

    다음 두 달 동안 나는 퍼사가 경험에 대해 해준 말을 자주 생각해보았다. 지난해에는 《우주가 사라지다》의 출판과 관련해서 용서해야 할 일들이 끊이지 않았다. 영적인 학생들이라고 하는 소규모 집단이 인터넷상에서 꼴사납게 구는 모습이 매우 놀랍게 다가왔다. 그들 중 일부는 무슨 정치적 의도라도 품었는지 내 책을 읽어본 적도 없으면서 험담을 퍼부었다. 처음에 나는 소위 〈기적수업〉 모임이라는 곳에 이러한 사람들이 존재한다는 사실을 믿고 싶지 않았다. 하지만 이곳에 들어서자마자 나는 〈기적수업〉 모임이야말로 자신들이 믿고 따른다고 여기는 그 〈수업〉을 가장 우선적으로 실천해야 할 곳임을 깨닫게 되었다.

    나로서 다행인 것은, 요 근래 여행을 하면서 진정한 〈기적수업〉 모임이라 할 수 있는 사람들을 직접 만나볼 기회가 생기기 시작한 것이다. 온라인에서 가끔씩 보이던 모습과는 달리, 거의 대부분의 학생들은 〈기적수업〉이 제공하는 방식의 영적 성장에 진지한 관심을 갖고 있다는 것을 알게 되었다. 이와 동시에 《우주가 사라지다》에 관해 토론하는 온라인 모임도 생겨나서 커지기 시작했다. (앞서 말했듯이 이곳 회원들은 책이 나오자마자 그것을 《우사(D.U.)》라 줄여 부르기 시작했다.) 내 책과 나를 공격하려는 의도로 사이트를 찾아온 몇몇 사람들 때문에 출발이 순조롭지는 않았지만, 《우사》 모임은 나에게 정말 사랑스럽고 힘이 되는 온라인 모임 중 하나로 자리를 잡아갔다.

> 상황이 내 뜻대로 굴러가지 않는 것처럼 보일 때마다 최선을 다해 용서를 실천했다. 용서를 실천하는 습관이 들면 결국 그것은 영적인 체험으로 이어지리라는 사실도 기억했다.

성공이 항상 내가 상상한 방식대로 굴러가지는 않았다. 책이 순조롭게 팔리기 시작한 후에도 넘어야 할 장애물은 항상 나타나는 것처럼 보였다. 이 장애물은 공격의 형태로 오기도 했는데, 때로는 미묘하게 때로는 난폭한 형태로 찾아왔다. 상황이 내 뜻대로 굴러가지 않는 것처럼 보일 때마다 최선을 다해 용서를 실천했다. 용서를 실천하는 습관이 들면 결국 그것은 영적인 체험으로 이어지리라는 사실도 기억했다. 이 영적 체험은 때로는 내적인 평화의 형태로 오기도 하고 때로는 예측할 수 없는 신비한 체험으로 찾아오기도 했다. 처음에는 이런 신비한 경험이 놀라웠지만 시간이 지나면서 점차 익숙해졌다. 〈수업〉은 나에게, 다른 누군가가 분명 나를 공격하는 것처럼 '보이더라도' 마음의 수준에서는 내가 결코 공격받을 수 없다는 사실을 가르쳐주었다. 그래도 용서의 실천은 때로 너무나 어려웠고, 그래서 나는 에고 대신 성령을 내 교사로 선택하겠다는 결정을 뒤로 미루곤 했다. 그러다 보니 자연스럽게, 왜 나는 내가 그토록 좋아하는 〈수업〉의 가르침, 즉 **"사랑은 원망을 품지 않는다"**를 '항상' 살아내지 못하는지 궁금해졌다.(W116/W-pI.68.6:8) 어떤 이들을 용서하는 것은 가능한데 왜 어떤 이들은 용서하기가 이토록 어려운 것일까?

나는 **"너는 그를 보듯 너 자신을 볼 것이다"**라는 〈수업〉의 가르침도 알고 있었다.(T142/T-8.Ⅲ.4:2) 내가 다른 이를 어떻게 바라보든, 그에 관해 어떻게 생각하든 분명 그 방식이 내가 나를 바라보고 경험할 방식을 창조하고, 결국에는 내 정체성까지 결정하기 마련이다. 내가 육신인지 영인지를 말이다. 바른 결정을 내리는 것이 때로는 왜 이렇게 힘든지 그 이유가 궁금해졌다.

아턴과 퍼사는 내가 여행을 많이 하게 될 것이라고 했다. 시간이 지날수록 글쓰기와 강연, 그리고 이 일과 관련된 용서의 숙제가 내 주된 일이 되리라는 것이 점점 더 명확해졌다. 6개월 전만 하더라도 나는 공석에 나서서 말을 해본 적이 없었다. 이제 겨우 강연과 워크샵을 몇 번 했을 뿐인데, 곧 나는 여러 곳을 누비며 정기적으로 새로운 소명에 종사하게 될 참이었다.

그러다 보니 자연스레 1992년 10월이 떠올랐다. 아턴과 퍼사가 처음으로 나타나기 두 달 전이었는데, 재정적으로 많이 힘든 시기였기 때문에 나는 돈을 좀 벌기 위해 지난 20년 동안 해왔던 기타 연주를 다시 시작하는 것을 진지하게 생각해봤다. 그래서 나는 레스폴 커스텀Les Paul Custom(기타 상표)을 벽장에서 꺼내어 어깨에 걸치고는 거실에 서서 연습하기 시작했다. 이때 내 양손은 기타를 연주하는 일에 몰두해 있었다. 그런데 놀랍게도 갑자기 나는 다른 어떤 손이 기타의 목 부분을 천천히 아래로 눌러서, 덩달아 나까지 내려가는 것을 느낄 수 있었다. 눈에 보이지 않는 어떤 존재가 기타를 연주하지 못하도록 막는 것 같았다. 그것은 강하지만 온화한 방식으로 연습을 방해하면서, 외면할 도리가 없는 메시지를 주는 듯했다. "이건 더 이상 네가 할 일이 아니야"라고 말하는 듯이 말이다. 나는 이 메시지를 이해했다. 내가 정확히 무슨 일을 해야 할지는 몰랐지만, 이 일을 겪고 난 후, 이제 곧 그 일이 나타나겠구나 하는 것만큼은 직감할 수 있었다. 그리고 두 달 후 아턴과 퍼사를 처음 만났고, 결국 나는 내 남은 인생을 신의 품으로 돌아가는 길에 바칠 기회가 나에게 주어졌음을 깨닫게 되었다.

2월 말 캘리포니아로 가는 첫 여행길에, 이제 막 상영을 시작한 멜 깁슨의 〈패션 오브 크라이스트〉를 보러 갔다. 그런데 나는 그 잔혹한 영상에 허를 찔린 기분이었다. 나는 영화에서 그리고 있는 제이의 모습과 끔찍한 폭력에 대해 곰곰이 생각해보았다. 이 주제에 관해 내 승천한 스승들과 하루라도 빨리 이야기를 나누고 싶었다. 다행히 시간은 빨리 지나갔다. 두 달 만에 다시 아턴과 퍼사는 거실에 나타났다. 항상 그랬던 것처럼 그들의 출현은 순간적이었다. 텔레비전에서 채널 버튼을 누르면 화면이 즉시 바뀌는 것처럼 말이다. 그들이 나타나고 사라지는 방식은 그것과 매우 흡사했다. 그들을 한정하려는 건 아니지만, 그들은 마치 주파수를, 심지어는 차원을 순식간에 바꾸는 듯해 보였다.

아턴: 똘똘이 학생, 머릿속에 생각이 많군요. 무슨 이야기부터 시작할까요?

개리: 에이, 알면서 왜 그래요? 지난번에 멜 깁슨의 〈패션 오브 크라이스트〉를 보러 갔었는데, 이 영화에 대해서 이야기를 좀 하고 싶어요.

아턴: 형제, 그 이야기는 조금만 할게요. 오늘은 그것보다는 다른 주제를 논하기에 알맞은 날이거든요.

개리: 진짜요? 하지만 이제까진 대개 내가 원하는 주제에 대해서 말하곤 했잖아요.

퍼사: 십자가형에 대한 멜 깁슨의 관점을 통합적으로 잘 설명할 수 있는 주제가 있는데, 그건 나중에 다루도록 할게요. 우리가 그 영화와 관련해서 당신한테 장난을 좀 친 적이 있는데 그게 뭔지는 알아차렸겠죠?

주: 《우사》에서 퍼사는 나에게, 그리스도교를 한눈에 보고 싶다면 '구시대의 경전'(그들은 그것을 절대로 '구약'이라고 부르지 않았다)을 펴서 이사야 53장 5절부터 10절까지를 읽어보라고 하였다. 그런데 퍼사의 이 말은 〈패션 오브 크라이스트〉가 상영되기 1년 전에 활자화됐다. 이사야서의 그 부분에서는 도살장에 끌려가는 어린양에 대해, "그의 상처로 인해 우리는 치유되었다"고 말하고 있다. 이는 무고한 이를 희생시켜 다른 이들의 죄를 속죄할 수 있다고 믿는 낡은 관념이다. 그런데 이사야서는 제이가 나타나기 700년 전에 써졌고, 제이와는 사실 아무 관련도 없다. 이사야서는 제이가 아닌 다른 예언자에 관한 내용이었던 것이다. 사람들은 그 기록물에서 예언거리를 짜내어서 제이에게 적용하였다. 하지만 그 기록은 제이에 관한 것이 결코 아니었다. 그 기록이 제이의 가르침과는 아무런 관련이 없었음에도 불구하고 사람들은 그렇다고 믿어버리고는 이 믿음을 제이에게 덧씌웠고, 제이도 자신들처럼 죄, 죄책감, 두려움, 괴로움, 희생, 죽음의 사고체계를 믿고 있다고 가정해버린 것이다.

퍼사가 '장난'을 쳤다고 한 것은 나보고 성서의 그 부분을 읽어보라고 한 것을 두고 한 말이었다. 그들은 영화가 나오기 전에 자신들이 말한 내용이 먼저 책으로 나오리라는 것을 알고 있었다. 내가 〈패션 오브 크라이스트〉 영화를 보러 갔을 때, 멜 깁슨은 영화의 첫 장면에다 성서의 인용문을 집어넣었는데, 놀랍게도 이사야서 53장 5절부터 10절까지의 본문이었다! 아래의 내용은 성서에서 그 부분을 일부 인용한 것이며, 멜 깁슨도 이를 똑같이 발췌해서 사용했다. 이 구절을 보면 무의식적 마음속에 들어 있던 어떤 사고체계가 기록자를 통해 표현되고 있음을 알 수 있다.

그를 찌른 것은 우리의 반역죄요,
그를 으스러뜨린 것은 우리의 악행이었다.
그 몸에 채찍을 맞음으로 우리를 성하게 해주었고
그 몸에 상처를 입음으로 우리의 병을 고쳐주었구나.
우리 모두 양처럼 길을 잃고 헤매며
제멋대로들 놀아났지만,
주[•]께서 우리 모두의 죄악을 그에게 지우셨구나.
그는 온갖 굴욕을 받으면서도
입 한 번 열지 않고 참았다.
도살장으로 끌려가는 어린 양처럼,
가만히 서서 털을 깎이는 어미 양처럼
결코 입을 열지 않았다.

폭행을 저지른 일도 없었고
입에 거짓을 담은 적도 없었지만
그는 죄인들과 함께 처형당하고, 불의한 자들과 함께 묻혔다.
주께서 그를 때리고 찌르신 것은 뜻이 있어 하신 일이었다.
그 뜻을 따라 그는 자기의 생명을 속죄의 제물로 내놓았다.…

수세기가 지나고, 현재는 바울 사도로 더 잘 알려진 타루수스 출신 사울

• 공동번역 개정판 이사야서 53장 5절~10절. 개리가 인용한 원문에는 Lord로 나와 있어 '야훼'를 '주'라 바꾸어 인용하였다. 이 책에 나오는 성서와 관련된 어휘나 성서 원문은 보통 개역개정판을 따르고 있는데, 이 부분에 해당하는 영어 원문과 한글 개역개정판에는 다소 어긋나는 부분이 있어서, 제일 비슷하게 번역된 공동번역 개정판을 인용하였다.

은 자신이 수많은 기독교인들을 죽인 것에 깊은 죄책감을 느꼈다. 그리고 그는 다마스쿠스로 가던 길에 에고의 관점이 뒤섞인 혼란스러운 경험을 겪었는데, 그는 이 사건으로 인해 그가 예수의 사상이라고 여긴 것을 자신의 사상으로 삼게 되었다. 바울은 구약 성서를 믿던 유대인이었으므로 그가 위 구절의 믿음들을 병합해서 제이에 대한 자신의 신학적 설로 발전시킨 것은 놀라운 일도 어려운 일도 아니었다. 이 결과로 하나의 종교가 탄생하게 되었는데, 여기서 정작 제이의 참된 메시지는 대부분 상실되고 그들만의 사고체계로 대체되었다.

그런데 그들의 이런 식의 장난은 사실 처음 겪은 것이 아니었다. 내 스승들은 내가 영화를 즐겨 본다는 것을 알고 있었고, 그들이 했던 말을 내가 나중에 어떤 영화에서 보게 되거나 듣게 될 것이라는 사실도 알고 있었다. 그들은 첫 번째 방문기간 동안에 "사람들은 유령과도 같습니다. 존재하는 외견상의 차원이 서로 다르다는 사실만 뺀다면요. 그들은 자신의 몸이 살아 있다고 생각하지만 그렇지 않습니다. 그들은 단지 자신이 원하는 것을 볼 뿐입니다"•라고 말한 적이 있었다.

그 말을 들은 지 2년 정도 후에 나는 나이트 샤말란이 각본을 쓰고 감독을 한 〈식스 센스〉라는 훌륭한 영화를 보게 되었다. 영화에서 소년이 심리치료사에게 자신의 비밀을 밝혀야겠다고 결심했을 때 소년은 자신이 보고 있는 귀신들에 대해서 이렇게 이야기했다. "그들은 자신이 살아 있다고 생각해요. 그들은 단지 자신이 원하는 것을 볼 뿐인데 말이에요." 좀 무섭지만 도저히 눈을 뗄 수 없는 이 영화를 보다가 이 구절을 들었을 때 난 의자에서 벌떡 일어날 뻔했다. 하지만 그들이 단순히 날 놀려주기 위해서 그 말

• 《우주가 사라지다》 5장. 에고의 계획.

을 한 것이 아니라는 것도 알았다. 이는 자신들의 뜻을 더욱 분명하게 전달하기 위한 방편이었던 것이다.

아턴: 우리는 영화의 첫 부분에서 당신의 반응을 보기 위해서 당신을 지켜보고 있었어요.

개리: "그 몸에 상처를 입음으로 우리의 병을 고쳐주었구나"라는 성서 구절을 가리키는 거죠? 정말로 우리가 그의 상처로 치유된 것이라면, 멜 깁슨이 그토록 '많은' 상처를 보여준 것도 이해가 되네요.

아턴: 형제여, 그게 바로 에고의 사고체계랍니다. 이 주제와 그 영화에 대해서는 나중에 더 다루기로 하죠. 〈기적수업〉에 보면 '꿈의 주인공'이라는 글이 있는데, 그 글을 다룰 때 〈패션 오브 크라이스트〉도 같이 다루고, 왜 세상의 믿음이 육신에다 그토록 뿌리를 깊이 내리고 있는지도 설명할게요.

퍼사: 육신에 대해서 이야기하자면, 당신이 깊이 묵상하는 **"사랑은 원망을 품지 않는다"**는 생각이 육신에 대한 해독제로 사용될 수 있다는 것을 당신도 알 거예요. 실습서의 그 과에서는 **"원망을 품는다는 것은 네가 누구인지를 잊는 것이다. 원망을 품는다는 것은 자신을 육신으로 보는 것이다"**라고 말하죠.(W115/W-pI.68.1:2-3) 개리, 최근에 용서의 숙제 중 몇 가지가 특히 힘들지 않았나요?

개리: 역시 알고 계셨군요. 왜 어떤 사람들은 용서하기가 쉽고, 어떤 사람들은 용서하기가 그토록 어려워 보이는 건가요?

퍼사: 무의식적 마음은 모든 것을 알고 있다는 사실을 명심하세요. 그것은 어떤 생에서건 당신이 이제껏 맺은 관계들을 다 알고 있어요. 당신이 거쳐가는 것처럼 보이는 생들은 역할을 바꿔가며 추는 춤과 비슷하다는 점도 고려해야 해요. 한 생에서는 피해자이지만 다음 생에서는 가해자가 되어

춤을 추는 것이죠. 그래서 이번 생에서는 살인자였던 사람이 다음 생에서는 살해당하고, 때로는 자신이 죽였던 그 사람에게 다른 생에서 살해당하기도 하지요. 이것은 행위뿐만 아니라 직업에도 적용되는 이야기입니다. 이번 생에서는 목사였던 자가 다음 생에서는 창녀가 될 수도 있고, 그 반대도 물론 가능하죠. 제이가 돌에 맞아죽을 뻔했던 창녀를 구해준 일화 알죠? 사실 그녀는 막달라 마리아가 아니었어요. 여하튼 그녀는 그 이전 생에서 제이를 도와준 적이 있었답니다. 이렇게 당신들은 역할을 계속 바꿔가고 있어요. 꿈속의 어느 생에서는 경찰관이 되기도 하고, 다음 생에서는 범죄자가 되기도 한답니다.

개리: 더 재수 없으면 정치가가 되기도 하겠죠.

퍼사: 정치가들은 문제가 많은 사람들이에요. 그들을 친절하게 대하세요. 그건 곧 자신을 친절하게 대하는 거니까요.

개리: 노력하고 있어요. 젠장, 실제로 성공한 적도 많다고요. 그냥 보기만 해도 화딱지가 나는 정치인이 있었어요. 텔레비전에도 많이 나오는데 한 번 누군지 맞춰 보세요. 그 작자가 우리나라와 온 세계를 망쳐놓는 것을 생각할 때마다 욱하고 올라와서 화를 내며 반응하곤 했지요. 요전 날에도 그 작자가 텔레비전에 나오더라고요. 그래서 나도 그에게 반응하기 시작했는데, 그날은 실상實相을 기억해낼 수 있었어요. 그래서 그를 용서하기 시작했죠. 당신들이 가르쳐주었듯이, 이것이 제일 힘든 부분인 것 같아요. 심각한 사건의 현장에서 실상을 기억해내는 거 말이에요. 여하튼 나는 그를 용서하기 시작했고, 그러자 이런 생각이 드는 거 있죠? '어라, 그는 내가 자기를 지켜보고 있다는 것도 모르잖아!' 그렇다면 여기서 괴로운 사람은 누구죠? 그는 아마도 좋은 시절을 보내고 있을 거예요. 이게 다 환영이란 것도 모를 테고요. 그는 자신이 정말로 대통령이라고 생각한다니까요!

퍼사: 그래요. 용서는 언제나 자신이 자신에게 주는 선물이에요. 당신이 용서하고 있다고 생각하는 누군가에게 주는 것이 아니고요. 실질적인 관점에서나 형이상학적 관점에서나 용서의 수혜자는 바로 당신입니다. 맞아요, 게다가 이때 당신은 상대방에게 진실을 상기시켜주는 역할도 하게 된답니다. 모든 생각은 어느 수준에선가는 영향을 미치기 마련이고, 용서는 상대방에게도 이로움을 가져다준답니다. 물론 상대방이 실제로 거기에 존재한다는 뜻은 아니에요. 나는 지금 당신 마음의 외견상 분열된 측면에 대해서 말하고 있는 것뿐이에요.

개리: 캬, 그 말 정말 근사한데요. 내가 용서를 할 때 사실 난 마음의 수준에서 나 자신과 재회하는 것이로군요. 다시 전체가 되는 것이지요. 게다가 용서를 하면 난 괴로움을 겪지 않게 돼요. 30분 뒤에 용서하는 대신 1분 만에 용서한다면 난 인생의 29분을 괴로워하지 않아도 되지요.

아턴: 맞아요. 빌 클린턴이 텔레비전에 나올 때마다 당신의 장인어른이 얼마나 열을 올렸는지 기억나죠?

개리: 물론이죠. 때로 장인어른은 문자 그대로 얼굴이 빨개지곤 했으니까요. 채널을 돌려버리거나 어떨 때는 아예 방을 나가버리기도 했어요. 그렇게 8년 동안 시달리다가 돌아가셨죠. 하지만 난 거의 장담하건대, 그때 빌 클린턴은 좋은 시절을 보내고 있었을 거예요.

아까 당신이 잠깐 언급했던 윤회의 관점에서 생각해보니, 왜 특정한 사람들이 다른 사람들에 비해 용서하는 것이 더 힘든지 이유를 알 것 같아요. 그러니까 현재 내가 용서하기 힘들어하는 그 사람을 내가 다른 생에서도 알고 있었다는 거죠? 그리고 그때에도 내가 그 사람과 어떤 문제가 있었다는 것이고요. 물론 지금은 그때의 일을 기억하고 있지 못해요. 우리가 윤회하는 '것처럼 보이지만' 실제로는 그렇지 않다는 당신들의 말도 이해했어요. 이건 사실 단지 마음으로 하는 하나의 거대하고도 괴이한 여행일 뿐이에요. 실제로 우리가 어디에 가거나 하는 게 아니에요. 〈수업〉은 이것에 대해 **"우리는 다만 여행이 끝난 지점에서 마음속으로 되돌아보고 있는 것일 뿐이다"** 라고 말하죠.(W298/W-pI.158.4:5)

우린 그냥 우리 자신의 투사물을 지켜보고 있는 것뿐이에요. 그리고 이 투사물은 사실 우리 자신의 무의식적 마음으로부터 나오는 것이고요. 영화를 볼 때와 비슷해요. 영화를 볼 때 나는 영화가 사실이 아니라는 것을 잊고 싶어하죠. 나는 그것이 사실이길 원하고, 주의를 온통 스크린에다 쏟습니다. 이야기에 빠져들수록 난 스크린의 영상에 반응하게 되겠죠. 하지만 거기서는 아무 일도 일어나고 있지 않아요. 스크린의 영상은 단지 결과일 뿐이에요. 내가 보고 있는 영상은 사실 다른 곳에서 나오고 있어요. 만약 내가 스크린에서 벌어지는 어떤 일을 바꿔보겠다고 스크린을 고치려 든다면, 헛수고로 끝날 거예요. 하지만 저쪽을 보면 영사기가 있어요. 영사기는 뒤쪽에 숨겨져 있죠. 그리고 영화를 보는 동안 난 영사기에 대해서는 생각하지 않기로 되어 있고요. 하지만 영사기가 바로 원인이지요. 내가 보고 있는 것은 사실은 영사기에서 나오고 있어요.

진정한 힘을 갖기를 원한다면, 결과보다는 원인을 다루는 것이 훨씬 효과적일 것입니다. 영사기 안에 있는 것을, 즉 필름을 변화시킬 수 있다면, 나머지는 자동적으로 바뀔 테니까요. 그러나 삶 속에서, 혹은 삶이라고 여겨지는 곳에서 대부분의 사람들은 영사기와 그 안에 있는 것은 내버려두고 스크린에 있는 것을 고치려고 애쓰느라 자신의 평생을 허비하지요. 하지만 스크린에 있는 것은 단지 결과일 뿐입니다. 여기서 영사기란 마음을 말하고, 영사기 안에 있는 것이란 마음이 붙들고 있는 사고체계를 가리킵니다.

언제나 생각이 먼저입니다. 의사들이 우울증에 걸린 사람들과 그들이 하는 생각에 관해 실험을 했다는 글을 전에 읽은 적이 있어요. 의사들은 환자들이 우울증에 빠졌기 때문에 온갖 나쁜 생각들을 하게 되는 거라고 가정했어요. 그런데 밝혀진 결과는 충격적이었지요. 오히려 이 모든 나쁜 생각들을 계속 간직해왔기 '때문에' 환자들이 우울해진다는 결과가 드러났거든요!

아턴: 아주 훌륭해요. 가끔은 당신도 말을 상당히 조리 있게 하는군요.

개리: 와, 이제껏 당신이 해준 말 중에 최고의 찬사인데요.

아턴: 아무한테도 말하지 마세요.

퍼사: 여하튼 당신은 원인과 결과에 관한 이 비유를 워크샵에서도 사용하게 될 거예요. 당신이 공적으로 전하는 가르침과 당신의 첫 번째 책은 다른 〈기적수업〉 교사들로 하여금 〈기적수업〉이 가르치고 있는 내용을 더욱 정확히 이해하게끔 몰아갈 겁니다. 지금도 〈수업〉의 메시지를 농락하는 〈기적수업〉 교사들이 많이 있어요. 그들의 가르침이 〈수업〉이 말하는 내용과 다르다고 지적하면 그들은 당신을 '〈기적수업〉 근본주의자'라 부를 거예요! 하지만 〈기적수업〉 근본주의자라는 말을 문자 그대로 보자면 〈수업〉이 가르치는 대로 따라야 한다고 생각하는 사람을 두고 하는 말입니다. 이 모든 어리석음을 끝장낼 때까지 당신은 먼 길을 걷게 될 거예요. 당신의 메시지는 너무나도 분명해서 다른 〈기적수업〉 교사들도 더 이상 그것을 피할 수 없게 될 것이고, 그러면 그들도 〈수업〉에 자신을 맞춰가야 할 겁니다. 그러지 않으면 〈수업〉에 대해 뭘 잘 모르는 사람처럼 보이게 될 테니까요.

나도 당신에게 칭찬을 좀 해주고 싶어요. 2년 안에 당신은 뼛속까지 영적인 사람이 되어 있을 것으로 믿어요.

개리: 아가씨, 어쩜 그렇게 맞는 말만 쏙쏙 골라서 해요?

퍼사: 그러니 결과를 바꿔놓으려고 애쓰는 건 정말 어리석은 일이고 원인인 마음을 다루는 것이야말로 얼마나 중요한지를 알 수 있어요. 거기야말로 진정한 힘이 있는 곳이에요. 복습을 계속하기 전에, 당신이 맺고 있는 힘든 관계들이 모두 시간이 존재하기도 전에 설정된 것이라는 것과, 또 그런 관계를 원한 것은 바로 당신이었다는 점을 제대로 이해했는지 확인하고 싶어요.

개리: 네, 그러니까 지금 나를 힘들게 하는 사람들이 있다면, 아니 힘들게 하는 것 이상으로 못 잡아먹어 안달이 난 사람들이 있다면, 실제로는 내가 이전 생에서 그 사람들에게 잘못을 했던 것인데 그걸 까먹고는 이게 다 그들의 탓이라고 생각한다는 거죠? 하지만 사실을 말하자면, 내가 이전 생에서 그들을 똑같이 힘들게 했던 거예요. 단순히 힘들게 하는 것 이상의 짓을 했을 수도 있고요. 그리고 지금은 그들이 나에게 되갚는 차례가 된 것뿐입니다. 보통 그 일을 겪는 당사자들은 상대방과의 관계가 왜 그렇게 힘든지를 깨닫지 못합니다. 하지만 이 모든 일은 에고가 지배하고 있는 시공간의 각본 속에 시간이 존재하기 이전부터 설정된 것이에요. 거기서 우리는 피해자와 가해자의 역할을 돌아가면서 하는 것뿐이고요. 이 정도면 정확한가요?

퍼사: 꿈치고는 더할 나위 없이 정확했어요. 당신이 마주치는 용서의 과제들 중 일부가 특히나 어려운 이유는 당신의 무의식적 마음이 이전 생에서 그 사람과 맺었던 불편한 관계를 기억하고 있기 때문이에요. 그래서 당신은 이번 생에서 그들을 용서하는 것에 대해 엄청난 무의식적 저항을 갖

도록 설정된 것입니다. 게다가 개인적인 정체성을 포기하는 것에 대한 저항은 항상 존재하기 마련이에요. 왜냐하면 에고는 당신이 용서를 실천하면 그건 곧 자신의 종말임을 직감하고 있기 때문이죠. 말 그대로 모든 이들이 이런 전생의 관계를 갖고 있고, 그 기억은 무의식에 숨어 있어요. 바로 이 때문에 특별한 사랑의 관계보다 특별한 미움의 관계를 용서하는 것이 훨씬 더 어려운 거예요.

개리: 특별한 사랑의 관계, 즉 가족이나 친구나 연인을 용서하는 것은 쉽습니다. 내가 그들을 사랑하기 때문이죠. 반면 특별한 미움의 관계, 내가 미워하는 사람들의 경우에는 절대로 그놈들을 용서하려 들지 않을 것입니다. 그들은 내 용서를 받을 자격도 없습니다. 하지만 사랑하는 사람들의 경우에 당신은 그들이 오로지 좋은 것만 받을 자격이 있다고 생각하지요. 그래서 가족 중 누군가가 사람을 죽이더라도 기꺼이 법정에 서서 형벌을 감면받을 수 있도록 변호해줍니다. 하지만 '진정한' 사랑과 용서는 아무도 배제시키지 않습니다. 모두에게 적용되지요. 진정한 사랑과 용서는 특별한 것이 아니라 보편적인 것이에요. 이 포괄성이야말로 사랑을 사랑답게, 용서를 용서답게 해줍니다.

퍼사: 맞아요. 가짜가 실재하는 것처럼 보이는 이유 중 일부는, 당신이 어떤 육신들을 다른 육신들에 비해 특별하게 여기기 때문이에요. 하지만 이것은 당신이 마음속에서 '죄지은' 육신들을 찾아내어 거기에다 당신 자신의 무의식 속의 죄책감을 투사할 수 있게 하기 위한 속임수입니다. 바로 이것이 애초에 당신이 그 육신들을 만들어낸 이유이지요. 하지만 당신이나 당신과 가까운 이들이 지금껏 갈아입은 육신의 그 엄청난 숫자만 놓고 보더라도 육신이란 것이 별로 특별한 것이 아님을 이해할 수 있을 겁니다.

개리: 지금까지 제가 얼마나 많은 육신을 입었었나요?

아턴: 수천 개요.

개리: 《우주가 사라지다》와 관련해서 마지막으로 방문했을 때도 수천 번의 생에 대해서 당신들이 뭐라고 말하긴 했었지만, 아무래도 숫자가 좀 과장된 것 같아요.

아턴: 정말 그렇게 생각해요? 그것들을 보고 싶어요?

개리: 무슨 말이에요?

아턴: 형제여, 의자에 꽉 붙어 있어요. 깜짝 놀랄 일이 벌어질 거예요.

개리: 어— 어, 글쎄요. 그건 별론데요.

주: 곧이어 펼쳐진 장면에 난 숨이 막힐 지경이었다. 아턴과 퍼사는 내 눈앞에서 빠른 속도로 다른 육신들로 변하기 시작했다. 퍼사는 흑인 남성이 되었고 아턴은 나이 든 여성이 되었다. 그들은 내가 그 모습을 제대로 볼 수 있도록 그렇게 2~3초가량 머물렀다가 다른 육신으로 변하곤 했다. 이번엔 퍼사는 16~17세가량의 소녀로 변했고 아턴은 비슷한 또래의 남자아이로 변했다. 남성과 여성이라는 이원성을 반영하는 듯했다. 이렇게 아턴과 퍼사가 보여주는 모습들은 모두가 다 생생하여 진짜 육신처럼 보였다.

갑자기 그들은 훨씬 더 빠른 속도로 변하기 시작했다. 그렇게 1분가량 지나자 이제 내 앞에는 빠르게 변하는 육신의 두 물줄기가 흘러가는 것처럼 보였다. 서로 다른 형태, 서로 다른 시대, 서로 다른 의상을 입은 육신들이 셀 수도 없이 많이 지나갔다. 그러자 아턴이 나에게 "그것들을 보고 싶어요?"라고 했던 질문이 기억났다. 갑자기 모든 상황이 이해가 갔다. 지금 내가 보고 있는 육신들은 모두가 다 나였던 것이다! 아턴과 퍼사는 내가 갈아입었던 수천 개의 육신들을 다 보여주고 있었다.

빠른 속도로 전환되는 육신의 퍼레이드를 보면서 나는 마치 최면에 걸린 것 같았다. 그 흐름에 너무나도 심취되어 나도 그들과 함께 내 몸을 변화시킬 수 있을 것만 같았다. 불현듯, 나는 시간이 존재한 이래로 계속해서 육신을 바꿔왔다는 사실을 깨달았다. 이것이 애초에 내가 지금 여기에 있는 것처럼 보였던 이유이리라. 갑자기 '개리'로 존재한다는 것이 예전보다 훨씬 덜 중요하게 여겨졌다. 내가 이 모든 육신들로 환생하는 것처럼 보여왔다면, 지금 내가 입고 있는 것처럼 보이는 이 육신이라고 해서 뭐 그리 특별하겠는가? 아턴과 퍼사는 계속 변하고 있었다. 방은 에너지의 소용돌이로 가득 찬 듯했으며 이 소용돌이는 그들이 앉아 있던 소파 쪽에서 정점을 이루고 있었다.

그러는 중 분명히 인간을 닮긴 했는데 아무래도 우리 인류는 아닌 듯한 육신도 가끔 나타났다. 순간 내가 전에 외계생명체의 형태도 취했음을 직감했다. 그러나 이 영상은 너무 빨리 지나가버려서 자세히 보지는 못하고 얼핏 보았을 뿐이다. 이 육신들은 대부분 남녀 어느 한 성에 속했지만 때로는 식별이 안 되는 경우도 있었다. 모양도 크기도 색깔도 다양했다. 연령대도 다양하여 아기부터 노인까지 있었으며, 복장을 잘 차려입은 경우도 있었고 거의 발가벗고 있는 경우도 있었다. 빠른 속도로 진행된 이 홀로그램 쇼는 거의 한 시간가량 진행된 것처럼 보였다. 그러다 한순간 모든 것이 멈췄고 아턴과 퍼사는 이 쇼가 시작되기 전의 아까 그 자리에 다시 나타났다.

개리: 어, 저기요! 한 생애만 뒤로 돌아가 주세요!

주: 그러자 퍼사는 마치 거울 속에 비친 내 모습처럼 되어 내 앞에 서 있었다. 하지만 아턴은 보이지 않았다.

개리: 그런데 아턴은 어디 갔나요?

개리로 나타난 퍼사: 머리를 잘 쓰는군요. 하지만 아직은 이번 생에 아턴이 누구인지를 당신이 알 때가 안 됐어요. 이 부분에 대해서는 나중에 다시 이야기할게요.

개리: 알았어요. 할 수 없죠, 뭐. 그럼 도마 사도 때의 모습으로 돌아가 줄래요?

주: 그러자 퍼사는 대략 서른 살 정도의 한 사내로 변해 있었고, 아턴이 앉아 있던 자리에는 다른 사내가 서 있었다. 그들이 《우주가 사라지다》와 관련해 마지막으로 방문했을 때 밝혀준 사실 덕분에 나는 이들이 도마와 다대오라는 것을 알 수 있었다. 성인이라는 호칭은 나중에 붙여진 것이다. 이 두 남자가 매우 온화해 보인다는 것도 인상적이었지만 가장 인상적이었던 부분은 오늘날 사람들보다 키가 훨씬 작다는 사실이었다. 하지만 그들을 오래 바라볼 수는 없었다. 아턴과 퍼사는 이내 자신들이 취한 마지막 육신, 지금의 시점에서 보면 그들이 미래에 입었던 육신의 형태로 돌아왔기 때문이다. 시간이 홀로그램과 같다는 사실을 기억하면 이를 이해하는 데 도움이 된다.* 과거와 현재와 미래는 동시에 일어난다. 그리고 〈수업〉에 따르자면 사실 시간은

---

* 입체상이 기록된 필름인 홀로그램은 이론상 아무리 작은 한 조각 속에도 무한한 시공간 속의 입체상을 다 담을 수 있다. 즉, 일점의 홀로그램 속에는 무한한 시간과 공간이 동시에 존재한다.

이미 끝나 있다. 하지만 우리가 이것을 실제로 경험하려면 자신의 과제를 마쳐야만 한다.

퍼사: 자, 이제 당신은 자신이 도마로 나타난 모습도 보았고 현재의 자신도 보았고 당신의 미래의 모습인 나도 보았어요. 또 아턴이 다대오로 나타난 과거의 모습도 보았고 미래의 아턴의 모습도 보았어요. 잠시 휴식을 취하는 게 좋을 것 같아요.

주: 나는 다시 1분가량 자리에 앉아 있었다. 입이 다물어지지 않았다. 아까 보았던 놀라운 시각적 전생여행의 의미를 곰곰이 생각해보았다. 내가 좀 정신을 차린 것처럼 보이자 퍼사가 다시 말을 이었다.

퍼사: 다양한 환생의 꿈속에서 당신이 차지한 것처럼 보였던 육신들은 이원성의 상징입니다. 이렇듯 당신은 부자였던 만큼이나 가난했던 때도 많았고, 선했던 만큼이나 악했던 때도 많았고, 잘 생겼던 만큼이나 못 생겼던 때도 많았고, 유명했던 만큼이나 눈에 띄지 않았던 때도 많았고, 건강했던 만큼이나 아팠던 때도 많았어요. 이밖에도 생각나는 이원성이나 대극을 떠올려보세요. 하지만 이 중 그 무엇도 사실이 아니에요. 다 속임수예요. 실은 당신이 곧 당신 자신의 대극이에요. 궁극적으로는, 당신의 환생이 아니었던 육신들 또한 사실은 다 당신입니다. 당신의 육신들처럼 이 육신들도 이원성의 대립을 반영하고 있어요. 이 육신들도 신으로부터의 분리라는 상태를 상징하고 있거든요. 하지만 신으로부터의 분리란 있을 수 없습니다. 오직 신만이 존재하며 다른 것은 모두 다 가짜입니다. 〈수업〉은 이 사실에 대해 절대 타협하지 않습니다. 이 사실을 보고자 하는 이들에게 〈수업〉은 과

연 그것을 보여줄 것입니다.

아턴: 전에 제가 신으로부터의 분리라는 생각에 관해 말했던 내용을 떠올려보세요. 분리라는 당신의 그 생각은 신에게 속한 것이 아니기에, 신은 여기에 아무런 반응도 하지 '않습니다.' 반응하는 것이야말로 거기에 실재성을 부여하는 짓이 될 겁니다. 만약 신이 완벽한 하나 '이외의' 다른 무엇이 있다고 스스로 인정해버린다면 완벽한 하나는 더 이상 유지될 수 '없습니다.' 당신이 '되돌아갈' 천국의 완벽한 상태가 존재하지 않게 되는 것입니다. 하지만 앞으로 당신도 이해하게 될 것처럼 당신은 거길 어떤 식으로도 떠난 적이 없습니다. 당신은 여전히 거기에 있어요. 당신은 단지 환영의 악몽에 빠진 것뿐입니다.

개리: 이것이 바로 빌 텟포드가 〈기적수업〉을 기독교의 베단타라고 부른 이유인가요?

아턴: 네! 빌은 〈수업〉이 가르치는 내용을 이해하고 있었어요. 오직 완벽하고 비이원적인 신의 일체성만이 실재하고, 그밖에는 아무것도 실재하지 않습니다. 고대 힌두교 문헌인 베단타도 이것을 정확히 가르치고 있었어요. 하지만 사람들은 이 문헌을 가져다 잘못 해석해놓았지요. 오늘날 사람들이 〈수업〉을 놓고서 제멋대로 해석하는 것과 아주 똑같은 방식으로 말이죠.

당신은 〈수업〉의 메시지를 고수해야 합니다. 메시지를 놓고서 타협하지 마세요. 〈기적수업〉은 순수 비이원론의 가르침입니다. 우리는 2천 년 전에 제이의 메시지를 놓고 일어났던 일이 〈기적수업〉의 메시지에서 또다시 반복되길 원치 않습니다. 이것이 우리가 여기에 다시 나타난 주된 이유 중 하나입니다. 당신을 포함해서, 사람들이 메시지의 초점을 놓치지 않도록 도와주려고 말이지요. 이 메시지를 돌려서 말하지 마세요. 혹시 누가 당신이

나 당신이 전하는 메시지를 놓고서 헐뜯거든, 일단은 그들을 용서하고 나서 그들에게 "당신들은 지금 오류에 빠져 있습니다"라고 말하세요. 당신에겐 침묵하지 '않을' 권리가 있습니다.

개리: 그러면 실습서의 **"나 자신을 방어하면 나는 공격받는다"**라는 가르침은 어떻게 이해해야 하는 거죠?(W255/W-pI.135.22:4)

퍼사: 〈수업〉의 가르침은 '항상' 마음의 수준에 적용되는 것이지, 형상이나 물리적 수준에 관한 것이 '결코' 아니라는 점을 기억하세요. 이것이 바로 **〈수업〉이 원인에 관한 수업이지 결과에 관한 수업이 아닌 이유입니다.**(T463/T-21.Ⅶ.7:8) 당신은 그저 자신의 마음속에서 바른 마음의 생각들을 사용하기만 하면 돼요. 그러면 용서를 하고 난 뒤에 때로 당신은 자신이 해야 할 일 혹은 하지 말아야 할 일에 관해 모종의 방식으로 성령의 인도를 받고 있음을 느끼게 될 수도 있습니다. 이런 일이 자주 일어나야 하는 것도 아닙니다. 영감적인 아이디어가 소나기처럼 쏟아져야 하는 것도 아니에요. 단 '하나의' 영감적인 생각이 당신의 삶에 거대한 변화를 일으킬 수도 있습니다. 영감이란 그런 거예요. 그건 용서의 부수효과로서 찾아옵니다. 참된 기도의 부수효과로서 영감이 오는 것과 매우 비슷하지요.

개리: 당신들이 나에게 보여주었던 육신들은 전부 다 내가 맞죠? 음. 그런데 외계인처럼 보이는 것도 있던데 그건 대체 뭔가요?

퍼사: 형제, **당신이 알아야 할 모든 것에 대해 당신은 듣게 될 거예요.**(T3/T-1.I.4:3) 때로 환생은 인간이 아닌 존재로 일어나기도 한답니다. 물론 현재 인간으로 태어나 있는 이들은 '대부분의' 생을 인간으로 보내긴 하지만, 그렇다고 모든 생이 다 인간의 삶인 것은 아니에요. 이것은 우주가 설정된 방식과 관련된 일이랍니다. 이것 말고 정말로 중요한 것은 삶의 '목적이' 무엇인지를 깨닫는 것이에요. 집에 가기 위해 당신의 삶을 이용하라는 것

이죠.

개리: 방금 봤던 장면을 설명하는 게 쉬울 것 같진 않아요.

아턴: 걱정하지 말아요. 그냥 하면 돼요. 전에 드렸던 충고를 다시 한 번 말해줄게요. 우리를 묘사하는 일에 시간을 많이 할애하지 마세요. 도마와 다대오의 모습도 포함해서 말이죠. 우리가 여기에 나타난 이유는 육신에 집중하라는 것이 아니에요. 우리가 지금 하고 있는 일은 여러 육신을 사용해서 '모든' 육신이 환영이라는 점을 가르쳐주려는 거예요. 또 결국에는 그 어떤 육신도 다른 육신에 비해 더 중요하거나 더 실재적이지 않다는 점을 강조하려는 것이에요. 이것이 바로 성령이 하는 일이에요. 그는 당신이 환영에서 빠져나오게 하기 위해 환영을 이용하지요. 참된 용서도 또한 환영이지만, 이 환영은 당신을 집으로 데려다줍니다. 용서라는 환영이 없다면 당신은 이 즐겁지 못한 꿈나라에 영원히 갇혀 있게 될 거예요.

개리: 이곳이 항상 불행한 것만은 아니잖아요?

아턴: 형제, 그건 또 다른 속임수일 뿐이에요. '때로는' 이곳이 좋을 때도 있다는 것을 부인하려는 건 아니에요. 하지만 그런 시절을 누리더라도 전체성이 없이는 뭔가 빠진 것처럼 느껴질 거예요. 당신과 신의 완벽한 일체성이 빠져 있는 것입니다. 시공간 우주는 딱 한 가지 문제, 그리고 특히 그 유일한 해답을 감추기 위한 것입니다. 딱 한 가지의 문제란 신으로부터의 외견상의 분리를 말하고, 유일한 해답이란 용서를 통해 집으로 가는 것을 말합니다. **"신과의 분리감이 네가 진정으로 바로잡아야 할 유일한 결핍이다"**(T14/T-1.Ⅵ.2:1)라는 〈수업〉의 말은 매우 중요합니다. 정녕 이것이 '유일한' 결핍이라면 다른 모든 것은 이 원초적이고 유일한 결핍의 상징물에 불과합니다.

하나 더 말하자면, 우리를 묘사하는 일에 시간을 많이 할애하지 않은 것은 물론이고, 처음 우리를 만났을 때 우리를 사진에 담지 않겠다는 바른 결정을 내려줘서 고마워요. 대화 내용을 담은 녹음테이프를 없애준 것도 고맙고요. 이번에도 그렇게 해주세요.

개리: 당신들도 알다시피, 계속 보관하고 싶은 충동이 있긴 했어요.

퍼사: 물론 알고 있었지요. 하지만 그것이 유출되었다면 사람들의 관심은 엉뚱한 데로 쏠렸을 거예요. 우리의 가르침에 초점을 맞추는 대신 이 녹음테이프가 진짜냐 가짜냐 하는 논쟁에만 정신이 팔렸을 테죠. 그런데 그 테이프에 정말 누가 있기라도 한가요? 바깥세상은 주의를 분산시키는 것들로 이미 넘쳐나요. 정확성을 기하는 데에만 녹음테이프를 사용하고 그런 후에는 예전처럼 없애버리세요. 혹시 이렇게 하는 것을 싫어하는 사람이 있더라도, 또 당신의 이런 조치가 미심쩍다고 여기는 사람이 있더라도 그냥 내버려두세요. 나무보다는 숲을 보는 것이 중요해요. 형제(bro)여, 사람들이 주의를 쏟아야만 할 곳에 쏟게 하자고요.

개리: 형제(bro)요?* 그 말을 들으니까 하와이가 생각나네요. 당신들도 알겠지만 나는 하와이엔 딱 두 번밖에 못 가봤어요.

아턴: 기뻐하세요, 형제. 당신은 향후 1년 안에만 두 번 이상 거기에 가게 될 거예요. 그중 한 번은 호주에서 돌아오는 길에 들리게 될 겁니다.

개리: 호주요? 정말이죠?

아턴: 정말이에요. 그런데 당신이 호주와 하와이에 가는 것은 가르침을 나누기 위해서랍니다.

개리: 와, 믿을 수 없어요! 어렸을 땐 호주 같은 곳은 내겐 결코 갈 수 없

---

* 하와이 사람들은 brother라는 말 대신 사투리에 해당되는 bro라는 말을 쓰는데, 이는 brother보다 더 친숙한 느낌을 준다고 한다. 또 현대 영어에서 bro는 젊은 층에서 친한 사이끼리 주고받는 호칭이기도 한데, 이 역시 '어이, 친구' 정도의 가볍고 친근한 느낌을 준다.

는 화성과도 같은 곳이었어요.

아턴: 하지만 이제 그곳은 더 이상 갈 수 없는 곳이 아니에요. 거기에 가거든 그저 이 모든 것이 마음의 여행이라는 점만 기억하세요. 또 어디서 살든 사람들은 기본적으로 다 똑같다는 점도 기억하세요. 사람들이 쓰는 말이야 다 다르겠지만 생각하는 방식은 거의 똑같답니다. 나중에는 통역이 필요한 곳에도 가게 될 거예요.

개리: 컴퓨터 번역기보다는 통역을 잘해줬으면 좋겠네요.

주: 《우주가 사라지다》가 출판된 후, 이 책의 첫 번째 발행인인 패트릭 밀러와 나는 여러 나라의 인터넷상에서 이 책에 대한 이야기가 오간다는 소식을 듣게 되었다. 그중 한 나라는 네덜란드였다. 우리는 이 책에 대해 이야기하고 있는 어떤 웹페이지를 찾아냈고, 내용을 확인하고자 컴퓨터 번역기를 돌려보았다. 그런데 컴퓨터 번역기는 일대일 방식의 문자적 번역밖에 할 줄 몰라서 원문의 단어와 가장 비슷한 의미를 지닌 단어들만을 나열해줄 뿐이었다. 컴퓨터는 의미를 번역해낼 수 없다. 이것이야말로 진정한 번역가가 하는 일인데 말이다. 아무튼 《우주가 사라지다》의 시작 부분에 보면 내가 예수와 어떤 관계를 갖고 있는 듯 느꼈다고 묘사한 부분이 있었는데, 번역기를 돌리니 "작가는 예수와 목욕을 했다"고 나오는 것이 아닌가.

퍼사: 당신이 예수와 함께 목욕을 했다는 이야기가 네덜란드에 퍼질지도 몰라요.

개리: 당신과 목욕하는 게 더 낫겠는걸요.

퍼사: 선심을 발휘해서 그 말은 넘어가 줄게요. 그 모든 육신의 영상을

보고 나서도 아직 정신을 못 차렸군요.

개리: 뭐 그렇죠. 아시다시피 그중 몇 개는 꽤 괜찮던데요.

아턴: 이야기를 계속하는 것이 이곳에 있는 사람들이 몇 생이라도 단축하는 데 도움이 되지 않을까요? 우린 아직 복습을 다 마치지 못했어요. 전에 우리는 마음 안에 있는 무의식적 죄책감에 관한 이야기와, 어떻게 해야 이 죄책감이 성령에 의해서 제거될 수 있는지에 대해 이야기했었어요. 그런데 어떻게 해서 죄책감이 들어올 수 있었을까요? 왜죠? 당신이 배운 내용을 우리에게도 나눠주지 않겠어요?

> 그리고 신은 완벽한 하나예요. 이 하나 말고 다른 것은 전혀 없어요.

개리: 물론이죠. 혹시 제가 말하다 틀린 내용이 있으면 바로 잡아주세요. 자, 당신에게 신이 있다고 해봅시다. 그리고 신은 완벽한 하나예요. 이 하나 말고 다른 것은 전혀 없어요. 신은 창조를 합니다. 하지만 신이 창조하는 것은 신과 완전히 똑같아요. 이 창조란 곧 완벽한 사랑을 공유하는 것이지만, 이는 현재 온전치 못한 마음을 갖고 있는 우리가 이해할 수 있는 것이 아닙니다. 하지만 이것은 참으로 엄청난 경험이라 정말로 근사하다고 말할 수밖에 없네요. 그런데 거기에 어떤 생각이 일어나는 것처럼 보입니다. 이것은 한순간만 반짝 하고 끝나버린 무의미한 생각이에요. 정말로 보잘것없는 생각이죠. 이것은 분리의 생각입니다. 즉 '여기서 이탈해서 나 혼자서 창조해보면 어떨까?'와 같은 생각이죠. 이 생각은 '개별적인 존재'라는 개념을 내포하고 있어요.

당신들이 말했듯이, 신은 이 생각에 반응하지 않습니다. 신은 결코 바보가 아니고, 실재를 완벽하게 하나로 유지시키고 있지요. 하지만 '우리가 경험하기로는' 이 분리의 생각으로 인해 다른 무엇인가가 나타난 것처럼 보이게 됩니다. 자, 이제 이해하기 가장 어려운 부분이 나옵니다. 그 일은 '실제로' 일어나고 있지 않습니다. 그냥 그런 것처럼 보일 뿐입니다. 밤에 꿈을 꾸는 동안에는 꿈이 완벽하게 사실인 듯 보이는 것이 가능한 것과 마찬가지로, 이 분리의 꿈도 사실인 것처럼 보일 수는 있는 거죠. 그래도 이 꿈은 사실이 아닙니다. 사실 이 꿈의 다른 부분들은 덜 생생하게 보이도록 만들어졌습니다. 그래서 우리는 이 꿈의 가장 생생한 부분은 '사실이라고' 믿어버립니다. 이것이 바로 수준(level)이라는 개념이 분리의 꿈 안에서 행하는 역할입니다. 완벽한 일체성 안에서는 존재조차 할 수 없는 개념이지만요.

우리에게 일어나는 것처럼 보이는 이 이질적인 경험은 사실 형이상학적 수준(level)에서 대규모로 일어나고 있는 것입니다. 이 경험을 우리는 '의식(consciousness)'이라고 부르겠습니다. 제가 아는 한, 세상에 현존하는 영적 가르침들 중 의식의 실체를 정확히 밝혀주는 책은 〈기적수업〉밖에 없습니다. 〈수업〉은 **"지각의 수준(the level of perception)인 의식은 분리 이후 마음에 일어난 최초의 분열로서, 마음을 창조자가 아닌 지각자로 만들었다. 의식은 에고의 영역으로 분류하는 것이 옳다"**고 말합니다.(T42/T-3.IV.2:1-2)

사람들은 의식이 대단히 중요한 것이라고 생각합니다. 왜냐하면 우리는 우리가 만든 것이 중요한 것이길 바라기 때문이죠. 그래서 우리는 의식을 찬양하고 측정하고 거기다 특별한 의미를 갖다 붙입니다. 하지만 사실 의식은 우리 근원(Source)으로부터의 분리를 나타내는 상징에 불과합니다. 의식은 분리입니다. 왜냐하면 의식을 갖기 위해서는 당신에게는 한 가지 이상의 뭔가가 더 있어야 하기 때문입니다. 주체뿐만이 아니라 객체도 필요한 것입니다. 의식해야 할 '대상으로' 뭔가가 있어야만 하는 거죠. 바로 이 지점에서 이원성(twoness)이 일원성(oneness)을 대체해버린 거죠. 그리고 이 결과로 상징이자 환영에 불과한 대립과 극성과 이중성(duality)이 생겨났습니다.

그리하여 이원성(twoness)으로부터 다양성(multiplicity)이 파생되어 나오지만, 사실 이것들은 모두 그 태초의 분리란 생각의 상징일 뿐입니다. 그리고 다양성은 혼돈을 키웁니다. 하지만 그 기저에는 언제나 어떤 근본되는 생각들이 자리하고 있고, 이 생각들은 당신이 자신을 일체성에서 떨어져 있는 존재로 경험할 때만 사실인 것처럼 보일 수 있습니다. 결핍과 죽음의 생각들이 그 예입니다. 충만함 속에 결핍이란 있을 수 없습니다. 하지만 일단 분리와 대립 같은 생각을 품고 나면, 이제 당신에게는 갖가지 괴이한 일들이 일어날 수 있게 됩니다. 이것이 바로 창세기에서 "너희는 선악과를 먹어서는 안 될 것이니, 먹는 날 너희는 죽게 될 것이다"라고 말하는 이유입니다. 선과 악은 대립쌍이며, 대립쌍을 갖고 나면 당신은 죽음도 갖게 됩니다. '천국'에는 오직 영원한 생명만이 있기에 죽음은 결코 존재할 수 없습니다. 하지만 일단 대립쌍을 갖고 나면, 당신에겐 생명에 반대되는 무엇, 곧 죽음이 존재하는 것처럼 보입니다. 죽음은 사실 존재하지 않습니다. 그래서 〈수업〉은 들어가기에서 **"사랑의 반대는 두려움이다. 하지만 모든 것을 포괄하는 것에는 반대가 있을 수 없다"**라고 말하는 것입니다.(T-in.1:8) 모든 것을 포괄하는 것이야말로 참된 것이며, 모든 것을 포괄하지 않거나 완벽하게 전체를 아우르지 못하는 것은 실재하지 않습니다.

아턴: 또 〈수업〉은 구원에 대해서, **"그것은 너로 하여금, 떨어져 나가 분리된 것으로 제가 지각하고 있는 파편들의 온전함**(wholeness)**을 다시 자각하게 한다. 바로 그것이 죽음의 두려움을 극복한다. 분리된 파편들은 썩고 죽지만, 온전한 것은 불멸하기 때문이다"**라고 말합니다.(M49/M-19.4:2-4)

개리: '불멸'이라… 〈수업〉은 그 말을 별로 자주 사용하는 것 같지 않은데요.

아턴: 확인해보면 놀랄 걸요. 하던 이야기부터 마저 해주시죠.

개리: 알겠습니다. 분리라는 거짓된 상태에 대한 하나의 대응으로서, 진정한 용서는 참이 '아닌' 것은 부정하고 참인 것은 받아들입니다. 제이도 자신의 〈수업〉에서 **"그것은 신으로부터 오지 않은 것이 네게 영향을 미칠 수 있음을 부정한다"**라고 말하지요.(T19/T-2.II.1:11)

아턴: 당신이 방금 인용한 문구는 **"불멸하는 것은 공격의 영향을 받지 않으며, 덧없는 것은 아무 영향도 끼치지 못한다"**는 〈수업〉의 지식(knowledge)을 반영하고 있어요.(T515/T-24.VII.5:4)

개리: 알았어요, 불멸맨. 대부분의 사람들에게 '여기에 있다는' 경험은 흡사 진짜처럼 느껴집니다. 하지만 '왜' 그런지를 이해하려면, 형이상학적 수준으로 돌아가야 합니다. 그런데 그 수준은 현재의 우리에겐 무의식층에 있어요. 그 이유는 이제 곧 살펴보겠습니다. 그런데 시공간 우주가 만들어지기 전의 형이상학적 수준에서 우리는 참으로 끔찍한 상실감을 느끼고 있습니다. 우리는, 지금은 감히 상상조차 할 수 없을 만큼 엄청난 규모로 그 상실감을 경험합니다.

퍼사: 아주 잘 말했어요. 그 일이 있기 전에는 모든 것이 완벽하다는 것을 당신이 경험하고 있었다는 사실을 이해할 필요가 있어요. 당신은 완벽한 돌봄을 받았고, 모든 것이 완벽하게 제공되었고, 아무런 문제도 없었고, 거기에 환희 말고는 아무것도 없었어요. 이것에 대한 완벽한 기쁨을 말로 옮기는 것은 불가능해요. 하지만 분리의 생각을 품게 되자, 이제 당신은 엄청난 실수를 저지른 것처럼 보입니다. 당신은 신을 잃은 것처럼 보이죠. 즉 모든 것을 잃은 것처럼 보인다는 겁니다! 신과 떨어지게 된 것처럼 보이는 이 태초의 분리의 순간에 당신이 느낀 상실감을 어렴풋이나마 이해할 수 있는 방법은 이 세상에서 당신이 가장 사랑하는 사람이 죽었을 때를 떠올려보는 것입니다. 그 사람이 죽고 나면 어떻게 되죠? 당신들은 이제 서로

떨어졌습니다. 다시는 그 사람을 되찾을 수 없을 것만 같죠. 물론 이것은 사실이 아니에요. 실제로는 아무도 죽지 않으니까 말이에요. 하지만 당신의 눈에는 그렇게 보이고 느껴지지요. 가장 사랑하는 사람의 죽음, 사실 이것은 이 세상 속에서 재현되고 있는 최초의 분리의 상징입니다. 형이상학적 수준에서, 신에게서 떨어진 이 태초의 분리가 당신을 끔찍한 기분이 되게 만드는 것입니다.

> 성령은 신과
> 하나로 있는 당신의
> 참된 집에 대한
> 당신의 기억이라고
> 말할 수 있습니다.

아턴: 분열의 결과로 대립쌍들이 존재하는 것처럼 보이게 되었기에, 이제 이 모든 일을 해석하는 데에는 두 가지의 사고방식이 존재하게 되었습니다. 우리는 바른 방식을 성령의 해석으로, 그른 방식을 에고의 해석이라고 부르겠습니다. 신은 당신을 구조하기 위해 성령을 보낸 적이 '없습니다.' 성령은 신과 하나로 있는 당신의 참된 집에 대한 당신의 기억이라고 말할 수 있습니다. 성령은 당신 마음의 바른 부분이고, 에고는 당신 마음의 그릇된 부분이지요. 처음에 〈수업〉을 접할 때 사람들은 〈수업〉이 몸으로서의 자신에게 말을 걸고 있다고 생각하곤 합니다. 왜냐하면 현재 그들은 자신을 몸으로 여기기 때문이죠. 하지만 사실 〈수업〉이 지칭하는 '너'란 당신의 외견상 분리된 마음을 말합니다. 그리고 이 마음은 그른 교사 대신 바른 교사의 말을 듣기로 선택할 필요가 있습니다.

이것은 쉬운 일이 아니에요. 이때 당신은 두려움에 차 있고, 에고는 당신의 두려움을 이용하려 들기 때문이죠. 의식이라는 이 새로운 경험 속에서 당신은 자신이 모든 것을 잃었다고 생각하게 됩니다. 그리고 에고는 당신이 '내가 뭔가를 잘못했구나'라고 생각하게 만들어놓고는 좋아 죽으려고 합니다. "이봐, 이젠 도리 없어. 신은 네가 한 일 때문에 엄청 열 받았다고." 당신이 뭔가를 잘못했다면 그것이 바로 죄라는 생각 아니겠어요? 그리고 당신이 죄를 지었다면 이는 곧 당신이 유죄라는 것을, 당신에게 죄의 책임이 있다는 것을 뜻합니다. 그리고 유죄라면 당신은 이제 처벌을 받게 될 것입니다. 하지만 이 형이상학적 수준에서, 당신은 신이 몸소 당신을 처벌하리라고 생각합니다! 이는 신에 대한 두려움을 낳고, 당신은 지금도 그 두려움을 품고 있습니다. 비록 의식되지는 않지만요. 그 일에 대한 마음속의 끔찍한 죄책감은 아직도 여전히 거기에 묻혀 있습니다. 하지만 마음은 홀로그램과도 같기에 진실에 대한 경험도 여전히 거기에 같이 묻혀 있습니다.

퍼사: 맞아요. 성령이 당신에게 전하는 진실은 에고의 이야기와는 완전히 다릅니다. 성령의 메시지란 이렇습니다. "뭐가 문제인가? 너는 신을 알고 있다. 너는 영원히 그와 함께 있어왔다. 그는 네게 모든 것을 준다. 이제껏 그가 사랑하는 것 외에 다른 무엇을 너에게 한 적이 있었던가? 네가 해야 할 일이란 오로지 그 어리석은 생각을 잊어버리고 집에 가는 것뿐이다. 문제는 해결되었다."

아턴: 그러니 에고는 빨리 대응책을 들고 나와야 합니다. 에고는 분리된 개체성을 갖는다는 생각을 '좋아합니다.' 그래서 이렇게 말하죠. "이봐, 넌 도망쳐야 해. 마침 내가 우리가 갈 만한 곳을 알고 있어." 에고는 당신이 궁지에 처해 있다는 것도 알고, 도망칠 수만 있다면 도망치고 싶어한다는 것도, 하지만 정작 그 방법은 모른다는 것까지도 알고 있습니다. 그래서 에고는 말하죠. "나와 함께 가면 지금 네가 느끼고 있는 그 끔찍한 고통에서 벗어날 수 있어." 바로 그곳이 당신이 달아나고 싶어하는 곳이죠. 하지만 아직은 성령이 일러주는 것을 포기하는 데 대해 확신이 서지 않습니다. 그래서 에고는 당신에게 뭔가를 덤으로 얹어줘야 합니다. 에고는 말하죠. "어

이, 나와 함께 가면, '네가' 신이 될 수 있어. 네 생명을 네 마음대로 지어낼 수 있다니까. 넌 너만의 개인적인 정체성을 갖게 될 거야. 넌 대장이 될 수 있어. 넌 '특별해질' 수 있어." 금상첨화지요. 이제 당신은 그 끔찍한 기분에서 벗어날 수 있을 뿐만 아니라 신까지 될 수 있는 겁니다!

개리: 복습은 내가 하기로 한 게 아니었나요?

퍼사: 그래서 아턴이 설명하는 동안 혼잣말을 하고 있었군요.

개리: 이봐요, 내가 나한테 말을 못 하면 누가 할 수 있겠어요.

아턴: 지금은 이 모든 것이 당신에게 이토록 생생한 현실처럼 보이는 이유를 간단히 설명해봅시다. 에고의 계획은 주도면밀해요. 앞서 우리가 언급했던 형이상학적 수준에서 당신이 에고를 선택한다는 말은 에고와 하나된다는 것과 같은 말이에요. 그러면 우리가 이야기해왔던 마음 안에 있는 모든 것에 대해 대규모의 '부인'이 일어나게 되지요. 당신이 뭔가를 부인한다면, 그것은 어디론가는 가야 합니다. 당신은 그것을 부인함으로써 거기서 벗어났다고 생각하지만 실제로는 그렇지 않습니다. 이때 당신이 실제로 하고 있는 일이란 그것이 수면에 올라오지 못하도록 억눌러 당신의 인식권(awareness) 밖으로 밀어내는 것뿐입니다. 그래서 이제 그것은 무의식의 영역에 놓이게 됩니다. 그래서 전체성 안에서는 존재할 수 없었던 새로운 이 모든 개념들, 즉 죄, 죄책감, 두려움, 결핍, 죽음, 공격 등의 이 종합선물세트는 이제 부인되고 밖으로 '투사'됩니다. 이 세상의 수준에서도 심리학자들은 부인 뒤에는 항상 투사가 뒤따름을 지적합니다. 하지만 지금 우리가 말하고 있는 이 부인과 투사는 상상 이상의 규모입니다. 제이도 〈수업〉에서 "너는 이 하나의 오류가 얼마나 엄청난 것인지 모른다"고 말하지요.(T373/T-18.I.5:2) 또 제이는 "에고의 음성에 귀 기울인다는 것은 신을 공격하는 것이 가능하고 네가 신의 한 부분을 떼어냈다고 믿는다는 뜻이다. 그러면 외부에

서 보복이 있을 것을 두려워하게 되니, 죄책감의 고통이 너무나 날카로워서 투사하지 않을 수가 없기 때문이다"라고 말합니다.(T84 / T-5.V.3:10-11) 이 말들이 함축하고 있는 엄청난 의미를 이해하겠어요?

개리: 내가 호주에 가다니, 믿을 수가 없어요.

아턴: 하던 이야기나 마저 할게요. 당신이 그토록 벗어나고 싶어했던 모든 것들, 자신에 대한 진실이라고 생각했던 그 모든 끔찍한 것들은 단 두 단어로 요약될 수 있습니다. 그 두 단어란 '죄책감'과 보복처벌에 대한 '두려움'입니다. 당신은 자신이 유죄라 생각하기 때문에 보복을 위한 처벌이 이제 곧 일어나리라고 믿고 있죠.… 이 모든 것은 부인되고, 밖으로 투사되고, 당신의 바깥에 있는 것으로 '보입니다.' 바로 이것이 빅뱅을 시작으로 해서 시공간 우주를 만들어냈지요. 당신은 부인을 통해서 우주의 진정한 목적을 망각해버렸지만, 이 우주의 진정한 목적은 당신으로 하여금 당신이 자신에 관해 느끼고, 믿고 있는 것으로부터 벗어난 것처럼 보이게 만드는 것입니다. 이제 그것은 더 이상 당신 안에 있지 않습니다. 그것은 저 밖에 있습니다!

물론 바깥에 '실제로' 뭐가 있는 것은 아닙니다. 그냥 그렇게 보이는 것뿐이죠. 일종의 착시현상이긴 하나 여러 가지 감각의 수준에서 행해지기에 매우 생생하게 보입니다. 이에 대해서는 '곧' 이야기하겠습니다. 여기서 우리는 "**생각(thoughts)은 자신의 근원을 떠나지 않는다**"는 사실에 관해 〈수업〉이 말하고 있는 내용을 기억해야 합니다.(W294 / W-pI.156.1:3) 방금 말한 것들을 바깥으로 투사하면 당신은 거기서 벗어난 것처럼 '보일' 수도 있습니다. 물론이죠. 하지만 그것은 그저 환영일 뿐입니다. 그것들은 여전히 당신의 마음 안에 있지만 현재는 그렇게 보이지 않는 거예요. 왜냐하면 그것은 계속 부인되어서 당신에게 잊혀버렸기 때문입니다. 그래서 그것은 마치 당신의 바깥에 있는 것처럼 보이는 것이고, 그것이 당신이 에고와 결합했을 때 만들어낸 것이라는 사실을 당신은 잊고 지냈습니다. 자, 이렇게 해서 〈기적수업〉에 나오는 다음의 매우 중요한 원리까지 오게 되었군요. **"투사가 지각을 만들어낸다."**(T445/T-21.in.1:1) 교재의 이 부분 첫머리의 몇 문장을 읽어주시겠어요?

개리: 네, 알겠습니다. 몇 쪽이죠?

아턴: 445쪽이요.

개리: 맨 위에 있네요. **"투사가 지각을 만들어낸다. 네가 보는 세상은 네가 세상에 준 것일 뿐, 그 이상은 아니다. 그 이상도 아니지만 그렇다고 그 이하도 아니다. 그래서 네게는 세상이 중요하다. 세상은 네 마음상태의 증거이자 내면의 상태를 외부로 보여주는 그림이다."**(T445/T-21.in.1:1-5) 와ㅡ, 난 정말 이렇게 생각해본 적이 한 번도 없어요. 현재 내가 보고 있는 것들을 내가 '만들어'냈다구요?

퍼사: 형제, 정답이에요. 하지만 대규모의 '부인' 때문에 그렇게 느껴지는 건 아니에요. 이것은 당신의 몸을 포함해서 당신이 보고 있는 다른 몸들 모두에도 적용되는 이야기에요. 육신의 목적은 환영을 현실처럼 보이게 만드는 것이에요. 하지만 육신도 환영의 일부이기 때문에, 육신이 당신에게 환영의 허구성을 말해주리라고 기대해서는 안 되겠죠. 투사를 통해 분리되기로 한 결정, ─ 이 결정이 태초에 이 모든 환영을 만들어냈지만 ─ 바로 이 결정에 의해서 육신이 형태를 부여받은 것이에요. 당신은 죄의 책임이 당신의 몸이 아니라 다른 몸에 있게 하려고 분리를 원했던 겁니다. 이렇게 해서 죄의 책임은 당신의 외부, 그들에게 있게 되었지요. 하지만 만물에 대한 지각을 만들어낸 것은 투사였기에, 이 모든 것의 원인은 여전히 당신의 마음 안에 있고, 마음은 변화될 수 있습니다. 〈수업〉이 말하듯, **"생각의 결

과는 결코 그 근원으로부터 분리되어 있지 않다. 분리라는 관념이 육신을 만들었고 그것은 육신과 연결되어 있다…"(T400/T-19.I.7:6-7)

이렇게 해서 당신은 자신이, 이 모든 다른 육신들과 어울려 살아야 하는 육신에 단단히 붙잡힌 것처럼 느끼게 됩니다. 시각뿐만 아니라 다른 감각 기관들도 모두 세상은 완벽하게 실재한다고 증언해주고 있지요. 그래서 세상은 완벽한 진짜처럼 보이고 느껴집니다. 태어날 때부터 죽을 때까지, 당신의 삶은 물질적 만족을 얻는 데서부터 특별한 사랑을 받는 것에 이르기까지 온통 육신의 생존과 성공에 관한 것이지요. 당신네들 사회가 육체와 섹스에 미쳐 있다는 것은 조금만 살펴봐도 쉽게 알 수 있어요.

개리: 무슨 말인지 알 것 같아요. 언젠가 섹스를 했었는데 그때가 제 인생에서 가장 행복한 순간 중 하나였어요.

퍼사: 개리, 잊지 말아야 할 것이 있어요. 이원성의 세계에서는 그 좋은 시절이 언제까지나 지속되지는 않아요. 결국에는 안 좋게 변해버리지요. 아무 일이 없더라도 결국에는 죽음이 찾아옵니다. 여기서 일어나고 있는 일들은 사실 신으로부터의 분리를 형태만 바꿔 다시금 다시금 재연하는 것에 불과하다고 말하는 이유가 이거예요. 똑같은 DVD를 자꾸자꾸 재생하는 것이지요. 분리라는 이름의 DVD를 말이에요. 당신의 그런 삶을 제이는 이렇게 표현합니다. "…공포의 때가 사랑의 자리를 빼앗은 그 한순간을 너는 다시 살고 있을 뿐이다."(T552/T-26.V.13:1)

개리: 그 예수라면 나도 좋아요. 이 예수는 자신의 〈수업〉을 철저히 고수하지요. 그러니까, 이 모든 사물과 사람들이 바깥에 있는 것처럼 보일 수도 있지만 실제로 그런 것은 아닙니다. 그 사람들은 실재하지 않습니다. 단지 그렇게 보일 뿐이에요. 나는 내가 보고 있는 것들을 만들어내고는 그 사실을 잊어버렸습니다. 이렇게 되길 바랐던 이유는, 내가 나 자신에 관한 비

밀이라고 은밀히 믿고 있던 그것, 〈수업〉이 **"은밀한 죄와 감춰진 증오"**라 부르는 그것, 최초의 분리와 관련된 나에 관해 내가 마음속에다 묻어놓았던 그것이 이제 다른 이들과 세상에 있는 것처럼 보이길 바랐기 때문입니다. 그리고 다른 이들에 대한 나의 심판과 단죄가 이 모든 것을 지탱해주지요.(T668/T-31.Ⅷ.9:2)

퍼사: 맞아요! 아주 정확해요. 이 모든 것은 당신이 계속 심판하고 단죄하여 의식의 수면 아래에서 돌아가는 이 모든 악순환을 유지시키게끔 하기 위해 마련된 설정입니다. 에고는 이렇게 무의식적 죄책감을 투사해냄으로써 생존해갑니다. 이제, 당신이 행복하지 않다거나 평화롭지 않다고 느껴지면 이는 결코 '당신' 책임이 아니에요. '그들의' 책임이지요. 이러한 책임전가는 개인적인 관계뿐만 아니라 국제적인 관계에서도 일어나고 있습니다. 당신과 특별한 사랑의 관계에 있는 자들이 아니라면, 당신네 나라와 동맹국이 아니라면, 당신은 문제의 책임을 언제나 다른 사람, 다른 나라에 돌립니다. 사실 그들은 거기에 존재하지도 않는데 말이죠! 문제의 책임이 분명 바깥에 있는 것처럼 보이고 느껴지긴 합니다. 하지만 이것은 당신이 애초에 정말로 치밀하게 설계해서 그렇게 보이게끔 해놨기 때문이에요. 심지어는 당신이 '자기 자신을' 비난할 때에도 그렇습니다. 그때 당신이 비난하고 있는 것은 무엇이죠? 그것 역시 또 다른 몸일 뿐이에요. 당신의 손을 들어 한 번 보세요. 당신이 보고 있는 것은 뭐죠? 그것 역시 계속해서 투사되고 있는 하나의 몸일 뿐이에요. 물론 당신은 이 몸이 매우 특별한 것이라고 생각하겠죠. 그것을 당신이라고 믿고 있으니까 말이죠. 하지만 사실은 그렇지 않아요. 그것은 당신이 투사해내고 있는 모든 육신들 중의 하나일 뿐이에요. 당신이 매일 거울에서 바라보고 있는 몸은 당신이 세상이라 부르는 거울에서 보게 되는 다른 몸들과 다르지 않습니다. 그것들은 전부 다

실재하지 않습니다.

개리: 네. 세상과 거기에 있는 모든 육신들은 분리와, 분리에 대해 우리가 느꼈던 엄청난 존재론적 죄책감과, 부인과 투사를 통해서 거기서 벗어나야겠다는 절박함의 상징일 뿐이죠?

아턴: 맞아요, 형제. 그게 바로 우주예요. 당신의 희생양이죠. 이에 대해 제이는 〈수업〉에서 이렇게 말합니다. "**그것은 최초의, 오류의 외부투사였다. 세상이 생겨나고, 오류가 투사될 스크린이 되어 너와 진실 사이에 드리워 그 오류를 숨겨주었다.**"(T373/T-18.I.6:1-2)

이제 당신이 해야 할 일은 당신 마음속에 있는 그 오류를 지우는 것이에요. 이로써 당신은 집에 돌아갈 수 있게 됩니다. 그리고 이 일을 하기 위해서는 단 하나의 문제인 분리에 대한 단 하나의 답, 곧 용서가 필요합니다. 앞으로 용서에 대해 더 많이 이야기할 거예요. 용서는 대부분의 사람들이 생각하는 것보다 훨씬 더 중요합니다. 결코 여기서 눈을 떼서는 안 됩니다.

참된 용서란 남을 심판하지도 단죄하지도 않습니다. 사실 외부에는 아무런 죄도 죄책감도 존재하지 않아요. 왜냐하면 우리가 앞서 이야기했던 일들은 모두가 꿈속에서 일어난 것일 뿐이고, 꿈은 사실이 아니기 때문입니다. 그래서 제이는 자신의 〈수업〉에서, 죄와 죄책감의 생각을 세상에서 만나는 사람들과 사건과 상황들 속에서 실재로 만들어놓지 말라고 이렇게 조언합니다. "**이것을 죄라 하지 말고 광기로 여기라. 그것은 예나 지금이나 여전히 그러하므로. 거기에 죄책감을 덧씌우지 말라. 죄책감은 그것이 실제로 현실화되었음을 암시한다. 또한 무엇보다도, 그것을 '두려워하지' 말라. … 태초의 오류가 왜곡된 형태로 일어나 너를 위협하는 것처럼 보일 때, 그저 이렇게 말하라. '신은 두려움이 아니라 사랑이시다.' 그러면 그것은 사라지리라.**"(T373/T-18.I.6:7-9, T-18.I.7:1)

개리: 말처럼 쉬웠으면 좋겠네요.

아턴: 개리, 쉽다고 한 적은 없어요. 진리는 '단순하다고' 했을 뿐이에요. 복잡한 것은 에고가 만들어낸 것이고, 바로 이것을 당신의 용서가 지워야 합니다. 에고가 지워질 때마다 당신은 점점 더 편안해질 거예요. 당신은 이미 잘 해나가고 있어요. 우리는 앞으로도 방문할 때마다 용서에 대해 자주 설명할 것입니다. 당신과의 작업이 다 끝날 즈음에는 당신도 각 상황에서 어떻게 대응해야 할지를 알게 될 거예요. 단순히 머리로가 아니라 경험으로 말이죠.

현재로서는, 생각들이 자신의 근원을 떠난 적이 없다면, 당신이 현재 보고 있는 것들도 마음을 떠난 적이 없다는 것만 기억하세요. 그것이 마음 안에 있다면, 그리고 마음이 변화될 수 있는 것이라면, 마음이야말로 진정한 힘이 있는 곳이에요. 제이와 붓다는 겉모습에 속지 않았어요. 바로 이 점이 그들을 그들답게 만들어주는 거죠. 환영은 당신이 자신과 자신의 죄책감 사이를 벌려 놓았다고 믿게 만들기 위해 존재합니다. 하지만 그것을 실재화하고 심판하고 단죄함으로써 당신은 오히려 그것을 제자리에다 붙들어 놓고 있지요. 에고는 당신을 속여왔습니다. 에고는 자신의 생존을 보장하기 위해서 당신이 남들을 심판하게끔 설정해놓았어요. 이제 당신은 진실을 알았으니, 이런 터무니없는 일을 모두 끝내고 본래의 집으로 가야 할 때입니다. 사실 당신은 여전히 거기에 있어요. 다만 그것을 모르고 있을 뿐이죠. 당신은 운 좋게도 그것을 구경할 기회가 제법 있었지만, 그것을 늘 자각하고 있진 못합니다.

우리는 이것을 참된 용서라 부릅니다. 왜냐하면 이것은 세상 사람들이 흔히 생각하는 용서와는 다르기 때문이죠. 당신은 이 용서에 대해 무의식적 저항을 갖기 마련입니다. 에고는 이것이 자신의 종말이라는 것을 직감하기 때문이지요. 그리고 당신이 자신을 죽이도록 내버려두기보단 당신을 죽이려 들 것입니다. 에고를 다루는 한 방법으로서, 에고를 친구로 삼거나 에고와 평화롭게 지내라고 가르치는 사람들이 있습니다. 하지만 그렇게 하는 것은 에고를 그냥 계속 그 자리에 남겨놓을 뿐입니다. 그러는 대신 유일한 탈출구인 참된 용서를 실천하면 에고는 당신의 친구인 척 구는 일에 흥미를 잃어버립니다. 제이는 이렇게 말하지요. **"너는 에고의 전체 방어체계를 극도로 위협해서 에고는 너의 친구인 척하기조차 어려울 지경이다."**(T454 / T-21.IV.3:3) 당신이 할 일은 에고를 보존하는 것이 아니라 바른 마음의 사고과정을 통해서 그것을 지우는 것입니다. 이에 대해서는 나중에 더 이야기해줄게요. 〈수업〉은 말하지요. **"구원은 지우는(undoing) 것이다."**(T660 / T-31.VI.2:1) 형제여, 이제 이 작업에 박차를 가할 때예요. 당신 자신만을 위해서가 아니라 들을 준비가 되어 있는 모든 이들을 위해서도 말이죠. 준비됐나요?

개리: 젠장. 준비됐어요.

퍼사: 이때 가장 중요한 것 중 하나는, 시공간 우주를 실재하는 것으로 만들지 않는 것이에요. 당신은 결백합니다. 우주는 실재하지 않기 때문입니다. 우주에 영성을 부여하려 들지 마세요. 물질이나 에너지에 영성을 부여하지 마세요. 때로는 에너지가 당신에게는 물질처럼 보이기도 할 겁니다. 하지만 그렇게 보이는 이유는 오직 에너지와 당신 자신을 인식하는 당신의 방식 때문입니다. 당신은 자신이 몸 안에 있다고 인식하고 있고, 그러면 몸은 당신에게 무엇을 느껴야 할지를 말해주지요. 하지만 몸에게 무엇을 느껴야 할지를 말해야 할 자는 바로 당신입니다. 당신은 몸 안에 있지 않아요. 몸은 당신의 마음 안에 있어요. 마음을 본래의 합당한 위치로 회복시킬 때 당신은 결과의 손아귀에서 벗어나 원인에 대한 책임을 맡게 됩니다.

그럼 당신은 에고의 질문 대신에 성령과 그의 답을 택할 수 있습니다. 이렇게 해서 당신은 온전함(wholeness)을 회복합니다. 이로 인해서, 형상의 수준에서 당신이 사물을 경험하는 방식은 변화될 것이고, 성령은 보다 큰 형이상학적 수준에서 자신의 일을 처리할 것입니다.

결코 혼동하지 마세요. 이 〈수업〉은 다른 가르침들과 수준의 차이가 있습니다. 다른 가르침들은 존재하지도 않는 우주 안에 있는 것들을 이리저리 움직이는 것이라 할 수 있습니다. 그건 불난 집에서 가구를 이리저리 옮기는 것과도 같습니다. 이렇게 하는 것이 잠시 동안은 더 근사해 보일 수도 있습니다. 하지만 이것은 진정한 문제를 부인하는 짓에 불과해요. 반면 〈기적수업〉은 이 모든 것을 지우고 유일하게 실재하는 그것에게로 돌아가는 일에 관한 것입니다. 이제껏 우리가 말했던 내용을 기억하고 그것을 통합시키세요. 더 많은 것이 드러날 거예요. 당신의 강연과 여행을 용서의 기회로 최대한 활용하세요. 두 달 뒤에 다시 올게요.

이 말을 마치고 아턴과 퍼사는 사라졌다. 나는 거기에 앉아서 그들이 말했던 내용 전부와 지난 세월 동안 내 삶의 수많은 굴곡에 대해 생각해보았다. 이제 나는 이 모든 일이 무엇을 위한 것이었는지를 깨달았다. 그 모든 일을 만들어냈던 그것을 지우고 우리의 진정한 창조주에게로 돌아가는 데 사용하라는 것이었다. 어떤 이유에서인지는 모르지만, 척추만곡증으로 우울했고 아무런 기대도 없었던 10대 때의 기억이 다시 떠올랐다. 그런 일들이 왜 일어나는지 알았더라면 그 시절에 진작 이 방법을 사용했을 것이다. 이제는 성령을 받아들일 만큼 오래 살았으니, 무의미한 생존을 목적이 있는 삶으로, 궁극적으로는 단 하나의 '진짜' 목적으로 변화시켜야 한다.

3
개리의 일생

한 선택은 평화와 기쁨을 가져오고,
다른 선택은 혼란과 재앙을 초래한다는 것을 경험을 통해 배우면
더 이상의 확신은 필요 없게 된다.

(T68 / T-4.VI.3:3)

아턴과 퍼사가 떠난 후 몇 주 동안 아턴이 에고에 관해 말한 내용이 종종 생각나곤 했다. 정말로 에고는 내가 그것을 죽이도록 내버려두기보다 오히려 나를 죽이려 들까? 〈수업〉이 에고에 대해, 그것은 **"최상의 경우 의심하고 최악의 경우 사악해진다. 이것이 에고의 범위이다"**라고 말한 것도 기억났다.(T176 / T-9.VII.3:7-8) 이것은 썩 달가운 생각은 아니었다. 하지만 〈수업〉은 **"에고를 '두려워' 말라. 에고는 너의 마음에 달려 있다. 너는 에고를 믿어 에고를 만들었듯이, 그 믿음을 거둬 에고를 몰아낼(dispel) 수 있다"**라고 말한 것도 기억이 났다.(T131 / T-7.VIII.5:1-2) 그러자 나는 아턴이 겁을 주려고 했던 것이 아니라, 다만 내가 무엇을 상대하고 있는지를 알려주려고 했다는 것을 알 수 있었다. 문제가 뭔지 모른다면 어찌 그것을 고칠 수 있겠는가? 〈수업〉이 "몰아내다(dispel)"라는 단어를 사용하는 것을 보고 참 재미있다는 생각이 들었다. 왜냐하면 나는 이 시공간 우주가 내가 나 자신에게 걸어놓은 하나의 거대하고도 지랄 맞은 주문(spell)이라는 사실을 깨닫고 있었

기 때문이다. 이제 내가 할 일이란 내가 너무나 오랫동안 추종해온 교사인 에고에 두었던 내 믿음을 거둠으로써 주문을 풀어 그것을 몰아내는 것이었다. 이제 나는 성령에 믿음을 두었다. 그렇다고 이제 내가 에고에게서 아무런 유혹도 느끼지 않는다는 말은 물론 아니다.

지난 삶 동안 난 항상 유혹을 받아 왔다. 사실 〈수업〉이 말하기로는, **에고의 유혹이란 자기 자신을 육신이라 여기는 것이다.**(T666/T-31.Ⅶ.1:1-2) 그 목적을 위해, 나도 다른 모든 이들과 마찬가지로 하나의 완벽한 어린 희생양으로 태어났다. 난 출생 이전에 있었던 일들을 잊어버리고는 이것이 내 생애의 시초라고 진지하게 믿었다. 나는 원인이 아니었으며 오로지 상황이 빚어내는 결과의 지배 아래에만 놓여 있었다. 난 다른 육신에 의해 태어난 한 육신일 뿐이었다. 그러니 이는 내 잘못이 아니었다. 난 태어나게 해달라고 빈 적도 없었다. 내가 태어난 것은 내 부모님 탓이다. 그들이 날 태어나게 했다. 왜 이렇게 되었는지를 놓고 따지자면 한도 끝도 없을 것이다. 하지만 사실을 밝히자면, 세상 속으로 태어나기를 원한 자는 물론 나였다. 그리고 세상은 내가 태어나기 원했던 바로 그 세상이었다.

나는 매사추세츠 주 세일럼에서 태어났다. 넘겨짚지는 말라. 300년 전 우리 동네에는 마녀 따위는 없었으니까. 진짜 마녀들은 1970년대에 떼거리로 몰려왔다. 그래서 이제는 세일럼 시에 마녀관광지까지 조성되어 있다.•
내 스승들이 나에게 말해준 바에 따르자면 세일럼에서 행해진 마녀 처형은 '무의식적 죄책감이 투사된 전형적인 사례'라고 했다. 문제의 원인으로 몰

• 1692년 미국 매사추세츠 주의 세일럼 빌리지(Salem Village, 지금의 Danvers)에서는 마녀 재판이 행해졌다. 뉴잉글랜드 총독의 명령으로 구성된 특별재판부에 의해 5월부터 10월까지 185명이 감옥에 갇혀 19명이 교수형을 당하는 등 모두 25명이 이 사건으로 목숨을 잃었다. 진짜 마녀들이 1970년대에 이주해왔다는 것은, 이 사건을 돈벌이 관광수단으로 만들어버린 사업가들을 가리키는 개리의 풍자적인 표현이다.

고 갈 누군가가 필요했던 것이다. 이유야 아무래도 좋았다. 나만 아니면 다른 누가 걸리든 상관없었다. 하지만 돌고 도는 것이 세상이라, 결국에는 내 차례도 돌아오기 마련이다.

우리 엄마는 동정녀였다. 거시기를 잘 못해서 그렇다. 물론 농담이고, 사실을 말하자면 우리 엄마는 동정녀가 아니었다. 그리고 당연히 제이의 어머니도 동정녀가 아니었다. 그래도 그 이야기에는 귀여운 구석이라도 있다. 나는 칠삭둥이로 태어났다. 몸무게는 1.36킬로그램도 못 넘었으며 살아남을 것처럼 보이지도 않았다. 그 당시에는 이렇게까지 미숙한 아이들이 살아남는 경우는 드물었기 때문이다. 그들은 나를 인큐베이터에 곧장 집어넣고는 행운을 빈다는 듯이 한동안 내버려두었다. 오늘날에야 아기를 낳으면 아기를 곧장 엄마 품에 안겨주지만 예전에는 그렇지 않았다. 정말 완벽한 환경이었다. 나는 엉망진창으로 살아도 될 명분을 다 갖추었다.

난 척추만곡증을 갖고 태어났다. 곁에서 봐도 척추가 휘어 있는 것이 확연하지만 난 서른한 살이나 돼서야 그 사실을 알게 되었다. 게다가 우리 집에는 돈도 없었다. 1950년대에도 돈이 없거나 건강보험에 들지 않은 사람들은 의료혜택을 제대로 누리지 못했다. 세월 앞에서 변하지 않는 것도 있다는 걸 발견하니 참 감개무량이다.

지나고 나서 보니까 그동안 기운이 없었던 것이 척추만곡증 때문이었음을 알겠다. 척추가 그때의 나처럼 휘어 있으면 에너지가 제대로 돌 수 없는 것이다. 비유를 하자면 두뇌는 몸에다 신호를 계속 보내는데, 그 전화선이 끊어져서 메시지가 전해지지 않는 것이다. 그 당시에 나는 몸에게 할 일을 지시하는 것이 두뇌가 아니라 마음이라는 사실을 알지 못했다. 나는 여전히 환경의 결과에 나부꼈다.

여하튼 이런 결과로 해서 난 청소년 시절을 별로 활기차게 지내지 못했다. 학교에 가긴 했지만 그냥 가라고 하니까 간 것뿐이다. 1년에 30일 넘게 결석을 했더니 학교에서는 퇴학시키겠다고 으름장을 놓았다. 학교가 끝나 집에 돌아오면 대개 텔레비전 앞에 마냥 앉아 있곤 했다. 아무것도 하기 싫었다. 이러니 부모님은 걱정이 얼마나 많았겠는가. 내 친구들은 일거리도 찾아서 하고 여자도 만나면서 재미있게 보내는데 난 아무런 욕구나 야망도 없이 허구한 날 텔레비전만 보고 앉아 있으니 말이다. 난 다른 사람들과 다르구나, 난 뭐가 잘못됐구나 하는 느낌을 지울 수 없었다. 이 느낌이 바로 에고의 뒷골목이라 할 수 있다. 죄책감이라는 것이 내게 무슨 문제가 있다는 느낌 말고 뭐겠는가? 당시 난 분명 우울증에 시달리고 있었다. 하지만 1960년대 사람들은 우울증 따위에는 별로 신경을 쓰지 않았다. 그런데 이제는 다들 우울증에 걸려서 미국 전체가 약을 먹고 있다. 하지만 예전에는 "우울하다고? 꾀병이야. 일자리를 구하면 대번에 나아진다니까" 하는 식으로 넘어갔다.

그러던 중 비틀즈라는 그룹이 영국에서 미국으로 건너왔다. 나로서는 참 잘된 일이었다. 내 기억으로 하루는 매사추세츠 주 베벌리Beverly 시내를 걷고 있었던 것 같다. 참고로 내가 인생의 절반을 보낸 베벌리는 세일럼 북쪽에 붙어 있는 해안 도시다. 여하튼 난 그때 거기서 헤이스 뮤직Hayes Music이라는 음반가게에 들렀다. 이 가게에서는 몇몇 음반을 미리 틀어주어 사람들의 쇼핑을 돕고 있었다.

어떤 사람이 가게 주인에게 새로 나온 이 그룹의 음반을 틀어달라고 부탁했다. 이 당시 비틀즈는 많은 인기를 얻고 있었고 〈에드 설리반 쇼The Ed Sullivan Show〉에도 나올 참이었다. 주인은 〈그녀는 당신을 사랑해요〉(She Loves You)라는 노래를 틀어주었다. 2분 30초가량 이어진 이 노래를 듣고 나서 난 완전히 달라져 있었다. 조지 해리슨의 기타소리를 들을 때 전율을 느꼈는데, 마치 기타소리가 내 등골을 타고 오르내리는 듯했다. 전에는 척추에서 아무것도 느껴본 적이 없었기 때문에 난 이 느낌이 너무 좋았다. 그때 내가 뭘 해야 할지 감을 잡았다. 기타 연주자가 되기로 결심한 것이다.

그리고 나는 '과연' 기타 연주자가 되었다. 그건 내게 그리 먼 나라 얘기는 아니었다. 내 아버지 롤리Rollie도 기타를 연주하셨고 내 삼촌인 더그는 뉴잉글랜드 지역에서 내로라하는 기타 교사였다. 내 삼촌이 활약할 때는 아직 텔레비전이 나오기 전이어서 라디오가 대세였는데 삼촌은 NBC 라디오 방송에서도 연주를 한 적이 있다. 순회공연을 하기로 마음만 먹었다면 엄청난 성공을 거뒀을 것이다. 우리 아버지의 기타 실력도 수준급이었으며 노래도 꽤 잘 부르셨다. 이 두 분이 다 1940년대에 〈문라이트 세레네이더즈 Moonlight Serenaders〉라 불렸던 유명한 그룹의 멤버셨다. 하지만 두 분은 가족을 생각해서 순회공연은 하지 않기로 결정했다. 뉴잉글랜드 지역에서만 자신들의 실력을 최대한 발휘해 집안 생계를 꾸려가기로 한 것이다. 때로는 솔로로 활동하기도 하고 때로는 여러 밴드와 함께 연주하기도 했다.

우리 부모님은 내 외삼촌의 소개로 서로 만나게 되었다. 두 분 다 성격이 온화했고 물고기자리●에 태어난 것도 같고 해서 이내 가까워졌다. 그리고 나도 물고기자리에 태어났다. 내 어머니 루이즈도 그렇고 할아버지도 음악가이셨다. 하지만 나는 비틀즈의 음악을 듣기 전까지는 음악가가 되어야겠다는 생각을 해본 적이 없었다. 조지 해리슨, 신의 가호가 그에게 머물기를. 그는 내 첫 번째 거짓 우상이었다. 기타의 기본기는 삼촌에게서 배웠지만 연주할 때에는 조지 해리슨을 모델로 삼았다. 하지만 난 그분들처럼 '대단한' 기타 연주자가 되지는 못했다. 어느 분야든 실력자가 되기 위해서

● 양력 2월 19일~3월 20일에 해당한다.

는 많은 열정과 에너지를 쏟고 야망을 품어야 한다. 천부적인 재능만으로는 충분하지 않다. 소질을 계발하려는 노력도 기울여야 한다. 난 대단한 연주자는 아니었지만 그래도 '나름' 실력을 갖추게 되었다. 음악적 재능도 충분히 물려받았고 나 역시 음악을 좋아했기에 기타 소리도 꽤 괜찮게 나게 되었다. 결국에는 기타 연주자로 성공하기도 했다.

1969년 고등학교를 졸업할 때가 다가오자 나는 진퇴양난에 처했다. 대학에는 가고 싶지 않았다. 학교가 싫었다. 그토록 매혹적인 과목들을 어쩜 그렇게 따분하게 만들어놓을 수가 있을까? 출신 학교를 놓고 따지는 학벌 중심의 풍토도 참기 힘들었다. 난 빠져나가고 싶었다. 그냥 기타만 연주하고 싶었다. 그런데 졸업 즈음해서 베트남 전戰 소집령이 시행됐다. 베트남에서는 매주 100명가량의 미군이 죽어나가고 있었다. 그리고 부상을 당하거나 불구가 된 군인들의 수는 사망자 수의 열 배에 육박했다.

나야 전쟁에 나가고 싶어 안달하지도 않았지만 당시 미국에서는 징병제를 실시했다. 대학에는 가고 싶지 않았지만, 대학에 가지 않으면 징병유예서를 발급받을 수 없고 그렇게 되면 나는 '1A' 등급을 받게 될 참이었다. '1A' 등급이란 언제라도 베트남으로 끌려갈 수 있다는 뜻이었다. 그렇다고 캐나다로 이민을 간다든지 징병을 피할 방법을 적극적으로 모색할 만큼의 정치적 확신이 있었던 것도 아니었다. 척추만곡증만으로는 면제를 받기에 부족했다. 돈이 아주 많거나 정치적 영향력이 큰 사람을 알고 있어야만 이를 피할 수 있었다. 척추만곡증이 있기는 해도 걷는 데는 지장이 없었고, 그래서 결국 난 1970년 3월에 '1A' 등급을 판정받았다.

그런데 나로서는 운이 좋게도, 리차드 닉슨이 1968년에 미합중국 대통령으로 당선되어 1969년에 취임했다. 사실 나는 그를 경멸했고 자신에게 전쟁을 종결시킬 '비밀 계획'이 있다고 떠드는 선거공약도 달갑지 않았다.

집권을 하자 과연 그는 일을 비밀스럽게 추진하는 데는 일가견을 보여주었다. 난 미국 국민이 어떻게 그토록 어리석을 수 있는지 의아했다. (나중에, 미군이 2차세계대전을 승리로 이끄는 데 걸렸던 시간보다 베트남에서 미군을 철수시키는 데 더 오랜 시간이 걸렸다는 사실이 드러났다.)

그래도 닉슨은 대통령으로 취임한 후 나한테 정말로 고마운 일 한 가지는 했다. 의회가 '징병 추첨제'를 새로 받아들이게 한 것이다. 새로 도입된 징병 추첨제 방식은 이렇다. 뽑기를 할 때처럼, 작은 공 하나하나마다 1월 1일부터 12월 31일까지의 모든 날짜를 다 적는 것이다. 이렇게 365개의 공, 윤년이면 366개의 공을 무작위로 뽑는 것이다. 그러면 공이 뽑힌 순서에 따라 그 공에 적혀 있는 날짜에 태어난 사람들부터 징병되는 것이었다. 생일이 적힌 공이 뽑히는 순서가 곧 징병되는 순서였다. 만약 징병 순서가 초반부, 즉 1~122번 사이에 있다면 징병되는 것은 거의 확실했다. 중반부, 즉 122~244번 사이에 걸렸다면 끌려갈 확률은 반반이었다. 하지만 후반부, 즉 244~366번 사이에 걸렸다면 징병될 확률은 거의 없었다.

1970년 1월 1일, 내가 태어난 해의 사람들을 상대로 추첨이 실시되었다. 그때 나는 기성종교에서 가르치는 대로 옛날식 기도를 했던 것이 기억난다. "하느님, 제발 제 번호가 300번대에 걸리게 해주세요. 이 따위 문제로 괴로워하지 않게 해주세요." 내 생일은 3월 6일이었는데 3월 6일생들은 296번에 배정되었다. 당시 난 열아홉 살이었고 이제 난 해방됐다. 나는 공정하게 게임에 임했고, 운 좋게 게임을 이겼다. 이제 나는 징집당할 걱정을 할 필요가 없어졌다. 난 떵가떵가 기타만 치면서 행복하게 살기만 하면 되었다.

하지만 세상일이라는 것이 그렇게만 굴러가지는 않는다. 시공간 우주의 한 문제를 해결하고 나면 다른 문제가 나타나기 마련이다. 우주는 이런 식

> 시공간 우주의 한 문제를 해결하고 나면 다른 문제가 나타나기 마련이다.

으로 작동하게끔 설정되어 있다. 이것은 당신이 진짜 문제가 있는 곳이 아니라 엉뚱한 곳에서 계속 답을 찾게 하려는 것이다. 애초에 단 하나의 진짜 문제를 일으켰던 마음속이 아니라 문제가 있는 것처럼 보이는 세상 속에서 답을 찾아 계속 헤매게 하려는 것이다. 징집 문제 다음에 내가 날조해낸 문제는, 음주를 시작하게 된 일이다. 이내 나는 더 많은 술을 들이켜게 되었다. 그런 다음엔 또 마리화나를 엄청 피워대기 시작했다. 1970년대는 거의 이런 식으로 보냈다.

이게 바람직한 일이 아니란 것도 알았고 내가 내 삶을 망가뜨리고 있다는 것을 모르지도 않았다. 난 기타도 별로 연습하지 않았고 술만 퍼마셨다. 난 못난 아들이었다. 내게 찾아온 기회를 죄다 낭비했다. 게다가 1970년대에 부모님이 두 분 다 돌아가셨다. 철없는 내 행동과 부모님께 내뱉었던 말들 때문에 난 깊은 죄책감에 시달렸다.

이 음울했던 기간 동안 음주와 마리화나 문제를 해결할 방법을 찾으려고 애쓰긴 했었다. 하지만 이렇게 하면서도 한 잔의 술이 가장 큰 문제라는 점을 인식했던 것은 아니다. 마리화나만 피웠더라면 이렇게까지 꼬이지는 않았을 것이다. 하지만 술을 마실 때면 어두운 그림자가 나를 장악하곤 했다.

어떤 이유에선지는 모르겠지만, AA(익명의 알코올 중독자 모임)•가 많은 이들에게 도움이 되었다는 것을 알면서도 정작 나에게는 편하게 느껴지지 않았다. 난 술고래이긴 했지만 그렇다고 매일 술을 퍼마시는 것은 아니었다. 나는 이것을 내가 알코올중독자는 아니라고 우길 핑계로 삼았다. 그래

• Alcoholics Anonymous.

도 최소한 나는 내게 문제가 있다는 점은 인식하고 있었다.

이를 해결하기 위한 한 시도로 개과천선해서 기독교인으로 새 삶을 살아보겠다고 결심한 적도 있었다. 하지만 약발이 오래가진 않았다. 그래서 새로 세례를 받기도 했다. 사실 난 1970년대에만 세례를 두 번 받았다. 그래도 거기서 얻은 것이 있다면 성서를 읽어보게 되었다는 것이다. 사실 매우 흥미로운 경험이었다. 성서에는 내가 고개를 끄덕일 수 있는 내용도 많이 있었다. 예를 들면 "신은 사랑이시다"라는 말이 그랬다. 이 말은 수긍이 갔다. 심지어는 "신은 완벽한 사랑이시다"라는 표현도 나왔다. 완벽하게 수긍이 갔다. 딱 하나 문제가 있다면, 거기만 빼고 성서의 다른 곳을 펴면 신은 살인자였다. 그는 진노와 복수심으로 가득 차 사람들에게 앙갚음을 했다. 여기에는 동의할 수 없었다. 어찌 신에게 이런 양면성이 있을 수 있겠는가?

성서는 내 안의 진심을 울리기에는 모순이 너무 많았다. 하지만 예수가 말했던 부분을 읽을 때면, 예컨대 사랑과 용서에 관한 아름다운 구절로 가득한 산상설교를 읽을 때면 뭔가 찡하게 울리는 느낌이 '있었다.' 단순한 감동 이상의 무엇이었다. 제이의 음성은 왠지 친근하게 느껴졌다. 마치 예전에 그를 알고 지냈던 것 같은 느낌이 들었다. 어떤 이유에서인지는 모르지만, 왜 그런지 딱 꼬집어 말할 수는 없지만, 예수가 친구처럼 느껴졌고 왠지 그에게 말을 걸 수 있을 것 같았다. 종교적인 의미로 그렇다는 것이 아니다. 난 종교적인 것과는 거리가 먼 사람이다. 나는, 겨울에는 불교도(buddhist)이지만 여름에는 나체주의자(nudist)라고 농담하길 좋아한다. 기독교 사상에 계속 머물러 있을 수는 없었지만 그때 제이에게서 느꼈던 이 유대감을 잊어버린 적은 절대 없었고, 그것은 오늘날까지도 이어지고 있다.

아턴과 퍼사가 나타나기 시작한 후에도 나는 그들의 방문 사이사이에,

그들보다는 제이에게 이야기를 하곤 했다. 제이는 나에게 성령의 현현이었다. 물론 아턴과 퍼사도 분명 성령의 현현이었지만 말이다. 내가 제이에게서 왜 이렇게 강한 유대감을 느끼는지는 알 수 없었다. 《우주가 사라지다》와 관련해서 아턴과 퍼사가 마지막으로 방문했을 때 그 이유를 듣고 나서야 왜 내가 그렇게 느꼈는지를 이해할 수 있었다.

세례를 두 번 받은 것을 포함해서 기성종교에 들어선 이후 다시 나는 음주에 빠져들었다. 캘리포니아 주로부터 뉴잉글랜드 지역에도 찾아왔던 2주간의 영성 프로그램에 참가할 기회가 없었더라면 술을 도저히 끊지 못했을 것이다. 이 프로그램은 est 훈련이라 불렸다. 베르너 에르하르트*는 선禪과 사이언톨로지**와 다른 영성의 원리들을 차용해서 이 프로그램을 고안해냈다. 우리는 이 프로그램을 그냥 간단히 '훈련'이라고 불렀다. 이것은 고도의 형이상학적 개념들과, 마음이 작동하는 방식에 관한 세련된 지식과, 프로그램 참가자들에게 어떤 경험을 일으키도록 고안된 연습들로 구성된 획기적인 통합 프로그램이었다. 나는 1978년 12월 보스턴 시 동부에 소재한 라마다 인Ramada Inn에서 이 훈련에 참가했다. 이번 생에서는 이 훈련이 내 영적 행로의 전환점이었다. 1970년대와 80년대에는 영의 관점에서 생각해본 적이 없었지만, 이제 와서 돌이켜보건대 그 모든 시간 동안 성령이 내 마음을 통해 일하고 있었다는 것을 알겠다. est 훈련은 결국에 초기와는 다른 형태로 변질되어버렸다.

• est의 에르하르트(Werner Erhard)가 세운 단체로 인간 잠재력 세미나를 위한 사업 공동체를 목표로 하고 있다. 이 단체는 각 사람이 스스로 자신의 현실을 창출하고 각 사람에 대한 책임은 본인만이 지고 있다고 가르치며, 또한 인간이 무한한 잠재성을 가진 존재라고 주장한다.
•• 사이언톨로지(Scientology) : 사이언톨로지는 공상과학소설 작가였던 로널드 허바드(Ronald Lafayette Hubbard)가 창시한 종교로서 과학기술을 통한 영혼 치료, 영혼 윤회 등을 신봉한다.

est 훈련의 주제 중 하나는 자기 삶에 대한 책임을 받아들이라는 것이었다. 즉 자신을 희생자로 여기지 '말라는' 것이었다. est에는 내가 나중에 〈기적수업〉에서 더 자세한 설명을 접하게 된 개념들도 여럿 포함되어 있었다. 이를테면 실습서에서는 **"나는 내가 보는 세상의 희생자가 아니다"**라고 한다.(W48/W-pI.31.) 또 est는 불교의 관점에서 에고가 무엇인지, 마음이라는 것이 어떤 생존기계인지, 그리고 실상이 우리가 추정하는 것과 어떻게 다른지도 설명해줬다. 사실 est는 왜 우리가 눈으로 보는 것이 사실이 아니고, 오히려 보이지 않는 것이 더욱 실재적인지를 설명해주고 있었다. est는 내가 영성과 형이상학에 잘 입문했음을 알려주는 길조였으며, 그로 인해 신비한 체험도 하기 시작하게 되었다.

est를 하는 동안 나는 내 최초의 신비체험이라 할 만한 일을 경험했다. 내가 속한 그룹에는 20명이 있었는데, 우리는 다 같이 무대에 올라 다른 200명의 참가자 앞에서 아무 말 없이 가만히 서서 청중을 바라보기만 하도록 안내를 받았다. 2분가량 지나자 눈이 휘둥그레질 일이 일어났다. 그 장소에 있는 사람들이 다 슬로모션으로 움직이는 것처럼 보이는 것이었다. 이후에 이런 경험을 자주 겪으면서 알게 된 것인데, 이러한 현상이 일어날 때는 이 현상이 무엇을 뜻하는지를 말해주는 직관도 함께 떠오르기 마련이다. 논리적으로는 이상하게 들리겠지만 그때가 되면 어쨌든 알게 된다.

초현실적으로 매우 느리게 움직이는 청중을 보게 된 이 경험은 시간상으로는 1~2분 정도밖에 지속되지 않았지만 이와 관련된 직관도 함께 찾아왔다. 그렇게 하고 있는 것은 바로 나 자신이로구나 하는 것이었다. 나는 시간과 공간의 책임자였다. 나는 시공간이 빠르게 혹은 느리게 가도록 속도를 조절할 수 있었다. 시간은 '내게' 일어나는 무엇이 아니라 '나에 의해서' 움직이고 있는 무엇이었다. 시간은 '내게' 오는 무엇이 아니라 '나에게서' 나오는 무엇이었다. 이 일은 원인과 결과에 대한 내 관점을 뒤꿔놓는 사건이었다. 이는 원인과 결과라는 주제를 배워나가는 과정으로서는 시작 단계에 불과한 내용이었지만 놀랍긴 놀라웠다. 이 일을 기점으로 해서 신비로운 체험이 연달아 찾아오기 시작했다. 이런 체험들은 대개 매우 생생한 시각적 형태로 찾아왔으며, 아마도 내 남은 생 동안에도 계속 일어날 듯하다.

    est 훈련을 하고 내 삶에 대한 책임을 받아들이자 내 무의식적 마음의 수준에서 어떤 변화가 일어났다. 사람들은 자신이 의식적인 마음에서 갖고 있는 신념체계가 자신을 움직이게 한다고 생각한다. 그래서 부정적인 생각을 긍정적인 생각으로 바꾸면 자기 마음을 통제할 수 있을 거라고 믿는다. 하지만 거시적으로 보면 그렇지 않다. 그런 시도는 일시적인 효력만 발휘할 뿐이다. 실제로 우리를 '움직이는' 것은 현재 우리에게는 무의식의 상태로 있는 신념들, 우리가 볼 수 없는 것들이다. 〈기적수업〉은 무의식적 마음의 심연에 깊숙이 숨겨져 있는 것들을 치유하고 제거하는 실용적인 방법을 제시하고 있다. 이 깊은 수준까지 다루는 영적 가르침들은 극히 드물다. est 훈련은 원인과 결과의 차이를 인식하게 함으로써 참가자들의 무의식적 마음에까지 영향을 미쳤고 물론 내게도 이런 영향을 미쳤다. 하지만 est의 훈련법도 다른 모든 훈련법들과 마찬가지로 이 일의 전체적인 그림을 이해하고 있는 것은 '아니었다.' 또 내가 승천한 스승들로부터 여러 해 동안 배워왔던, 에고를 지우는 상대적으로 빠른 방법까지 담고 있지는 못했다.

    주: est는 1974년에 시작되었고, 〈기적수업〉은 필사가 시작된 지 11년 후인 1976년에 출판됐다. 내가 〈기적수업〉을 처음 접한 것은 1993년 1월 초였다.

진정한 힘을 아주 약간 맛본 것임에도 불구하고 이 일을 계기로 나는 내 삶을 바꾸고 건강해지겠다는 결정을 무의식적 수준에서 내리게 되었다. 그 당시 이 결정은 무의식적 수준에서 내려진 것이기는 하나, 내 의식적인 수준에서도 생각과 행동의 형태로 그 '결과'가 표출되었다. 그중 한 결과로, 몇 년 후 나는 거의 180도 달라졌다. 내 친구 댄 스팁누크Dan Stepenuck와 나는 밴드를 꾸려나가기 시작했다. 댄의 노래 실력은 상당했고 우리는 다른 밴드에서 함께 공연했던 적도 몇 번 있었다. 하지만 이번에는 밴드 활동에 헌신적으로 임했고 내부 규율도 바로 세웠다. 사실 est 훈련을 나에게 소개해준 것도 댄이었다. 우리 밴드는 실력이 꽤 좋았다. 예전에 나는 연주할 기회가 별로 없었는데 상황이 조금씩 호전되기 시작해서 이제 주중에는 대여섯 개의 저녁 공연이 잡혀 있었고 주말에는 하루에 두 탕을 뛰는 일도 자주 있었다. 밴드의 공연 스케줄도 내가 직접 조정했고 몇 년이 지나자 향후 2년까지도 공연이 예약될 정도였다. 우리 밴드는 뉴잉글랜드에서 유명세를 타기 시작했고, 내게 떨어지는 수입도 짭짤했다. 성공한다는 것은 기분 좋은 일이었다. 거리에서 공연을 하면 사람들이 내 얼굴을 알아보았고, 내 친척들도 이제는 내가 더 이상 얼간이가 아니라고 생각했다.

나는 내가 날려버렸던 지난 10년을 보상하고 싶은 마음에 1980년대에는 두 배로 열심히 살았다. 시간이 나는 대로 밖에 나가서 해보고 싶은 것은 다 해보았다. 뜨거운 조개탄 위도 걸어보고, 비행기에서 고공낙하도 해보고, 지금껏 놓치고 살았던 즐거운 일들을 다 해보았다. 이때까지만 해도 나는 그 모든 것이 꿈이라는 것을 몰랐다. 나는 그것이 전부 사실이라고 생각했고, 그래서 최대한 인생을 누려보기로 마음먹었던 것이다.

밴드를 결성하고 2년이 지나서 카렌이라는 사람을 만나게 되었다. 카렌은 딱 내 스타일이었다. (참고로, 카렌은 여자다.) 하지만 난 숫기가 없어서 여자들 앞에 서는 것이 참으로 고통스러웠다. 열네 살이 되었을 때 내 얼굴에는 여드름이 잔뜩 났고 그래서 자신감을 잃었다. 그때 이후로 나는 여자에게 다가가 그냥 말을 거는 것조차도 불가능으로 여겼다. 그런데 카렌을 만났을 때는 무슨 영문인지 모르지만 쉽게 가까워졌다. 서로 편안하게 느껴졌고 만난 지 1년 5개월 만에 결혼했다. 결혼생활을 하면서 어려운 일도 자주 있었지만, 훗날 강연에서도 이야기하곤 했듯이, 당시 우리는 서로를 통해서 용서를 가장 잘 배울 수 있었다.

건강해지겠다고 결심한 지 1년이 지나자 이 결심에 따라 상황이 펼쳐지기 시작했다. est에서는 이것을 자기 '공간'에 끌어들인다고 일컫는다. 나는 브루스 히든델Bruce Hedendal이라는 척추지압사의 소문을 듣게 되었다. 그는 글로스터Gloucester에서 진료소를 차렸고 보스턴 발레단의 전담 척추지압사이기도 했다. 그는 정말 실력자였다. 그의 진료소를 찾아갔을 당시만 하더라도 내게는 내가 하고픈 일을 해낼 수 있는 기력이 충분하지 않았다. 딱 보더니 그는 나한테 척추만곡증이 있다고 했다. 거울에 비친 내 모습을 보라고 해서 봤더니 정말로 내 척추가 굽어 있는 것이었다. 전에는 이것을 전혀 알지 못했다. 브루스의 치료는 효과가 있었고 2개월 만에 대부분의 증상이 사라졌다. 척추지압사라고 해서 다 잘하는 것은 아니겠지만 그때 난 정말 실력자를 만났다. 그런데 2년 후, 매우 유감스럽게도, 브루스는 플로리다 주로 떠나가 버렸다. 그래도 그의 덕택에 나는 기력이 많이 회복되어서 꼭 해야 할 일들은 아무런 통증 없이 할 수 있었다. 그렇다고 척추만곡증이 완전히 나은 것은 아니다. 오늘날까지도 나는 활력이 다소 떨어지는 편이고 앞으로도 크게 달라질 것 같지는 않다. 하지만 1982년도에는 몸을 만족스럽게 움직일 수 있었고, 이는 기적처럼 보였다.

1980년대로 들어서자 내 영적 행로가 가속화되기 시작했다. 80년대 초만 하더라도 내게는 영성이라는 분야가 정말 낯설었다. 보스턴 시에 있는 브래드퍼드Bradford 호텔에서 est 세미나에 참가했을 때의 일화를 말해주면 이해에 도움이 될 듯싶다. 당시 우리는 세미나에서 시키는 대로 네 명씩 그룹을 지어 서로 경험을 나누고 있었다. 내 맞은편에는 하버드대 여교수가 앉아 있었는데, 그녀는 매우 세련되고 엄청 똑똑해 보였다. 그녀는 가방끈도 길고 성공한 삶이었다. 솔직히 말하건대 그때 나는 잔뜩 주눅이 들어 있었다. 그런데 그녀가 갑자기 제인 로버츠라는 여성에 관한 이야기를 꺼내기 시작했다. 그리고 그녀가 수천 살을 먹은 '세쓰Seth'•라는 존재와 '채널링'을 하는 방식에 대해서도 말해줬다. 세쓰Seth는 그녀를 통해서 말하고 깨달음의 정보를 주고 있다고 했다.

그때 이 여교수를 보면서 차마 말은 못하고 혼자 이렇게 생각했던 것이 기억났다. '뭐야, 이 사람 농담이 아니잖아. 정말로 그걸 믿는 거야? 정말로 이런 일이 일어날 수 있다고 생각하는 거야?' 그로부터 23년이 지난 후 나는 두 명의 승천한 스승이 내 거실 소파에 나타났다고 사람들 앞에서 이야기하고 있다. 분명 그들 중 누군가는 속으로 이렇게 말하고 있으리라. '뭐야, 이 사람 농담이 아니잖아. 정말로 그걸 믿는 거야? 정말로 이런 일이 일어날 수 있다고 생각하는 거야?'

이후로 몇 년 동안 영성 서적을 여러 권 읽었다. 책을 열심히 읽은 것은 아니었지만 그중 몇 권은 맘에 들었다. 불교와 힌두교와 도교에 관한 내용을 읽었을 때 거기서 가르치고 있는 내용들 대부분을 내가 이미 알고 있었다는 것을 직감했다. 윤회에 대해 공부하다 보니, 지난 생들 동안 이러한 가

• 쎄쓰라는 '저편'에 있는 존재가 제인 로버츠와 채널링을 통해 나눈 대화를 정리해서 책으로 출판해냈다. 국내에도 번역된 대표적인 서적으로는 《육체가 없지만 나는 이 글을 쓴다》가 있다.

르침들을 공부했기 때문에 이번 생에서도 대부분의 내용을 직관적으로 파악하고 있는 것임을 절감하게 되었다. 영적인 기억들이 내 마음속에서 다시 깨어나고 있었다.

1983년, 어머니가 돌아가신 지 4년, 아버지가 돌아가신 지 7년이 지났을 때, 꿈이라고 하기에는 너무 생생한 꿈을 꾸었다. 내겐 그것이 꿈이 아니라 사실이었다. 최소한, 이제껏 내가 겪었던 다른 경험들만큼이나 생생했다. 부모님이 내게 나타나셨다. 아무것도 말할 필요가 없었다. 두 분은 내게 다가오셨고, 우리는 오랜 시간 동안 서로를 꼭 끌어안고 있었다. 완전한 사랑의 경험이었다. 두 분이 나와 함께 있다는 것을 느낄 수 있었다. 촉감도 생생했다. 두 분은 말이 아니라 당신들의 사랑으로써, 다 괜찮다고 말씀해주셨다. 그때 부모님은 나의 죄를 사해주셨고, 나를 용서해주셨고, 그저 사랑해주셨다. 이 느낌은 너무나 생생해서 난 두 분이 잘 지내신다는 것을 알 수 있었고, 또 부모님과 관계된 일에서만큼은 모든 것을 용서받았다는 것을 알 수 있었다. 이때 내가 '스스로를' 완전히 용서했다고 말하려는 것은 아니다. 하지만 이 경험은 내게 어떤 상징이었고 다리의 역할을 해주었다. 남은 생을 죄책감 속에서 보낼 필요가 없다는 것을 깨닫게 해주었다. 나는 부모님께서 내게 언제나 행복과 사랑만을 빌어주셨다는 것을 이해할 수 있었다. 이 아름다운 해방의 깨달음은 남은 여정을 계속하는 동안에도 나와 함께 머물 것이다.

명상에 대해서도 실험을 해보았다. 다른 이들이 이미 하고 있는 명상법을 배우기보다 나는 내가 뭘 해야 할지 알고 있는 듯했고, 그래서 나만의 기법을 발전시켰다. 하지만 정말 시간을 내서 그것을 충분히 연습하고 완성시키지는 못했다. 그건 훗날에 이루어질 일이었다.

이후로 몇 년 동안에는 신비로운 심상을 보는 능력이 신장되었다. 어느 정도였냐면, 밤에 침대에 누워 아직 잠이 들지 않은 상태로 눈을 감고 있어도 영화와 같은 장면들이 눈앞에서 펼쳐지곤 했다. 내가 보곤 했던 이 이미지들은 전생에서 비롯된 것인 듯했으며, 때로는 소리도 들렸다. 이따금 나는 이 '제3의 눈으로 보는 영화'에 등장하는 인물들을 보면서 자연스레 이번 생에서 내가 알고 있는 사람들과 연관을 지어보기도 했다. 때로 이 심상들은 충격적일 정도로 생생했다. 그중 하나를 말하자면, 아메리칸 인디언들이 사냥을 하고, 그룹을 지어 대화하거나 강가를 따라 걷는 장면을 보기도 했다. 배 위에서 벌어지는 일을 볼 때도 있었고, 작은 집안 화롯가에 둘러앉은 모습을 볼 때도 있었다.

내가 보고 있는 영상이 대체 무슨 내용인지, 거기는 어디인지, 또 언제 일어난 일이었는지 등을 항상 아는 것은 아니었다. 사람들의 일반적인 믿음과는 달리, 성령이 모든 것을 말로써 다 일러주는 것은 아니다. 성령은 당신의 생각을 이끌어내고 계속 암시를 준다. 성령은 "아하!" 경험을 향해 당신을 이끌고 있으며 당신이 직접 "아하!" 경험을 할 준비가 될 때까지 이렇게 단서만 계속 줄 따름이다. 처음에는 전체 퍼즐에서 몇 조각만 당신에게 보여준다. 그 당시 당신이 이해하기에 가장 적합한 조각들로 말이다. 곧바로 이 퍼즐을 다 맞추는 경우는 드물고 좀 시간이 지나서 이제 준비를 마쳤을 때, 즉 당신이 그렇게 하기로 되어 있는 정확한 그 순간에, 당신은 퍼즐을 다 맞추게 된다.

>
> 사람들의 일반적인 믿음과는 달리, 성령이 모든 것을 말로써 다 일러주는 것은 아니다.

이러한 경험들은 때때로 나를 확 잡아끌었고, 나는 내 삶에서 영성이란 측면을 더 발전시키고 싶어졌다. 내가 속해 있던 밴드의 이름은 허쉬Hush였는데, 여기서 7년을 활동하고 나서 놀랍게도 나는 내가 정말로 행복한 것은 아님을 깨달았다. (최근에 활동하고 있는 그룹 중에도 허쉬가 있는데 서로 다른 밴드이다.) 이 사실은 내게 상당한 충격이었다. 앞서 몇 년 동안 나는 하고 싶은 것은 거의 다 해봤다. 그런데 허전함은 채워지지 않았다. 뭔가가 빠져 있었다. 그게 뭔지는 몰랐지만 그것을 찾아내야 한다는 것은 알고 있었다. 아무것도 하지 않는 것도 행복하지 않았고, 이제 원하는 것을 다 해봤는데도 행복하지 않았다. 혼란스러웠다. 과연 나는 행복해질 수 있을까?

1987년 8월 중에 일어났던 하모닉 컨버젼스Harmonic Convergence• 기간 동안 나는 내 삶의 방향을 바꾸겠다고 다시 한 번 결심했다. 하모닉 컨버젼스 때처럼 행성들이 특정한 형태로 배열될 때, 이 현상은 저 바깥에서 벌어지는 것처럼 보이지만 사실 그것은 상징일 뿐이다. 실제로는 무의식적 마음 안에서 일어나고 있는 것이고, 그것이 하늘에서 일어나는 것처럼 보이는 것이다. 이런 일이 일어날 때 사람들은 집단적 차원에서 자기 삶의 태도와 목적을 바꾸게 될 결정들을 내리게 된다. 때로 이 결정들은 그들이 살던 곳과 직업도 바꾸게 한다. 나는 내가 현재의 급행열차에서 내려 천천히 생각할 수 있는 고요한 장소를 원한다는 것을 깨달았다.

하지만 그전에 계약서를 써놓은 것이 많이 있어서 2년이 지난 후에야 밴드에서 나올 수 있었다. 1990년대 초에 메인 주에 있는 폴랜드 스프링 마을을 카렌과 애완견 누피와 함께 차를 몰고 지나간 적이 있었다. 매사추세츠 주 베벌리 시에서 불과 120마일 정도에 있는 곳임에도 불구하고 여기에는 전혀 다른 세상이 있었다. 매사추세츠 주에서는 대개 모든 것이 빠르고 복잡다단하다. 하지만 메인 주 포틀랜드 시의 북쪽으로 올라가면 전혀 다

• 고대 마야인들의 달력이 예언한 대로 1987년 8월 16~17일에 걸쳐 일어난 태양계의 행성정렬 현상을 두고 이르는 말.

르다. 메인 주의 북쪽에서는 모든 것이 여유 있고 소박하다. 이곳은 미국에서 숲이 가장 울창한 지역이며, 땅 면적의 90퍼센트가 나무로 덮여 있다. 공기도 깨끗하고 물도 맑고 미국 내에서 범죄율도 제일 낮았다.

평화롭고 고요한 곳을 찾는다면 이곳이 제격이었다. 하지만 돈이 필요한 것이라면 여기엔 오지 말았어야 했다. 처음에는 뭔가 사업을 해서 돈을 벌면 되겠지, 하고 막연히 생각했다. 막상 와보니 여기는 인구도 별로 없어서 인도人道란 게 따로 없었다. 좀더 알아보고 왔어야 했다. 하지만 그렇게 하기에는 매사추세츠 주에서의 내 생활이 너무 바빴다. 주식거래도 한 번 해봤는데, 이 분야의 지식과 시장 돌아가는 형세 읽는 법을 아무리 배워도 기본 생활비를 충당하고 어느 정도 이익을 낼 만큼의 수준에 이를 수가 없었다. 이 일을 하기에는 자본이 너무 부족했고 너무 절망스러웠다.

고맙게도 이때 명상이 돌파구가 되어주었다. 어지러운 생각들을 지그시 누르고 절대적인 고요로 들어갈 수 있을 만큼 나는 명상을 계속해갔다. 마음이 고요해지면 나는 종종 깊숙한 곳에 있는 무엇에 맞닿아 있는 듯한 느낌을 받곤 했다. 의식의 표면 아래에 있는 광대한 집단무의식 말이다. 이는 수면 아래에 잠겨 있는 빙산의 거대한 본체와도 같았다. 이러한 경험의 엄청난 느낌은 내 예상을 완전히 넘어선 어떤 것이었다. 아주 거대하고 놀라운 무엇에 내가 연결되어 있는 듯 했다. 그것이 뭔지 완전히 이해할 수는 없었지만 경험은 분명했다. 나는 뭔가에 맞닿아 있었고 매일 명상을 수행했다.

롤러코스터를 심하게 타고 있던 당시의 내 삶에서 짬짬이 하는 이 명상은 아늑한 휴식이었다. 그런데 시간이 좀 지나자, 나는 내가 메인 주를 별로 좋아하지 않는다는 것을 깨달았다. 이곳 겨울은 너무 춥고 가혹했다. 게다가 난 도시 사람이었다. 나는 자주 스스로에게 묻곤 했다. "내가 대체 여기서 뭘 하고 있는 거지?" 당시 나는 메인 주가 장차 일어날 일에 나를 준비시키기 위한 최적의 장소임을 알지 못했다. 이곳에 와서 3년간은 경제적 압박이 엄청났다. 아내와 크게 다투는 일도 자주 있었다. 그것은 명상을 할 때의 고요함에 비하자면 극과 극이었다. 그녀처럼 내 뚜껑을 단번에 열리게 만들 수 있는 사람은 아무도 없을 것이다. 때로 나는 모든 것을 다 때려치우고 하와이 해변에 가서 잠이나 자고 싶다는 생각이 굴뚝같았다. 1970년대 이후로 이렇게까지 삶이 힘들었던 적은 없었다. 70년대 이후로 이렇게까지 바닥을 박박 긴 적은 없었지만, 깊숙한 곳에서는 계속 나아가야 한다는 느낌이 있었다. 모르긴 몰라도 뭔가 이유가 있으니까 내가 여기에 있는 것이 아닐까 하는 생각에 기대어 마음을 추스를 수 있었다.

1992년 가을이 되자 지난 14년 동안 영성에 관해 배웠던 모든 것이 불현듯 통합되면서 나는 어떤 결론에 다다랐다. 이제 내가 할 수 있는 단 한 가지의 일이란 내 삶에서 갈등을 제거하는 것뿐이라는 것을. 전날 잔뜩 술에 취해 배수구에 얼굴을 처박고도 다음날 아침에 자신이 살아 있음을 발견한 적이 있는 사람이라면 누구나 "이보다는 나은 길이 분명히 있을 거야"라고 자신에게 말해본 적이 있을 것이다.

메인 주에 온 지 3년이 지났을 때, 즉 1992년 말에 아턴과 퍼사가 처음으로 내게 나타났다. 이 일이 있고 나서 2주 정도의 시간이 흐르자, 나는 내가 분명 어떤 이유가 있어서 여기에 와 있다는 확신이 들기 시작했다. 시간이 흐를수록, 바로 이곳이야말로 이 시기에 펼쳐졌던 일들이 일어나기에는 안성맞춤의 장소임을 깨닫게 되었다. 우연이란 없다. 그들을 만나고 나서 90년대 후반과 그 이후로 죽 일어났던 일들을 통해 확실히 배운 것이 하나 있다. 내가 바라는 대로 일이 풀리지 않는다면 그에 대해 의문을 제기하기를 그만두고 믿고 내맡기기 시작해야 한다는 것이다.

2004년 4월, 나는 캘리포니아 주를 방문했다. 그 해에만 두 번째로 간 것이다. 이번에는 샌프란시스코 시와 캘리포니아 주의 북부를 둘러보았다. 그중 하루는 할리우드의 선셋스트립Sunset Strip에 있는 하얏트 호텔에서 머물렀다. 호텔 옥상의 풀장에도 가보고 경치도 구경하려고 엘리베이터를 타려던 참이었다. 그런데 갑자기 네 명의 사람이 저쪽에서 다가왔다. 그중 한 여성이 내 앞에 서더니 "미안하지만 다음번 엘리베이터를 이용해주시겠어요?"라고 말했다. 흠칫 놀랐으나 그 여자의 뒤쪽에 서 있는 사람들을 보니 거기에는 락의 대표주자 리틀 리차드Little Richard도 서 있는 것이 아닌가. 나는 1980년대에 3천 번 넘게 기타 공연을 해보았기 때문에 위대한 음악가들에 대해 크나큰 존경심을 갖고 있었다. 리틀 리차드가 팬이나 카메라맨들에게 노출되지 않게 하는 것이 그녀의 일이라는 것을 이해할 수 있었고, 그래서 나는 그녀에게 "물론이죠. 먼저 이용하세요"라고 말했다. 엘리베이터를 먼저 이용하라고 양보할 수 있다는 것만으로도 기뻤다.

그러자 멋진 일이 일어났다. 양보하는 내 모습을 보더니 리틀 리차드가 내게 다가와서 "정말로 괜찮으세요?"라 말한 것이다. 나는 "물론이죠. 만나 뵙게 돼서 영광입니다"라고 말했다. 그러자 로큰롤의 전설로 알려진 리틀 리차드가 내 눈을 똑바로 쳐다 보더니 "저도 만나 뵙게 돼서 반갑습니다"라고 말했다! 그가 엘리베이터에 타는 동안 나는 '와! 비틀즈의 폴 매카트니도 리틀 리차드의 〈Long Tall Sally〉를 모창해서 불렀는데 리틀 리차드가 나에게 "저도 만나 뵙게 돼서 반갑습니다"라고 말하다니!' 하는 생각을 했다. 이것은 내겐 아주 재미있는 순간이었고, 나는 곧 이것을 '거룩한 만남(Holy Encounter)'으로 간주했다.● 나는 집에 도착하자마자 잊지 않고 〈비버리

● (T141) 교재 8장의 세 번째 과에 〈거룩한 만남(holy encounter)〉에 대한 내용이 나와 있다.

개리의 일생　**127**

힐의 낮과 밤〉이라는 영화를 다시 빌려 보았다. 이 영화에서 리틀 리차드는 이웃집에 사는 록스타로 나오는데, 여기서도 그의 실력은 일품이었다.

아턴과 퍼사가 다시 오겠다고 약속했던 4월 말이 되었다. 나는 그들이 어김없이 오리라는 것을 알고 있었다.

퍼사: 어이, 신의 교사님! 요즘은 어떻게 지냈어요?

개리: 에이, 아시면서. 그냥 평소대로 지냈어요. 병자를 좀 고쳐주고 죽은 이도 몇 명 살렸죠.

퍼사: 캘리포니아 여행은 어땠어요?

개리: 최고였어요! 당신들도 물론 알고 있겠지만, 지난번에 갔을 때보다 구경을 훨씬 더 많이 하고 왔어요. 대단했어요.

퍼사: 앞으로도 갈 일이 많이 있을 거예요. 편하게 즐기세요.

아턴: 이번 방문에서는 〈수업〉의 기초원리를 철저히 다룰까 해요. 당신이 말할 모든 것의 바탕이 되어야 할 〈수업〉의 기초에 관해 당신이 명확히 이해하기를 바라기 때문이죠. 예를 들면, 〈기적수업〉의 들어가기(introduction)에 보면 **"실재는 위협받을 수 없다"** 고 하는데, 이 말이 무슨 뜻이죠?

개리: 음, 실재란 영을 뜻해요. 그리고 영은 신 혹은 그리스도라는 말과 동의어입니다. 천국의 상태에서 당신은 신과 아무런 차이도 없습니다. 사실 말은 우리가 자신이 여기에 있다고 생각하는 동안에만 필요한 것이고, 말 너머로 가기 위해 말을 사용하고 있을 뿐입니다. 이를 감안하고 이야기를 들어주세요. 신 혹은 영은 불멸이며, 상처를 입을 수도 없고, 이 세상으로부터 어떤 식으로도 위협을 받을 수 없는 무엇입니다. 그것은 완벽하기 때문에 영원하고 불변합니다. 말 그대로 이 세상에 있는 그 무엇에 의해서

도 털끝 하나 영향을 받을 수 없는 무엇이지요. 이것이 우리의 실재입니다. 우리의 실재는 위협받을 수 있는 그 모든 것들 너머에 있습니다. 심지어 우리는 자신이 여전히 여기 있는 것처럼 보이는 동안에도 이 실재를 경험할 수 있습니다.

퍼사: 좋습니다. 여기엔 **"실재가 아닌 것은 존재하지 않는다"**는 말도 있는데, 이것에 대해서도 말씀해주시겠어요?

개리: 실재가 아닌 것이란 불변하지 '않는' 것, 완벽하지 '않은' 것, 불멸하지 '않는' 것, 상처를 입을 수 있는 것을 전부 다 가리키는 말입니다. 육신도 바로 여기에 해당합니다. 내가 저 바깥에서 보고 있는 육신들은 사실 존재하는 것이 아니에요. 왜냐하면 그것들은 내 마음의 산물이기 때문이죠. 그런 육신들이 존재하지 않는다고 바라볼 때라야 나는 내 몸이 존재하지 않는다는 것과, 진정한 나 자신은 어떤 방식으로도 위협을 받을 수 없다는 것을 경험할 수 있게 됩니다.

아턴: 설명이 매끄러운데요. 그건 그렇고, 당신은 외부로 다니며 하는 일을 아주 잘 해내고 있어요. 내가 해도 당신만큼 할 수는 없을 것 같아요. 흠, 사실은 당신보다 잘 할 수 있어요. 당신의 비위를 맞추려고 한 번 그래 봤어요.

개리: 사도들 중에서도 젤로 인기 없으신 양반이 그런 말을 다 해주시니, 재미있군요. 여하튼 요즘 나는 여행을 잘 다니고 있어요. 마치 〈블루스 브라더스 Blues Brothers〉 영화의 댄 애크로이드 Dan Aykroyd가 된 기분이에요. 난 신의 특명을 받아서 활동하고 있지요.●

● 이 영화에서 엘우드(실명: 댄 애크로이드)는 교회에서 설교를 듣던 중 밴드를 결성해서 돈을 모아 재정적 위기에 몰린 고아원을 도우라는 신의 계시를 받게 된다.

아턴: 너무 진지하게 받아들이지만 않는다면 아주 훌륭해요.

퍼사: 〈기적수업〉의 들어가기에 나오는 마지막 문장은 **"여기에 신의 평화가 있다"**입니다. 이 문장의 뜻은 자명합니다. 지금 우리가 이 부분을 거론한 이유는, 용서에 관해 이야기할 때 사실 우리는 선택에 관해 이야기하고 있다는 점을 강조하기 위해서입니다. 이 선택이란, '당신은 무엇인가?' 하는 것입니다. 당신은 신에게서 분리된 무엇인가요? 당신은 한 개인입니까? 정말로 당신은 이 세상 속에서 살고 있나요? 당신은 필멸의 존재입니까? 당신은 육신입니까? 아니면 당신은 당신의 '근원'과 하나이고, 불변불멸하고 영원하며 결코 상처받을 수 없는 영입니까? 만약 당신이 후자라면 용서해야 할 것은 아무것도 없어요. 용서해야 할 불만을 품는 것은 육신밖에 없기 때문입니다. 그러므로 용서란, 상대방이 이 둘 중 무엇인지를 당신이 선택함으로써 당신 자신은 무엇이길 바라는지를 고르는 선택입니다.

이것을 〈수업〉은 이렇게 표현합니다. **"형제 안에 있는 그것은 불변하며, 이를 인정할 때 너는 너 자신의 불변성을 인식하게 된다. 네 안의 거룩함은 형제의 것이며, 네가 형제에게서 거룩함을 보면 그것은 네게로 돌아온다."**(T515/T-24.Ⅶ.2:3-5) 에고, 즉 특별해지고 싶어하고 개별적인 정체성을 갖고 싶어하는 당신 마음의 한 부분은 자신을 영원히 보존하기 위해서 당신이 다른 이들을 분리된 육신으로 보길 원해요. 에고는 당신이 아닙니다. 하지만 형제자매들을 완벽한 영으로 보지 않고 육신으로 바라보는 한, 당신은 당신으로 하여금 에고의 사고체계를 선택하게끔 만들려고 애쓰는 에고의 속셈에 놀아나고 있는 거예요. 〈수업〉은 또 이렇게 말합니다. **"형제의 거룩함보다 그의 육체를 보는 것이 더 쉽다고 믿는 너는 무엇이 이 판단을 내리게 했는지를 확실히 알라."**(T514/T-24.Ⅵ.13:1) 그 판단을 내린 것은 바로 에고입니다. 그리고 이제 성령은 에고를 선택했던 당신 마음의 그 부분으로 하여금 다시 선택하게끔 하려고 애쓰고 있습니다. "**네가 내리는 모든 선택이 너의 정체성을 확립하고, 너는 그것을 보고 믿게 된다는 사실을 유념하면서, 그가 무엇이기를 원하는지 다시 선택하라.**"(T667/T-31.Ⅷ.6:5)

개리: 완전 공감해요. 하지만 말이야 쉽죠.

아턴: 자신의 마음을 철저히 훈련시켜서 자기 육신의 죽음까지도 용서의 대상에 포함시켜 시종일관 용서만을 선택하는 경지에 다다른 이는 극소수였습니다. 그래서 니체는 "하나밖에 없었던 그리스도인은 십자가 위에서 죽었다"고 말한 것입니다.

이 일의 관건은 마음을 훈련시키는 것입니다. 바른 마음으로 생각하도록 훈련된 마음을 지닌 사람은 세상에 얼마나 될까요? 수천 명을 만나도 한 명 볼까 말까입니다. 그나마 〈기적수업〉의 보급과 불교의 덕택으로 이런 이들이 역사상 그 어느 때보다 많아졌습니다. 하지만 인구도 그만큼 늘어났다는 것을 감안해야겠죠.

그래서 실습서를 실천하는 것이 중요한 것입니다. **실습서의 연습을 행할 때라야 〈수업〉의 목표는 실현된다**고 〈수업〉은 분명히 언급하고 있습니다.(W1/W-in.1:2) 마음은 〈수업〉이 말하는 내용에서 벗어나기 위해, 그 내용이 명확히 이해되는 것을 지연시키기 위해 무슨 짓이든 다 할 것입니다. 그래서 사람들이 교재를 읽어도 그들의 이해는 대개 부정확한 것입니다. 〈수업〉에는 공리라 할 만한 분명한 원리들이 있는데 그들은 이것들을 무시하려 들 것입니다. 이 공리들에 대해서는 나중에 더 말할게요. 그들은 사소한 것을 찾아내서 트집을 잡고, 맥락에서 떼어내면 자신들의 해석을 지지해주는 것처럼 보이는 단어나 문장에만 치중합니다. 하지만 〈수업〉이 말하는 내용들은 모두 다 〈수업〉의 전체적인 맥락에서 이해되어야 하고, 또 〈수업〉의 전체적인 맥락은 〈수업〉의 공리들 안에서 오해할 여지 없이 분명하게 드러납니다.

실습서를 공부하는 것은 숲이 아니라 나무를 보고 싶어하는 유혹에 굴복하는 대신 〈수업〉의 거시적인 가르침을 적용하는 일에 초점을 유지하는 데 도움이 됩니다. 실습서는 마음이 교재에 '실제로' 제시되어 있는 방향을 따라 생각하도록 훈련시켜줍니다. 만약 사람들이 실습서는 공부하지 않고 교재만 읽고 있다면 그들은 〈수업〉을 하고 있는 것이 아닙니다. 그 이유는 간단해요. 〈수업〉이 그렇다고 말하고 있기 때문이죠. 교사용 지침서에 보면, 신의 교사는 하루를 시작할 때 신과의 고요한 시간을 얼마나 오래 보내야 하는가에 관해 제이가 말하는 부분이 있습니다. **"이것은 신의 교사 자신에게 달려 있다. 우리는 우리의 〈수업〉의 틀 안에서 배우고 있으므로, 실습서를 다 마칠 때까지 그는 신의 교사로 자처할 수 없다."**(M40/M-16.3:7)

개리: 이런. 그 점을 까먹고 있었네요. 나도 실습서를 공부하긴 했지만 딱 한 번만 했어요. 한 번으로 충분한 거 맞죠?

퍼사: 네, 물론이죠. 당신은 실습서에 실린 과제들을 다 했고, 하루에 한 과 이상은 하지 않았으니 말이죠. 이게 유일한 지침이죠. 그리고 나중에 당신은 한 번 더 하게 될 거예요. 하지만 일단 실습서를 한 번 다 마쳤으니 그 다음에 할 때에는 가끔 한 번씩 그냥 읽고 지나가기만 하면 돼요. 〈수업〉의 다양한 부분들을 들춰서 상기 차원에서 읽어보는 것은 언제나 좋습니다. 이렇게 하면 에고가 도로 튀어나오는 것을 방지할 수 있습니다. 경계를 늦추면 에고는 분명히 되살아날 것입니다.

아턴: 불멸인 것은 항구하지만 필멸인 것은 항구하지 않음을 기억하세요. 우리는 우주가 사라지는 것에 대해 이야기해왔는데, 이것이 가능한 이유는 꿈에서 깨고 나면 꿈은 그냥 사라져버리기 때문입니다. 애초부터 꿈은 단 한 번도 실재한 적이 없었기 때문에 그렇게 사라지는 것입니다. 그런

데 어떤 이들은 이 말을 자신들이 뭔가를 포기해야 한다는 뜻으로 받아들이기도 합니다.

개리: 달랑 우주만 포기하는 것뿐이죠.

아턴: 하지만 그 우주는 실재하는 것이 아니에요. 관건은 당신이 '무엇에' 깨어나느냐는 것입니다. 시공간 우주는 항구하지 못한 것이었습니다. 이제 당신이 깨어나는 곳은 항구한 곳입니다. 당신의 불멸의 본성은 항구히 지속되는 무엇입니다. 그것은 변하거나 흔들리지 않습니다. 사람들이 알아야 할 것은, 그들의 진짜 삶은 스스로 자신의 삶이라 믿어왔던 것에 비해 비교도 안 될 만큼 멋지다는 사실입니다.

개리: 당신 말에 따르면, 내가 사람들을 에고가 원하는 방식이 아니라 성령이 원하는 방식으로 보기로 선택할 때마다 집에 한 걸음씩 다가가게 된다는 것이로군요.

아턴: 네, 그래요. 에고를 지우는 일에 관한 힌두교의 비유를 한 번 생각해봅시다. 그건 양파껍질을 벗기는 것과 비슷해요. 우리 목적에 따라 좀 각색해서 말할게요. 당신이 누군가를 용서한다고 생각해봅시다. 물론 〈수업〉이 말하는 용서로 말이죠. 이는 마치 양파껍질을 한 겹 벗겨내는 것과 같아요. 즉 에고의 껍질을 한 겹 벗겨내는 거죠. 하지만 당신 눈에는 아무 일도 일어나지 않은 것처럼 보일 수도 있습니다. 왜냐고요? 양파껍질을 한 겹 벗겨내도 전과 다를 것 없는 양파로 보이거든요. 여전히 똑같은 것처럼 보일 거예요. 하지만 이미 한 겹이 벗겨졌으므로 그것은 똑같은 양파가 아닙니다.

자, 이 일을 당신이 끈기 있게 한다고 가정해봅시다. 이따금씩 당신은 매우 평화로워지는 경험을 하게 될 수도 있고, 그러면 당신은 그것을 더욱 열심히 할 겁니다. 또 과거에는 당신을 언짢게 했던 일을 이제는 덤덤하게 받아들이게 될 수도 있습니다. 이때 당신은, 자신이 이렇게 달라진 것은 자신이 계속 용서를 실천해왔고, 성령이 무의식적 수준에서 당신의 마음을 치유하고 있기 때문임을 깨닫게 됩니다. 그러면 당신은 계속해서 열심히 자꾸자꾸 용서합니다. 그렇게 할 때마다 또 한 겹씩의 껍질이 벗겨지겠죠. 이렇게 해도 그건 여전히 그대로인 것처럼 '보일' 수 있습니다. 그래서 당신은 욕실에 가서 거울을 보면서 자신이 예나 지금이나 똑같다고 생각합니다. 하지만 그건 그렇지 않습니다.

텔레비전을 보다가 언짢은 뉴스를 접했지만 이내 용서를 한다고 생각해봅시다. 그러면 양파껍질이 한 겹 더 벗겨지겠죠. 하지만 당신은 아무것도 일어나고 있지 않다고 생각합니다. 하지만 당신이 그렇게 앉아 있는 동안, 성령은 우주를 투사해내고 있는 마음을 통해서 마음의 투사물에게까지도 당신의 용서를 비추고 있습니다. 그것은 마치 레이저 빔처럼 무의식적 죄책감과 그 업보의 투사물을 잘라냅니다. 그것은 당신의 모든 전생과 내생을 관통하고 시간의 여러 차원들도 다 관통합니다. 그것은 에너지와 형상의 우주 안에 있는 모든 곳을 관통할 뿐만 아니라 존재하는 것처럼 보이는 다른 병존우주들까지도 다 관통합니다. 엄청난 일이 벌어지고 있는 것입니다! 당신이 거기에 앉아 있는 동안 성령은 말 그대로 시간을 붕괴시키고 있는 것입니다.

당신이 용서를 실천했기 때문에 더 이상 배울 필요가 없어진 과제들이 있습니다. 그러면 성령은 그 테이프들을 사실상 지워버립니다. 성령은 당신이 용서를 실천하지 않았다면 배워야 했을 과제들을 담고 있는 시간의 차원들을 도려내서 사라지게 만듭니다. 하지만 당신은 성령이 볼 수 있는 모든 것을 볼 수 없기 때문에 거기 앉아서 '아이 지겨워. 아무 일도 일어나지 않잖아'라고 생각하는 거죠. 하지만 실제로는 엄청난 일이 '벌어지고 있습니다.' 더 많은 양파껍질이 벗겨졌고, 당신의 에고는 사라지고 있는 겁니다.

끈기 있게 용서를 계속 실천해간다면 어느 순간에는 마지막 양파껍질에 다다르게 될 것입니다. 그 마지막 껍질마저 벗기고 나면 이젠 아무것도 없습니다. 양파는 사라졌습니다. 에고도 이런 식으로 지워집니다. 용서의 마지막 과제를 수행하고 나면 에고는 사라집니다. 에고가 지워졌으므로 본래의 당신을 경험하지 못하도록 방해하는 것은 아무것도 남아 있지 않습니다. 이제 당신은 환생할 필요가 없습니다. 앞으로 우리가 더 자세히 알려주겠지만, 우리가 알려주는 방식대로 용서를 실천한다면 이것이 곧 생사의 쳇바퀴를 부수고 벗어나는 방법입니다.

개리: 이 말은 〈기적수업〉 들어가기의 **"사랑이 현존함에 대한 인식(awareness)을 가로막는 장벽을 제거하는 것"**에 해당하는 내용이군요.

퍼사: 잘 이해하고 있네요. 이것이 바로 당신이 에고 대신 성령을 선택할 때 실제로 일어나는 일이에요. 용서의 행위 하나하나가 에고를 지워주며, 성령은 신 혹은 영의 현존에 대한 자각을 가로막는 장애물들을 제거합니다. 이 장애물이란 마음속에 있는 죄책감의 장벽들을 가리킵니다. 이 장애물들은 당신이 진정한 자신을 자각하는 것을 가로막고 있어요.

개리: 나는 워크샵에서 강연을 시작하기 전에 〈기적수업〉 들어가기의 내용을 인용하곤 한답니다. 나는 제이와 하나가 되어서 이렇게 말하죠. "당신은 본래의 나입니다. 실재하는 것은 아무것도 위협받을 수 없습니다. 이는 곧 영이요, 이것이 본래의 나입니다. 실재가 아닌 것은 아무것도 존재하지 않습니다. 거기엔 '내가 이제부터 강연을 들려줄 저 밖의 육신들'도 포함되겠지요. 저 바깥에 있는 육신들이 실재하지 않는다면 내 육신도 실재하지 않습니다. 그리고 내가 육신이 아니라면 나는 방어하거나 걱정할 것이 아무것도 없습니다." — 매번 이렇게 하고 있어요.

퍼사: 아주 좋아요. 저는 당신이 교재의 앞 장들(early chapters)•의 내용을 인용하는 것도 맘에 들어요. "내가 여기에 있는 것은 진정 도움이 되기 위해서다"라는 내용 말이에요. 이 말은 성령이 하루를 모두 주관하도록 그를 초대합니다. 효과도 아주 좋지요.

개리: 날 지켜보고 있었군요!

퍼사: 지금 이 자리에서 암송해주면 어떨까요? 사실 그 글은 〈수업〉을 받아 적을 초기에 제이가 헬렌에게 준 것이긴 했지만 일차적으로는 빌을 위해서 의도된 내용이었어요. 물론 궁극적으로는 모든 이를 위해서 의도된 내용이지만요. 당시 빌은 프린스턴 대학의 정신과 의사들에게 강의를 해야 했어요. 그는 평소에도 나서서 말하는 것을 좋아하진 않았죠. 그런 면에서 당신과 빌은 많이 닮아 있어요. 대부분의 신비주의자들이 그런 것처럼 그도 매우 내성적인 사람이었어요. 그들은 내면에서 하는 일에는 익숙하지만 나서서 하는 일에는 그렇지 못해요. 그 자리에서 빌은 제이가 해주었던 말을 떠올렸고, 그러자 안심이 되었어요. 그때 빌은 성령이 그 자리에서 모든 것을 주관한다는 것을 알았어요.

개리: 알았어요. 그건 아마 이런 것 같아요. 아니, 사실은 '정확히' 이래요.

나는 오직 진실로 도움이 되기 위해 여기에 있다.
나는 나를 보내신 이를 드러내기 위해 여기에 있다.
나는 무엇을 말하고 무엇을 행할지 염려할 필요가 없으니,
나를 보내신 이가 나를 인도하시기 때문이다.
그가 나와 함께 가신다는 것을 알기에 그가 원하는 어디든지 나는 간다.

• 〈기적수업〉 교재의 1~5장을 가리킴.

나 그로 하여금 내게 치유를 가르치시게 하니, 내가 치유되리라.

(T28/T-2.V.A.18:2-6)

아턴: 자, 그러면 영감을 받는 방법 혹은 영 안에 있을 수 있는* 제3의 방법을 추가하도록 하지요. 곧, 성령과 하나가 되는 것입니다. 그건 이렇게 간단합니다. 영을 주관자로 앉힘으로써 당신은 모든 책임감과 모든 죄책감으로부터 면제됩니다. 그러면 이제 성령이 모든 걸 책임지는 것이지요. 당신의 책들도 마찬가지로 성령의 책임입니다. 그리고 물론 용서의 숙제를 많이 할수록 당신의 마음은 영의 음성을 못 듣게 방해하는 장애물로부터 더 자유로워지게 됩니다. 그리고 우리가 앞서 이야기했던 참된 기도의 고요한 형태로 신과 하나되기를 연습할수록, 당신은 영의 음성을 더욱 또렷이 들을 수 있게 됩니다. 자, 마지막 세 번째 방법이 나갑니다. 이 방법은, 도움을 요청하는 상황에 처한 자신이나 다른 이들을 돕기 위해 적절하다 싶을 때라면 언제라도 영과 의식적으로 결합하는 것입니다.

그리고 성령이 당신에게 언제나 음성(Voice)의 형태로만 나타나는 것은 아님을 기억하세요. 때로 성령은 직관이나 어떤 생각이나 느낌의 형태로도 나타날 수 있습니다. 성령은 다른 사람의 입을 통해서 당신에게 말을 할 수도 있는데, 당신은 그의 이야기를 듣다가 불현듯이 그것이 멋진 생각이라는 것을 깨달을 수도 있습니다. 영은 밤에 꾸는 꿈을 통해서도 당신을 가르칠 수 있습니다. 성령이 당신에게 스스로를 드러내는 방법은 무수히 많습니다. 그러니 항상 마음을 활짝 열어놓으세요.

---

* (T52) 교재 4장 들어가기에 보면, '영감을 받는다(inspired)'와 '영 안에 있다(in the spirit)'에 대한 설명이 나와 있다.

개리: 아, 예. 나도 나름 열린 사람이라고 생각해요. 내 말이 틀렸나요? 안 그러면 왜 당신들이 난데없이 나타났겠어요? 나한테 처음 나타났을 때 기억나세요? 정신이 하나도 없어서 아무 생각도 안 났다니까요!

퍼사: 물론 기억나지요. 하지만 우린 당신이 준비되어 있다는 걸 알고 있었어요.

개리: 두 분 다 아주 평화로워 보였어요. 그래서 나까지 안정이 되었죠. 당신들의 말투도 온화했고요. 나도 그래서 분위기에 쉽게 젖어들었던 것 같아요. 그런데 생각해보면 그런 상황이 자연스럽게 생각됐다는 것이야말로 가장 이상했던 점이에요. 나는 당신들한테 말을 거느라고 1~2분가량 그 상황에 대해 잊고 있었어요. 그런데 갑자기 '맙소사! 이 사람들은 허공에서 난데없이 물질화되어서 나타난 것이잖아!'라는 생각이 들었어요. 그러고 보니 다시 이상하게 보이는 거 있죠? 그러자 당신들이 무슨 말을 했고, 나도 다시 말을 했죠. 그러자 또다시 그것이 자연스럽게 느껴졌어요. 그렇게 얼마간 대화를 하다가 갑자기 나는 또다시 '맙소사! 이 사람들은 허공에서 난데없이 물질화되어서 나타난 것이잖아!'라는 생각이 들었어요. 참 기이한 일이었어요.

아턴: 그럴 수도 있겠네요. 하지만 그렇다고 지금 우리가 당신한테 나타나는 것이 '당신이' 자기가 지금 여기에 나타나 있다고 생각하는 것보다 더 이상한 것은 아니에요. 우리의 육신이 나타난 방식이 당신에게 익숙한 방식은 아니겠지만, 그렇다고 다른 사람들의 육신이 나타나고 있는 방식보다 더 이상한 것은 아닙니다. 우리의 몸과 그들의 몸의 주요한 차이점을 말하자면, 그들의 몸은 분리란 생각의 한 결과로 투사된 것이지만, 우리의 몸은 성령이 머무는 마음의 바른 부분에 의해서 투사된다는 점이에요. 우리가 육신을 사용하는 목적은 모든 분리란 실재하지 않음을 당신이 이해할 수

있는 방식으로 가르치기 위해서입니다. 그렇다고 성령이 이 육신을 투사해 낸다는 뜻은 '아닙니다.' 그 배후에 있는 성령의 사랑이 그렇게 하는 것입니다. 그러고 나면 마음의 바른 부분이 그 사랑에다 형태를 부여하는 것입니다. 이는 성령의 음성에도 똑같이 적용되는 이야기입니다. 당신에게는 성령이 영어로 말하는 어떤 사내처럼 들릴 수도 있습니다. 하지만 성령은 영어로 말을 하는 사내가 '아닙니다.' 그 음성의 배후에 있는 '사랑은' 성령의 것입니다. 하지만 그것의 형태는 분열된 마음의 바른 부분에서 오는 것이지요.

마음의 바른 부분에 대한 말이 나왔으니, 이제 우리는 당신에게 용서의 사고과정 두 가지를 전해주려고 합니다. 열심히 연습해야겠죠? 하나는 자기 자신에게 적용하는 것이고요. 다른 하나는 당신이 보기에 바깥에 있다고 생각하는 육신들에다 적용하는 것입니다. 사실 이 두 가지는 똑같은 것이에요. 하지만 주변에 연습할 다른 대상이 아무도 없을 때도 연습대상을 가질 수 있도록 첫 번째 사고과정도 알려드리는 겁니다. 혼자 있을 때, 다음을 말하면서 당신 자신에 대해 생각해보세요. 아니면 거울을 볼 때 해도 되고요. 거울을 볼 때 이 말을 하면 딱 좋지요. 자, 따라하세요.

나는 불멸의 영이다.
이 몸은 그저 하나의 이미지일 뿐이다.
이것과 본성의 나(what I am)는 아무 관련도 없다.

개리: 나는 불멸의 영이다. 이 몸은 그냥 이미지일 뿐이다. 이것과 본성의 나는 아무 관련도 없다. 알겠습니다. 열심히 해볼게요.

아턴: 좋습니다. 자기의 무의식적 죄책감을 다른 사람들에게 투사해놓고

그들이 잘못한 것처럼 만들려는 경향이 있다는 점에서 보자면, 당신도 한 사람의 전형적인 인간입니다. 하지만 때로는 자신을 비난할 때가 누구에게나 다 있기 마련이죠. 이 사고과정은 바로 이때를 위한 것입니다. 스스로를 마구 괴롭히고 있을 때 용서의 이 사고과정을 기억하세요. 특히 이것은 자기 자신을 비난하는 습관이 있는 사람들에게 유용합니다. 사람들 중에는 다른 사람들의 육신보다는 자기의 육신에다 무의식적 죄책감을 투사하는 사람들이 있습니다. 이것을 다루려면 불편한 주제를 좀 꺼내야겠군요.

> 자살은 세상에서 가장 큰 문제이지만 정작 세상은 이것을 전면 부인합니다.

자살은 세상에서 가장 큰 문제이지만 정작 세상은 이것을 전면 부인합니다. 이것은 에고의 작고 더러운 비밀이지요. 물론 사람들도 자살에 대해 알고 있습니다. 하지만 자살이 얼마나 광범위하게 일어나고 있는지는 모르고 있지요. '모든 국가를 통틀어 전쟁에서 죽거나 범죄에 의해 죽는 사람들의 숫자를 다 합쳐도 자살로 죽는 사람들의 숫자에는 미치지 못합니다.' 하나만 예를 들자면, 화재진압을 하다 죽는 소방관보다 자살로 죽는 소방관이 더 많습니다. 하지만 아무도 이것에 대해 이야기하려 하지 않습니다. 이 문제를 조사하고 싶어하는 사람도 하나 없지요. 누군가 우울증을 겪고 있으면 사회는 그저 약이나 처방해줄 뿐, 절대 그 이유를 들여다보지는 않아요. 그 이유는, 에고는 무의식적 죄책감이라는 주제를 들여다보기를 원치 않기 때문입니다. 이것이 자살의 진짜 이유이거든요. 이 주제가 거론되면 에고는 가능한 한 빨리 그것을 대면하는 일로부터 달아납니다.

일본에는 10대들이 인터넷에서 만나서 승합차를 타고 집단자살을 하는 모임도 여럿 있습니다. 이것은 유럽에도 조금 전파되었지요. 미국에서 이러한 일이 벌어지면 미국 부모들이 어떻게 반응할지 상상할 수 있겠죠?

개리: 네, 일단은 난리법석을 치겠죠. 그다음에는 더 많은 사람들에게 약을 처방할 테고요. 미국인들이 약으로 엉뚱한 사람이 돈을 벌지 않는 한 약에 대해서는 문제를 삼지 않는다는 사실이 참 놀라워요. 그들이 운영하는 기업들과 정부가 모든 사람을 세뇌시켜놨지요. 말하다 보니 얘기가 샜네요.

퍼사: 하지만 이러한 약들 중에는 사람들에게 일시적인 조치로서 꼭 필요한 약들도 있어요. 단번에 치유되는 것을 감당할 수 있는 이는 많지 않아요. 그렇게 하는 것은 그들의 에고를 너무 위협하는 것이 될 수도 있거든요. 그러면 위협을 느낀 에고는 미친 듯이 날뛰면서 그들을 해칠 수 있는 다른 방법을 찾을 거예요. 어쩌면 전보다 더 심각한 방법을 쓸지도 몰라요. 이원성의 본성을 잊지 않도록 하세요. 좋은 것이 있으면 나쁜 것도 있기 마련이에요. 예, 기업들이 사람들을 세뇌시켰다는 말은 맞아요. 당신네 나라 사람들은 자신에게 해로운 쪽으로 표를 던지니까 말이에요. 반면에 요즘 나온 신약 중에는 사람들이, 특히 나이 드신 분들이 예전처럼 고통을 겪지 않도록 도와주는 약도 많이 있어요. 당신의 부모님도 살아 계셨다면 이런 신약들을 써볼 수 있었을 거예요. 그러면 삶이 좀더 편안하고 덜 고통스러웠을 테고요. 당시 두 분은 이 모든 것이 마음에 의해서 일어난다는 것을 받아들이기에는 준비가 되어 있지 않았어요. 나쁜 점만 보려고 하지 마세요. 냉소적인 태도는 당신이 원하는 바가 아니에요. 당신은 사랑이 되길 원해요.

개리: 네. 아름답군요. 무슨 말인지 알겠어요.

퍼사: 이 모든 것에 대한 장기적인 치유책은 용서에요. 앞서 말했듯이 이것은 매우 중요합니다. 이에 대해 〈수업〉은 이렇게 말합니다. "**속죄는 아픈 사람을 낫게 하지 않는다. 그것은 치유가 아니기 때문이다. 속죄는 병이 존재할 수 있게 하는 죄책감을 제거한다. 이것이 진정한 치유다.**"(W270 / W-p

I.140.4:4-6)

개리: 자살에 관해 이야기가 좀 나오는가 싶더니, 그게 다였군요. 이 이야기는 더 안 다룰 거죠?

퍼사: 네. 〈기적수업〉이 무의식적 죄책감이라는 주제에 대해 다룰 뿐만 아니라 완벽하게 설명하고 있는 유일한 가르침이라는 점에서 보자면, 더 많은 사람들이 이 가르침을 더 잘 이해할 수 있도록 도와주는 것이 얼마나 중요한 일인지가 이해될 거예요. 사실 현재 〈기적수업〉을 가르치고 있는 사람들 중 대부분은 〈수업〉을 이해조차 하지 못한 상태예요. 〈수업〉의 구절을 인용은 하지만 정작 〈수업〉의 내용을 가르치지 않는다면 〈수업〉을 이해하고 있는 것이 아니에요. 그들은 자신들이 가르치는 내용을 뒷받침하기 위해서 〈수업〉에서 몇 구절을 똑 떼어내지요. 하지만 〈수업〉이 가르치고 있는 내용이란, 당신은 당신 마음 안에 있는 에고를 지울 수 있고, 성령으로 하여금 당신의 무의식적 죄책감 모두를 치유하게 할 수 있고, 이렇게 해서 자유로워질 수 있다는 것입니다. 이것을 해내는 가장 빠른 방법은 다른 사람들과 사건들과 상황들을 바라보는 방식을 바꾸는 것입니다. 〈수업〉은 이것을 해내는 방법도 가르치고 있습니다. 당신이 이 메시지를 전파할 수 있는 특권을 누리는 사람들 중 하나라는 사실에 감사하세요. 하지만 거기서 멈추면 안 됩니다. 〈수업〉에서 제일 중요한 부분은 〈수업〉의 뜻을 이해하는 데 있지 않습니다. 〈수업〉을 당신의 삶에다 적용하는 것이야말로 제일 중요합니다.

아턴: 자, 이렇게 해서 자연스럽게 두 번째 용서의 사고과정으로 넘어가는군요. 이 사고과정을 본인도 열심히 실천하고 다른 사람들에게도 알려주세요. 이것은 다른 사람에 대해 당신이 항상 가져야 할 사고방식입니다. 이것을 외우고 있다가 적절한 상황이 왔을 때 다른 이들에게 마음속으로 말

해주세요. 다른 사람과 대화를 나눌 기회는 자주 있기 마련이죠. 이것을 상대방에게 마음속으로 말해주겠답시고 대화를 멈추지는 마세요. 그냥 평범하게 대화를 나누세요. 항상 적절하게 행동하세요. 특이하게 굴지 마세요. 대화 중 당신이 말해야 할 차례가 아닐 때, 그때를 이용해서 이 메시지를 보내세요. 다음의 내용을 생각하면서 당신의 마음속에서 이 말을 다른 마음에게로 보내주는 겁니다. 자, 따라하세요.

당신은 영입니다.
온전하고(whole) 결백합니다.
모든 것이 용서받고 풀려납니다.

개리: 당신은 영입니다. 온전하고 결백합니다. 모든 것이 용서받고 풀려납니다. 근사한데요.

아턴: 네, 정말 근사하죠. 내 마지막 생애 때 나도 내 환자들에게 이와 매우 비슷한 말을 해주곤 했어요. 이러한 말을 당신의 마음속에서 다른 마음에게 해주는 것은, 그 내용이 당신의 무의식적 마음 안에서 당신에 관해서도 진실이 되게끔 하는 한 방법입니다. 그리고 이것은, 당신을 형상의 우주에다 묶어놓고 있는 무의식적 죄책감을 성령이 치유하고 해방시키도록 허락합니다. 당신의 불멸성 속으로 다시 깨어나는 비결은 '이 세상에 있는 것들에' 통달하는 데 있지 않고, '이 세상을 바라보는 방식에' 통달하는 데 있습니다.

예를 하나 들어볼게요. 〈기적수업〉을 오래 공부해온 사람들 중에는 자신들이 매우 똑똑하다고 여기는 사람들이 좀 있습니다. 그들은 자기가 〈수업〉이 뜻하는 바를 알고 있다고 생각해요. 어떤 경우에는 정말 그렇기도 하고, 어떤 경우에는 그렇지 않기도 하지요. 하지만 정말로 중요한 것은, 자신이 〈수업〉에서 이해하고 있는 내용을, '그것이 무엇이든지', 실제로 실천하는 것입니다. 자신이 다른 사람들보다 지성적으로 우월하다는 것을 증명하기 위한 목적으로 〈수업〉에 대한 자신의 이해력을 이용하는 똑똑한 자들은 사실 〈수업〉을 하고 있는 것이 아닙니다.

단언하건대, 세상에서 정신 장애가 있다고 판정을 받았거나 이해력이 많이 부족하다 할지라도 다른 이들을 아무런 판단 없이 사랑으로 바라보며 삶을 살아가는 사람들이, 〈기적수업〉에 관한 내용을 놓고 다른 사람은 틀렸고 나는 옳다는 일로 씨름하며 살아가는 지성인들보다 이번 생에서 더 빠르게 영적으로 진보해가고 있습니다.

다시 말하지만, 〈수업〉은 어떻게 세상의 주목을 끄느냐가 아니라 어떻게 세상을 바라보느냐에 관한 것입니다. 마더 테레사는 그 탁월한 본보기였습니다. 그녀는 모든 사람을 사랑과 용서로 바라보았습니다. 나중에는 그녀가 어떤 신학관을 가졌느냐 하는 것조차도 문제되지 않았습니다. 사실 그녀가 평생 시중을 들었던 사람들의 대부분은 그녀의 종교에 속해 있지도 않았습니다. 하지만 그것은 그녀에게 중요하지 않았습니다. 그녀는 사람들을 바라볼 때, 그들이 모두 다 신의 사랑을 받기에 전적으로 합당하다고 여겼습니다. 아무런 예외 없이 말이죠. 그녀의 사랑과 용서는 그 누구로부터도 움츠린 적이 없었습니다. 그녀의 사랑과 용서는 전적이고 보편적이었습니다. 그녀는 누구를 심판하지도 단죄하지도 않았습니다. 그래서 그녀의 마음은 성령에 의해서 완전히 치유되었습니다. 그녀는 깨닫게 되었고, 생사의 쳇바퀴에서 완전히 벗어났습니다.

개리: 훌륭하군요. 그러니까 이제 그녀는 여기에 다시 돌아올 필요가 없단 말이죠?

아턴: 네, 맞습니다.

개리: 듣고 보니 정말로 중요한 것은 이론이 아니라 이론을 가지고 무엇을 하느냐이겠군요. 당신들도 알겠지만, 어떤 사람들은 제이가 〈수업〉에서 사용한 표현방식이나 문체를 보고는 제이가 그렇게 해야만 했던 이유를 나름 제시하기도 해요. 즉, 그렇게 하지 않았으면 똑똑한 사람들이 〈수업〉을 진지하게 받아들이지 않았으리라는 거죠. 단순한 내용을 주면 그들은 쳐다보지도 않을 거라고 말이죠! 그래서 제이는 자신의 〈수업〉에서 긴 문장으로, 지성적으로, 성서적으로, 학자들이 하는 방식으로 상세하게 설명했다는 것입니다. 이렇게 해야지 그들이 이것을 공부해야겠구나 하는 마음이 들 정도의 감명을 줄 수 있었다고 보는 거죠.

아턴: 어느 정도는 맞는 이야기에요. 하지만 그렇게 단순하게 생각할 문제는 아니에요. 제이가 그렇게 한 이유는, 앞서 우리가 말하기도 했지만, 에고란 것이 단순하지 '않기' 때문이에요. 그래서 에고를 지우려면 많은 작업이 필요합니다. 그래서 〈수업〉은 장문을 사용하고 그러한 문체를 사용하는 것입니다. 이렇게 하는 것은 에고 지우는 일을 용이하게 해줍니다. 그럼에도 〈수업〉이 단순한 것은, 우리에게 실제로 주어지는 선택지란 항상 단 두 가지밖에 없고, 이 둘 중 하나만이 진실이란 겁니다.

개리: 그런데 사람들 중에는, 결국에는 예외 없이 악몽으로 끝나버리는 이 꿈을 우리가 꾸도록 신이 내버려두는 것은 그다지 자비롭지 못한 처사라고 말하는 이들도 있어요. 이에 대해서 한 말씀 해주시겠어요?

아턴: 재미있는 것은, 이런 부류의 사람들은 금방 돌아서서 신이 세상을 창조했다고 말할 거라는 거죠. 신이 어쩌면 그렇게 사랑이 없냐고 하면서 말이죠. 당신의 질문에 답변하자면, 신은 당신이 이러한 꿈을 꾸게 한 적이 없다는 것입니다. 당신이 꿈을 꾸도록 '허용하고자' 한다면, 신은 그에 앞

서 분리의 생각이 가능하다는 것을 승인해야만 할 겁니다. 하지만 앞서 우리가 말했듯이, 신은 그렇게 하지 않습니다. 신이 이것을 승인하지 않는 덕분에 당신이 깨어나게 될 완벽한 일체성(Oneness)이 계속 존재할 수 있는 것입니다.

개리: 그런데 그와 다르게 생각하는 사람들도 있어요. 신은 일체성 속에서는 자신을 경험을 할 수 없었기 때문에, 이 세상을 만들어서 이 안에서 살아보는 것만이 자신을 경험할 수 있는 유일한 방법이라고 말해요. 이러한 사람들 중 많은 이들이 〈신과 나눈 이야기〉*와 같은 식으로 말하는 저자들과 교사들에게 귀를 기울이고 있는 것처럼 보입니다.

퍼사: 그들도 조금만 더 깊이 생각해보면 자신들이 신을 미쳤다고 생각하고 있다는 것을 깨닫게 될 거예요. 당신은 천국에서 신과 함께 있다는 것이 어떤지 신비로운 체험을 한 적이 있어요. 그렇죠?

개리: 네.

퍼사: 천국과 이 세상을 어떻게 견줄 수 있을까요?

개리: 비교가 애초에 '불가능해요.' 천국에서는 당신이 곧 '신'입니다.

퍼사: 하지만 그것은 체험이에요. 그냥 아는 거죠. 그렇죠?

개리: 물론이죠! 이것은 이 세상이 제공할 수 있는 모든 것을 훌쩍 넘어서는 장엄한 체험입니다.

퍼사: 좋아요. 그렇다면 신이 자신을 음미하고 즐기기 위해서는 이 세상을 만들어내어서 이원성을 경험해야만 한다고 생각하는 것은, 섹스를 경험하고 즐기기 위해서는 꼭 배에 총을 맞아봐야 한다고 생각하는 것과 다를

---

* Conversations with God(1996): 미국인 저자 닐 도널드 월시(Neale Donald Walsch)가 어느 날부터 '신'과 나눈 대화를 받아 적은 책.

게 없어요. 하지만 이 생각은 틀렸습니다. 고통은 당신이 신에게서 자기 자신을 분리시켰다고 생각하는 데서 온 죄의식의 결과입니다. 실재의 기쁨을 경험하기 위해서 고통을 경험해야 할 필요는 '없습니다.' 하지만 실상으로 돌아가고자 한다면 고통과 괴로움을 용서하고 그것들을 포기하는 것은 꼭 해야 할 일입니다. 이에 대해 제이는 이보다 더 분명하게 말할 수는 없겠다 싶을 정도로 자신의 〈수업〉에서 명명백백하게 밝혀놓았습니다. 그러니 당신이 귀를 기울여야 할 사람은 '제이'입니다.

"순진무구와 생명에 반하고 신의 뜻에 반하는 죄와 죄의식, 그리고 죽음은 에고로부터 나왔다. 미쳐 빠져 천국의 평화에 대적하는 정신 나간 병심이 아니면 그 어디에 그러한 거역이 숨어 있을 수 있겠는가? 한 가지는 분명하다. 죄도 죽음도 창조한 적 없는 신은 네가 그런 것들에 묶이기를 뜻하지 않는다. 그는 죄도, 그 결과도 알지 못한다. 장례행렬 속의 수의에 싸인 형체들은 그들이 살아 있기를 뜻하시는 그들 창조주의 영광을 받들어 행진하는 것이 아니다. 그들은 그의 뜻을 따르는 것이 아니라 오히려 그 뜻을 거역하고 있다." (T417/T-19.IV.C.3:1-6)

개리: 이런, 이제 제이는 점잖게 말하기를 그만두고 자신이 느끼고 있는 바를 솔직하게 말해야 할 것 같아요. 신이 자신을 경험하기 위해서 대립쌍을 만들어냈다고 하는 사람이 있는 반면, 제이는 모든 것을 포괄하는 것은 아무런 대립쌍도 가질 수 없다고 말하고 있어요. 오직 제정신이 아닌 자들만이 그럴 수 있다거나 그래야만 한다고 생각한다는 거죠. 이 정도면 공평하죠?

퍼사: 네.

개리: 이미 알고 있겠지만, 때로 사람들은 나한테 〈기적수업〉이 왜 좀더 대중적으로 퍼져 나가지 않느냐고 물어보기도 해요. 그래요. 물론 이제는

〈기적수업〉이 완전히 생소한 책은 아니죠. 200만 부에 가깝게 세상에 '퍼졌으니' 말이죠. 하지만 다른 책들과 비교해보자면, 〈수업〉은 아직 그렇게까지 대중적이지는 않아요.

퍼사: 그런데 그거 알아요? 당신이 그걸 바꿔놓기 시작했어요. 물론 우리의 도움에 힘입어서 말이죠. 이제까지 〈수업〉이 다른 접근법들만큼 인기가 없었던 이유 중 하나는 유명한 〈기적수업〉 교사 중에서 대중들에게 〈수업〉을 제대로 설명한 사람이 한 명도 없었다는 것이에요. 그래서 사람들이 그들의 말을 듣고 공부는 시작했는데 정작 이해할 수 없다 보니 좌절하고 포기한 것이죠. 하지만 당신의 책을 읽고 나서 스스로 〈기적수업〉을 읽어보면 이제는 이해할 수 '있을' 것입니다.

개리: 잘 됐네요. 아까 하던 이야기를 마저 하면, 〈수업〉이 왜 좀더 대중적이지 못한가 하는 질문에 저는 이렇게 답하곤 했어요. 〈수업〉이 말하고 있는 내용을 고려한다면 〈수업〉이 이만큼 알려지게 된 것도 기적이라고 말이죠.

퍼사: 잘 짚었어요. 우리도 결코 〈수업〉이 모든 이를 위한 것이라고 말한 적이 없다는 사실을 기억하세요. 사실 〈수업〉이 모든 이를 위한 것은 '아니에요.' 하지만 이제까지 〈수업〉을 공부한 사람들보다는 훨씬 더 많은 수의 사람들을 위한 것이기는 해요. 그리고 〈수업〉의 내용을 더 잘 이해할 수록 그들은 〈수업〉에 더 많은 관심을 가지게 될 거예요. 이것은 단지 시작에 불과하다는 것을 명심하세요. 〈수업〉이 지향하고 있는 그 경험으로 다가가게 해주는 것은 언제나 실천이라는 점도 기억하시구요.

개리: 바로 여기에 신의 평화가 있습니다. 그렇죠?

퍼사: 맞아요. 그리고 그 평화란 경험이구요.

개리: 아름다워요. 그러고 보니 지난번에 우리가 여기까지 복습했던 것

같아요. 맞죠?

퍼사: 네, 언제 해도 좋은 것이 복습입니다. 사실 〈수업〉은 새로운 개념을 조금씩 도입할 때조차도 끊임없는 복습으로 구성되어 있지요. 한 예로, 제가 2분 전에 인용했던 구절은 당신이 방금 언급했던 〈기적수업〉의 들어가기(Introduction)에서 가르치고 있는 원리와도 같은 말이지요. 모든 것을 포괄하는 것은 아무런 대립쌍도 가질 수 없다는 부분 말이에요. 다만 제가 인용했던 구절에서는 이 내용이 다른 식으로 표현되고 있고, 보다 깊은 수준에서 다뤄지고 있어요. 이것은 제이가 에고를 지울 때 사용하는 방법 중 일부지요.

개리: 알겠어요. 질문할 게 좀 있어요. 남아메리카로 탈출한 나치들에 관한 기사를 종종 읽곤 하는데, 80~90세까지나 살았다고 하더라고요. 그런데 제가 지난 25년 동안 배워온 바로는 그 사람의 사고가 그의 건강을 결정한다고 알고 있거든요. 그런데 이런 놈들은 어떻게 백 살까지나 살 수 있는 거죠? 그러니까 '그놈들이' 대체 어떤 생각을 품고 있었기에 그게 가능했냐는 거죠.

아턴: 진정해요, 개리. 당신의 생각은 삶에 대한 당신의 '경험을' 결정하는 것이지, 당신의 삶에서 '무슨 일이' 일어날지를 결정하는 것은 아니에요. 형상의 수준에서 일어나는 모든 일은, 즉 당신이 몇 살까지 살 건지, 부유하게 살 건지 가난하게 살 건지, 심장병의 위협을 받을 건지 말 건지, 뇌졸중 같은 발작이나 암 등에 걸릴 건지 말 건지 등은 당신이 태어나는 것처럼 보였던 그 순간 이전에 이미 다 정해져 있었습니다. 당신이 형이상학적 수준에서 에고를 선택한 순간, 다른 것들은 이미 거래가 다 끝났습니다. 이곳의 삶이 공평하지 않은 것은 바로 이 때문입니다. 그러니 이게 다 나와 무슨 상관이 있느냐고 따지지 마세요! 정리하자면, 당신은 당신의 생각으로

써 당신의 '경험을' 결정한다는 것입니다. 그리고 중요한 것은 바로 당신의 이 경험입니다.

> 이곳에서 당신이 갖고 있는 단 하나의 진정한 힘은, 성령과 에고 이 둘 사이에서 선택을 내릴 수 있는 능력입니다.

이곳에서 당신이 갖고 있는 단 하나의 진정한 힘은, 성령과 에고 이 둘 사이에서 선택을 내릴 수 있는 능력입니다. 이 길을 걷는 과정에서, 성령의 시간 붕괴를 통해서 시간의 차원이 변화되는 일이 일어나 고정된 큰 각본 속에서 다른 시나리오가 당신에게 펼쳐지게 되거든, 그것은 그저 하나의 부산물로 여겨야 합니다. 〈수업〉의 초점은 이런 부산물에 있지 않거든요. 시간 붕괴에 대해 말하자면, 오직 성령만이 모두를 위한 최선을 알고 있다는 점을 기억하세요. 성령이 시간과 공간을 주관하게 하세요. 모든 것을 알고 있는 자에게 일을 맡기세요. 당신이 아팠는데 용서를 선택함으로써 당신의 증상에 변화가 일어났거든 그 '역시' 부산물로 여기세요. 진정한 목적은 천국입니다. 하지만 단기적 목표는 평화, 모든 아픔과 괴로움의 종식입니다. 이 세상에서 무슨 일이 일어나는 것처럼 보이더라도, 당신의 증상이 어떤 것처럼 보이더라도, 그 모든 아픔과 괴로움을 종식시킬 방법을 터득하는 것은 절대적으로 당신에게 달린 일입니다. 이것이 에고가 짜놓은 죄책감과 고통과 괴로움과 죽음의 각본에 대한 성령의 응답입니다.

개리: 그러니까 그 나치는 어찌 됐든 자기 수명대로, 이를테면 90세까지 산다는 거로군요. 하지만 삶의 질이라든지 90세까지의 그의 경험은 그의 생각들에 의해서 정해지는 것이고요. 그리고 그의 영적 여정과 그가 반복해야 할 앞으로의 생 동안에도 이런 식으로 죽 이어질 것입니다.

아턴: 정답입니다. 훌륭해요. 자, 이제 떠날 시간입니다. 사랑하는 형제여, 이번 여행에서는 특별히 의식을 일깨워서 잘 살펴야 할 겁니다. 나중에 가면 왜 이 말을 했는지 이해할 거예요. 그래도 즐겁게 다녀오세요!

개리: 고마워요! 최선을 다하고 있어요.

퍼사: 알아요, 신의 교사님. 그게 우리가 할 수 있는 전부인걸요. 우리가 알려줬던 용서의 두 가지 사고과정을 기억하세요. 그리고 장시간 비행기를 타는 동안 잠을 좀 자려고 하는데 난기류나 다른 이유로 해서 잠들지 못하겠거든 〈수업〉의 다음 구절을 생각해보세요. 그러면 지상의 여정을 벗어나서 휴식을 취하는 그 시간에 당신 내면의 장엄한 진실이 다시 기억 속에 떠오를 겁니다. **"생명(Life)의 아들은 죽임당할 수 없다. 그는 아버지처럼 불멸이다. 그의 본성은 바뀔 수 없다."**(T616/T-29.VI.2:3-5)

그로부터 3주 뒤, 미국 중서부에 여행을 갔다가 메인 주 포틀랜드 시로 비행기를 타고 돌아오는 길이었다. 갑자기 비행기 오른쪽에서 쾅하는 소리가 크게 들리기에 봤더니 창문 옆으로 불꽃이 번쩍 지나가는 것이 보였다.

승무원이 통로를 가로질러 조종실로 뛰어갔다. 당시 비행기에는 60명 가량이 타고 있었는데, 모두 조용해졌다. 혹시 비행기에 무슨 문제가 생긴 것은 아닐까 하는 마음이었으리라. 나도 불안해졌다. 순간 '제길, 뭔가 좀 잘 된다 싶더니 또 이렇구나' 하는 생각이 들었다.

이때 퍼사와 아턴이 떠나기 직전에 퍼사가 나에게 해줬던 말이 기억났다. 그래서 그녀가 들려주었던 〈수업〉의 그 구절을 떠올렸다. 나는 진정한 나의 불멸의 본성에 대해 생각했고, 제이에게 나와 함께 해달라고, 그리고 이 상황을 달리 볼 수 있도록 도와달라고 빌었다. 그러자 기분이 곧 나아졌다. 무슨 일이 벌어지고 있는지는 여전히 알 수 없었지만.

얼마 지나지 않아 상황이 정리되었다. 그 일이 일어난 지 1분도 채 안 되었는데, 승무원이 기내방송을 했다. "승객 여러분, 안심하십시오. 비행기가 방금 벼락을 맞긴 했지만 검사 결과 아무 이상 없습니다."

"고맙습니다"라는 말밖에는 할 말이 없었다. 그러고 나서 비행기가 포틀랜드로 접근해가는 동안 나는 잠시 잠을 잤다.

4
시체 없는 살인

어떤 형태이든 공격은 모두가 파괴적이다. 공격의 목적은 바뀌지 않는다. 공격하는 의도는 살해뿐인데, 어떤 살해가 살인자가 느낄 수밖에 없는 엄청난 죄책감과 처벌에 대한 극도의 두려움을 덮어주겠는가? 그는 자신이 살인자임을 부인하고, 미소를 띠고 공격함으로써 그 흉포함을 정당화할지도 모른다. 그래도 그는 괴로울 것이며, 미소가 가셔버린 악몽 속에서, 공포에 질린 그의 인식(awareness)에 떠오른 목적이 그를 여전히 쫓는 악몽 속에서, 그는 자신의 의도를 볼 것이다. 살인을 생각하면서 거기에 따르는 죄책감에서 벗어날 수는 없기 때문이다. 그 의도가 죽음이라면, 그것이 취하는 형태가 무슨 상관이 있겠는가?

(T495 / T-23.Ⅲ.1:3-9)

앞서 말한 그 중서부 여행 중에, 나는 위스콘신 주에 들렀다. 내 친구 린다는 위스콘신 델즈라는 호텔에서 세미나를 주선해주었다. 그런데 이 세미나 장소에서 도로를 따라 2마일 가량 떨어진 곳에는 〈기적수업〉을 자신들의 목적에 따라 이용하고 있는 이상한 집단이 있었다. 사실상 이 집단을 이끌고 있는 이는 놀랍게도 자신을 '〈기적수업〉의 마스터 티쳐'라 내세우고 있었다. 내가 근처에서 워크샵을 하고 있다는 이야기를 듣고는, 그 교사의 측근들 중 한 명이 나에게 자신들의 장소에 와달라고 초대했다. 린다와 내가 '엔데버 아카데미'라는 곳에 들어서는 순간 나는 이 방문이 여기 있는 사람들 중 일부에게 도움이 되리라는 것을 확신할 수 있었다. 그들이 이렇게 특정 장소에서 공부를 하거나 모여 살기를 원하는 데는 분명 어떤 이유가 있을 것이다. 안에 들어서는 순간, 나는 특히 자습 코스인 〈기적수업〉의 추종자들에게서 기대할 수 있는 것과는 사뭇 다른 이상한 분위기를 느꼈다.

안에 들어서자 방이 하나 보였는데, 그 방의 오른편에서는 누군가가 그 날의 실습서 과제를 낭독하고 있었다. 40명가량이 거기에 귀를 기울이고 있었는데, 그들은 엉뚱한 대목에서 웃음을 터뜨리곤 했다. 물론 〈수업〉이 웃음을 권장하기는 한다. 하지만 이 사람들은 보다 깊은 의미를 이해하기 위해 숙고해야 할 진지한 구절들에서 웃음을 터뜨리고 있었다. 마치 그들은 그 표현들에 대해서 그들의 사고체계 안에서만 통용되는 우스운 의미를 공유하고 있는 듯했다. 하지만 그들은 그런 식으로 그 구절들의 진정한 의미를 무시해버림으로써 〈기적수업〉의 메시지를 부인하고 있었다. 그런 다음 '마스터 티쳐'께서 계단을 내려오면서 등장했고, 그러자 사람들은 그의 주위로 모여들었다. 그들이 '세션Session'이라 부르는 더 큰 방이 있었는데, 그들은 그를 따라서 그 방으로 들어갔고, 나도 따라서 갔다.

그 남자는 한 시간가량 연설을 했다. 그가 말하는 동안에는 아무도 말을 한다든지 질문을 하는 것이 허락되지 않았다. 이 단체도 작년에 《우주가 사라지다》를 함께 읽고 토론한 적이 있었는데, 그 결과로 적지 않은 이들이 〈수업〉의 진정한 의미를 깨닫고는 떠났다고 한다. 그래서인지 그 남자는 연설 도중에도 몇 번이고 내 앞에 와서 나를 노려보곤 하였다. 그중 한 번은 몸으로 날 밀치고 머리를 찰싹 때리기까지 했다. 또 한 번은 발걸음을 옮기면서 나를 "벙어리 새끼"라 불렀다. 나는 혹시 이러한 독특한 교육방식이 교사용 지침서에 나와 있는가 싶어 나중에 찾아보았지만 어디서도 찾아볼 수가 없었다.

이 일이 벌어지는 내내 나는 〈수업〉이 가르치는 방식의 용서를 실천하면서 그에게 아무런 반응도 하지 않았다. 내 스승들은 나에게 이와 같은 힘든 상황이 닥치면 용서를 실천해야 한다고 미리 경고해주었다. 나는 이 남자를, 내가 나 자신에 관해 사실이라 은밀히 믿고 있는 것을 내 안이 아니라 내 바깥에서 발견하기 위해 내가 지어낸 투사물로 여겼다. 이렇게 생각하자 실제로는 그는 존재하지 않는다는, 그러므로 내가 반응해야 할 대상이란 사실 아무도 없다는 생각이 떠올랐다. 이 과정의 중요한 요소 중 하나는, 오직 신만이 실재한다는 것과 신의 것이 아닌 것은 나에게 아무런 영향도 미칠 수 없음을 아는 것이다. 그런 후 나는 평화 속에 머무는 성령에게로 그를 해방시켰다. 소위 마스터 티쳐라 불리는 그는 위에서 묘사한 대면 과정 중에서 한번은, 자신의 도발에 내가 동요되기를 거부하자 실망한 듯이 이렇게 소리를 질렀다. "이 사람 좀 봐라. 웃고 있잖아."

거기에 있는 동안 나는 이 집단의 사람들이 조종당하고 서로 대립하고 있는 모습을 보았다. 사람들은 협박을 당하고 언어폭력에 시달리고 있었다. 그 남자는 말 그대로 〈수업〉과 아무 관련 없는 내용을 횡설수설 가르치고 있었음에도 불구하고, 참가자들 중 일부는 마치 이해했다는 듯이 반응하면서, 〈수업〉의 음성(Voice)이 실제로 전하고 있는 내용에 귀를 기울이는 대신 그를 자신들의 특별한 교사로 둔갑시키고 있었다. 마스터 티쳐가 하는 말을 이해하지 못하면 왜 그 말을 이해해야 하는지 영문도 모른 채 '죽은 자'라는 딱지를 받게 될 것이었다. 하지만 그의 말에 고개를 끄덕이면 당신은 잘 하고 있는 것이다. 전형적인 사이비 집단의 분위기였다. 이러니 누가 눈 밖에 나고 싶겠는가?

이 교사는 또 성서의 일부도 혼용해서 말하고 있었는데, 그렇다고 인용한 그 내용이 〈수업〉과 같은 것을 가르치는 것도 아니었다. 그는 '빛의 몸'

의 중요성을 열심히 강조하면서 추종자들이 쿤달리니 에너지에 열광하게 끔 가르쳤다. 〈수업〉에 따르자면 에너지는 분명 환영에 불과한 것이고 따라서 중히 여길 것이 아닌데도 불구하고 그에게 이 사실은 안중에도 없었다. 〈수업〉의 정의에 따르자면, 변화할 수 있거나 변화시킬 수 있는 것은 죄다 실재하는 것이 아니다.• 어떤 경우에서든 〈수업〉의 목적은 신의 평화이다. 에고의 그릇된 창조물들에 열광하자는 것이 아니다.

거기서 한 시간가량 머무르는 동안 나는 묵묵히 듣는 가운데 용서를 했다. 얼마 뒤 그 교사는 자신의 강의 비디오를 틀었고, 린다와 나는 거기를 떠났다. 가는 길에 나는 이 단체가 많은 곳에 지부를 가지고 있는 '치유 센터'도 방문했다. 실제로 그들은 그나마 멀쩡해 보이는 이 치유 센터들을 통해 세상에 자신을 소개하면서 사람들을 끌어들이고 있었다.

다음날 나는 길 아래쪽에 있던 큰 호텔에서 워크샵을 진행했다. 전에 그 집단에 속해 있던 회원들 중 계속 그 지역에서 거주하고 있던 이들도 많이 왔고, 이제는 상당히 먼 곳에 살지만 내 워크샵에 참석하기 위해 온 사람도 좀 있었다. (그리고 현재의 회원 중에서도 스무 명이 마스터 티쳐의 허가 없이 참석했다.) 미국 전역에 퍼져 살고 있는 이전 회원들은 대부분 서로 간의 유대가 돈독했으며 계속 연락을 취하고 있었다. 세미나 장소에 충만한 사랑을 느끼고 그들과 메시지를 나누는 것은 즐거운 일이었다. 워크샵을 진행할 때 내가 가장 좋아하는 부분 중 하나는 청중과 교류할 수 있는 질의응답 시간이다. 그렇다고 질의응답 시간에만 교류하는 것은 아니다. 나는 사람들 만나는 것을 좋아하고, 세미나 장소에 도착하고부터 거기를 떠날 때까지 하

• (T13) T-1.Ⅴ.5:1. 정확한 인용문은 "참인 것은 무엇이든 영원하여, 변하게 할 수도 없고, 변할 수도 없다"이다.

루 종일 그들과 이야기를 나누곤 한다. 휴식시간이든 점심시간이든 기회가 닿을 때마다 말이다. 나는 또 책에 사인해주는 것을 좋아하는데, 이때는 마치 내가 이 책의 저자가 된 느낌이다.

그다음 날에는 위스콘신 주 키엘Kiel이라는 시골 마을에 워크샵을 하기 위해 들렀는데, 이곳은 그린베이에서도 멀리 떨어진 곳이 아니었다. 워크샵 장소는 '빛의 경로들(Pathways of Light)'이라 불리는 또 다른 〈기적수업〉 단체였다. 여기에 이틀간 머무는 동안 나는 이 단체의 운영자인 로버트 스톨팅과 매리 스톨팅 부부가 취하는 접근법과 〈기적수업〉 필사자였던 헬렌이 취했다고 하는 접근법이 너무나도 비슷하여 깜짝 놀랐다.

1970년대 헬렌이 예수의 음성을 듣는다는 소문이 퍼지자 사람들은 종종 그녀에게 자신들을 대신해서 예수에게 뭘 좀 물어봐달라고 부탁하곤 했다. 그러나 헬렌은 그 대신 그들에게, 곁에 앉아서 자신과 함께 예수에게 귀를 기울여보자고 했다. 헬렌의 생각은, 신을 대변하는 음성(Voice for God)을 듣기 위해 그들이 자신에게 의지하게 만드는 대신 그들이 직접 그 음성을 들을 수 있도록 힘을 주려는 것이었다. 나는 '빛의 경로들'에서도 이러한 접근법을 취한다는 것을 알게 되었다. 이 단체에서는 사람들이 뭘 해야 할지를 말해주는 대신 성령의 음성을 직접 듣는 방법을 가르치는 일에 전념하고 있었다. 그들을 중재해줄 사람의 도움 없이도 영의 인도를 직접 받을 수 있게 하기 위해서 말이다.

하지만 이것이 영구적으로 일어나게 하는 가장 좋고 빠른 방법은 물론 용서의 과정을 거치는 것이다. 용서는 사람들이 그 음성(Voice)을 '듣지' 못하게 방해하고 있는 마음속의 장애물들을 해제한다. 그리고 이 '음성(Voice)'이 단순히 음성의 형태뿐만 아니라 실제로 매우 다양한 형태로 나타날 수 있음을 기억해두는 것이 현명할 것이다.

나는 스톨팅 부부가 매우 좋았으며, '빛의 경로들'에 다시 방문할 수 있게 되기를 학수고대한다.

이제 나는 국내에서 거의 매주 장소를 바꿔가면서 강연을 하게 되었다. 그리고 이로부터 한 달 뒤, 2004년 5월에는 캐나다에도 처음 가 보았다. 노바스코샤 주 핼리팩스에서 워크샵 계획이 잡힌 것이다. 책이 나오기 전까지 내가 여행을 얼마나 안 했냐면 평생을 뉴잉글랜드 지역에 살면서도 캐나다에는 한 번도 가본 적이 없었다! 핼리

> 이 '음성(Voice)'이 단순히 음성의 형태뿐만 아니라 실제로 매우 다양한 형태로 나타날 수 있음을 기억해두는 것이 현명할 것이다.

팩스 사람들은 근사했다. 워크샵이 끝나고 그들은 음악과 술과 춤을 곁들여 뒤풀이도 했다. 영적으로 산다는 것과 즐겁게 노는 것이 서로 배타적인 것이 아니라고 보는 그들의 생각이 신선하게 다가왔다.

핼리팩스에 있는 동안 반가운 소식을 들었다. 자기계발 및 영성 분야에서 세계에서 가장 저명한 출판사 중 하나인 헤이하우스Hay House에서《우주가 사라지다》의 출판권을 인수하고 싶다는 의사를 밝혀온 것이다. 이 책을 처음 출판해낸 피어리스 북스Fearless Books의 패트릭 밀러와 먼저 의논을 해야겠지만, 나는 이 일이 일어나기로 예정된 것임을 직감할 수 있었다. 이 책에 대한 아턴과 퍼사의 계획이 어떤지를 듣고 자시고 할 겨를이 없었다. 순간 문득 그들은 자신들이 하고 있는 일을 다 알고 있다는 생각이 들었다. 그들이 선택한 길은 이 책이 판매량을 통해서 스스로를 증명하게 하고, 이로써 본래의 메시지가 고쳐짐 없이 고스란히 큰 출판사를 통해서 세계의 독자들에게 전해질 길을 개척하게 하는 것이었다.

2주 뒤에 패트릭과 나는 헤이하우스 관계자를 만나기 위해 시카고에서

열리고 있던 '미국 일반 도서전(Book Expo America)'에 참석했다. 근사한 행사였다. 빌 클린턴이 기조연설을 맡았다. 헤이하우스와 우리는 합의에 도달했고, 그날 밤 패트릭과 나는 이를 자축하는 의미에서 외식을 했다. 다음날에는 뉴저지에서 워크샵 계획이 잡혀 있었다.

비행기가 이륙해서 시어스 타워*를 거쳐 미시간 호수를 지나가는 동안 날씨는 화창했고 구름 한 점 없었다. 경치도 끝내줬다. 뉴욕에 이르자 자유의 여신상도 저 아래 보였고, 맨해튼도 똑똑히 보였고, 지상을 지배한다는 전설적인 엠파이어스테이트 빌딩도 보였다. 순간 이런 생각이 들었다. '하느님, 제가 진정 이런 일을 돈을 받아가면서 하고 있단 말인가요?' 이제 내 삶은, 긍정적인 의미에서, 이전으로 돌아갈 수 없다는 것을 그 순간 깨달았다. 나는 감사의 마음에 압도되었다.

6월 말이 되자 내 승천한 멘토들과 함께 이야기할 거리가 꽤 많아졌다. 아턴과 퍼사는 나타났고 친절과 사랑의 눈길로 나를 바라보았다. 그들은 두 달마다 찾아왔기 때문에 나는 오늘 그들이 오리라는 것을 예상하고 있었다. 그들이 나타날 때가 가까워지면 나는 내 의자를 텔레비전에서 돌려 그들이 나타나곤 했던 소파를 향하게 하곤 했다. 여행을 많이 하게 될수록 텔레비전을 보는 시간은 점점 줄어들었다. 아턴이 먼저 말문을 열었다.

아턴: 어이, 개리. 게임은 어땠어요?

주: 일주일 전인 6월 22일에 나는 펜웨이 파크Fenway Park에서 열린 야구경기를 보러 갔었다. 이날 메인 주 네이플즈Naples에 살고 있던 친

• Sears Tower: 미국 일리노이 주 시카고에 있는 110층의 초고층 빌딩. Willis Tower라고도 한다.

구와 같이 갔었는데, 이 친구는 내가 이제껏 레드삭스 게임에서 앉아 봤던 자리 중 최고의 자리를 마련해주었다. 그래서 나는 레드삭스 팀의 덕아웃(경기장과 통해 있는 선수 대기 구역)에서 몇 줄밖에 안 떨어진 곳에 앉아 경기를 볼 수 있었다.

개리: 끝내줬어요! 거짓말 안 하고 이제까지 펜웨이 경기장에 백 번은 갔었는데, 이번에 앉은 자리가 단연 최고였어요. 커트 쉴링이 투수로 들어갔고, 경기에서 이겼어요. 노마는 만루홈런까지 날렸다니까요.

주: 레드삭스의 유격수였던 노마 가르시아파라Nomar Garciaparra는 그 시즌 마지막쯤에 시카고 컵스로 이적했다. 그 당시에 그는 우리 뉴잉글랜드 사람들이 '레드삭스 네이션'이라 불렀던 팬클럽에게 배신을 때린 셈이다.

개리: 그리고 레드삭스가 이렇게 피칭을 잘했던 때가 또 있었을까 싶어요. 제가 지금 취했나요? 아니면 올 한 해를 쭉 이런 식으로 갈 수 있을까요?

아턴: 음, 일단 당신이 술에 취한 것은 아니에요.

개리: 당신이 이런 이야기를 해주지 않는다는 건 잘 알죠. 하지만 나도 예감이라는 게 있어요. 40년간 슈퍼볼에서 한 번도 우승하지 못했던 패트리어트 팀이 그 후로 몇 번이나 우승컵을 차지했으니, 무슨 일이든 가능하지 않겠어요?

아턴: 그건 반박의 여지가 없네요. 그런데 개리, 스포츠 말고 다른 분야에서도 성과를 좀 올리지 않았나요?

개리: 예, 물론이죠! 책은 정말 잘 나가고 있어요. 매달 지난달 판매량을 갱신하고 있으니까요. 그리고 저도 사방팔방 많이 돌아다녔어요. 〈수업〉에 관한 강연도 계속 해나가는 한 편, 동시에 내 여행과 강연을 당신이 전에 말했듯이 용서를 위해 사용하고 있어요. 항상은 아니더라도 최소한 기억하는 동안에는 말이죠. 캘리포니아 여행도 근사했고, 위스콘신 주를 방문한 것도 정말 좋았지요. 당신들이 나한테 미리 경고해준 바와 같이 그 교사로 인해 좀 제멋대로 돌아갔던 모임만 빼고 말이에요. 그래도 내 과제를 하긴 했답니다. A.R.E.와도 잘 되어가고 있어요. 여러모로 큰 발전이에요.

주: 한때 〈기적수업〉은 버지니아 비치에 있는 에드가 케이시 그룹인 A.R.E.에서도 공부거리로 환영을 받았다. 휴 린 케이시 Hugh Lynn Cayce (에드가 케이시의 아들)가 헬렌 슈크만과 빌 텟포드와 친분이 있어서 〈기적수업〉이 그곳에 첫발을 디딜 수 있었던 것이다. 하지만 최근 10년 동안 〈기적수업〉은 그곳 학생들의 관심에서 멀어지기 시작했으며 에드가 케이시의 기록물을 공부하는 학생들 중 일부는 〈기적수업〉의 내용이 에드가 케이시가 전하는 내용과 항상 같지는 않다고 말했다. 그들은 자신들의 단체에서 〈기적수업〉을 원치 않았고 이렇게 해서 〈기적수업〉은 오랫동안 가르쳐지지 않았다. 그런데《우주가 사라지다》가 나왔을 때, 그것은 〈기적수업〉에 관한 내용이라는 것이 미처 알려지기도 '전에' 급속도로 그곳 학생들 사이에 퍼지게 되었다. 책 표지에 〈수업〉에 관한 언급이 없었던 것도 한몫했다. 《우주가 사라지다》는 이내 A.R.E.에서 최고의 인기를 끌게 되었고, 이 단체는 이 현상을 자신들이 〈기적수업〉에 대해 마음을 더 열어야 할지도 모른다는 신호로 받아들였다.

이렇게 해서 나는 초대를 받아 거기서 종일 워크샵을 진행하였다. 3월에 처음 가 보았는데 융숭한 대접을 받았다. 이를 계기로 〈기적수업〉은 A.R.E.에서 새로운 시작을 맞게 되었고, A.R.E.가 설립된 이래 이렇게까지 많은 이들이 〈기적수업〉을 받아들이고 공부하게 된 것은 처음이었다. 그리고 《우주가 사라지다》는 20만 명에게 배부되고 있던 이 단체의 카탈로그에도 실렸으며, 이 단체의 기관지인 〈벤츄어 인워드Venture Inward〉에도 훌륭한 서평이 실려 결과가 짭짤했다.

아턴: 훌륭해요. 우리는 당신이 위스콘신에서 그 교사를 대상으로 용서의 과정을 실천하는 것을 지켜보았어요. 어디에 가든지 쭉 그렇게만 해나가세요. 이에 관해 좀더 말을 하자면, 인터넷에서 벌어지는 일을 용서하는 것이 직접 대면하는 사람을 용서하는 것보다 더 어렵다는 것을 자주 경험하게 될 거예요. 왜냐면, 많은 사람들이 인터넷에서는 평소보다 거리낌 없이 말하려는 성향이 강하거든요. 그 사람을 직접 앞에다 두고는 결코 하지 않을 이야기를 온라인에서는 종종 아무렇지 않게 내뱉곤 하죠. 일단 '전송' 버튼을 누르고 나면 그 메시지를 취소할 수가 없어요. '당신을' 비난하는 누군가를 용서하는 일만 어려운 것이 아닙니다. 당신도 행여나 다른 이들을 비난하고 있지 않은지를 살피는 일도 만만치 않아요. 인터넷에서 다른 누군가를 심판하고 단죄하는 것 역시 무의식적 죄책감의 투사이며, 이는 오늘날 모든 이들이 느끼는 유혹입니다.

개리: 맞아요. 때로 인터넷은 정말로 나를 열받게 하더라고요. 그런 일이 아주 잦진 않아도 심심치 않게 일어나요. 우리 책을 비난한 그 여자한테 화가 났을 때처럼 말이죠.

주: 《우주가 사라지다》는 빠른 속도로 사람들 입에 오르내리며 널리 읽혔고, 최근 10년 사이에 〈기적수업〉에 관한 책 중 매우 인정을 받는 도서로 성장하고 있었다. 그런데도 불구하고 〈기적수업〉 커뮤니티 중에서 가장 큰 모 단체에서는 이 책의 판매조차 거부한 것이다! 믿을 수가 없었다. 최소한 학생들이 무슨 책을 읽을지 고를 기회는 줘야 하는 것 아닌가? 이 단체를 설립한 그 여자는 그렇게 하는 대신 〈기적수업〉 커뮤니티 안에서 이 책이 배급되는 것을 막아야겠다고 마음먹었다.

납득할 만한 이유도 듣지 못했다. 이 책의 성공을 놓고 봤을 때, 〈기적수업〉 커뮤니티 내부의 정치적 알력이 그 원인임에 틀림없었다. 이 책을 팔기를 거절했던 그 여자가 내 출판업자와 나한테 거짓말을 했다는 사실로 인해 문제는 더 복잡해졌다. "우리 중에는 이 책에 공감하는 사람이 없기 때문에" 이 책을 팔지 않는 것뿐이라고 둘러댄 것이다.

이 단체에서 판매하는 책들의 서평을 맡고 있는 이는 사실 《우주가 사라지다》를 극찬하면서 통과시켰지만 그 여자가 이를 기각했다는 사실도 나중에 접하게 되었다. 또 나는 그녀가 내 책과 다른 관점을 지닌 〈기적수업〉 관련 서적의 저자를 돕는 일에는 열중하면서도 《우주가 사라지다》는 목록에 넣지 않기 위해서 갖은 핑계를 댄다는 증거도 확보했다. 이러한 핑계 중 한 가지는 이 책에 실린 정보의 상당 부분이 '승천한 스승들'에게서 나왔다는 점이었다. 〈기적수업〉도 한 여성을 통해서 예수가 전한 책인데, 〈수업〉에 관한 책들을 파는 자의 태도가 이렇다니! 《우주가 사라지다》는 제이와 그의 〈수업〉을 매우 구체적으로 다루고 있으며, 이 책을 읽고 나서 이 책이야말로 〈기적수업〉을 정말로 잘 설명해주고 있으며 덕분에 난생처음으로 〈수업〉을 이해할 수 있었다고 말하는 학생들의 수도 빠르게 늘고 있었다. 또 이 책은 많은 이들에게 좋은 입문서의 역할을 하기도 했다. 〈기적수업〉이 활력을 다시 찾고 재조명을 받고 있다는 것은 부인할 수 없는 사실이었다. 그녀는 심지어 〈기적수업〉 인용문이 하나도 실려 있지 않은 다른 저자들의 책들은 수백 권을 팔면서도 '수백 개'의 인용문이 실려 있는 내 책은 목록에 포함시키지 않았다. 이토록 많은 인용문을 책에 싣는 것을 기적수업 재단이 허락한 것은 아주 오랜만의 일이었다. 그녀는 또 자신을 사람들에게 〈기적수업〉 관련도서의 '물류 창고(clearing house)'라고 소개했으며, 〈기적수업〉을 후원하기 위해 돈을 내고 있다고 스스로 생각하는 사람들로부터 기금을 모았다. 사실 그녀는 사람들에게, 사후에 이 단체에 재산을 기부하겠다는 유언장을 작성하라고 공공연하게 부추기기도 했다. 그런데도 그녀는 수많은 사람들이 난생 처음으로 〈수업〉을 제대로 이해하는 데 도움을 받고 있는 책은 의도적으로 배제시키고 있었다. 나중에 이 사람들 중 일부가 불가피하게 그녀의 고객이 되었을 때, 그녀는 이들에게서마저 돈을 뜯어내려고 했다. 내가 보기에 이것은 윤리적이지 못했다.

이것 또한 전형적인 용서의 기회였겠지만 이 일을 받아들이는 것은 쉽지 않았다. 이 여자의 행동이 책의 성공을 방해했다는 것은 아니다. 그녀의 직원들도 포함해서 사람들은 다른 곳에서 그 책을 쉽게 구입했으니까. 그녀는 책을 판매목록에 포함시키더라도 밀어주지 않거나 광고하지 않는 방식을 취할 수도 있었을 것이다. 하지만 판매조차 하지 않음으로써 억압하려는 것과 책을 밀어주지 않는 것은 완전히 다르다. 《우주가 사라지다》는 분명 〈기적수업〉 관련도서 중 가장 주목을 받는 책이었고, 그녀는 〈기적수업〉 도서를 취급하는 가장 큰 판매업자였다. 그럼에도 불구하고 목록에도 포함시키지 않겠다는 것은 공개적인 모욕이라 할 수 있었다.

퍼사: 개리, 개리, 개리. 진정해요. 평소에는 지금보다 상황을 더 객관적으로 잘 파악했잖아요. 모르겠어요? 지금 덫에 걸린 거라고요. 에고가 덫을 놓는 전형적인 수법이죠. 당신이 아무리 옳은 것처럼 보이더라도, 그리고 분명 형상의 수준에서는 당신이 옳다 하더라도, 그것이 당신에게 평화를 가

분명 형상의
수준에서는 당신이
옳다 하더라도, 그것이
당신에게 평화를
가져다주진 않아요.

져다주진 않아요. 이것이 바로 〈수업〉이 "너는 옳은 게 좋은가, 행복한 게 좋은가?"라고 묻는 이유입니다.(T617/T-29.Ⅶ.1:9)

수업에서 가르치고자 하는 핵심 생각이 무엇이죠?

개리: **세상은 존재하지 않는다.**(W243/W-pⅠ.132.6:2)

퍼사: 미안하지만, 더 크게 말해보세요.

개리: **세상은 존재하지 않는다!**

퍼사: 맞아요. 〈수업〉은 "어쩌면 세상은 존재하지 않는 것일 수도 있다"고 말하지 않아요. **"세상은 존재하지 않는다! 이것이 이 〈수업〉이 가르치려는 핵심 생각이다"**라고 말하지요.(W243/W-pⅠ.132.6:2-3) 개리, 이것은 명백한 공리(definitive statement)예요. 〈수업〉에 있는 다른 공리들도 곧 살펴보겠지만, 지금 당장은 실습서 132과에서 그 문단을 마저 읽어주면 좋겠어요. 그다음 문단에서 "인식하다(recognize)"라는 동사가 나올 때까지 읽으면 돼요. 전에도 이 내용을 읽은 적이 있지만 이번에는 더 깊은 수준에서 이해하게 될 거예요.

개리: 네, 그렇게 하죠. 당신들이 나에게 〈수업〉의 어디를 읽어보라 해서

읽고 나면 대개는 지금 상황에 대해 기분이 한결 나아지는 것 같더라고요.

"… 세상은 존재하지 않는다! 이것이 이 〈수업〉이 가르치려는 핵심 생각이다. 모두가 이를 받아들일 준비가 되지는 않았으며, 각자는 진리로의 길을 따라 스스로 허용하는 만큼 나아가야 한다. 그들은 돌아왔다가 더 멀리 나아갈 것이며, 혹은 잠시 물러섰다가 다시 돌아올 수도 있다.

그러나 치유는, 세상은 존재하지 않는다는 사실을 배울 준비가 되어 있고, 지금 그 가르침을 받아들일 수 있는 자들에게 주어지는 선물이다. 그들은 준비되었기에 이 가르침을 그들이 이해하고 인식할 수 있는 형태로 접할 수 있다."(W243/W-pI.132.6:2-5, W-pI.132.7:1-2)

퍼사: 개리, 고마워요. 자, 이제 당신은, 자신에게 어떤 일이 일어나는 것처럼 보이더라도 그것은 그저 꿈일 뿐이라는 사실을 항상 기억해야 해요. 〈수업〉은 **윤회가 사실이 아니다**라고 말하는데, 그것은 윤회는 환영이기 때문입니다.(M60/M-24.1:1) 윤회가 일어나는 것처럼 보이지만 실제로 당신이 몸속으로 들어가는 것은 결코 아니죠. 그냥 그렇게 보이는 것일 뿐이에요. 시각적인 환영이지요. 왜냐고요? 이유를 하나만 들어보자면, 〈수업〉은 **몸은 존재조차 하지 않는다**고 가르치잖아요.(T25/T-2.V.1:9) 그러니 어떻게 당신이 몸속에 정말로 들어갈 수 있겠어요? 〈수업〉이 말하듯이, "**몸은 마음의 학습도구로서만 존재할 뿐이다. 학습도구 자체는 창조를 할 수 없기에, 오류를 일으킬 수 없다. 그렇다면 마음을 설득하여 그릇 창조하기를 포기하도록 유도하는 것이 창조의 권능을 의미 있게 사용하는 유일한 방법임이 명백하다.**"(T25/T-2.V.1:9-11)

개리: 아, 대단해요. 몸은 존재조차 하지 않으니 창조할 수도 없어요. 그리고 마음이 할 수 있는 전부란 에고와 그것의 투사물들 대신에 영을 선택하는 것이에요. 다른 무엇으로부터 분리된 것처럼 보이는 것은 전부가 투

사물이니, 몸도 여기에 포함됩니다. 하지만 내 앞에 있는 당신들은 여기서 제외시켜야 할 것이니, 왜냐하면 당신들은 마음의 바른 부분을 통해서 온 경우이기 때문이에요. 육신의 세계에서 이것은 상당히 드문 일입니다. 그리고 제가 앞의 인용문을 제대로 들었다면, 세상의 수준에서 신과 '공동창조자'가 된다는 개념은 아무런 의미가 없다고 말하네요. 왜냐하면 제이는, 창조적 능력이 수반되는 일 중에서 마음이 할 수 있는 의미 있는 '유일한' 일이란 분리되어 있는 듯 보이는 것들을 모조리 포기하는 것이라고 말하고 있기 때문이죠. 분리되어 있는 듯 보이는 것을 물리적으로 포기하라는 뜻은 아니에요. 그렇게 하면 마음에게는 그것이 오히려 현실로 굳어질 것입니다. 다만 그것의 실재성을 믿지 않음으로써 그것을 포기하라는 것이고, 대신 완벽한 영을 당신의 본모습으로 선택하라는 것입니다. 혹시 제가 헤매고 있지는 않나요?

퍼사: 잘 이해하고 있군요.

개리: 좋아라. 우리 책이 백만 부 이상 팔리도록 도와줄 다른 이야기는 없나요?

퍼사: 재미있군요. 실용적인 차원에서 조언을 주자면, 백만 달러를 벌고 싶다면 백만 달러를 버는 법에 관한 책을 써야 합니다. 그 책을 읽고 나서 실제로 사람들이 백만 달러를 '벌었는지'는 중요하지 않아요. 그렇지 않을 경우에는 당신들이 제대로 하지 않아서 그런 것이라고 말해주기만 하면 되니까요. 하지만 그건 우리의 관심사가 아니에요. 우리의 관심사는 에고를 지우고 당신이 집에 가게 하는 것이에요. 그러니 당신도 에고를 지우길 원한다면 당장 본론으로 들어갑시다.

아까 당신이 덫에 걸렸다는 말을 했었죠? 전에 우리는 또, 당신이 다른 생들에서 얽혔던 사람들을 이번 생에서도 특별한 사랑 혹은 특별한 미움의 관계를 통해서 만나게 된다고 했었어요. 물론 이것은 단선적單線的인 관점에서 본 것입니다. 실제로는 홀로그램처럼 모두가 한 번에 일어난 것이지만 순차적인 방식으로 전개되는 것처럼 보일 뿐이지요. 꿈속의 다른 생들에서 알고 지내던 누군가를 이번 생에서 만나게 되는 이유는, 당신과 상대방이 서로에 대해서 공전公轉하고 있기 때문입니다. 행성이 태양 주위를 공전할 때, 각자의 궤도를 따라 서로에게서 멀어지다 보면 더 이상 멀어질 수 없는 지점에 이르게 되고, 그러면 가장 가까워질 수 있는 지점까지 돌아오게 됩니다. 이와 비슷한 방식으로 사람들도 시간과 공간의 홀로그램 속에서 서로에 대해서 공전을 하고 있는 거예요.

개리: 그러니까 대립쌍끼리는 정말로 서로 끌린다는 거로군요?

퍼사: 맞아요. 하지만 그 결과가 항상 아름다운 것만은 아니에요. 특별한 사랑의 관계의 경우와 마찬가지로, 당신이 과거에 특별한 미움의 관계를 갖고 있던 사람들은 당신과 공유하고 있는 궤도를 따라서 가장 가까운 지점으로 돌아오기 마련입니다. 그런데 무의식적 마음은 그들에 대한 기억을 간직하고 있기에 당신은 그들과의 관계 속에서 — 때로는 시작부터, 때로는 시간이 좀 지난 다음부터 — 갈등을 겪게 됩니다. 당신의 눈에는 이것이 문제로 인식되겠지만, 사실 이것은 놀라운 기회이기도 해요. 이 기회를 활용할 수 있는 정신적 훈련만 되어 있다면 말이죠. 이에 대해서 제이는 **"지상에서 가장 거룩한 곳은 태고의 증오가 현재의 사랑으로 변한 자리이다"** 라는 감동적인 말을 했죠.(T562/T-26.IX.6:1)

〈기적수업〉이 집으로 돌아가는 유일한 길이라고 말한 적은 결코 없습니다. 다만 이 〈수업〉이 가장 빠른 길이라는 점에 대해서는 분명히 '암시를' 했지요. 그리고 제이도 자신의 〈수업〉에서 시간 단축에 관해 상당히 많이 언급하고 있어요. 이 이야기를 듣고 어떤 이들은 코웃음을 칠 수도 있겠지만, 이는 그들이 〈수업〉의 내용을 '제대로' 이해하고 있지 못하다는 증거일 뿐입니다. 금방 말했듯이, 〈기적수업〉이 유일한 길은 아니에요. 제이도 당신이 조금 전에 읽었던 그 구절, **"그들은 준비되어 있기에 이 가르침을 그들이 이해하고 인식할 수 있는 형태로 접할 수 있다"**에서 이에 대해 밝히고 있지요. 그러니 사람에 따라서는 불교와 같은 형태가 찾아올 수도 있겠죠. 하지만 우리는 제이가 그의 마지막 생애에서 사용했고 자신의 〈수업〉을 통해서 더욱 구체적으로 가르치고 있는 방법만 고수할 것입니다. 왜냐하면 이제 사람들도 이 방법을 이해할 수 있는 위치에 도달했기 때문입니다. 어쩌면 사람들 중에서는, 자신들을 제이보다 더 빨리 집에 데려다 줄 수 있는 교사들이 오늘날 이 세상에 있다고 생각하는 이들도 있을 수 있어요. 하지만 이것은 착각입니다. 하지만 이 〈수업〉이 동시에 모든 사람을 위해 의도된 것은 아니므로 별로 문제가 되지는 않아요.

개리: 아까 **"그들은 돌아왔다가 더 멀리 나아갈 것이며, 혹은 잠시 물러섰다가 다시 돌아올 수도 있다"**라는 구절이 있었잖아요.(W243 / W-pI.132.6:5) 이 말은, 우리가 생과 생 사이의 기간 중 여기로 돌아오는 것을 미루고 에테르계에 머물면서 아카식 레코드Akashic Records● 같은 자료를 읽으며 시간을 보내기도 한다는 뜻인가요?

아턴: 네, 그와 비슷해요. 혹시 기회가 되면 나중에 간단히 구경시켜 줄게요. 그전에, 퍼사의 말이 덜 끝났어요.

퍼사: 우리 책을 무시했다는 그 여자도 당신의 궤도에 다시 돌아온 사람의 전형적인 본보기에요. 당신네 둘은 여러 생에 걸쳐 알고 지냈어요. 한번

● 힌두교에서 아카샤(Akash)라고 부르는 우주의 장에 영원히 새겨진 것으로 우주의 도서관에 비유된다. 이 도서관에는 우주에서 일어나는 모든 사건과 개인의 모든 행동과 생각과 말 등이 완벽하게 기록되어 있다고 한다.

은 결혼도 했었죠. 그때 그녀는 상당히 일찍 죽었고 당신은 그녀의 죽음에 대해 자신을 책망하며 살았죠.

개리: 왜요?

퍼사: 당신이 그녀를 죽였거든요.

개리: 맙소사.

퍼사: 말하자면 꽤 길어요. 하지만 당신 둘 사이에 해결되지 못한 작은 갈등이 있었다는 것은 분명하죠. 이번 생에서 많은 사람들이 당신의 책을 읽고 있지만, 그녀가 그 책을 본 순간 그녀의 무의식적 마음에는 그것에 대한 혐오감이 확 올라왔어요. 당신네 둘이 얽혀 있던 마지막 생애에서는 당신이 가해자였고 그녀가 피해자였어요. 그렇다고 너무 풀이 죽을 필요는 없어요. 그녀가 가해자이고 당신이 피해자였던 때도 여러 번 있었으니까요. 물론 성별이 뒤바뀐 때도 여러 번 있었죠. 뭐 이런 식으로 흘러가요. 이번 사건에서는 당신이 희생자가 된 거예요. 축하해요! 하지만 당신이 던져야 할 질문은, '이번에는 이 기회를 어떻게 활용할 것인가?'입니다. 자유를 위해 사용할 것인가, 속박을 위해 사용할 것인가? 나는 희생자가 '아니라는' 것을 이해하고 꿈에 대한 책임을 받아들이겠어요? 아니면 이 경험을 현실로 굳어지게 해서 여기에 눌러살고 싶은가요?

개리: 하지만 너무 엿 같잖아요. 아니, 그녀가 아니라 지금 이 상황이 말이에요.

퍼사: 물론 그렇죠. 설정하려면 그 정도는 돼야죠! 당신네 둘은 서로의 궤도에서 마주치도록 정해져 있었어요. 당신은 이 관계를 에고의 목적, 아니면 성령의 목적에 따라 사용할 수 있어요. 이에 대해 제이는 **"만나기로 되어 있는 사람들은 만날 것이다. 그들은 함께 거룩한 관계를 이룩할 잠재력을 지녔기 때문이다. 그들은 서로에 대해 준비되어 있다"**고 말합니다.(M7 /

M-3.1:7-8)

개리: 그러니까, 내가 그녀를 죽인 당시에는 우리는 서로에게 그다지 준비가 안 되어 있었던 모양이죠.

퍼사: 꿈속의 그 이전 생에서 그녀가 당신을 먼저 죽였어요. 그러니까 겉보기처럼 상황이 항상 단순하지만은 않다는 점부터 말해주고 싶어요. 하지만 이보다 더 중요한 것은, 당신들이 서로에게 가하는 '행위' 자체는 사실 중요하지 않다는 것입니다. 서로에 대해 어떻게 생각하느냐가 관건이지요. 당신이 하고 있는 것처럼 보이는 일은 단지 당신이 생각하는 것의 한 결과일 뿐입니다. 당신이 행하는 일은 꿈속에서 일어나는 것이기 때문에, 이것은 〈수업〉의 초점이 아니에요. 우리는 꿈의 '원인'과 그것을 지우는 일에 초점을 둡니다. 그러므로 제이도 가르치듯이, **실재에는 정도도, 측면도, 간극도 없다**고 한다면, 수준(level)이라는 개념은 분리의 꿈 안에서만 존재하는 것입니다.(T42 / T-3.IV.1:5) 이 말이 뜻하는 바란, 당신이 실제로 할 수 있는 것은 단 두 가지라는 것이에요. 용서의 생각들은 모두가 사랑의 한 표현입니다. 반면에 용서가 아닌 생각들은 전부 다 살인입니다. 시체가 생기느냐 마느냐는 중요하지 않아요. 지구는 한 바퀴 자전할 때마다 시체 없는 살인들로 넘쳐납니다. 즉 사람들이 서로에게 용서가 아닌 생각들을 한다는 것입니다. 이에 대해 제이는 이렇게 매우 분명하게 말했어요. **"사랑이 아닌 것은 살인이다. 사랑이 아니라면 공격일 수밖에 없다."**(T496 / T-23.IV.1:10-11)

> 우리는 꿈의 '원인'과 그것을 지우는 일에 초점을 둡니다.

개리: 그렇다면 사랑이 아닌 생각들은 다 똑같은 것이군요. 그리고 그것이 얼마나 강렬해 보이느냐 하는 것도 중요하지 않고요. 사랑의 생각들도 마

찬가지로 다 똑같습니다. 그래서 〈수업〉은 기적의 첫 번째 원리에서 **"사랑의 표현은 어느 것이나 최댓값이다"**라고 말하는 것입니다.(T3/T-1, I, 1:4)

퍼사: 아주 잘 했어요. 개리, 당신도 이 말이 사실이라는 것을 '알아요.' 하지만 우리는 당신이 그것을 '실천하도록' 만들 수는 없어요. '대부분의 경우에' 실천하는 것만으로는 충분하지 않아요. 물론 당신은 많은 방면에서 잘 해나가고 있어요. 하지만 여기를 빠져나가는 유일한 진짜 티켓은 '모든 경우에' 대한 실천을 통해서만 얻을 수 있습니다.

당신이 그녀에게서 보는 것은 사실 당신이 자신에 대해 품고 있는 은밀한 믿음입니다. 당신은 그 믿음으로부터 벗어나는 한 방법으로서 그것을 그녀 안에서 보기로 선택한 것이었어요. 이것을 기억할 수 있다면 당신의 용서를 통해서 풀려나는 자는 다름 아닌 '자기 자신'이라는 것을 이해할 수 있을 것입니다. 그래서 〈수업〉은 **"그들은 그들의 잔인한 목표가 자신을 겨냥하고 있다는 사실을 인정하려 들까?"** 라고 묻는 것이지요.(T496/T-23, III, 5:4)

개리: 네, 알겠어요. 최선을 다 할게요. 왜 용서의 과제 중 어떤 것은 다른 것보다 더 어려운지를 이해했어요. 그리고 더 높은 환영의 수준에서 내가 그렇게 설정해놓았다는 것도 잊지 않도록 노력하겠습니다. 나는 내 마음이 평온하지 못한 것이 마치 그 여자의 잘못인 것처럼 보이게 만들려고 그 여자를 지어냈고, 우리는 그걸 여기 이렇게 연출해내고 있는 거예요. 하지만 사실을 말하자면 내 마음에 평화가 없다면, 그것이 어떤 형태로 나타나든지 간에, 그 원인은 언제나 내가 용서하지 않기로 마음먹었기 때문입니다. 하지만 결심은 바꿀 수 있어요. 나는 실제로는 아무 일도 일어나고 있지 않다는 진실을 인식할 수 있습니다. 이것은 그냥 꿈일 뿐이고, 나는 바로 그 '유일한' 꿈꾸는 자입니다. 이에 대해 〈수업〉은 **"꿈꾸고 있음을 아는 것이 신의 교사의 진정한 역할이다"**라고 말합니다.(M32/M-12, 6:6)

주: 불편한 구석이 다 해소된 것은 아니었지만 퍼사의 말이 진실이라는 것은 깨달았다. 그동안 나는 상당히 많이 배웠고 배운 내용을 자주 실천했지만, 모든 일상적 상황에서 즉시 실천하지는 않았다. 이런 식으로 하는 한 나는 내 배움을 마칠 수 없을 것이다. 부분적으로만 용서한다면 부분적으로만 용서받게 되리라는 것은 너무나 잘 알고 있었다. 완전히 용서한다면 나는 완전히 용서받을 것이다. 내가 '무엇을' 용서하느냐는 중요하지 않았다. 이는 다른 용서의 기회들과 마찬가지로 이번 사건에도 그대로 적용된다.

퍼사: 훌륭해요. 심각한 이야기만 줄곧 했으니 재미있는 이야기도 좀 해주세요.

개리: 좋지요. 아담과 이브가 에덴동산의 나무 아래에 누워 있었어요. 아담이 이브를 보면서 이렇게 말했대요. "왠지 조만간 우리에 관한 책이 나올 것 같지 않아?"•

퍼사: 귀엽군요. 게다가 에로틱한 맛도 있네요.

개리: 퍼사. 음… 말이 나왔으니 말인데요. 당신과 나는 언제쯤 거시기를 할 수 있을까요?

퍼사: 음… 어디 보자. 아마 절대로 안 될 것 같은데요?

개리: 튕기는 건 여전하군요.

아턴: 어이, 개리. 그녀가 당신이기는 해도, 그 사람은 내 아내의 형체라는 걸 잊지 말아요.

• 본래 문장은 "You know, I can't help but feel there's a book in this"이다. 이 문장의 1차적인 의미는 위 번역문과 같고, 다른 의미로는 아담이 자신의 사타구니를 가리키면서 "여기에 책이 있는 것 같아"라고 말하는 것 등으로도 해석할 수 있다.

개리: 어이쿠, 미안해요. 깜빡했네요. 모든 사람의 사정을 늘 헤아리고 있는 것이 쉽지는 않군요. '우리'가 사실은 하나밖에 없어서 다행이에요. 퍼사, 지난번 방문 때 당신 혼자 왔던 적이 있었잖아요. 다시 그럴 계획은 없나요?

퍼사: 하던 이야기로 다시 돌아가지 않을래요?

개리: 아, 알았어요. 아까 당신이 〈수업〉에는 명백한 공리들(definitive statements)이 있다고 말했잖아요. **'세상은 존재하지 않는다'**는 개념도 이러한 공리에 속하는 거죠?

퍼사: 네, 명백한 공리란 그 내용이 너무나도 명확해서 〈수업〉의 가르침을 잘 정의해주고 〈수업〉의 내용을 간결하게 정리해주는 〈수업〉의 개념을 가리키는 말이에요. 세상이 존재하지 않는다면, 용서해야 할 게 아무것도 없지요. 자신이 마주치는 사건과 상황과 사람들 속에서 이 사실을 인식하는 것이 진보된 형태의 용서입니다. 왜냐하면 이때 당신은 다른 이들이 실제로 행한 어떤 일을 놓고 그들을 용서하는 게 아니라, 그들이 실제로는 아무 짓도 하지 않았음을 인식하고 있기 때문입니다. 그래서 이때 당신은 자기 자신이 그것을 꿈꾼 것에 대해 스스로를 용서하는 것입니다. 이 차이점은 너무나 중요합니다. 이를 모르고 한다면 당신은 구식의 용서를 하는 것이고, 그러면 에고를 지울 수가 없습니다.

개리: 다른 공리도 좀 소개해주시죠?

아턴: 다른 공리로는 "**분노는 '결코' 정당하지 않다**"가 있어요.(T638/T-30.Ⅵ.1:1) 당신이 이 모든 것을 지어냈다면 당신은 대체 누구에게 화를 내는 것일까요? 이와 관련된 공리가 있어요. "**구원의 비밀은 이것뿐이다. 너는 이것을 너 자신에게 하고 있다는 것 말이다.**"(T587/T-27.Ⅷ.10:1) 이 두 개념은 장갑과 손처럼 딱 들어맞아요. 이것들을 정말로 '이해하기만 하면' 잊

으려야 잊을 수가 없게 될 겁니다.

개리: 근사하군요. 하나 더 소개해주세요.

아턴: 얼마든지요. "네가 보는 세상은 세상이라는 환영이다. 신은 세상을 창조하지 않았다. 신이 창조한 것은 신처럼 영원해야 하는 것이다."(C85 / C-4.1:1-2) 이 말은 다음 말과 딱 들어맞습니다. "참인 것은 무엇이든 영원하여, 변하게 할 수도 없고, 변할 수도 없다. 그러므로 영은 이미 완벽하기에 바뀔 수 없다. 그러나 마음은 무엇을 섬길지 선택할 수 있다. 이 선택에서 유일한 제한은 두 주인을 섬길 수 없다는 점이다. 마음의 선택에 부과된 유일한 한계란 동시에 두 주인을 섬길 수 없다는 것뿐이다."(T13/T-1.V.5:1-3)

개리: 전에 이 말을 들었든 못 들었든 간에, 진보된 형태의 용서를 계속 실천해가다 보면 이 말을 점점 더 깊이 이해하게 될 것입니다. 그리고 변할 수 있거나 변화될 수 있는 것은 참이 아니라 한다면, 시공간 우주 속에 있는 '모든' 것도 당연히 여기에 해당합니다!

아턴: 맞아요. 그리고 시공간 우주 속에 있는 무엇을 측량, 측정 혹은 테스트하는 데 사용되는 것도 전부 다 그 범주에 포함됩니다. 그것들은 참이 아니에요. 이에 대해서는 나중에 말해줄게요.

퍼사: 떠나기 전에 공리를 하나만 더 말해줄게요.

개리: 어서 해주세요.

퍼사: "용서는, 형제가 내게 저질렀다고 생각한 그 행위가 일어난 적이 없음을 안다. 용서는 죄를 사해줌으로써 그것을 실재하는 것으로 만들어놓지 않는다. 용서는 죄가 실재하지 않았음을 안다. 그리고 그러한 관점으로부터 너의 모든 죄는 용서된다."(W401/W-pII.1.1:1-4)

좀 덧붙이자면, '오직' 이 견지에서만 당신의 모든 죄는 용서받습니다. 만약 세상이 실재하는 것이라면 죄도 실재하는 것이고 그 안에 있는 사람들은 죄인입니다. 이 말은 당신도 죄인이라는 뜻입니다. 이를 자각하지 못하더라도 당신의 무의식에는 그렇게 번역될 것입니다. 아시겠어요? 하지만 그들이 실제로는 아무것도 하지 않았기 때문에 결백하다 한다면 '당신도' 실제로는 아무것도 하지 않았기 때문에 결백합니다. 다시 말하지만 이것은 〈수업〉의 명명백백한 원리에요. 여기서 달아날 수는 없습니다. 이 개념을 당신의 일부로 삼는다면 당신은 온전해질 것입니다.

> 그들이 실제로는 아무것도 하지 않았기 때문에 결백하다 한다면 '당신도' 실제로는 아무것도 하지 않았기 때문에 결백합니다.

개리: 그럼 용서는 무슨 일을 하는 것이죠?

퍼사: 형제여, 그 질문에 대해서 제이는 이렇게 답했어요. "**기적은 아무것도 하지 않는다. 기적이 하는 일이란, 지우는 것이 전부다.**"(T589 / T-28. I. 1:1-2) 그리고 에고가 지워지고 나면 남는 것은 진실뿐입니다.

아턴: 다음번에는 당신이 이야기 나누고 싶어했던 그 영화에 대해서도 좀 얘기해볼 수 있을 거예요. 또 우리의 첫 번째 방문 기간 이후로 당신에게 떠올랐던 과거의 기억들 중 두 가지에 대해서도 얘기할까 합니다. 거기에 더해서, 괴로움과 희생과 십자가형과 죽음에 대해서도 이야기할 거예요.

개리: 와, 인기 있는 주제들이군요. 특히 죽음은요. 오프라 씨, 곧 윈프리 쇼에서 봅시다.

퍼사: 개리, 당신과 이야기하다 보면 늘 재미가 있어요. 당신의 그 점이 참 좋아요.

개리: 퍼사, 나도 당신을 사랑해요. 오 아턴, 당신도 물론 사랑하구요. 성령을 통해서 나와 이야기를 나눠줘서 고마워요. 당신들이 해주는 말은

내게 참 소중해요. 책과 관련해서 해주는 조언도 그렇고요. 말이야 바른말이지만, 당신들의 인도만 따르면 만사가 다 잘 되는 것 같아요.

아턴: 별거 아니에요, 형제. 계속 해나가세요. 우리도 지켜볼게요.

이 말과 함께 그들은 사라지는 것처럼 보였고 나는 캐나다로 또 다른 여행을 준비하는 것처럼 보였다. 날씨는 따뜻했다. 나는 여름 날씨와, 내 두 친구와, 그들로 인해서 사귀게 된 새로운 친구들 모두에 대해 고마움을 느꼈다.

5
꿈의 '주인공'

이제 너는 탈출할 수 있음을 깨닫고 있다.
필요한 것은 단지 문제를 네가 설정한 방식대로가 아니라
있는 그대로 바라보는 것이다.

(T581/T-27.Ⅶ.2:1-2)

두 달간은 행복했다. 그동안 한 번도 가보지 못했던 곳들, 캐나다의 앨버타 주, 뉴멕시코 주의 산타페이, 미시간 주의 랜싱 등을 가보았다. 하지만 여행에는 고초도 있었다. 악천후로 인해 비행기가 결항되다 보니 메인 주 포틀랜드에서 산타페이까지 가는데 하루에만 비행기를 네 번이나 갈아타야 했다. 으~! 게다가 비행기 운항이 취소되어서 공항에서 표를 다시 예매했더니, 컴퓨터는 내가 방금 표를 구입한 것으로 인식해버렸다. 나는 한 달 반 전에 표를 구입했건만, 컴퓨터는 항공사가 내 예매를 취소시켜버렸다는 것까지는 인식하지 못했다. 탑승 전 24시간 내에 표를 구입한 것으로 인식된 나는 '위험인물'로 분류되었다. '위험인물'은 자동으로 따로 불려가 몸수색을 당하곤 한다. '위험인물'이 기내에 휴대할 가방까지 샅샅이 뒤지다 보니 시간도 많이 걸리고 당황스럽기도 하고 기분도 언짢아졌다.

2001년 9월 11일에 비행기를 납치했던 자들 중 대부분의 국적이 사우디아라비아였음에도 불구하고, 미국 정부가 비행기를 자주 이용하는 나 같

은 자국민을 검색한다는 것이 당혹스럽게 느껴졌다. 심지어는 애들과 나이 든 여성들까지도 이렇게 철저히 수색을 당했다. 빈 라덴 가족은 9.11 테러가 일어나고 일주일 만에 간단한 조사도 받지 않고 유유히 미국 공항을 빠져나간 반면에 미국 내의 다른 사람들은 거의 모두 땅에 묶여 있었다.

나중에 여러 나라에 다니다 보니, 미국보다 세련된 공항 검색장비를 갖추고 있는 나라들도 있었다. 미국에서는 가방에서 노트북 가방을 꺼내고 또 노트북 가방에서 노트북을 꺼내놓아야 했지만 다른 나라에서는 그럴 필요가 없었다. 심지어는 짐수레의 성능도 미국보다 나은 듯했다. 미국이 세련된 정책을 만들어내는 능력이 부족해서 뒤처지고 있구나, 미국이 기업에 대한 편애와 부패로 돌아가고 있구나 하는 생각이 들기 시작했다. 나는 이 모든 현상을 '그'저 '또' 다른 '용'서의 '기'회로 보려고 노력했고, 대개는 성공했다. (온라인 그룹에서는 이것을 줄여서 '그또용기 JAFO'●라고 부르기도 한다.) 그렇다고 국가의 무능력에 대해 뭔가 조치가 취해져서는 안 된다는 뜻인가? 조치를 취해야 한다면 뭘 해야 한단 말인가? 미국 국민들이 총선거 때 두려움에 반응하는 일 말고 달리 무엇을 할 것 같은가? 인터넷 기사를 잠시만 들여다봐도, 9.11 참사를 이용할 수만 있다면 무슨 일이라도 저지르겠다고 마음먹은 전문가들에 의해 미국민이 놀아나고 있다는 것을 알 수 있었다.

공항 검색을 제외하면 여행의 대부분은 즐거웠다. 그리고 나는 종종 워크샵에 참석한 사람들로부터 기운을 얻곤 했다. 그래서 워크샵이 시작할 때보다 끝날 무렵에 기분이 더 좋아지곤 했다. 워크샵을 할 때는 나를 통해 무언가가 표현되고 있다는 느낌을 받곤 했다. 종종 말과 정보가 너무나도

● Just Another Forgiveness Opportunity.

부드럽게 흘러 나와서, 마치 나는 몸 바깥으로 나와서 워크샵을 하고 있는 나를 지켜보고 있는 듯하였다. 워크샵을 진행하고 있는 자는 내가 아닌 듯했다.

사람들은 으레 내 몸 주위에서 다양한 모양과 색깔의 빛을 보았다고 말하곤 했다. 그중에도 때로는, 내 얼굴이 변하기 시작하더니 갑자기 젊어지는 것을 보았다고 말하는 사람도 있었다. 워크샵 프로그램 중에 나는 따로 시간을 내서 참가자들 대부분을 만나는 시간도 가졌다. 그러면 그들은 그 날의 행사와 《우주가 사라지다》 책에 대해 감사를 표하곤 하였다. 그러면 나는 이렇게 여행을 하도록 인도받은 것이 너무나 행복해지곤 했다. 이 여행에 나서지 않았다면 나는 〈기적수업〉과 《우주가 사라지다》가 사람들에게 얼마나 소중한 것인지를 결코 알 수 없었을 것이다. 누군가가 따뜻한 이메일을 보내줄 때도 있었지만, 이메일에서 그들의 얼굴 표정을 보거나 목소리 톤까지 들을 수는 없다. 하지만 이렇게 직접 만날 때는 그들의 느낌이 매우 분명하게 전해진다.

아턴과 퍼사는 8월 말에 오기로 되어 있었고, 나는 예전처럼 그들이 너무 보고 싶었다. 약속대로 그들은 나타났고, 평소와 마찬가지로 그들은 머뭇거리지 않고 이야기를 시작했다.

아턴: 요전에 당신은 〈패션 오브 크라이스트 Passion of Christ〉 영화에 대해 이야기하고 싶어했죠. 영화에서 예수는 자주… — 아니 제이는, 우리는 계속 제이라고 부를 거죠?

개리: 네, 그냥 편하게 제이라고 부르세요.

아턴: 영화에선 제이가 대부분 고통스럽고 고뇌로 가득한 인물로 묘사되곤 하지요. 하지만 실제의 제이는 전혀 그렇지 않았습니다. 그는 항상 온

화한 미소를 머금고 있는 평화로운 사람이었어요. 그의 눈빛은 맑고 사랑에 차 있었습니다. 두려워할 것은 하나도 '없다는' 것을 알고 있었기에, 제이에게는 아무런 두려움도 없었어요. 당시 세상이 그에게 할 수 있었던 일 중에서 그에게 영향을 미칠 수 있는 일은 아무것도 없었습니다. 그는 육신이 아니었어요. 그렇다고 자신을 특별하게 여기지도 않았어요. 그는 고난(passion)의 상징이 아니라 자비(compassion)의 상징이었습니다.

퍼사: 그 영화를 봤을 때 기분이 어땠어요?

개리: 음. 영화관에 도착했는데 사람들이 길가에까지 나와서 줄을 서 있더라고요. 다들 잔뜩 흥분된 상태였죠. 마치 재림이 일어나기라도 할 듯한 분위기였어요. 극장 안에 들어갈 때까지만 하더라도 나는 '뭐가' 재림한다는 건지 몰랐어요. 선혈이 낭자한 끔찍한 영화였어요. 재미라곤 조금도 없고, 앉아 있는 것 자체가 고문이었지요. 제이의 살이 찢겨 나가는 모습을 아주 생생하게 보여주더군요. 영화의 시작에서부터 제이는 두려움에 벌벌 떠는 전형적인 사내처럼 행동하더군요. 그는 화도 많이 나 있었고요. 뱀을 밟아 죽이는 장면도 나왔어요. 뱀 속에 사탄이 들어 있다는 믿음 때문이었겠죠. 아턴이 방금 말해줬던 그런 제이의 모습은 조금도 찾아볼 수 없었어요.

아, 그리고 영화 앞부분에 보면 유다가 골고다 동산에 있던 제이에게 와서 입을 맞추는 장면이 나와요. 그러자 제이는 성서의 그 유명한 구절을 말하지요. "너는 입맞춤으로써 사람의 아들을 배신하려는가?" 이 말을 듣자마자 나는 〈수업〉에서 '십자가형의 메시지'라는 글이 떠올랐어요. 여기서 제이는 훗날 기성종교가 망쳐놓은 메시지에 맞서 자신의 본래 메시지를 밝혀주고 있지요. 거기서 제이는 이렇게 말했어요. 아, 이왕이면 책을 보고 정확히 읽을게요. 메시지를 다시 망쳐놓고 싶지는 않거든요. **"내가 배반을 믿지 않았다면 '네가 입맞춤으로써 인자를 배반하려느냐?'고 말했을 수가 없**

다. 십자가형의 메시지란 오로지 내가 배반을 믿지 않았다는 것이다. 내가 유다에게 '벌'을 불러 내렸다는 말도 마찬가지의 오류다. 유다는 나의 형제요 신의 아들이며, 내가 그렇듯이 그도 아들(Sonship)의 일부다. 정죄란 불가능한 것임을 보여주고자 하는 내가 그를 정죄한다는 것이 그럴 법한 일이었겠는 가?"(T95/T-6. I. 15:5-9)

영화는 처음부터 끝까지 제이의 육신을 '매우' 특별한 것으로 부각시켰어요. 다른 사람들의 죄를 속죄하기 위해 그가 희생되어야만 한다는 가정이 깔려 있었기 때문이죠. 하지만 당신이 들려준 이사야서의 그 구절은 그것이 정말 케케묵은 생각이라는 것을 보여줬어요. 뒤늦게 생겨난 기독교가 그런 관념을 제이에게 덮어씌운 것뿐이지요. 이런 가정에는 신이 인간과 비슷하다는, 즉 미쳐 있다고 보는 견해가 온통 깔려 있는데도 아무도 이 사실을 진지하게 들여다보질 않고 있어요. 기독교가 그렇듯이 이 영화도 고통과 희생을 미화하고 찬양하고 있어요. 그런데 사람들은 이걸 보여주겠다고 아홉 살배기, 열 살배기들까지 데려오지요. 그리고 영화관을 나올 때 그들의 이마에는 이런 생각이 써져 있어요. ─ 자, 봤지? 예수님이 '너를' 위해서 무엇을 했는지 알겠지? 그분이 '너를' 위해서 얼마나 고통당하고 희생하셨는지 알겠지? 이 죄의 덩어리들아. 자, 이제 '너는 그분을 위해서' 뭘 해야겠니? 너는 기독교인이 되어야 한단다. '알겠니?'

아턴: 맞아요. '이 점을' 잘만 이용하면 종교를 하나 크게 일으켜서 한 몫 단단히 챙길 수도 있지요. 감수성이 예민한 아이들은 물론이고, 사람들의 마음을 조종해서 뭔가를 하게 하는 법은 간단해요. 죄책감을 자극하면 되거든요. 죄책감을 이용하는 방법만 찾아내면, 그리고 그보다 나은 이야기를 들려주는 사람만 없다면, 서른 살이 될 때까지도 산타클로스가 정말로 존재한다고 믿게 만들 수 있어요. 그런데 제이와 관련해서는 기독교보

다 나은 이야기를 들려주는 사람이 아무도 없어요. 그 모든 이야기는 육신도 '정말' 실재적인 것으로 만들어놓고, 육신의 파멸도 중요한 것으로 만들어놔 버리죠.

개리: 하지만 〈수업〉이 말하듯이, **죄책감 없는 마음은 고통을 겪을 수 없다**고 한다면 사람들이 제이에게 한 짓은 중요하지 않은 거예요.(T84 / T-5.V.5:1) 제이는 자신에게 가해진 일에 반응하려 들지 않았을 테고 또 그 영화에서 내내 보여줬던 그 모든 고통도 느끼지 않았을 거예요.

퍼사: 네, 맞아요. 매우 중요한 이야기예요. 방금 그 구절은 〈수업〉의 명백한 공리 중 하나예요. 죄책감 없는 마음은 고통을 겪을 수 없습니다. 이 공리는 희생을 미화시키려는 생각을 송두리째 박살냅니다. 왜냐하면 우리가 전에 말했듯이, 고통은 육체적인 것이 아니라 정신적인 과정이기 때문이에요. 그러므로 마음속에 있는 무의식적 죄책감을 다 치유하고 나면 아무런 고통도 느낄 수 없게 돼요. 이것은 십자가형의 메시지를 뒤집어놓지요. 고통과 희생에 대한 숭배라는 개념으로부터, 치유되고 나면 그 어떤 고통도 괴로움도 느끼는 것이 '불가능해짐을' 보여주는 본보기로 말입니다. 그런데도 사람들은 지금도 제이가 수난을 겪었다고 믿고 있고, 제이와는 전혀 무관함에도 불구하고 제이의 이름으로 세워진 종교는 제이의 수난을 상표처럼 사용하고 있지요.

개리: 그들은 십자가에 고착되어(cruci-fixation) 있어요.

아턴: 맞아요. 하지만 제이의 진정한 메시지는 육신을 실재화하는 것과는 '정반대예요.' 사실 제이처럼 되기를 원한다는 건 결국 육신이 아무런 의미가 없음을 경험하기를 원하는 것입니다. 육신을 믿는 것이 아니라 육신을 믿을 수 '없는' 지경까지 이르기를 원하는 것이지요.

개리: 전 레드삭스가 노마를 다른 팀으로 보낸 것이 아직도 믿기지 않

아요.

아턴: 육신의 실재성을 믿지 않게 되기 위한 선행조건은, 꿈을 이해하고 꿈속에서 몸이 하는 역할을 이해하는 것입니다. 〈수업〉의 몇 구절을 들려줄게요. 그다음에는 당신이 나 대신 좀 읽어주면 좋겠어요. 앞에서 우리는, 제이가 육신의 고통에 끄달린다고 믿은 것이 얼마나 잘못된 것인지를 이야기했습니다. 당신도 알다시피, 육신의 고통은 무의식적 죄책감 때문에 일어나는 것입니다. 이와 관련해서 〈수업〉의 '실재의 세계로 이어지는 다리'에서 제이가 하는 말을 들어보세요.

육신을 믿는 것이 아니라 육신을 믿을 수 '없는' 지경까지 이르기를 원하는 것이지요.

"에고가 제공한 가짜 구원을 피한 것을 기뻐하고, 에고가 너의 관계들로써 만들어낸 모조물을 갈망의 눈빛으로 돌아보지 말라. 이제 아무도 고통당할 필요가 없으니, 너는 죄의식의 거룩하고 아름다운 환영에 넘어가기에는 너무나 멀리 왔기에. 정신이 완전히 나간 자만이 죽음과 고통과 병과 절망을 그렇게 볼 수 있다."(T347/T-16.VI.10:1-3)

제이가 '평화의 장애물(The Obstacles to Peace)'에서 말하듯이, 당신이 평화를 기꺼이 받아들이려 하기만 한다면 성령이 당신과 멋진 거래를 성사시켜 줄 겁니다.

"네가 맡은 작은 역할이란 희생이라는 관념을 송두리째 성령에게 넘겨주고 대신 그가 주는 평화를 받아들이는 것이다. 평화의 확장을 막아 네가 평화를 인식하지 못하도록 제약하는, 그런 한계가 없는 그런 평화를."(T414/T-19.IV.B.9:1-2)

예수는 같은 장의 뒷부분에서 다음과 같이 말을 잇습니다. "육신이 왜 너에게 무슨 의미가 있어야 하는가? 육신을 이루고 있는 것이 가치가 없다는 것은 분명하다. 육신이 아무런 느낌도 가지고 있지 않다는 것 또한 분명하다. 육신은 네가 원하는 느낌을 전해준다. 여느 전달매체들과 마찬가지로, 육신은 주어진 메시지를 보내고 받는다. 자신만의 느낌은 없다. 메시지에 부어진 느낌은 모두 보내는 이와 받는 이에 의해 주어진다. 에고와 성령은 양쪽 다 이것을 알고 있고, 여기서 보내는 이와 받는 이가 동일하다는 것도 안다. 성령은 기뻐하며 이것을 너에게 말해준다. 에고는 그것을 감춘다. 네가 모르도록. 그것이 자신에게 보내는 메시지임을 안다면 그 누가 증오와 공격의 메시지를 보내겠는가? 그 누가 자신을 고소하고 죄인으로 만들어 단죄하겠는가?"(T415/T-19.Ⅳ.B.14:1-12)

개리: 내가 하는 일은 바로 나 자신에게 하는 짓이란 점을 확신하는 것은 중요하다고 생각해요. 왜냐하면 이것을 기억한다면 자신을 해치려 들지는 않을 것이기 때문이고, 이것을 깊이 믿을수록 날마다 나날의 상황 속에서 이것을 더 잘 기억해내게 됩니다.

아턴: 정확해요. 자신의 오래된 신념들에 의문을 제기하기 시작하고 나면 당신의 독자들이 당신에게 들려주었던 것과 같은 흥미로운 일들도 일어날 수 있어요.

주: 종종 나는 독자들로부터 자신들이 《우주가 사라지다》를 읽는 도중, 혹은 읽고 난 후에 현기증을 느꼈다는 이야기를 듣곤 했다. 내 친구이자 성직자인 더그 리Doug Lee도 내 책에 대해 강의를 한 적이 있었는데, 자신의 학생들 중 몇 명도 똑같은 일을 겪었다더라고 했다. 이 이야기를 듣자 몇 해 전 〈기적수업〉 실습서를 공부했을 때의 일이 생각났다. 아침에 일어나서 눈을 뜨면 천장이 원을 그리며 돌아가는 것

을 몇 번 본 적이 있었다. 그렇다고 어지럽거나 메스껍지는 않았다. 천장이 빙빙 도는 것을 보는 것은 아주 흥미로웠다. 이런 일은 몇 주 정도만 지속되었고 이 때문에 일상생활에 지장을 받진 않았다. 다른 사람들도 《우주가 사라지다》를 읽다가 비슷한 일을 겪었다는 이야기를 들었을 때, 참 근사하다는 생각이 들었다.

개리: 아, 현기증 말이로군요! 〈기적수업〉을 하는 동안 내게 일어났던 반응이 사람들에게도 똑같이 일어났다는 이야기를 듣고는, 정말 이 책엔 뭔가가 있구나 하는 생각이 들었어요. 이런 현상은 우리의 삶 전체가 터를 잡고 있는 에고의 사고체계에 의문을 제기하는 것과 관계된 것 같은데요?

아턴: 네. 제가 조금 전에 '실재의 세계(Real World)로 이어지는 다리'에서 한 구절을 인용했었는데, 흥미롭게도 거기엔 바로 이 현상을 다루는 구절도 있습니다. 전에는 이 구절을 이 현상과 관련지어본 적이 없겠지만, 이제는 할 수 있을 것입니다. 여기서 제이는, 에고로서 살아온 오랜 경험으로부터 성령과 함께 실재의 세계에서 살기 위해 다리를 건너는 과정에 대해 말하고 있습니다.

"이 다리 자체는 실재에 대한 관점 전환 이상의 아무것도 아니다. 이쪽에서는 네가 보는 모든 것이 제멋대로 왜곡되어 완전히 균형을 잃고 있다. 하찮고 사소한 것은 과장되고, 굳세고 강력한 것은 하찮은 것으로 평가절하되어 있다. 전환의 과정 중에는 혼란기가 있어서, 실제로 방향감각이 상실된 느낌을 느낄 수도 있다. 하지만 두려워 말라. 그것은 너의 세상을 붙들어주는 것처럼 보이던 기준틀을 네가 기꺼이 놓아보내고 있음을 뜻하는 것일 뿐이니까."
(T346/T-16.VI.7:1-5)

개리: 그게 다예요? 이러한 증상이, 나의 세상을 붙들어주고 있는 것처

럼 보였던 그것을 내가 기꺼이 떠나보내기로 했음을 뜻하는 것일 뿐이라고요? 이런 젠장. 내겐 나의 세상을 붙들어놓기 위해 필요한 게 아무것도 없어요.

아턴: 성령만이 당신에게 필요한 전부지요. 그러면 당신은 당신의 것이라 '생각했던' 세상을 떠나보내고 그것 대신 실재의 세계(real world)로 맞바꿀 수 있습니다.

개리: 실재의 세계가 뭔지 대강은 알고 있지만, 다시 한 번 일깨워주시겠어요?

아턴: 형제여, 마침 그걸 잘 설명해주는 짤막한 구절이 있어요. "실재의 세계란 죄와 죄책감이라는 꿈이 끝나 신의 아들이 더 이상 잠자고 있지 않음을 말해주는 상징이다. 잠에서 깨어나는 아들의 눈은 아버지의 사랑(Love)의 확실한 반영을 감지하니, 이는 그가 구속救贖받았음을 알려주는 분명한 징후다. 실재의 세계는 시간의 종식을 뜻한다. 이 세계를 지각할 때 시간은 그 의미를 상실해버리기에."(W443/W-p II.8.4:1-3)

개리: 분명 제이는 마지막에 이런 상태에 머물러 있었겠군요?

아턴: 네, 맞아요. 그때 그의 메시지는 더할 나위 없이 분명했어요. 제이는 자신의 메시지에 대해 결코 타협하지 않았어요. 당신도 그렇게 해야만 하구요. 에고에게 한 발짝을 양보하면 에고는 십 리를 빼앗아갈 겁니다. 〈수업〉을 충실히 지키고 메시지를 변질시키지 않는 당신을 보니 행복합니다. 당신은 이 책에 대해 존경심을 갖고 있어요. 아주 훌륭해요. 우리가 당신에게 나타나는 이유 중 하나는 제이의 메시지가 2천 년 전처럼 왜곡되는 것을 방지하는 일을 돕기 위해서입니다. 만약 많은 수의 사람들이 제이의 가르침의 의미나 원문까지 바꿔놓으려고 달려든다면 1~2세기만 지나도 〈수업〉의 본래 모습은 알아볼 수조차 없게 될 거예요.

개리: 그렇군요. 하지만 당신들은 〈수업〉의 메시지가 또다시 훼손될지 어떨지를 이미 알고 있을 텐데요. 정말 그렇게 되나요?

아턴: 전에도 말했지만 미래에 대해서는, 여러 가지 이유로, 너무 많이 이야기해주지 않을 겁니다. 그냥 지금을 잘 꾸려가겠다고만 생각하세요.

개리: 음. 메시지의 왜곡이라는 주제와 관련해서, 〈패션 오브 크라이스트〉를 영화를 보던 중에 한동안 인기를 끌었던 〈남겨진 사람들(the Left Behind)〉이라는 장편소설 시리즈가 생각났어요. 공항에서 짬이 나기에 서점에 들러서 이 장편소설 중 최신작을 한 권 읽어보았어요. 요한계시록을 바탕으로 한 책이지요. 플로리다 주에 사는 내 친구는 이 책이라면 '사족을 못 써요.' 지금까지 6천만 부가량이 팔린 것 같아요. 아무튼 환각제에 취한 사람이 쓴 것만 같은 요한계시록은 제이가 재림해서 자신을 믿지 않는 사람들과 전쟁을 일으킨다고 말하고 있어요. 그리고 〈남겨진 사람들〉 시리즈도 선과 악의 힘이 맞붙어 싸우는 그 전쟁에 대해 이야기하고 있고요.

제가 읽은 그 최신작에서는, 제이가 한 손을 드니 땅이 갈라지면서 기독교인이 아닌 자들을 삼켜버리는 거예요. 그들은 비명을 지르며 떨어져 죽지요. 책의 다른 부분에서는, 제이가 무슨 말을 하기만 했을 뿐인데, 적들의 몸이 쭉쭉 찢어져요. 기독교인들은 조각난 채 널려 있는 사람들과 말들의 시체를 치지 않기 위해 조심조심 운전을 해야 하고요. 아마 그 말들은 기독교인의 말이 아니었던가 보죠. 이렇게 기독교인들이 지켜보는 앞에서, 나쁜 놈들은 살이고 눈이고 혀고 다 녹아버려요. 정말 가관이죠.

이 책에서 그들은 평화의 왕자(the Prince of Peace)인 예수를 데려다가 자신들이 지어낸 살인자로 바꿔버렸어요. 그래서 이제 그는 그들을 대신해서 그들의 적을 죽여주는 것이죠. 여기에는 인종차별 문제도 미묘하게 얽혀 있어요. 왜냐하면 최근에 와서 비기독교인들 혹은 이교도라고 불리는 사람들이 테러와의 전쟁에 휘말리고 있으니까요. 이건 무의식적 죄책감이 투사되는 전형적인 본보기일 뿐입니다. 우리에겐 신이 있지만, 저들에겐 신이 없으니 저들은 죽어 마땅하다는 거죠.

유감이지만 저는 이런 종류의 근본주의나, 비행기를 납치해서 2001년 9월 11일 아침에 세계무역센터에 처박았던 근본주의나, 양쪽이 조금도 다른 것 같지 않아요. 겉포장만 다르지 내용은 똑같아요. 둘 다 살인에 미쳐 있는 에고의 사고체계일 뿐이에요. 그런 사고체계를 따를수록 더 많은 비극이 일어나겠지요. 그건 제이의 가르침과 모든 면에서 정반대예요. 이제 누군가가 일어나서, 이 정도면 충분하니 이제 그만두자고 말을 해야 해요. 세상을 바꾸기 위해서가 아니라 사람들이 마음을 바꿔 용서를 선택하도록 돕기 위해서 말이에요.

아턴: 그렇다면 당신이 나서서 말해주면 어떻겠어요?

개리: 알아요. 알아차리는 데 시간이 좀 걸렸지만, 이젠 당신들이 날 선택한 이유를 알아요. 난 잃을 것이 없는 사람이니까요. 당신들의 메시지를 전달한 후에 사람들이 그것을 어떻게 생각할지 걱정할 필요가 없었어요. 아무것도 잃을 것이 없으니, 누가 나를 존경해주지 않더라도 상관없잖아요?

퍼사: 사랑하는 형제, 아주 좋았어요. 그렇게 계속 메시지를 전하세요. 사람들이 뭐라고 하든 염려하지 마세요. 게오르그 그로데크Georg Groddeck• 박사도 "주목을 끌고 싶은 마음은 허영심만큼이나 끊기 어렵다"고 말한 적이 있지요. 그냥 평소처럼 자연스럽게 메시지를 전하세요.

• 게오르그 그로데크(Georg Groddeck, 1866~1934): 스위스 출신의 물리학자이자 저술가로, 심신의학의 개척자로 알려짐.《우주가 사라지다》61쪽, 472쪽을 참고하라.

그러면 그 결과로 모든 일이 예정대로 일어납니다. 일어나지 않을 일이라면 무슨 수를 써도 그것을 일어나게 만들 수가 없어요. 반면에 일어나기로 '되어 있는' 일이라면 그 일을 막을 수 있는 방도도 없습니다. 그러니 성령의 진실에만 충실하고 나머지 일은 그냥 내버려두는 것이 낫지 않을까요?

주목을 끌고 싶은
마음은 허영심만큼이나
끊기 어렵다.

정치에 대해 한마디 하자면, 이제 당신은 정치 역시 '무엇을 위해' 존재하는지를 깨달았으니, 그것을 용서 훈련에 활용하면 더 빨리 집으로 갈 수 있을 거예요.

개리: 네. 발을 헛디딜 때도 많지만, 나는 항상 진실을 제법 재빨리 기억해내고 있어요. 평화운동가와 환경운동가들을 지켜보는 일은 흥미로워요. 사람들을 증오하는 평화활동가들을 좀 알고 있어요. 그들은 저기 '저 밖에서' 반전시위를 벌이는데, 여기까지는 좋다 이겁니다. 그런데 정작 결과를 보자면 도리어 그들은 자신들이 증오하는 정치적 적수들과 사람들을 착취하는 탐욕스런 기업주들을 만들어내는 일을 하고 있어요.

하지만 사실 이런 기업주들도 다른 사람들과 마찬가지로 그냥 똑같은 인간일 뿐이에요. 네, 그들이 정말로 돈에 탐닉하는 것일 수도 있죠. 하지만 사실 거의 모든 사람들이 '뭔가에' 탐닉하고 있지 않나요?

한 가지 재미있는 것은, 누군가가 전쟁에 반대한다고 할 때 자신이 정적들로부터 심한 탄압을 받고 있다고 여기면서 그 일을 하고 있다면, 그는 에고를 자신의 교사로 모시고 그 일을 하고 있는 거예요. 하지만 우리는 같은 일을 성령을 자신의 교사로 모시고 할 수도 있습니다. 그러면 그것을 완전히 다르게 경험하게 될 테지요.

이런 관점에서는, 정적을 만들어내고 권력자들에게 분노를 표하는 것은 목적이 아닙니다. 이제 우리는 본래의 자신, 즉 사랑의 한 표현으로서, 좀더 사랑에 충만한 세상을 만들겠다는 생각으로 전쟁에 항의를 표하고 있는 것입니다. 완전히 다른 출발점에서 시작하는 것이지요. 그러니 중요한 것은 '무엇을' 하느냐가 아닙니다. 길거리에 나가 시위를 할 수도 있고 안 할 수도 있습니다. 당신의 마음속에서 무슨 일이 일어나는지를 알고 있는 이는 당신 말고는 아무도 없지만, 이때 '당신은' 사랑에 닻을 내리고 있습니다. 형태는 중요하지 않아요. 내용이 중요합니다.

퍼사: 이봐요. 교사는 우리라고요. 농담이에요. 맞아요. '무엇을' 하느냐는 중요하지 않아요. 그것을 '누구와 함께' 하느냐가 중요하지요. 즉 에고냐 성령이냐, 각각의 선택은 완전히 다른 경험으로 이어질 겁니다. 사람들은 상대방이 하는 행위를 보고 그를 심판할 수 있다고 생각할지 모르지만, 이것이 항상 들어맞지는 않아요. 세상의 눈으로 보자면 영적인 것과 거리가 먼 일을 하게 될 수도 있습니다. 하지만 그런 당신을 성령이 인도하게끔 선택한다면 '어떤 일을 하든' 영적인 일이 될 수 있습니다. 그러니까 다른 직업보다 더 영적인 직업이란 사실 존재하지 않아요.

자, 무슨 일을 하느냐가 우리의 관심사는 아니지만, 당신의 행동은 당신이 하는 생각의 한 결과라고 말씀드린 적이 있지요. 그러니 때로는 사람들의 행동양식을 보고도 그들에 관해 상당히 많은 정보를 읽어낼 수 있는 것이지요. 예를 들어서, 만약 지금 누군가가 화가 많이 나 있고 사람들에게 무례한 말을 퍼붓고 있다면, 이러한 행동은 무엇을 뜻하는 것일까요?

개리: 음. 아마도 그는 자신을 미워하는 것 같아요.

퍼사: 맞아요. 자신이 다른 사람들을 어떻게 대하고 있느냐는 자신이 '스스로에' 대해 어떻게 느끼고 있는지를 매우 잘 보여주는 척도입니다. 자

신이 다른 이들을 적개심으로 대하고 있다면, 이는 당신의 마음이 갈등에 처해 있다는 것을 뜻해요. 하지만 당신이 사람들을 따뜻하게 바라보고 있다면 그것은 당신의 마음이 평화로운 상태에 있다는 징후입니다. 게다가 이제 이것은 당신이 자신에 관해 느끼는 바를 결정하고 강화시켜줄 것입니다. 이것은 순환고리입니다. 평화의 순환이 될 수도 있고 악의 순환이 될 수도 있지요. 다른 이들에게는 정말 잘 대해주지만 정작 자신에 대해서는 이러한 따스함을 느끼지 못하는 사람들이 있는 것도 사실입니다. 하지만 대개 그들은 돌파구에 가까이 와 있답니다. 그들이 사랑을 표출하고 있다면 이는 그들이 올바른 궤도에 있다는 상징입니다. 이제 그들에게는, 자신이 어떤 선택을 내릴 수 있는지를 이해하도록 도와줄 손길이 좀 필요할 뿐입니다. 그것을 이해하기만 하면 그들은 틀림없이 자신의 나약함, 즉 에고를 선택하는 대신 자신의 강인함, 즉 자기 안의 성령을 선택할 것입니다.

개리: 달라이 라마로부터 켄네쓰 왑닉에 이르기까지 위대한 사람들은 한결같이 친절의 중요성을 이야기하더군요. 이제 그들의 말을 이해할 수 있겠어요. 우리가 다른 이들을 바라보는 방식이 현재 내가 어떻게 느끼고 있는가에 관해 많은 것을 말해주고 있고, 또 장차 자신에 관해 어떻게 느끼게 될지를 결정하는 것이라 한다면, 내가 다른 이들에게 친절하게 대하고 연민을 품을 때, 실제로는 나 자신에게 호의를 베풀고 있는 것입니다.

퍼사: 네, 잘 정리해주셨어요. 당신이 여행 중에 사람들을 대하는 태도에 대해서 칭찬을 해주고 싶어요. 많은 교사들이 오랜 여행과 힘든 스케줄로 인해서 다른 이들에게 화풀이를 하고픈 유혹에 굴복하곤 했거든요. 지금까지 당신은 만나는 모든 사람을 원만하게 잘 대해줘서 최고점수를 받을 만해요. 당신은 〈기적수업〉을 아주 잘 대변하고 있어요.

개리: 고마워요. 정말 고마워요. 사실 그건 쉬운 일이에요. 난 그들이 너

무 좋거든요. 그리고 다른 직업보다 더 영적인 그런 직업은 결코 없다고 당신이 말했잖아요. 완전 공감해요. 종종 사람들이 제게 와서 이런 말을 하곤 해요. "승천한 스승들이 왜 '당신에게' 나타났을까요? 왜 하필 '당신'이죠?" 그럼 저는 그들에게 이렇게 말하죠. 당신도 전생에 루르드에서 성모 마리아의 발현을 목격한 아이들 중 하나였을지 어떻게 아느냐구요. 아니면 천사나 다른 존재의 발현을 목격했을 수도 있고요.

사실 우리 모두에게는 다 똑같은 능력이 있다고 생각해요. 하지만 환영 속에서는 이 능력들을 모두 동시에 지니고 있지 않은 것일 뿐이죠. 그래서 교사용 지침서는 **"모든 사람에게 주어지지 않은 그런 힘을 가진 자는 아무도 없다"**고 말하지요.(M62/M-25.3:7) 전에는 가끔, 영적 치유가가 되면 얼마나 좋을까 생각하곤 했어요. 돌아다니면서 사람들에게 손을 대서 치유해주고 뭐 그런 거 있잖아요. 나는 이게 궁극의 능력이라 생각했어요. 하지만 이번 생에서 치유는 나의 능력이 아니에요. 누구를 치유해보겠다고 깝죽거리다가 죽이지나 않으면 다행이죠.

그러니까 제 말은, 그저 이번 생에서 치유는 나의 역할이 아니라는 것뿐이에요. 하지만 다른 생에서는 내가 위대한 치유가이기도 했다는 것을 알고 있어요. 모든 이들은 저마다 자기의 위치에 서 있는 거예요. 승천한 스승들을 만나는 것은 그저 이번에 내게 배당된 몫일 뿐이고, 다른 이들은 그것을 다른 생에서 합니다. 수십억 명의 사람들이 동시에 승천한 스승들을 만나러 돌아다닌다는 것은 상상만 해도 실없어 보입니다. 그럼 다른 능력들은 아무도 사용하지 않을 테고 말이죠.

사실 당신들을 만난 것이 나에게 궁극의 영적 체험은 아니었어요. 공격적인 의도는 없지만, 이 말을 하면 사람들이 많이 놀라곤 하더라고요. 내가 이제껏 겪었던 최고의 경험은 〈수업〉에서 계시라 불리는 것이었어요. 계시란 신과의 직접적인 소통 또는 신과의 합일입니다. 이 경험은 지각(perception)의 세계에 있는 모든 것을 날려버립니다.

퍼사: 공격으로 여기지 않아요. 제이도 경외란 계시에 합당한 반응이라고 〈수업〉에서 말하지요. 이때 당신은 신을 직접 경험하기 때문입니다. 하지만 그는 또 **"동등한 이들이 서로를 경외해서는 안 된다. 경외란 동등하지 않은 관계를 암시하기 때문이다. 그러니 나를 경외하는(awe) 것은 합당하지 않은 일이다"**라고 말합니다.(T7/T-1.II.3:5-6) 그러므로 당신은 '우리뿐만' 아니라 제이도 특별하게 대해서는 안 됩니다.

개리: 끝내주는데요(awesome). 농담이에요. 계시란 자신과 신이 하나임을 경험하는 것인데, 저는 사람들에게 계시야말로 그들이 지향해야 할 바라고 말해주곤 합니다. 계시란 실재를 경험하는 것이기 때문이죠. 반면에 여기서 당신들을 만나는 것은 지각의 영역에서 일어나는 일이구요. 계시를 경험하고 나면 세상 모든 것이 실재와는 결코 비길 수 없는 꿈과 같은 것으로 퇴색해버립니다. 그렇다고 해서 우리가 여기에 있는 것처럼 보이는 동안 재미있게 살 수도 없다는 뜻은 아니지만요.

예컨대 영화관에 가면 영화가 사실이 아니라는 것을 알면서도 영화를 즐길 수 있는 것처럼 세상도 이와 비슷하다고 할 수 있어요. 용서를 실천하여 자기 마음속의 무의식적 죄책감을 덜어낼수록 우리는 세상을 더 '많이' 즐길 수 있게 됩니다. 사실 요즘 난 그 어느 때보다도 음악을 듣는 것이 너무나 좋아졌어요. 그러니 아름다운 예술이나 낭만적인 일몰의 광경을 포기하라는 말이 아니지요. 자신의 순진무구함(innocence)을 더욱 깊이 접할수록 만사를 더욱 즐길 수 있게 되리라고 생각해요. 왜냐하면 이때 우리는 전보다 죄책감이 가벼워진 상태로 그것을 경험하고 있고, 마침내는 죄책감이 전혀 없이 그것을 경험하게 될 것이기 때문입니다. 섹스의 경우를 봐도 그렇죠. 섹스에 대해 죄책감을 느끼지 않는다면 섹스가 더 즐겁지 않겠어요?

퍼사: 잘도 끼워 맞추네요.

개리: 아턴이 여기에 있는 동안에는 그렇게 처신해야겠죠. 하나 더 말하자면, 당신들이 방문하지 않는 동안 내가 성령에게 말을 걸 때 떠올리는 사람은 당신들이 아니라 제이라는 것을 말해주면, 워크샵에 참석한 사람들은 놀라곤 합니다. 나에게 제이는 항상 성령의 현현이었어요. 그리고 나는 언제라도 그에게 말을 쉽게 걸 수 있고 그럼 그는 나를 도와줄 것 같다는 느낌을 받곤 했어요. 내가 이렇게 하는 것에 별로 개의치 않으시죠? 하지만 성령의 음성을 들을 때는 그것이 곧 당신들의 음성이기도 하다는 걸 알고 있어요.

퍼사: 말했듯이, 우리는 특별하지 않아요. 우리가 방문하지 않는 동안 당신에게 가장 도움이 되는 형태가 무엇이든 간에 그것이 중요해요. 우리는 당신이 우리를 생각하고 있다는 걸 알고, 당신도 우리와 제이가 당신과 함께 있다는 걸 알고 있어요.

개리: 아, 너무 감격시키지 마세요. 하지만 우리 모두가 하나라면 사실 그런 건 중요하지 않아요, 그렇죠? 아 참, 말할 게 또 생각났어요. 영적인 일, 영적인 직업이란 무엇일까 하고 생각해봤어요. 회계사로 일하는 사람이 있다고 생각해보자고요. 그는 회계사들은 이번 생에서 영적인 능력을 하나도 가지지 못했다고 생각할 수도 있어요. 그들이 정말로 그렇다는 것이 아니라 그가 그렇게 생각하고 있다고 해보자구요. 하지만 그들이 회계와 관련된 자신의 재능을 성령께 바치고 성령의 인도하에 이 능력을 사용한다면, 그것이 곧 그들의 재능을 영적인 것으로 '만드는' 것 아니겠어요? 그러니까 우리가 성령께 바치는(give) 것, 그것이 곧 영적인 능력(gift)이란 말이지요. 그 능력이 무엇인지는 중요하지 않아요. 이 정의에 따르자면, 자신

의 능력을 성령의 인도에 따라 사용한다면 그것이 곧 영적인 능력입니다. 그리고 혹시 알아요? 당신이 지금 하는 일은 물론이거니와, 영적인 단체나 개인이 당신의 도움을 필요로 하게 될지도요. 그러면 이제 당신의 재능은 진실을 퍼뜨리는 데 사용되고 있는 것이고요. 어찌 이보다 더 좋을 수 있을까요?

아턴: 형제, 좋은 지적이에요. 방금 한 말은 회계사뿐만 아니라 다른 모든 직업에도 그대로 적용되는 이야기에요. 어떤 사람들에게 성령은, 그들이 자신의 직장을 용서를 연습하는 교실로 활용하길 바라는지도 모르죠. 그렇게만 한다면 그것이 곧 영적인 직업인 것입니다. 무슨 직업이냐는 건 중요하지 않아요.

개리: 아, 맞다. 지난번 방문 때 오늘은 죽음에 관해 이야기할 거라고 말했잖아요. 이 시간을 '목이 빠지게' 기다리고 있었답니다.

아턴: 알았어요. 똘똘이 학생. 곧 들어갈게요. 하지만 당신에겐 이 세상의 꿈과 같은 본질을 이해하고, 또 용서의 결과로서 실제로 경험하는 것이 꼭 필요합니다. 자, 그럼 우리를 위해서 다시 본문을 낭독해주시겠어요? 교재 585쪽입니다.

개리: 어디 보자. 아, 찾았어요. '꿈의 주인공' 부분 맞죠?(T585/T-27.Ⅷ의 제목) 그러고 보니 여기는 한동안 안 읽었네요.

아턴: 네, 맞아요. 그리고 앞으로 두 달 동안 최소한 다섯 번은 더 읽어야 합니다.

개리: 다섯 번이요? 정말로 좋은 내용인가 봐요?

아턴: 좋은 것(good) 이상이에요. 이건 진실(truth)이니까요. 당장은 처음에 나오는 네 문단만 읽어주시고요, 오늘 대화가 끝난 후에는 대략 2주 간격으로 네 쪽을 전부 읽도록 하세요. 이렇게 총 다섯 번을 읽으세요. 여기에 나

오는 내용을 곱씹어 보고, 이 내용이 당신이 날마다의 삶에서 보고 있는 것들과 관련해 어떤 의미를 갖고 있는지 곰곰이 생각해보세요. 하지만 지금은 처음에 나오는 네 문단만 읽어주세요.

개리: 알겠습니다. 자, 갑니다.

"육체는 세상이 꾸는 꿈의 주인공이다. 육체가 없다면 꿈은 존재하지 않고, 육체가 마치 보고 믿을 수 있는 사람인 양 움직이고 있는 꿈이 없다면 육체 또한 존재하지 않는다. 육체는 모든 꿈의 중심을 차지하며, 꿈은 어떻게 육체가 다른 육체들에 의해 만들어져 몸 밖 세상으로 태어나 잠시 살다가 죽고 결국은 자신처럼 죽은 다른 육체들과 흙에서 하나로 합쳐지는지, 그 이야기를 들려준다. 몸은 주어진 짧은 삶 속에서 친구나 적이 될 다른 몸들을 찾아다닌다. 몸의 주요 관심사는 몸의 안전이다. 몸의 안락이 몸을 안내하는 기준이다. 몸은 쾌락을 추구하고 해가 될 것은 피하려고 애쓴다. 무엇보다도, 몸의 고통과 즐거움은 다르며 구분될 수 있다고 자신에게 가르치려고 애쓴다.

세상의 꿈은 다양한 형태를 취한다. 몸은 여러 경로로 자신의 독립성과 실재성을 증명하고자 하기 때문이다. 몸은, 세상이 가치 있고 실재하는 것이라고 선언한 쇠붙이나 종잇조각으로써 사들인 물건들을 걸친다. 의미도 없는 온갖 일을 하여 쇠붙이와 종잇조각을 모아서는 필요하지도, 심지어는 원하지도 않는 무의미한 것들을 사기 위해 그것을 뿌려댄다. 몸은 다른 몸들을 고용해서 자신을 보호하게 하고, 자신의 것이라 부를 수 있는 무의미한 것들을 더 많이 끌어 모으게 한다. 몸은 자신의 꿈을 공유할 수 있는 특별한 몸들을 찾아 두리번거린다. 때로 그것은 자신보다 약한 몸들의 지배자가 된 꿈을 꾸기도 한다. 그러나 꿈의 다른 국면에서는 그것은 자기를 해치고 괴롭히려 드는 육신들의 노예가 되어 있다.

태어나서 죽을 때까지 몸이 겪는 일련의 모험이 이 세상 모든 꿈의 영원한 주제다. 이 꿈의 '주인공'은 결코 바뀌지 않을 것이며 목적 또한 바뀌지 않을 것이다. 비록 꿈 자체는 여러 형태를 취하고 '주인공'이 처한 장소와 사건도 무척 다양해 보이지만, 거기엔 다양한 방법으로 주입된 단 하나의 목적이 있을 뿐이다. 꿈이 가르치고 가르치며, 또다시 가르치려고 애쓰는 유일한 가르침 말이다. 그것은, 몸은 원인이지 결과가 아니며, 너는 꿈의 결과이지 결코 꿈의 원인일 수 없다는 것.

따라서 너는 꿈꾸는 자가 아니라 꿈이다. 그리하여 너는 꿈이 설정한 장소와 사건들을 할 일 없이 들락거리며 방황한다. 몸은 꿈속의 한 등장인물에 지나지 않기에 사실 몸이 하는 일은 이것이 전부다. 하지만 꿈속의 등장인물을 진짜인 줄로 알지 않고서야 누가 그에게 반응하겠는가? 그것이 꿈속의 등장인물임을 아는 자에게 그것은 아무런 힘도 미치지 못한다. 왜냐하면 그는 자신이 그것을 진짜처럼 보이게 하여 진짜로 만듦으로써 그것에 힘을 부여했던 것임을 이해하기 때문이다.

너는 세상이 여태껏 꾸어온 그 모든 꿈들의 손아귀에서 얼마나 절실히 벗어나고 싶어하는가?"(T585-586/T-27.Ⅷ.1:1~5:1)

잠깐만요. 여기서 멈춰야 하는 건 알지만 내용이 너무 심오해서 더 읽고 싶어요.

아턴: 형제, 나중에 그렇게 하세요. 지금은 이걸로 충분해요. 나머지 내용을 말하자면 제이는 어떻게 해서 이 꿈이 만들어지게 되었는지를 말해주고 있어요. 이 장 전체를 잊지 말고 다섯 번 꼭 읽으세요. 읽을 때마다 점점 더 깊은 수준에서 그 내용을 이해하게 될 겁니다. 어떻게 해서 꿈에 빠지게 되었는지, 또 어떻게 해야 꿈에서 빠져나올 수 있는지에 대해 이보다 더 정확한 설명을 들을 수는 없을 거예요. 이 장의 마지막쯤에서 제이는 이렇게 말합니다. "**너의 죄의식으로부터 세상을 용서하면 너는 그로부터 해방되리**

라."(T588/T-27.Ⅷ.13:2)

개리: 내 죄책감에서 해방된다는 건가요, 세상에서 해방된다는 건가요?

아턴: 한쪽이 없다면 다른 쪽도 필요가 없어집니다. 현재는 무의식의 영역에 있는 당신의 죄의식이 바로 세상이 존재하는 이유입니다. 당신이 할 일이란 그것을 지우는 것입니다. 이것이 바로 생사의 쳇바퀴를 부수고 나오는 방법입니다.

퍼사: 죽음에 대한 이야기는…

개리: 이런 주제는 꺼내기 전에 북이라도 치면서 분위기를 고조시켜야 하는 거 아닌가요?

퍼사: 내가 말하려던 것은 그게 아니라, 죽음에 대한 이야기는 잠시 뒤에 다룰 거란 이야기였어요. 그보다도, 용서를 많이 할수록 에고의 속임수에 덜 속게 된다는 사실을 명심하세요. 이에 대해 제이는 〈수업〉의 뒷부분에서 신의 교사들에 관해 이렇게 말합니다. "그들은 꿈속의 등장인물이 오가며 바뀌고 변해가고, 고통받고 죽는 것을 본다. 그러나 그들은 자신이 보는 것에 속지 않는다. 그들은 꿈속의 등장인물을 병들고 분리된 것으로 보는 것이 그것을 건강하고 아름답다고 보는 것과 마찬가지로 실재가 아님을 안다." (M32/M-12.6:7-9)

> 그러니 아픈 몸이든 건강한 몸이든 사실 다 똑같아요. 왜냐하면 둘 다 진짜가 아니거든요.

그러니 아픈 몸이든 건강한 몸이든 사실 다 똑같아요. 왜냐하면 둘 다 진짜가 아니거든요. 그리고 질병과 죽음 사이에도 사실 아무런 차이가 없습니다. 그것들은 신으로부터의 분리라는 생각, 그 생각의 서로 다른 수준의 환영일 뿐입니다.

개리: 그러니까 바퀴 자국과 무덤은 깊이만 다른 것이로군요.•

퍼사: 네, 재미있는 말이네요. 그리고 깊이란 개념 역시 환영입니다. 방금 제가 인용했던 구절은 교사용 지침서의 내용이었고, 이제 인용할 구절은 교재에 있는 내용입니다. 우리는 〈수업〉이 시종일관 똑같은 내용을 말하고 있다는 것을 당신에게 보여주고 싶어요. 교재로부터 실습서를 거쳐 지침서에 이르기까지 〈수업〉은 항상 순수 비이원론을 가르치며, 참으로 일이관지一以貫之합니다. 이것이 사실이라면 — 물론 그렇지만 — 그것은 〈수업〉을 올바로 해석하는 길은 단 하나밖에 없다는 뜻입니다.

교재에서 제이는 "겉모습은 속기를 원하는 마음만 속일 수 있다. 그러므로 너는 다시는 속임수에 빠지지 않게 할 간단한 선택을 내릴 수 있다"고 말합니다.(T634/T-30.IV.6:1-2)

그 간단한 선택이란 용서를 말하며, 용서는 모든 것에 똑같은 방식으로 적용됩니다. 죽음까지도 포함해서 말이죠. 실습서에 나오는 다음 구절을 곰곰이 생각해보세요. "너는 몸이 죽는다고 생각한다. 하지만 죽음은 관념이며, 육체적으로 보이는 것과는 무관하다. 생각은 마음속에 있다. 그렇다면 생각은 마음의 지시에 따라 적용될 수 있다. 그러나 만일 변화가 일어나려면, 먼저 바뀌어야 할 곳은 생각의 근원이다. 생각은 자신의 근원을 떠나지 않는다. 이 〈수업〉이 이 개념을 강조하는 이유는 너 자신에 대한 너의 마음을 바꾸려는 우리의 시도에서 이 개념이 중추적 역할을 하기 때문이다. 그것이 바로 네가 치유할 수 있는 이유이며, 치유의 근거이고, 네가 죽을 수 없는 이유이다. 그 진실이 너를 신과 하나되게 하였다."(W318/W-pI.167.3:1-11) 그리고 제이는 다음 문단의 시작 부분에서 이렇게 말합니다. "죽음은 네가 창조주(Creator)와 분리되어 있다는 생각이다."(W318/W-pI.167.4:1)

● 삶과 죽음을 대비시키는 은유적인 표현임.

실습서 같은 과의 뒷부분에서 제이는 이렇게 말합니다. "**죽는 것처럼 보이는 것은** 잠들어 있는 **마음의 모습일 뿐이다.**"(W319/W-pI.167.6:7) 그리고 조금 더 뒤에 가면 "그것의 형태는 바뀔 수 있기에, 자신이 아닌 것처럼 보일 수도 있다. 하지만 잠들어 있건 깨어 있건, 마음은 여전히 마음이다"라는 말이 나오죠.(W319/W-pI.167.7:3-4) 그 과에서 한 구절만 더 인용해볼게요.

"… 마음은 다만 잠시 자는 것처럼 보인다. 그것은 시간을 꿈꾼다. 그 안에서 일어난 듯한 일은 일어난 적이 없고, 일어난 변화는 실체가 없으며, 그 모든 사건은 어디에도 없다. 마음이 깨어나면, 늘 그랬듯이 그것은 지속될 뿐이다."(W319/W-pI.167.9:2-4)

개리: 그러니까 사실 이 모든 것은 그저 꿈일 뿐입니다. 그러므로 에고를 지우고 깨어날 때라야 우리는 자신이 결코 집을 떠난 적이 없었다는 것을 '경험하게' 됩니다. 최종적으로 몸을 내려놓고 나면, 이제 이곳에 돌아올 필요는 없습니다. 그리고 신과 하나인 경험은 우리의 항구한 실재가 되어 결코 중단되지 않을 것입니다.

아턴: 사실이에요, 개리. 그리고 기억하세요. 깨어났다면 완전히 깨어난 것이고, 잠들어 있다면 잠들어 있는 것이에요. 자신이 살아 있는 꿈을 꾸든 자신이 죽어 있는 꿈을 꾸든, 그건 중요하지 않아요. 둘 중 어느 쪽도 사실이 아니에요. 이에 대해 〈수업〉은 "… **죽음으로의 도피는 갈등의 끝이 아니다**"라고 말합니다.(T418/T-19.IV.C.7:3)

개리: 그렇다면 슬그머니 빠져나갈 길은 없군요. 용서의 숙제를 해야만 하겠네요. 용서의 공부를 다 마치고 완전히 깨어날 때까지 우리는 계속 돌아오는 꿈을 꿀 수밖에 없는 것이고요.

아턴: 맞아요. 떠날 때가 다 돼가고 있으니 죽음에 관한 이야기를 이제 마무리 지을게요. 몸 안의 생명이 실재하지 않는 것과 마찬가지로 죽음도

실재하지 않는다는 것을 분명히 알아야 합니다. 어느 것도 사실이 아닙니다. 진정한 생명은 총체적이고 영구적입니다. 이에 대해 〈수업〉은 이렇게 말합니다. "죽을 것에서 떨어져서 살아남을 수 있는, 죽어가는 것의 어떤 부분이 존재한다는 이 이상한 믿음은 사랑의 신을 선포해주지도, 신뢰의 바탕을 다시 다져주지도 않는다."(M66/M-27.4:1)

개리: 그렇다면 일부 사람들이 죽음 이후에도 존속한다고 여기는 영혼이란 실제로는 분리된 것처럼 보이는 마음이겠군요.

아턴: 뛰어난 관찰이에요. 매우 불교적인 관점이기도 하고요. '진짜' 영은 온전하고 항구합니다. 이것이 당신의 불멸의 본성입니다. 그러니 '무슨' 일이 일어나는 것처럼 보이더라도, 설령 그 일이 죽음이나 사후의 삶이라도, 당신은 단 두 가지만을 놓고 선택을 내릴 수 있습니다. 신과 함께하는 당신의 본성과 그 밖의 모든 것, 이 둘 사이의 선택 말입니다. 이제 당신이 해야 할 일이란 마음을 사용해서 신과 그 밖의 모든 것 사이에서 선택을 내리는 것입니다.

> '진짜' 영은 온전하고 항구합니다. 이것이 당신의 불멸의 본성입니다.

퍼사: 친절하게 우리를 위해서 본문을 낭독해주셨으니, 우리도 떠나기 전에 당신에게, 제이가 죽음에 관해 이야기하는 부분을 읽어줄게요. 제가 먼저 읽고, 아턴도 중간중간 들어올 거예요. 이것은 죽음이라는 생각이 그 못생긴 얼굴을 쳐들 때마다 당신이 내려야만 하는 선택에 대한 〈수업〉의 생각을 당신의 마음에 확고히 심어주기 위한 것입니다.

꿈의 주인공은 항상 이야기의 끝을 맞이하기 마련입니다. 그게 전부예요. 한갓 이야기일 뿐이죠. 물론 당신이 형체에 대한 믿음을 버리기 전까지는 꿈의 주인공은 계속 다른 형체로 돌아올 겁니다. 사랑하는 형제여, 용서하세요. 그러면 에고의 죽음의 꿈도 소용이 없어질 거예요. 그것을 끄집어 내어 드러내고, 있는 그대로 보고, 용서하세요. 그러면 자유로워질 거예요. 여기서 제이가 하고 있는 말을 잘 들어보세요.

"죽음은 모든 환영이 그로부터 생겨 나오게 하는 핵심의 꿈이다. 태어나고 늙어서 생기를 잃고 결국은 죽어버리는 것을 생명으로 여긴다는 것 자체가 정신 나간 일 아닌가? 이전에도 이 의문을 제기했었지만, 이제 그것을 좀 더 깊이 생각해볼 필요가 있다. 만물은 태어났다가 죽고 만다는 것이 이 세상의 만고불변의 믿음이다. 그것은 의문의 여지 없이 생명의 '당연한' 법칙으로 받아들여야 할 '자연의 섭리'로 간주된다. 순환하며 변천해가고, 불확실하여 기댈 수 없이 불안정하고, 특정 경로를 밟아 특정한 방식으로 차고 기우는 그 모든 것이 '신의 뜻'으로 간주된다. 그리고 자비로운 창조주가 과연 이런 것을 뜻할 수도 있는지에 대해서는 아무도 의문을 제기하지 않는다."(M66 / M-27.1:1-7)

아턴: "죽음의 '실재성'은 신의 아들이 육신이라는 신념에 단단히 뿌리를 내리고 있다. 신이 육신을 창조했다면 죽음은 정말 실재이겠지만, 그렇다면 신은 사랑의 존재일 수가 없을 것이다."(M67 / M-27.5:1-3)

퍼사: "이것을 신이 창조한 우주로 인식한다면 신을 사랑이라고 생각할 수는 없을 것이다. 만물은 낙망과 좌절 속에서 흙으로 돌아가 죽어야만 한다고 언명하는 이를 두려워하지 않을 수가 없으므로. 그는 너의 하찮은 목숨이 달린 줄을 관심도 미련도 없이 언제든지, 어쩌면 오늘 당장, 끊어버릴 수 있다. 설사 그가 기다려준다 하더라도 결국에는 끊어버릴 것이 확실하다. 이러한 신을 사랑하는 자는 사랑을 알지 못하니, 그는 생명이 실재임을 부인했기 때문이다. 죽음이 생명의 상징이 되었다. 그의 세상은 이제 모순이 군림하고 상극이 끝없는 싸우는 전쟁터이다. 죽음이 있는 곳에 평화란 불가능하다."

(M66/M-27.2:1-8)

아턴: "죽음은 신에 대한 두려움을 상징한다. 태양을 가리기 위해 들어올린 방패처럼, 신의 사랑을 의식(awareness)에서 차단하는 죽음이라는 생각 속에서 신의 사랑은 감춰진다. 상징의 잔인성은 죽음이 신과 공존할 수 없는 것임을 보여주고도 남는다. 그 상징은 파멸자의 팔 안에 '영면한' 신의 아들의 모습을 품고 있다. 그의 파멸된 육신으로 잠시 연명하려는 벌레들이 거기서 그를 맞이한다. 허나 그 벌레들 또한 필멸의 운명인 것을. 그러니, 죽음으로 인해 만물은 연명해간다. 포식捕食이 대자연의 '생명의 법칙'이다. 신은 제정신이 아니고, 두려움만이 실재한다."(M66/M-27.3:1-8)

당신도 알다시피, 제이는 이 세상의 실상을 가차없이 폭로합니다. 그리고 신이 정말로 이 세상에 대해 책임이 있다면 세상이 신에게 뭐라고 퍼부을지에 대해서도 제이는 주저함이 없지요.

개리: 네, 맞아요. 이걸 주제로 해서 노래를 하나 작곡할 수 있을 것 같아요. 괜히 하는 이야기가 아니고, 감이 와요.

퍼사: 무슨 말인지 알겠어요. 아무튼 불편하긴 해도 이것이 진실입니다. **"포식이 자연의 '생명의 법칙'이다"**라는 구절이 생각나게 하는 게 있어요. 당신은 채식주의를 행해본 적이 없죠?

개리: 예. 난 신의 모든 피조물들에게는 자신의 자리가 있다고 믿는 사람이거든요. 대개는 으깬 감자 바로 옆자리 말이에요.●

퍼사: 형제, 맞는 말이에요. 방금 한 말을 심각하게 믿지만 않는다면 말이죠. 다른 일과 마찬가지로 채식을 하는 것이 사랑으로부터 나온 한 표현

● 으깬 감자(mashed potato) 옆에는 대개 스테이크가 놓여 있다. 채식주의자와 채식을 하지 않는 사람들을 대비시킨 개리의 유머이다.

이라면 그건 참 아름다운 일이에요. 하지만 채식을 하지 '않는' 다른 사람들을 비난하기 위해서 채식을 한다면 그건 당신의 마음을 속박할 겁니다. 이제 당신은 채식주의자들을 많이 만나게 될 테기 때문에 하는 말이에요. 그들이 채식을 넓은 관점에서 볼 수 있도록 도와준다면 참 좋겠어요.

아턴: 자, 이쯤에서 오늘 우리가 한 이야기들을 당신 혼자서 생각해볼 시간이 필요할 것 같아요. 이번 책의 제목을 뭘로 정할지도 슬슬 생각해보시구요. 이번 책 제목은 당신이 직접 정하세요. 사실 첫 번째 책의 제목은, 퍼사가 첫 방문 때 처음 건넸던 네 문장 속에 들어 있었지만, 당신은 그걸 찾아내는 데 몇 년이 걸렸죠. 이번에는 당신이 직접 선택하세요.

개리: 네, 좋습니다. 고마워요!

아턴: 읽기 숙제도 잊지 마세요.

퍼사: 다음 두 달 동안 당신이 연단에 오르기 전에 곱씹으면 좋을 구절을 하나 들려주고 싶어요. 당신은 이 일과 관련해서 용서를 잘 해나가고 있고, 이로 인해 집에 가는 속도도 점점 빨라지고 있어요. 그건 그렇고, 우리가 다시 오기 전에 깜짝 놀랄 일이 하나 생길 거예요. 즐기세요.

개리: 좋은 일인가요? '좋은' 일이면 좋겠는데.

퍼사: 네, 분명 좋아할 거예요. 그 일이 일어나면 내 말이 무슨 뜻인지 알 거예요. 다음 두 달 동안 그 일은 저 스스로 펼쳐질 거예요. 당신이 텍사스에서 돌아온 뒤에 다시 만나지요. 잘 지내요. 청중 앞에 나서기 전에 다음 구절을 1~2분가량 생각해보세요. 당신의 경험을 바꿔놓을 거예요.

**신이 창조한 그대로인 나는
내가 세상이라 생각했던 그 모든 것으로부터 세상을 풀어주리라.
세상은 실재가 아니기에 나는 실재이며,**

나는 나의 실재를 알고 싶기 때문이다.

(W244/W-pⅠ.132.15:2-3)

이 말을 남기고 아턴과 퍼사는 영으로 돌아갔다. 그리고 나는 그들과 나눴던 이야기를 몇 시간 동안 생각했다. 퍼사가 말한 깜짝 놀랄 일이 뭘까 기대됐다. 깜짝 놀랄 일이 있을 거란 걸 알고 있었음에도, 그 일이 일어났을 때 정말 깜짝 놀라지 않을 수 없었다. 지금도 그 일이 일어났다는 걸 믿을 수 없을 지경이다.

6
멍청아, 중요한 건 이번 생이야

네가 네 사고체계의 수호자 노릇을 그만두고 그것을 내게 보여줄 용의가 있다면,
나는 그것을 부드럽게 바로잡아 너를 신께 돌아가도록 인도할 것이다.

(T54 / T-4.Ⅰ.4:7)

2004년 10월 27일, 불가능한 일이 일어났다. 그날 밤 뉴잉글랜드에는 돼지 떼가 하늘을 날아다녔다고 한다. 그날 밤은 지옥불도 얼어붙었고, 메인 주의 공연을 하루 앞두고 27년 전에 사망했던 엘비스가 마침내 공연을 마치고 그 건물을 떠났다고 한다.

내 아버지는 평생 레드삭스 야구팀의 팬이셨지만, 이곳에서 생을 마감할 때까지 레드삭스가 월드시리즈에서 우승하는 것을 보지는 못하셨다. 물론 나도 마찬가지였다. 팀의 이러한 성적을 잘 알면서도, 시월의 이 밤에 레드삭스가 일을 낼 것 같다는 좋은 예감이 들었다. 왜 이런 예감이 들었냐면 첫째로 이날 게임 도중에 개기월식이 일어날 예정이었기 때문이다. 레드삭스가 86년 만에 월드시리즈 우승컵을 탈환할 운명이라면, 이날이 딱 그날이어야 하지 않겠는가. 둘째로, 레드삭스는 라이벌 뉴욕양키즈와의 경기에서 세 판을 내리 지다가 팀 역사상 가장 위대한 역전을 이뤄냈다. 4연승으로 양키즈를 물리치고 아메리칸 리그 우승을 차지한 것이다. 이것이야말로 누구도 믿지 못할 각본 없는 드라마였다.

자칭 '바보 군단'인 레드삭스 선수들은 소위 '밤비노의 저주'●에 대해서는 조금도 아랑곳하지 않았다. 이 저주는 레드삭스가 베이브 루스를 뉴욕 양키즈에 팔아넘긴 후로 계속 따라다녔다. 하지만 레드삭스 선수들은 아무도 자신들을 지켜보지 않는다는 듯한 태도로 게임에 임했다. 그들은 게임을 진정으로 사랑했고 서로를 아꼈다. 그들의 순수한 모습을 지켜보는 것 자체가 큰 기쁨이었다.

나는 레드삭스가 이번 시리즈에서 우승하길 진심으로 기원했다. 기왕이면 그날 밤에 승리를 확정지으면 좋겠다고 생각했다. 다음날 텍사스 주 오스틴에 있는 '더 크로싱즈The Crossings' 호텔에서 열릴 사흘짜리 세미나를 위해 비행기를 타고 가야 했기 때문이다. 일단 세미나가 시작되면 레드삭스가 그날 밤 결과에 따라 어떻게 경기를 풀어나갈지 전혀 알 길이 없었기에, 기왕이면 그날 밤에 승리를 확정지으면 좋겠다고 생각했다. 이미 레드삭스는 그해 최고의 팀이라 할 수 있는 세인트루이스 카디널스를 상대로 3연승을 거둔 상태였다. 첫 경기는 승리가 어디로 기울지 모르는 팽팽한 난타전이었지만, 일단 레드삭스가 첫 승을 거두고 나자 레드삭스의 선발투수들은 멋진 투구로 기세를 몰아갔다. 예전에는 투수진이 계속 약했었는데 올해는 사뭇 달랐다. 레드삭스는 타자만큼은 항상 최고의 선수들을 보유하고 있었으며 이는 올해에도 어김없었다.

팀의 역사를 보았을 때 레드삭스에 거물급 투수가 둘 이상 있었던 적은 거의 없었다. 그런데 2004년에는 실력 있는 투수가 여럿 있었고 시리즈가 돌아왔을 때 그들은 선방했다. 좋은 투구가 좋은 타구를 이기는가, 혹은 그

● 미국 메이저리그의 보스턴 레드삭스가 1920년 홈런왕 베이브 루스를 뉴욕 양키즈에 트레이드시킨 후, 월드시리즈에서 우승하지 못한 것을 루스의 애칭인 밤비노(이탈리아어: 갓난아기)에 빗대어 표현한 말.

반대인가에 대한 논쟁은 항상 있어왔다. 사실을 말하자면, 야구에서는 좋은 투구가 항상 이기기 마련이다. 이는 미식축구에서 수비가 좋은 팀이 이기는 것과 마찬가지이다. 뉴잉글랜드 패트리어트 팀은 그해 열렸던 슈퍼볼 경기에서 이 사실을 다시 한 번 입증했다. 그리고 이들 옆에는 뉴잉글랜드의 스포츠팬들이 함께 있었다. 세상에 대해 내가 알고 있는 모든 것이 환영이라지만, 나도 그들 중 하나였다. 나도 평범한 사람이었다.

이번 시리즈에서 마지막 투구가 투수의 손을 떠났을 때, 그 공은 방망이에 맞아 곧바로 마운드로 돌아왔고 투수는 곧바로 1루로 송구했다. 이것으로 게임은 끝났다. 한 시대(era)의 끝이라 말할 수도 있고, 아턴과 퍼사가 그 자리에 있었다면 난 오류(error)의 끝이라고 재치 있게 말했으리라. 경기 결과에 대해서 욕을 하는 사람은 없었다. 실력대로 이기고 진 거니까.

그날 경기는 세인트루이스에서 열렸었다. 나는 메인 주에 있는 집에서 경기를 지켜보면서 텍사스로 지고 갈 짐을 챙기고 있었다. 레드삭스 제국이 도래한 그 역사적 순간에, 나는 펄쩍 뛰면서 "앗싸!" 소리를 질렀다. 텔레비전에서 중계해주는 선수들의 기뻐하는 모습과 보스턴의 술집과 거리에서 승리를 기념하는 팬들의 모습을 보면서 전율을 느꼈다. 그러자 아버지가 떠올랐다.

내가 여섯 살 때, 아버지는 나와 내 동생 폴을 펜웨이 파크Fenway Park•에 처음으로 데리고 가셨다. 어린 시절의 기억 중에서, 펜웨이 파크의 좌측 펜스에 버티고 있는 '그린몬스터'••와 야구공을 때리는 방망이 소리보다 더

• 메이저 리그 야구의 아메리칸 리그 동부지구에 속하는 보스턴 레드삭스의 홈구장.
•• The Green Monster: 펜웨이 파크 경기장이 1912년 건설되었을 때, 인근 건물에서 경기를 몰래 훔쳐보는 사람들을 방지하기 위해 담장을 높이 세웠다고 한다. 그리고 1936년에는 인근 상점의 유리창이 깨지는 것을 막기 위해 11.27미터의 거대한 좌측 담장을 세우고 3미터 정도 앞으로 당겼다. 다른 구장에서는 홈런이 될 수 있는 우타자들의 타구가 이 담장에 맞아 안타가 되는 경우가 많다.

좋은 기억은 없을 것이다. 우리 지역에서 펜웨이 파크에 간다는 것은 대대로 전해지는 일종의 통과의례라 할 수 있었다. 그것은 유년시절의 꿈의 재료였다. 좋다. 어쨌든 뉴잉글랜드가 결코 잊지 못할 그날 밤에 나는 마음의 차원에서 아버지와 하나가 되어서 이렇게 말씀드렸다. "아버지, 경기 어땠어요? 아버지께서 저와 함께 경기를 지켜보셨다는 걸 알아요."

아턴과 퍼사가 내게 다시 나타난 것은 11월 2일 대통령 선거일 저녁이었다. 내가 먼저 말을 꺼냈다.

개리: 당신에게 속았군요. 퍼사. 난 좋은 소식을 기대했는데 선거 결과가 좋은 소식은 아니었군요.

퍼사: 개리, 그래서 당신의 미래에 대해선 너무 자세히 이야기하지 않는 거랍니다. 물론 다른 이유도 좀 있지만요. 우리는 당신에게서 용서의 기회를 박탈하고 싶지 않아요. 물론 기쁜 소식들이 기다리고 있을 때도 있고요. 이것이 바로 이원성이에요. 좋은 일과 나쁜 일, 둘 다를 겪기 마련입니다.

개리: 사실 난 너무나 기쁨에 차 있었어요. 지난 6일간은 웃음이 얼굴에서 떠나지 않았어요. 텍사스에 갔을 때는, 독자들 중 몇 명이 식사를 대접해주었어요. 뭔가를 기념하는 듯한 기분이 들었지요. 식당 메뉴에 방울뱀 튀김이 있었어요. 난생처음 접하는 음식이라 시켜봤죠. 맛은 닭고기와 비슷했어요.

어쨌든 이번 주는 많이 즐거웠어요. 《우주가 사라지다》의 독자이자 야구팬인 한 사람이 제게 이메일을 보내줬어요. 내용인즉슨 내가 그 책에서 레드삭스를 용서해줘서 고맙다는 것이었어요. 그래서 레드삭스가 이번에 이긴 것이라면서 말이죠. 지난 책에서 나는 "어떤 팀이라도 지지부진할 때는 있는 법이라구요"라고 했었지요. 자, 이제 화이트삭스와 시카고컵스가 우승하면 이 말도 더 이상 할 필요가 없겠죠.

아턴: 그보다 더 이상한 일도 일어났어요.

퍼사: 형제, 그냥 즐기세요. 그래, 어제 집에 돌아와서 오늘 투표는 했나요?

개리: 물론이죠. 하지만 당신들이 투표 결과를 미리 알려줄 일은 없겠지요?

퍼사: 그럴 수도 있고, 아닐 수도 있고요.

개리: 알았어요. 일단 미끼를 물어보죠. 케리가 당선될까요?

퍼사: 음. 그럴 수도 있고 아닐 수도 있고요.

개리: 아, 좀~. 그게 무슨 말이에요?

퍼사: 빈정대려는 건 아니에요. 이 꿈속에서 당신이 용서해야 할 몇 가지 사실들을 알려주고 싶었을 뿐이에요. 1980년대 이후로 민주당원이 미합중국의 대통령으로 당선되기 위해서는 '최소' 2백만 표 이상으로 차이를 벌려야만 해요. 왜냐하면 대통령 선거가 시행될 때마다 민주당 후보들은 최소 백만 내지 2백만 표 이상의 부정행위를 당했기 때문이죠. 이번 선거도 다르지 않아요. 만약 빌 클린턴처럼 압도적인 차이를 낼 수 있다면 민주당원도 대통령으로 당선될 수 있어요. 하지만 이번 선거와 이번 세기에는 민주당원이 근소한 차이로 이길 일은 없을 거예요. 근소한 차이로 이긴 것처럼 보였다면 실제로는 집계된 숫자보다 득표를 훨씬 많이 했다는 이야기입니다.

개리: 음. 그러니까 부시가 오늘 밤 '다시' 가까스로 이기긴 하지만 집계를 제대로 한다면 부시가 당선될 일은 없다는 말인가요?

퍼사: 네, 유감스럽지만 그래요. 그리고 물론 이런 부정행위에는 인종차

별적 요소가 많이 있어요. 전국선거가 시행될 때마다 흑인들이 던진 표 중 백만 표가 집계에서 제외됩니다. 이것 말고도 지금 당장 언급하기에는 너무나도 많은 속임수들이 있어요. 사람들이 이런 일들을 용인하는 한, 또한 수백만 표 차이로 이기지 않는 한, 당신이 지지하는 정당이 이길 수 있는 방법은 없습니다. 수백만 표를 앞서야 근소한 차이로 이기는 것처럼 보이겠지만, 아무튼 그래야 이길 수 있습니다. 오하이오 주에서 시행된 출구조사에서는 케리가 이길 것으로 보도될 거예요. 사람들은 순진하게도 자신들이 던진 표가 그대로 집계될 거라고 가정하기 때문이죠. 하지만 케리는 거기서 3퍼센트의 표에 대해 부정행위를 당할 것이고, 부시는 '나머지' 집계된 표에서 승리를 거두게 될 겁니다.

개리: 앞으로 치러질 선거 결과가 이미 정해져 있다고 말하고 있는 거죠? 우라질! 레드삭스의 승리로 잠시 행복하다 싶더니!

아턴: 형제여, 힘내세요. 세상은 없다. 기억하죠?

개리: 당신도 알겠지만, 용서해야 할 상황이 벌어질 때마다 숱하게 저는 그 말을 기억하곤 해요. 제가 해야 할 전부란 그냥 그 말을 기억하는 것뿐인 것 같아요. 세상은 존재하지 않는다. 이것만 기억하면 모든 진실이 돌아옵니다. 하지만 말로 다 되는 건 아니죠. 그 생각이 경험을 촉발시키지요.

퍼사: 이번에 레드삭스가 우승했을 때 "앗싸!" 하고 외쳤던 거 기억나시죠? 바로 '그거예요.' 용서의 길에서 뭔가를 성취했을 때에도 그런 기분이 들 거예요. 당신은 용서에 익숙해져서 이젠 갈수록 더 쉬워지기 시작하고 있어요. 바른 마음의 생각들이 당신 내면의 진실을 경험하도록 촉발시키는 것이죠. 당신이 용서할 준비가 되어 있지 않았다면 선거 이야기는 애초에 꺼내지도 않았을 거예요. '이제는' 용서할 준비가 됐죠? 그렇죠?

개리: 네, 준비됐어요. 그러니까 내 말은, 어떻게 내가 조지 부시를 심각

하게 받아들일 수 있겠어요? 그를 보세요. 그는 존재조차 하지 않아요. 그는 부패집단 전체를 상징하는 얼굴마담에 지나지 않아요. 사실 마사 스튜어트*는, 부시가 자기 아버지가 대통령으로 있을 때 저질렀던 내부자 거래**보다는 가벼운 짓을 했는데도 감옥에 가야 했지요. 부시는 공개적인 자리에서, 자신의 정치적 기반이 가진 자와 가지지 못한 자로 구성되어 있는 것이 아니라 '가진 자와 더 가진 자'로 구성되어 있다고 농담을 하기도 했지요. 그냥 농담이긴 하겠지만 그 사람은 대통령이 아니던가요? 최근에 나는 웃는 법을 잊고 지냈어요. 그가 정말로 존재한다고 생각했던 거죠. 하지만 그는 실재하지 않아요. 나는 내가 이 사내를 미워하게끔 설정해놓았던 것이에요. 이제 나는 그가 존재조차 하지 않는다는 것을 이해할 수 있어요. 이건 모두가 다 속임수에요. 내가 그를 그런 모습으로 지어낸 것은 그가 나대신 죄인이 되게 하려는 것이었어요. 그는 희생양인 것이죠. 하지만 내가 그를 해방시킨다면 나는 자유로워집니다.

아턴: 방울뱀을 먹는 사람치곤 괜찮은 답변이네요. 제이가 〈수업〉에서 말하는 내용과도 상당히 일치하고요. "간단한 질문 하나가 아직도 남아 있는데, 너는 이에 답해야 한다. 너는 네가 만들어놓은 것이 좋은가? 살인과 공격의 세상, 죽음이 너를 덮쳐 소멸되는 순간이 조금 미뤄지기만을 바라면서 외로이 겁에 질린 채 끝없는 위험 속을 멈칫대며 헤쳐 가는 세상을. '네가 이

---

* Martha Stewart(1941~): 가정생활 관련 서적의 출판으로 시작해 억만장자의 대열에 오른 여성기업인이자 미국 가정주부들에게는 살림과 가정의 소중함을 널리 일깨워준 '가정살림의 최고 권위자'로 통하는 인물이다. 2002년 생명공학업체 임클론의 주식을 부당거래했다는 혐의를 받고 조사를 받았으며 증권사기와 음모, 사법방해, 허위진술 등 혐의로 기소되었다.(출처: 네이버 지식사전)
** 특정 기업의 직무 또는 지위를 맡은 사람이 기업 내부 정보를 이용하여 자기 회사의 주식을 거래하는 행위이다. 이러한 거래로 부당이익을 취할 수 있기 때문에 대부분의 국가에서는 이를 범죄로서 처벌한다.(출처: 위키백과)

세상을 만들었다.' 세상은 네가 자신을 무엇이라 여기는지, 자신을 어떻게 보는지를 보여주는 그림이다."(T429/T-20.Ⅲ.4:1-4)

　에고의 사고체계를 되살펴보고 그것이 얼마나 미쳐 있는지를 이해할 수 있는 것은 에고가 충분히 지워진 후의 일입니다. 그래서 제이는 〈수업〉에서 이렇게 이야기합니다. "너는 정신 나간 신념체계를 그 자체 안에서는 평가할 수 없다. 체계의 범위가 평가를 불가능하게 한다. 너는 오직 그것을 넘어가서, 제정신이 있는 곳에서 그것을 되살핌으로써 그 현저한 차이를 깨달을 수 있다. 이 현저한 대조에 의해서만 정신이상을 정신이상으로 판단할 수 있다." (T176/T-9.Ⅶ.6:1-4)

　개리: 맞아요. 저도 계속 육신에 관련된 모든 것에 대해 생각해봤어요. 알다시피 지난번에 내준 읽기 숙제는 다 했어요. 여기서 일어나고 있는 많은 일들을 그 내용에 비춰서 생각해봤지요. 삶 속에서, 아니, 우리가 삶이라 부르는 것 속에서 일어나는 모든 일이 죄다 육신에 관한 것이고 어떻게든 육신과 연관되어 있더군요. 게임에서 이기든 지든, 자신의 직업에서 성공하든 실패하든, 혹은 나처럼 둘 다를 경험하든, 예쁜 여자를 얻든 퇴짜를 맞든, 유명해지든 조롱을 받든, 어떤 음식을 먹고 싶든, 어떤 섹스를 하고 싶든, 새 집이나 새 차를 원하든 아니면 그냥 휴식을 원하든, 이 모든 것들을 원하고 얻는 것은 '무엇'일까요? 이 중에서 몸이 없이 가능한 것이 '하나라도' 있을까요? 우리가 삶의 비극 앞에서 몸서리칠 때, 죽어가는 것처럼 보이는 그것은 무엇일까요? 우리는 누구를 위해서 애석해하는 것일까요? 사랑하는 누군가가 죽을 때, 죽었다고 생각하는 그것은 무엇이죠? 육신입니다. 그 중심에는 항상 몸이 있습니다. 몸이 없다면 이것들은 다 무의미합니다. '꿈의 주인공'은 다 맞는 이야기예요. 더 많이 용서할수록 몸은 그저 꿈속의 한 등장인물로만 '느껴집니다.' 마치 몸이 내가 아닌 것처럼 더 가

법게 느껴지지요.

전에 당신네 둘이 내게 처음 나타난 후 몇 달 있다가 저는 리즈^{Leeds}에서 열리는 〈기적수업〉 모임에 나가기 시작했어요. 11년 동안 그 모임엘 다녔는데 지난번 모임에 나갔을 때는 꾸준히 나오던 회원 중 한 분이 저에게, 제가 처음 모임에 나왔을 때보다 지금이 오히려 더 젊어 보인다고 말해주었어요. 재미있는 일이죠. 용서의 부가적인 혜택이 모든 사람에게 똑같은 방식으로 나타난다고 말하려는 건 아니에요. 하지만 생각이 어떤 차원에서는 형체를 만들어내기 마련이라면, 용서도 분명 어디에선가 자신의 일을 하고 있을 겁니다.

> 많이 용서할수록 자신이 단지 꿈을 꾸고 있음을 더 깊이 자각하게 됩니다.

아턴: 훌륭해요. 꿈속에 갇혀 있는 한 당신은 꿈에서 깨어날 수 없습니다. 꿈꾸고 있음을 자각할 때라야 꿈의 빗장을 부술 수 있어요. 많이 용서할수록 자신이 단지 꿈을 꾸고 있음을 더 깊이 자각하게 됩니다.

퍼사: 이번엔 시간여행을 한 번 연습해볼까 해요. 이 여행을 하고 나면 순차적이지 않은 사물의 본질을 이해하고, 당신이 이 모든 것을 만들어냈다는 점을 훨씬 더 깊이 이해하게 될 거예요. 해보겠어요?

개리: 물론이죠!

아턴: 당신이 앞으로 할 여행 중에는 재미난 여행들이 많이 있습니다. 우리는 당신이 호주에 가는 일로 신이 나 있다는 것을 압니다. 호주에서 돌아오는 길에 하와이에 들러 워크샵을 열 것이라는 사실도 알고 있고요. 이젠 우리도 당신을 늘 형제(bro)라 부르는 게 좋을 듯싶네요. 형제, 당신은 내년 한 해하고 석 달 사이에만 하와이에 세 번 가게 될 것입니다.

개리: 세 번이요! 이제까지 두 번밖에 못 가봤었는데!

아턴: 재미있게 지내다 오세요. 당신은 거기서 대단한 사람들을 만나게 될 것입니다. 구원에 우연이란 없습니다. 사람들은 구원을 뭔가 특별하고 다른 것으로 여기곤 합니다만 구원은 우리가 맺고 있는 관계 속에 항상 자리하고 있습니다. 다시 시간여행이라는 주제로 돌아오자면, 6개월 뒤에 당신은 세인트루이스에도 가게 될 거예요.

개리: 와. 맞아! 카호키아! 난 거기에 꼭 가봐야 해요!

아턴: 시간은 순차적이지 않고 홀로그램과 같기 때문에, 당신의 여행은 이미 마쳐져 있습니다. 이제 우리는 우리 셋을 6개월 뒤로 보낼 것입니다. 위대한 태양이 지냈던 토루土壘에 이르러서야 당신은 우리를 볼 수 있을 것입니다. 이제 곧 당신은 그곳에 다른 사람들 둘과 함께 있게 될 겁니다. 지금부터 6개월 뒤에 그들과 함께 카호키아에 갈 때는 그들을 알고 있겠지만, 지금 당신은 현재의 의식을 유지한 채 이 장소와 시간으로부터 옮겨가는 것이기 때문에 이번에는 그들이 누구인지 모를 거예요. 하지만 걱정 마세요. 셋 다 당신이 가는 곳에 대해 존경하는 마음을 품고 있어서 서로 말을 많이 하진 않거든요. 이제 우리는 당신이 카호키아에 도착해 있는 시점의 홀로그램 속으로 당신을 염念하겠습니다.

당신은 퍼사와 내가 당신 셋으로부터 좀 떨어진 채 거닐고 있는 모습을 때때로 알아차릴 거예요. 물론 당신 친구들에게는 우리에 대해 아무런 언급도 하지 말아야겠죠? 그들도 당신 책을 읽어보았어요. 하지만 그들은 우리를 책과 연결시켜 생각하지는 못할 것입니다. 그들이 우리에게 주의를 기울이지 않도록 우리는 충분히 멀리 떨어져 있을 거거든요.

부지불식간에, 당신은 6개월 뒤에 할 행동을 이제 곧 그대로 하게 될 겁니다. 그리고 다시 6개월 뒤에 그 일을 두 번째로 하게 될 거예요. 당신을 다시 이곳의 시간으로 불러들이면, 당신의 순차적인 시간의 틀 안에서는 아직 일어나지 않았지만 홀로그램과 같은 시간 안에서는 이미 일어난 어떤 일에 대한 기억을 갖게 될 겁니다. 6개월이 지나 카호키아에 가게 되면 그때 일어나는 일을 잘 관찰해서 당신의 경험을 우리에게 들려주면 좋겠어요. 준비됐나요?

개리: 여부가 있겠습니까? 자, 갑시다!

주: 바로 그 순간, 나는 어떤 주차장의 차 안에 앉아 있는 나를 발견하고는 깜짝 놀랐다. 운전석에 있던 사람이 차문을 닫고 바깥으로 나가기에 나도 그렇게 했다. 주차장 밖으로 걸어나가니 옆에는 현대식 빌딩이 서 있었다. 간선도로처럼 보이는 큰길을 향해 좁은 길을 빠져나왔고 이내 그 큰길을 건너갔다. 누군지 모르겠는 두 사람이 나와 함께 있었다. 운전석에 앉았던 사람 말고 다른 사람은 아까 뒤에 앉아 있었다. 우리는 별로 이야기를 하지 않았다. 그냥 카호키아에 관한 일반적인 이야기만 조용히 오갔을 뿐이다. 그 큰길을 건너서 들판에 들어서자 나는 데자뷰와 같은 희한한 기분을 느꼈다. 흙으로 쌓인 거대한 토루土壘가 보였고, 이내 나는 그것이 위대한 태양, 즉 지금으로부터 천년 전에 살았던 아메리카 원주민 영적 스승의 집이라는 것을 알아보았다. 원주민들은 그를 위해 그 토루의 꼭대기에다 집을 지어주었었다. 나는 위대한 태양이 다스리던 시절에 함께 여기서 살았던 나의 생애에 대해 꿈도 꾸고 환시도 여러 번 보고 종종 생각에 잠겼었다.

우리는 언덕을 향해 걸어갔다. 화창하고 포근한 날이었다. 여름보다는 봄에 가까운 듯했다. 언덕에 다다른 후 꼭대기를 올려다보니 계단을 지그재그로 두 번은 올라가야 할 것 같았다. 이곳이 주립 사적지임을 알리는 간판에는 이 유적지에 관한 자세한 설명이 있었다. 하지만 그 설명을 읽으려던 찰나에 나는 뭔가를 발견하고 너무 놀라서 그 글을 읽을 수가 없었다. 30미터 정도 떨어진 곳에서 청바지 차림의 아턴과 퍼사가 이야기를 나누고 있었던 것이다. 그들은 별로 눈에 띄지 않았으며 나와 함께 있던 두 사람은 그들을 알아채지 못한 것처럼 보였다. 하지만 나는 '그들을' 알아볼 수밖에 없었으니, 퍼사는 셔츠를 올려 묶어서 배를 노출시키고 있었기 때문이다. 짓궂기는! 퍼사는 내가 여자의 배꼽만 보면 맥을 못 춘다는 것을 알고 있었다. 배꼽이 보일 만큼 가까운 거리는 아니었지만 말이다.

같이 있던 두 사람이 멈춰 서더니 나에게 혼자 먼저 올라가 보라고 손짓을 했을 때, 나는 놀랐다. 내 전생의 기억에 대한 배려인 듯했다. 그제야 나는 그 꼭대기에 혼자 올라가서 잠시 있고 싶은 마음이 있었다는 것을 알아차렸다. 나는 그들이 이렇게 나를 배려해준 것을 존중의 표시로 받아들였다. 그러자 이번에는 그 두 사람에게서 친근감이 느껴졌다. 그리고 그들 또한 천 년 전에 여기에 있었다는 것을 깨달았다. 천 년 전의 모습과는 전혀 닮지 않았을지라도 말이다. 유적지에는 다른 사람들도 있었지만, 그 순간 꼭대기로 향하고 있는 사람은 나밖에 없었다.

나는 토루를 오르기 시작했다. 계단을 천천히 오르며 주위를 둘러보았다. 6미터가량 오르니 계단이 꺾어지는 지점에 다다랐고, 거기서 나는 그다지 멀리 있지 않은 어떤 도시의 지평선을 볼 수 있었다. 그 도시는 분명 세인트루이스였을 것이다. 그 도시가 정확히 얼마나 멀리 떨어져 있는지는 모르지만 8~16킬로미터 정도의 거리에 있었던 것 같다. 주변은 매우 평평했고 푸르렀으며 또 숲이 매우 우거져서 평화로운 느낌이 들었다.

도시 주변을 본 후 또 다른 계단을 타고 토루의 정상으로 올라갔다. 정상은 평평했으나 위대한 태양이 살았던 집은 볼 수 없었다. 전에 아턴과 퍼사가 메인 주에 있는 내 집에 방문해서 위대한 태양과 나와의 관계에 대해 처음 들려준 이후, 위대한 태양과 카호키아에서 지냈던 삶의 아름다운 기억들이 끝없이 피어오르기 시작했다. 나는 이 언덕의 정상에 있던 그의 집에서 그를 만났던 일도 기억해낼 수 있었다. 위대한 태양과 나는 친구 사이이기는 했지만, 그 당시 원주민들은 언덕의 정상에 있던 그의 집에 초대받는 것을 영광으로 여겼고 나 역시 그러했다.

이곳저곳을 둘러보다가 뭔가가 없어졌다는 것을 깨달았다. 강이 없어졌다! 강이 어디로 간 것일까? 그러자 3백여 년 전 바로 이 지역에서 지각변동을 일으킨 지진이 일어났었다는 이야기를 들은 것이 기억났다. 이 지진으로 인해 미시시피 강의 흐름이 수 마일은 바뀌었다고 한다. 내가 기억하건대, 이 강은 천 년 전 카호키아 지역에 매우 중요했었다. 이곳은 이 강을 통해 많은 사람들이 모여드는 상업 중심지였기 때문이다. 오늘날 이런 지진이 이 지역에 또다시 일어난다면 상상을 초월하는 엄청난 규모의 사망과 피해와 고통이 따를 것이다.

나는 토루 정상의 네 귀퉁이에 다 가보았다. 그렇게 방향을 바꿔가면서 예전의 기억을 들이마셨다. 정식으로 누구인지 소개를 받은 기억은 없지만 나와 함께 왔던 두 남자도 보였다. 그들은 내게서 다소 떨어진 아래쪽에서 이야기를 나누고 있었다. 그리고 아턴과 퍼사는 이 두 남자의 눈에 띄지 않을 만큼 충분히 멀리 떨어져 있었다. 아턴과 퍼사가 여기에 있다는 것을 나 혼자만 알고 있다는 사실에 즐거워졌다. 나는 퍼사에게, 왜 그런 옷차림으로 나를 괴롭히느냐고 마음속으로 메시지를 보냈다.

그런 다음 이 거대한 토루의 정상에 홀로 서서 평화로운 주변을 감상하고 있는데, 갑자기 어떤 심상이 떠올랐다. 다른 때와 마찬가지로 이 경험도 몇 초간만 지속되었을 뿐이다. '수천 명이' 한꺼번에 보였다. 사람들이 걸어다니며 서로 만나는 거대한 광장이 보였다. 거대한 시장 안에 있는 탁자들도 보였으며, 수많은 집들이 모여 있는, 기둥이 많이 서 있는 큰 마을도 보였다. 사람들이 많이 모인 축제 분위기였다. 남자들이 모여서 무슨 놀이를 하고 있었는데 구경하는 사람들로 둘러싸여 있어서 그들이 뭘 하는지는 정확히 볼 수 없었다. 몇 초 지나지 않아 이 심상은 시작되었을 때처럼이나 갑작스럽게 끝나버렸다. 언덕 정상에 세워져 있던 위대한 태양의 집이 내 옆에 있다는 것을 감지하기는 했으나 시간이 충분하지 않아 그것을 볼 틈이 없었다. 아무튼 나는 그 심상의 너무나 생생한 모습에 놀랐다. 그것은 그저 '단순한' 심상이 아니었다. 나는 실제로 '거기에' 있었다. 아메리카 원주민들에게는 전설과도 같은 성스러운 카호키아에 실제로 가 있었던 것이다. 비록 몇 초 동안이기는 했지만 아무튼 나는 잠시 고향에 가 있었다.

지난 세월 동안 카호키아에는 '위대한 태양'의 자리에 오른 지도자들이 여럿 있었다. 하지만 천 년 전에 그곳을 다스렸던 위대한 태양은 다른 지도자들과 확연히 달랐다. 그는 사람들을 다스리는 일에 천재적이었을 뿐만 아니라 붓다나 예수와 견줄 수 있는 영적인 사람이었다. 그가 다스리는 동안 카호키아는 역사상 그 어느 때 그 어느 곳보다도 평화로웠다. 이 평화로운 시절이 20년 정도밖에는 지속되지 않았지만 말이다. 내게는 이곳에 관한 아름다운 추억이 수없이 많다. 또 여러 강을 누비며 모피를 매매하던 원주민으로서의 내 삶에 대한 기억도 있었다. 하지만 나는 내 가족과 친구들과 이 평화로운 도시를 보기 위해 항상 집을 찾아오곤 했다. 하지만 이 평화의 도시도 언제까지나 지속될 수는 없었으니, 이 도시도 분리에 기초해 있는 세상의 일부였기 때문이다.

토루에서 내려온 다음 나는 같이 왔던 두 사내에게 내가 보았던 심상에 대해 이야기해주었다. 그들은 전혀 놀라지 않고 내 말에 완전히 공감하는 듯했다. 우리는 다시 주차장으로 가다가 '방문자 센터'에 들렀다. 그 건물의 입구를 그들과 같이 통과하는 순간, 난 다시 한 번 놀랐다. 나는 어느새 카호키아로 이동하기 전처럼 의자에 앉아서 아턴과 퍼사를 바라보고 있었던 것이다.

아턴: 자, 무슨 생각을 하셨나요?

개리: 놀랄 일이 한두 가지가 아니었어요. 그 사적지도 놀라웠지만 더 놀라운 것은 거기서 보았던 '심상'이에요. 이제껏 내가 겪은 가장 놀라운 경험 중 하나였어요. 방금 카호키아의 사적지에 갔던 경험이 생생했던 것만큼이나 그 심상도 너무나 '생생했어요.' 하지만 그 장면은 사실일 수가 없어요. 당신들이 나를 거기로 옮겨다 놓은 것뿐이죠. 그리고 내가 겪은 그 일은 아직 일어나지 않은 사건이었고요. 내가 언덕 정상에서 보았던 심상은 천 년 전의 영상이었습니다. 그리고 지금 나는 여기에 있는 것처럼 보이는데, 이것은 사실처럼 보입니다. 오, 맙소사. 하지만 사실 나는 여기에 있는 것도 아니군요. 그렇죠? 당신들이 나를 과거와 미래의 그 사건으로 보낸 것은 그것을 사실로 여기라는 뜻이 아니었어요. 이 모든 것들 중 '어느 것도' 실재가 아니라는 사실을 깨달으라고 나를 보낸 것이군요.

아턴: 맞아요. 이제 당신은 그 사실을 훨씬 더 깊은 수준에서 경험하게

될 것입니다. 그 사실이 의식 속에서 펼쳐지게 하세요. 당신은 육신이 아닙니다. 또 당신이 이제껏 봐왔던 육신들 중 실재하는 것은 아무것도 없었습니다. 결국은 사라지고 마는 것은 그 무엇도 참일 수 없습니다. 이에 대해 제이는 〈수업〉에서 이렇게 말하지요. "너는 해골에 장밋빛 입술을 칠하고 사랑스러운 옷을 입히고 어루만지고 애지중지함으로써 그것을 살아 있게 할 수 있겠는가? 또한 너는 네가 살아 있다는 환영으로 만족할 수 있는가?"(T493/T-23.II.18:8-9)

> 결국은 사라지고 마는 것은 그 무엇도 참일 수 없습니다.

퍼사: 다음번에 다른 사람의 행동으로 인해 마음이 언짢아진다면 그들의 육신을 태엽으로 작동하는 장난감으로 여기세요. 육신이란 것이 태엽으로 작동하는 장난감에 불과하다는 것을 정말로 '이해한다면', 그로 인해 언짢아지는 일은 없을 거예요. 그것이 '뭐라' 말하든 '어떻게' 행동하든 말이죠. 당신이 보고 있는 것이 실재가 아니라는 사실을 정말로 이해한다면 그것은 당신을 조금도 괴롭히지 못할 거예요. 당신을 힘들게 하는 사람들을 제가 말한 방식대로 바라보도록 하세요.

개리: 우와, 무슨 말인지 알겠어요. 정말 노력할게요. 참, 카호키아에서의 그 옷차림은 대체 뭐예요? 헛된 희망이라도 품게 하려고 했던 건가요?

퍼사: 장난 좀 친 거예요, 개리. 용서해요. 사람들에게는 저마다의 기호嗜好가 있다는 것을 기억하세요. 〈수업〉은 그것을 포기하는 문제에 관한 것이 아니에요. 〈수업〉은 행동에 관한 수업이 아니거든요. 이것과 함께, 이번 생에서 당신이 육신의 눈으로 보고 있는 것은 그 무엇도 실재가 아니라는 것과, 또 '모든 것이' 용서를 위해 존재한다는 것을, 좀 지나서라도 기억해 낼 수 있다면 큰 도움이 될 겁니다. 얽히고설킨 관계들뿐만 아니라 사람들

이 갖고 있는 온갖 욕구의 대부분은 좋은 것, 나쁜 것 가릴 것 없이 과거의 꿈속 삶들로부터 이어져온 주제들의 연장입니다.

예를 들면 한때 당신은, 지금은 시리아라 불리는 지역에서 생을 보냈습니다. 그때 당신은 권력 있는 지위에 있었고요. 당신은 그때 가지게 된 성적 취향을 이번 생에까지 가져와서 배꼽을 보면 흥분하곤 하는 거예요. 그 생에서 당신은 벨리댄스 공연을 열어 사람들과 즐기곤 했어요. 그 일 때문에 죄책감을 느끼진 마세요. 벨리댄스는 절묘하고 아름다운 예술이니까요. 물론 무척 섹시하기도 하지만요. 그런데 그 생애에서 당신은 상당히 영적인 사람이기도 했어요. 말도 아주 세련되게 했고요. 현존하는 언어들 중에서 아람어와 가장 가까운 언어는 시리아어에요. 최근 들어서 시리아는 내전으로 상당히 피폐해져 있지만 다시 회복할 거예요.

제가 말하고 싶은 것은, 시간과 상관없이 당신은 '어느' 생의 어떤 사건이라도 용서하기로 선택할 수 있다는 겁니다. 왜냐하면 우리가 방금 당신에게 보여주었듯이, 시간은 순차적이지 않고 홀로그램과 같기 때문이에요. 바로 이 때문에, 성령을 지금 선택하든 분리가 일어나던 바로 그 순간에 선택하든 '아무런' 차이도 없는 것입니다! 사람들은 과거의 역사와 미래의 일들이 지금 이 순간 일어나고 있다는 것과, '딱 한 가지' 중요한 것이란 지금 용서를 선택하는 것뿐임을 깨닫지 못하고 있어요. 카호키아의 그 장면을 보았을 때, 사실 당신은 마음속에 있던 어떤 장애물을 돌파하고 있던 것뿐입니다. 하지만 이 모든 일의 중심은 항상 지금입니다. 그러니 다음 생에 또 돌아와야 할지 말지에 대해서는 신경 쓰지 마세요. 지난 생들에 대해서도 신경 쓰지 마세요. 이 모든 일의 관건은 '항상' 지금입니다. 이 모든 일의 관건은 '항상' 용서입니다. 중요한 것은 '항상' 이번 생입니다. 이것을 마음에 늘 새기고 있으면 당신은 모든 순간이 사실은 항상 똑같은 순간이라는 것을 깨닫게 될 겁니다.

경기가 안 좋았던 시절에 당신이 선거운동에 참여했던 일 기억나세요? 그때 이긴 쪽 진영*에서는 사람들의 뇌리에 "멍청아, 문제는 경제야"라는 문구를 계속 심어줬지요. 그들은 당시의 현안에 초점을 맞췄고, 그래서 이긴 거예요. 제가 뭘 말하려는지 아시겠죠? 이걸 영성에 대입시키자면, "멍청아, 문제는 이번 생이야!"라고 말할 수 있어요. 이번 생을 용서하고 또 이번 생에서 일어나는 모든 일을 용서하는 일에서 계속 눈을 떼지 않는다면, 당신은 엄청난 승리를 거둘 겁니다. 그건 환영이 아니에요. 그래서 우리는 모든 일에는 단 하나의 목적, 즉 용서밖에 없다는 것을 보여주기 위해서 육신과 과거의 생들을 이용하고 있는 거랍니다. 정말로 중요한 이 일에만 계속 집중한다면 당신은 '반드시' 승리할 겁니다.

개리: 당신들이 여기에 돌아온 이유는 나와 다른 사람들이 초점을 놓치지 않게끔 돕기 위해란 말이죠?

퍼사: 네. 참된 용서만이 우리의 관심사예요. 당신들이 이번 생에 참된 용서에만 초점을 계속 두게끔 하는 것이 우리의 관심사입니다. 용서의 기회가 어떤 형태를 띠고 찾아오든, 그때 당신은 '실제로는' 신에게서 분리되었던 그 순간을 용서하는 것입니다. 그리고 이렇게 하는 목적은 언제나, 당신의 눈앞에서 벌어지는 일들을 용서함으로써 거짓 우주에서 해방되어 진정한 우주(real Universe), 곧 천국(Heaven)으로 돌아가는 것이고요. 이것은 당신이 미래의 어느 생에 다시 돌아올 것이냐 말 것이냐 하는 것 따위와는 무관하고, 역사와도 무관한 것입니다.

개리: 나는 역사를 좋아해요. 하지만 역사적인 인물들에게는 크게 공감

---

* 빌 클린턴의 민주당 진영을 가리킴.

이 가지 않더라고요. 그러니까, 그들은 공교롭게도 그때 그 장소에 있다가 그저 자신들이 마땅히 해야 할 일을 했던 것뿐이라는 거죠. 그런데 오늘날에 와서 지나친 대접을 받고 있는 겁니다. 잠깐, 하다 보니 이건 제 이야기 같은데요.

퍼사: 사람들의 주의가 딴 데로 새지 않도록 돕는 일은 당신이 생각하는 것처럼 녹록하진 않아요. 예를 들자면, 최소한 당신이 나타나기 전까지만 하더라도 〈기적수업〉 교사들 중에서 가장 유명한 어떤 이는 사람들의 주의를 꿈에서 깨어나는 일이 아니라 꿈을 고치는 일에다 묶어두곤 했지요.

개리: 네, 맞아요. 저도 그녀가, 분열된 마음의 형상이 저승으로 건너가는 것을 봤다는 사람에게 하는 말을 들은 적이 있어요. 그녀는 그 사람에게 "그것이 바로 실재랍니다"라고 말했지요. 글쎄요. 〈수업〉에 따르자면, 그건 실재가 '아닙니다.' 그녀는 사람들을 혼란에 빠트리고 있어요. 선택을 돕는 것이 아니라 오히려 흐리고 있어요. 실재란 신과의 완벽한 합일이며, 그것 말고는 아무것도 존재하지 않습니다. 아무것도 변하지 않고 아무것도 분리된 것처럼 보이지 않습니다. '정말로 그 무엇도 말이죠.' 저는 또 그녀에게서 이메일을 여러 차례 받기도 했어요. 그녀는 우리가 세상에서 특정한 행동을 취해야 한다고, 예컨대 대량학살을 멈춰야 한다고 설득하고 있었어요. 게다가 그녀는 단테의 말에서 한 구절을 인용하기도 했어요. "지옥에는, 도덕적 위기의 시대에 중립을 고수하는 자들을 위해 마련된 특별한 장소가 있다"라고 말이죠. 사람들의 죄책감을 자극해서 환영 속에서 뭔가를 하게 하려고 그런 말을 하다니! '이게' 〈기적수업〉과 대체 무슨 관계가 있다는 거죠?

수업은 몸에 대해 이렇게 이야기합니다. **"지각의 세계의 다른 모든 것과 마찬가지로, 몸 자체는 중립이다."**(Preface xii) 그리고 반면에 **중립적인 생각**

이란 존재하지 않는다고 가르칩니다.(W26/W-pⅠ.16.1) 왜냐하면 〈기적수업〉은 원인인 마음에 관한 수업이지, 결과인 세상에 관한 수업이 아니기 때문입니다. 그런데 그녀는 우리가 세상을 뜯어고쳐야 한다는 식의 말을 합니다. 그래야만 세상을 '행복한 꿈'으로 변화시킬 수 있다고 말이죠. 하지만 〈수업〉이 말하는 '행복한 꿈'은 전혀 그런 뜻이 아닙니다. 그럼에도 불구하고 그녀는, 먼저 세상을 고치고 난 '후에라야' 우리가 세상에서 자유로워질 수 있다고 목에 핏대를 세우곤 합니다. 글쎄올시다. '아닙니다.' 행복한 꿈은 세상에서 일어나는 일들과는 '아무런' 관계가 없습니다. 제이나 붓다와 같은 경지에 도달하면 그때 우리는 행복한 꿈을 꾸고 있는 것인데, 이때 우리는 세상에서 벌어지는 것처럼 보이는 일과는 '전혀 무관하게' 완전한 평화를 누릴 수 있습니다. 그녀는 사람들의 주의를 바른 곳이 아니라 엉뚱한 곳으로 이끌고 있어요. 실제로는 존재하지 않는 것을 용서하겠다는 마음의 결심이 아니라 환영의 세상으로 이끌면서 주의를 분산시키고 있는 것이죠. 하지만 〈수업〉도 말하듯이, 우리의 임무는 우리의 환영에 진실을 부여하는 것이 '아니라' 우리의 환영을 진실에게로 데려가는 것입니다.

퍼사: 정확한 구절은 이렇습니다. "환영에다 진실을 부여하려고 애쓸 때 너는 환영을 진짜로 만들려고, 환영에 대한 너의 믿음을 합리화하여 그것을 부지하려고 애쓰고 있는 것이다. 그러나 환영을 진실에게 주는 것은 진실로 하여금 환영이 가짜임을 가르칠 수 있게 하고, 그리하여 네가 그로부터 벗어날 수 있게 하는 것이다. 단 하나의 생각도 진실로부터 떼어두지 말지니, 그러지 않으면 그것은 곧 자신을 가두고 말 실재의 서열을 세우는 것이다. 실재에는 서열이란 없다. 거기서는 모든 것이 참이므로."(T352/T-17.Ⅰ.5:4-7)

자, 여기다 덧붙이고 싶은 말이 있나요?

개리: 물론 있지만 점잖은 척하고 있었어요. 대량학살을 멈추려는 노력

이 뭐 '잘못됐다는' 건 아니에요. 단지, 진짜 문제에 집중하지는 않고 불난 집에서 가구를 건져내는 일을 하고 싶다면 저 혼자 하면 될 것을, 왜 〈기적수업〉을 가르치고 있노라고 떠들어서 사람들을 혼란스럽게 만드느냐는 겁니다. 그냥 내가 하고픈 일을 하는 것뿐이라고 솔직히 말하면 안 되나요? 〈수업〉을 가르치려거든 〈수업〉을 가르치고, 다른 것을 가르치려거든 어떻게 해도 상관없지만 그걸 '〈수업〉이라 부르지는' 말라는 거예요.

퍼사: 그녀를 화제에 올린 이유는 '그녀 역시' 실제로는 거기에 없기 때문이에요. 그러니 〈수업〉의 가르침을 다시 기억하세요. 지금 중요한 것은 〈수업〉의 뜻을 놓고 누가 옳으니 그르니를 따지는 일이 아니에요. 〈수업〉이 지향하는 것을 진정으로 경험하고자 한다면, 당신이 알고 있는 바를 용서를 위해 '활용하세요.' 이것만이 중요합니다. 잘 알아들으셨나요?

개리: 네, 당신 말이 맞아요. 가끔씩 난 이런 일들에 열을 확 내곤 해요. '이렇게 하는 것이야말로' 그것을 현실로 굳어지게 만드는 짓인데 말이죠.

퍼사: 이제 당신도 그걸 깨달았으니 스스로 용서를 실천하도록 맡겨둘게요. 당신은 잘 해나가고 있어요. 당신의 삶에서 일어나는 일들은 모두가 다 용서의 과제입니다. 그래서 우리는 당신에게 이런 이야기들을 꺼내는 것입니다. 이번 방문 때는, 당신의 개인적인 쪽의 용서 과제보다는 직업적인 쪽의 용서 과제에 초점을 맞추겠다고 했으니, 이제 이야기를 풀어보겠습니다.

물론 직업적인 것이나 개인적인 것이나 크게 다를 것은 없습니다. 지난 몇 년 동안에 당신의 삶은 말 그대로 확 바뀌었어요. 자, 제가 개인적인 관계든 직업상의 관계든 간에, 성공적인 인간관계에 대한 정의를 내려드릴 테니 잘 들으세요. 상대가 누구든, 어떤 사람인 것처럼 보이든 그건 중요하지 않아요. 아시겠어요? 심지어 이미 엉망이 되어서 형상의 수준에서는 정말 심각한 상황처럼 보이더라도 상관없어요. '단지 당신이 상대를 용서하고 있거나 이미 용서했다면, 그 관계는 성공한 관계입니다.' 그 관계를 거룩한 관계로 바꿔놓는 데 필요한 것은 오직 용서뿐입니다. 용서밖에는 아무것도 필요하지 않아요.

> 단지 당신이 상대를
> 용서하고 있거나 이미
> 용서했다면, 그 관계는
> 성공한 관계입니다.

이에 대해 〈수업〉은 이렇게 말합니다. "그러니 치유란 성령을 형제와 함께 나눔으로써 형제와 네 안의 지각을 바로잡는 것이다. 이것이 너희를 왕국에 데려다 놓으며, 너희 마음속에서 왕국의 온전함을 회복시킨다. 이것은 창조를 반영한다. 왜냐하면 바로잡힌 지각은 늘어남(increasing)으로써 하나가 되고 확장함(extending)으로써 통합되기 때문이다."*(T114/T-7.II.2:1-3)

아턴: 제이는 또 이렇게도 말합니다. "왕국의 법칙인 진실의 확장은 오직 진실이 무엇인지에 대한 앎(knowledge)에 달려 있다. 그 앎(knowledge)은 네가 물려받은 유산이어서 따로 배울 필요가 없으나 네가 스스로 그것을 물리쳤을 때 너는 어쩔 수 없이 배우는 자가 되어버렸다."(T115/T-7.II.5:6-7)

개리: 네, 잘 알아들었어요. 그와 비슷한 내용을 〈수업〉에서 자주 접하곤 하는데, 당신들의 가르침과 다른 해석에 도달하게 된 사람들을 보면 참 신기해요.

아턴: 사람들은 오직 자기가 받아들일 준비가 된 것만 받아들일 수 있어요. 그래서 어떤 사람들은 우리의 책에서 아주 많은 것을 배워서 활용할 테지만 또 어떤 사람들은 당신보고 미쳤다고도 할 거예요. 돈을 벌려고 거짓말을 한다고 비난하는 사람들도 있을 테고요.

개리: 재밌는데요. 사실 내가 좋아하는 건 돈이 아니에요. 돈으로 살 수

있는 섹스를 좋아하는 것뿐이죠.

아턴: 당신이 실제로 거리에서 사람들에게 곤욕을 치른 적이 없어요. 그렇죠? 누군가가 멱살을 잡고 대들거나 사람들이 당신 보고 미쳤다고 삿대질을 한 적도 없지요. 하지만 강연 중에 야유를 퍼붓는 사람들은 가끔씩 만날지도 몰라요. 사실 이건 피할 수 없는 부분이에요. 하지만 당신은 전반적으로 잘 해나가고 있어요.

사람들은 오직 자기가 받아들일 준비가 된 것만 받아들일 수 있어요.

개리: 네, 정말로 맞는 말이에요. 아! 당신들은 이미 알고 있겠네요. 뉴햄프셔 주의 정신과의사 윌리엄 에반스가 나에 대해 기사를 썼어요. 그들은 고맙게도 그 기사를 나에게 미리 보여주더군요. 기사의 제목은 〈신비주의 체험: 개리 레너드와《우주가 사라지다》는 진짜인가?〉예요. 그 기사에서 멋진 대목을 들려줄게요. 기사는 빌이 나를 인터뷰하는 것으로 시작했지만, 기사에서도 나와 있듯이 우린 곧 친구가 되었어요. 그는 정신과의사일 뿐만 아니라 영성이나 신비주의 쪽에서도 많은 경험을 했어요. 그는 자신이 쓴 기사를 내가 맘대로 사용해도 좋다고 허락해줬어요. 자, 갑니다.

"개리와 나는 이메일을 자주 주고받는 사이다. 2003년 추수감사절 다음날 나는 메인 주에서 그와 단둘이 즐겁게 점심식사를 했다. 후에 그는 나에게 버지니아 주 버지니아 비치로 비행기를 타고 와달라고 부탁을 했다. 지난 3월에 에드가 케이시의 단체인 A.R.E.에서 열렸던 자신의 강연에 참석해달라는 것이었다. 그래서 나는 갔고 강연 후 우린 같이 저녁을 먹었다. 그를 만난 이후 나는 생각하는 방식이 개리와 많이 비슷해졌고, 그 후로도 두 번 정도 그와 함께 저녁식사를 했다.

최근 들어, 나는 이것이 우연이 아니라는 강한 직관이 들기 시작했다.

내가 개리와 유사한 경험을 했던 요가난다에 관한 자료를 잘 알고 있는 정신과의사라는 사실과, 개리와 개인적인 친분을 나누고 있다는 사실이 어쩌면 내 삶의 목적에 중요한 일부분일지도 모른다. 나는 다른 정신질환들으로부터 망상장애를 임상적으로 구분해내는 일에 특별한 관심을 갖고 있는 전문가로서 자신 있게 소견을 밝히건대, 승천한 스승들, 즉 아턴과 퍼사의 육신이 실제로 나타났다고 이야기하는 개리는 망상장애 상태가 아니다.(참고로, 그의 책의 독자들 대부분은 이미 알다시피 아턴과 퍼사는 실명이 아니다.)"

글이 참 깔끔하죠? 난 망상장애가 아니래요.

아턴: 에이, 그 사람이 뭘 알겠어요? 농담이에요. 자, 그럼 두 가지 가능성만 남는군요. 당신은 자신이 겪은 사실을 말하고 있든가, 아니면 거짓말을 하고 있는 것이든가 말이에요. 깎아내리려는 건 아니지만, 사실 당신은 《우주가 사라지다》를 혼자서 지어낼 만큼 똑똑하진 않아요. 당신은 위스콘신 주의 그 마스터 티쳐가 말했던 것처럼 바보 멍청이는 아니지만, 〈수업〉이 나온 이래로 30년 동안 사람들이 안간힘을 다해서 해보려고 애썼던 그 일, 그러니까 평범한 이들도 이해할 만한 수준으로 〈기적수업〉을 쉽게 설명할 수 있는 책을 쓸 만한 능력은 없어요.

개리: 뉴저지 주에서 영어교사를 하고 있는 친구가 제게 말하기를, 제가 〈기적수업〉을 일상의 언어로 바꿔놓았다고 하더라고요. 바로 찾아서 보여줄게요.

아턴: 참 잘 했어요. 우린 이제 떠날 거예요. 그러니 당신의 급선무인 용서를 잊지 않도록 하세요. 지난주 고속도로에서 어떤 차가 갑자기 끼어들었다가 번개같이 내뺐을 때 당신이 한 일을 칭찬해주고 싶어요. 그 운전사 때문에 깜짝 놀라서 고함이라도 치면서 중지中指를 바짝 세우고 싶었겠지만, 당신은 그러지 않았죠.

개리: 맞아요. 그 경찰들은 마치 도로가 자기네들 것인 양 생각하더라고요.

퍼사: 인터넷상에서도 용서를 계속해야 해요. 가끔씩 사람들이 공격해 오는 것처럼 보이더라도 당신은 자기 할 일을 기억해야 합니다.

개리: 맞아요. 온라인에서 어떤 사람들은 상당히 비열해지기도 하더라고요.

퍼사: 무지한 어리석음이 늘어놓는 이야기들 때문에 악의를 품지는 마세요.

아턴: 이번에는 두 개의 인용문을 들려준 후 떠날까 합니다. 하나는 〈수업〉에서 인용할 것이고, 다른 하나는 셰익스피어의 글에서 인용할 겁니다.

개리: 그러고 보니 지금 처음 질문하는 건데요, 셰익스피어는 깨달았었나요?

아턴: 네, 그렇습니다.

개리: 과연! 그럴 줄 알았다니까요.

퍼사: 하지만 기억하세요. 당신의 마음이 평화로 돌아가기 위해서는 당신이 스스로 성령을 택해야만 합니다. 에고의 사고체계 대신 성령의 사고체계를 말입니다. 집에 돌아가려면 이 일부터 '먼저' 해야 해요. 용서의 숙제를 건너뛸 수는 없어요. 다들 과정은 건너뛰고 곧장 결말에 이르고 싶어 하지만 그런 식으로는 일이 되지 않아요. 평화가 왕국의 상태라면, 마음이 그 왕국에 들어맞으려면 마음은 평화로워야 합니다. 그리고 마음이 '평화롭길' 원한다면 용서를 해야만 합니다. 이는 너무나도 분명한 사실입니다.

이것을 염두에 둔 채, 우리가 오늘 이야기했던 내용에 비춰서 〈수업〉의 다음 구절을 생각해보세요. 그리고 어딜 가든지 이것을 항상 가슴에 품고 다니고, 우리가 당신을 사랑한다는 것도 기억해주세요.

"영원한 것에 대한 믿음은 언제나 합당하다. 영원한 것은 언제나 온유하고 무한히 참으며 온전히 사랑하기에. 영원한 것은 너를 온전히 받아들이고, 평화를 줄 것이다. 그러나 영원한 것은 오직 네 안에서 이미 평온하고 자신처럼 불멸한 그것과만 하나가 될 수 있다."(T414/T-19.IV.B.10:1-3)

아턴: 육신의 무의미함을 경험으로 깨닫는 과정을 계속해나가노라면, 또 육신 너머를 바라보고 사람들을 그들의 본모습, 곧 완벽한 영으로 여기기를 계속해나가노라면, 우리가 이제 들려드릴 셰익스피어의 〈폭풍우(The Tempest)〉의 한 구절을 되씹고 싶어질 때도 생길 겁니다. 방금 우리가 〈수업〉에서 인용한 구절과 셰익스피어의 〈폭풍우〉의 한 구절은 놀라울 정도로 통하는 데가 있어요. 진실은 진실입니다. 그리고 그 누구도 진실을 독점할 수는 없습니다. 이 구절을 다 듣고 난 후 잠시 고요히 앉아 계세요. 당신이 호주와 하와이 여행을 즐기리라는 걸 우린 알고 있어요. 형제, 마음껏 즐기세요.

이제 우리의 잔치도 끝났다.
내 일찌감치 말했듯이
우리네 배우들은 모두가 허깨비여서,
아지랑이처럼 허공 속으로 흩어지누나.
이 뿌리 없는 환영처럼,
하늘을 찌르는 탑도, 호화로운 궁전도,
장중한 사원도, 이 거대한 지구 자체도,
또 거기에 딸린 모든 것도, 다 사라지고 말 것.
이 실속 없는 가장행렬 흔적도 없이 사라져가듯이,
우리네 존재 꿈과 다를 것 하나 없고
우리네 초라한 인생 잠에 파묻혔구나.

7

퍼사의 도마복음

나는 추앙하거나, 아니면 내쫓아야 할 교사로 줄곧 인식되고 있지만,
나는 그 양쪽 모두를 받아들이지 않는다.

(T54 / T-4.I.6:7)

퍼사와 아턴이 방문했던 그달에 나는 3만2천 킬로미터의 거리를 여행했다. 캘리포니아로 다섯 시간 동안 비행기를 타고 간 다음, 거기서 호주까지 다시 열세 시간 반 동안 무착륙비행으로 이동했다. 호주의 네 개 주에서 강연일정이 잡혀 있었고 전국 라디오 방송에도 나가야 했다. 이 모든 일이 정말 꿈처럼 여겨졌다. 경치가 아름다워서가 아니었다. 세상의 꿈과 같은 본질에 대해 내 스승들과 나눴던 이야기가 자주 기억나서 그랬던 것이다. 나는 호주가 너무 좋았고 시드니, 멜버른, 태즈메이니아, 골드코스트, 브리즈번의 곳곳과 대륙의 동쪽 끝에 위치한 아름다운 도시 바이런베이도 구경해야 했다. 호주 사람들은 대체로 미국 사람들에 비해 느긋하고 물질에 덜 매여 있는 것처럼 보였다. 나는 소소한 것에서 기쁨을 느끼곤 했다. 북반구와는 완전히 다른 모습으로 총총히 박혀 있는 별들 하며, 어린 시절부터 보고 싶어 했던 남십자성 하며, 물이 배수구를 반시계방향으로 빠져나가는 모습을 지켜보는 것도 너무나 즐거웠다. 남반구에서는 자기장이 바뀌기 때문에 물이 시계방향으로 돌아나가지 않는 것이다. 내가 묵었던 곳의 집주

인이었던 라즈 씨와 수잰 여사는 내가 손님대접하기 참 쉬운 사람이라고 했다.

호주에서 하와이까지 가는 것도 만만치 않게 오래 걸리는 비행이었다. 하와이에 도착했을 무렵 나는 매우 졸렸다. 하지만 공항 화장실 거울에 비친 내 얼굴은 웃는 표정을 감추지 못했다. 나는 하와이에 와 있었다! 아니 최소한, 분명히 그렇게 보였다. 너무나 행복했다. 아턴의 말이 맞았다. 여기에는 내가 만나야 할 대단한 사람들이 있었고, 그래서 나는 그들을 만나고 다녔으며 앞으로도 더 많은 사람들을 만나게 될 것이 분명했다. 하와이의 알로하 정신, 친근한 주민들, 아름다운 섬, 온화한 기후, 이 모든 것이 좋았다. 그렇다고 해서 하와이가 완벽하다는 환상을 품고 있었다는 것은 아니다. 그 어떤 장소도 완벽하지 않기 때문이다. 하지만 내가 이곳에 처음으로 발을 딛기까지 35년이 걸렸으니, 나는 이 경이로운 곳에 올 수 있게 해준 모든 기회에 깊이 감사드렸다. 이제는 나도 여행을 많이 다녀야 하기 때문에, 이곳에 정착해 산다는 것은 그다지 실속 있어 보이지 않았다. 미국에서 워크샵이 한 번 열릴 때마다 비행기를 다섯 시간은 추가로 더 타야 하기 때문이다. 그래도 때가 되면 이곳으로 이사를 와야겠다는 생각을 완전히 버리지는 않았다.

전반적으로 내 삶의 질은 놀라우리만치 높아졌다. 눈코 뜰 새 없이 바쁘긴 했지만, 꼭 해야 할 일을 할 정도의 시간과 에너지는 언제나 있는 듯했다. 난 그다지 정력적인 사람이 못 되고 내 일을 따로 챙겨주는 사람도 없었다는 점을 고려해볼 때, 나의 이런 성공적인 자기경영은 오로지 성령의 인도를 따랐던 덕이라 하겠다.

12월 21일이 되었을 때 나는 다시 집에 와 있었고, 나는 자연스레 아턴과 퍼사의 방문을 기다리고 있었다. 그들이 이날 언제 나타나겠다고 구체적으로 언급했던 것은 아니었지만 지난 12년 동안 그들은 주로 이날에 방문하곤 했다. 오후에는 영화관에 가서 다소 에로틱하면서도 흥미진진한 영화를 한 편 보았다. 영화관을 나섰을 때는 날씨가 너무 추웠다. 메인 주의 날씨가 원래 춥지만 이날은 유난히 심했다. 내가 겨울을 기다리지 않는다는 것을 새삼 깨달았다. 하지만 다행인 것이, 내년 3월에는 하와이에 가 있을 것이다. 내 생일에 카우아이 섬에서 워크샵이 잡혀 있는 것이다. 그것이 그해 겨울을 한결 견디기 수월하게 만들어주었다. 나는 추위에 대해서 제이와 농담을 나누곤 했으며, 그러면 그는 추위의 본래 목적을 상기시켜주곤 했다.

내가 예상했던 대로 아턴과 퍼사는 이날 밤에 나타났고, 그 즉시 나는 사랑으로 연결된 느낌을 느꼈다. 지난번에 그 둘이 마지막에 들려준 두 구절은 나에게 깊은 감동을 주었다. 다시 이들과 함께하게 되어서 너무 감사했다. 퍼사가 먼저 말문을 열었다.

퍼사: 잘 지냈나요? 영화는 어땠어요?
개리: 상당히 재밌게 봤어요.
퍼사: 그렇군요. 우리는 당신이 호주와 하와이에서 잘 지내는 것도 봤어요. 축하해요. 당신은 그럴 자격이 있어요.
아턴: 그렇고말고요. 그리고 멜리 칼리키마카!•
개리: 고마워요! 당신들도 메리 크리스마스! 아, 그런데 그 인사말을 해도 정치적으로 문제없나요?••

• 메리 크리스마스에 해당하는 하와이식 인사말.
•• 미국 학교에서는 메리 크리스마스뿐만 아니라 이와 동등한 축제들에 대해서도 똑같이 다 가르쳐야 한다.

아턴: 아무러면 어때요?

개리: 하긴 그래요. 그래도 혹시 모르니깐 인사말을 한 번씩 다 해주죠. 해피 하누카, 해피 크완자, 해피 라마단, 해피 율, 해피 기타 자얀티, 해피 성 도마 축일, 해피 캐나다 국경일! 마지막 건 농담이에요.

여하튼 다시 만나게 돼서 정말 반가워요! 그리고 여행도 다 좋았고요. 다 아시겠지만, 좀 안 좋았던 부분도 있었어요. 미국대륙을 건너는 내 첫 비행 때, 사람들이 다들 얼마나 열 받았는지 아시죠? 보안검색도 정도껏 해야지, 정말 해도 해도 너무하더라고요. 개개인에게는 불합리하게 강제수색을 하면서도 폭탄이 가장 숨어들 만한 곳, 그러니까 화물칸 같은 곳은 아예 신경도 쓰지 않더라고요. 그렇게 하려면 항공회사에서 돈을 좀 부담해야 한다나 봐요. 아니면 지대공 미사일을 막을 방책을 강구하든지요. 이렇게 보안검색만 마구잡이로 밀어붙이니 사람들은 마치 자신들이 죄수라도 된 것 같아 다들 기가 죽어 있잖아요.

그렇다고 TSA*가 완전히 엉뚱한 일만 한다고 말하려는 건 아니에요. 다만 정치권력을 얻고 국가를 통제하기 위해서 사람들의 두려움을 이용하는 것이 문제라는 거예요. 물론 그렇게 하는 동기에는 항상 돈이 깔려 있죠. 여하튼 캘리포니아에 도착한 후 호주 국적의 콴타스 항공으로 갈아탔는데, 완전 공기부터 다르더라고요. 직원들은 경쾌해 보였고 자기들끼리는 물론이고 승객들과도 편하게 농담을 주고받았어요. 다들 즐거워 보이는 것이 축제에라도 온 기분이었어요. 보안검색도 덜 공격적이었고 검색장비도 좋은 것을 사용하더군요. 덕분에 삶이 다시 즐거워진 듯했죠. 미국은 슬픈 곳으로 변해버렸어요. 제 생각에는 이 모든 것이 세상을 소유하고 통제하겠

* 미국 국토안보부 산하 교통안전청.

다는 숨은 야욕 때문에 그렇게 됐어요. 그리고 또 그 결과로 우리에게 돌아오는 분노 때문에요. 아, 미안해요. 정치 이야기를 꺼내려던 것은 아니었는데… 다른 이야기 하죠.

아턴: 당신이 미국과 호주의 차이에 대해 한 말은 정말 맞는 얘기에요. 미국에서는 돈이 '모든 것의' 중심에 있어요. 각 나라마다 다른 나라들에 대해 하는 이야기들이 있기 마련인데, 미국에 대해 하는 말들은 정말 맞아요. 미국에서는 사람들이 일하기 위해 산다고 말할 수 있을 정도예요. 하지만 대부분의 나라에서는 살기 위해 일을 한답니다. 일하기 위해서 사는 것은 다름 아니라 기업들이 원하는 바입니다. 그러면 이익이 극대화되기 때문이죠. 하지만 돈이 최대 관심사가 되면 삶은 전혀 다른 방식으로 전개되지요. 물론 이 모든 것은 환영입니다. 하지만 이 환영 속에서도, 당신은 어느 방식의 삶이 '자신에게' 최선인지를 성령에게 항상 물어봐야 합니다.

개리: 그 말씀 정말 고마워요. 그런데 질문할 게 좀 있어요.

아턴: 우리에겐 대답이 있지요. 말해보세요.

개리: 첫 번째 질문은 〈기적수업〉의 편집과 출판에 관한 것이에요. '원본'이라는 뜻을 지닌 얼텍스트^{Urtext}•가 헬렌이 처음에 받아 적은 초기 원고이고, 이를 한 번 편집한 것이 '휴 린 케이시 판$^{(HLC)}$'••이라고 불리죠. 휴 린 케이시 판은 헬렌과 빌이 버지니아 비치에서 에드가 케이시의 아들인 휴 린 케이시를 만났을 때 선물로 주었던 복사본이었어요. 최종 출판된 〈기적수업〉 책자에서는 이 두 원고의 내용 중 일부가 살짝 생략되었지요. 그중

• 얼텍스트(urtext)란 '원본'이란 뜻으로, 독일어 'ur'에는 '근원'이란 의미가 있다. 기적수업에서 얼텍스트란, 1965년에 헬렌이 처음 받아 적고 빌이 타자restricted 최초의 원고를 가리킨다.
•• 휴린 케이시 판(Hugh Lynn Cayce Version): 이 판을 줄여서 HLC 혹은 HLV라 부르며, 또는 빌의 성을 따서 텟포드 판, 예수(J)의 〈기적수업〉이라는 의미로 JCIM이라 부르는 경우도 있다.

대부분은 교재 1~5장 사이에 있던 내용이 제거된 것이었습니다. 그리고 초기 두 판본의 원고는 사실 정식으로 출판된 것도 아니었고, 또 휴 린 케이시 판에는 사실 교재만 있지 실습서와 지침서는 아예 없어요. 그런데 이것이 항상 논란이 되었던 것 같아요. 사실 휴 린 케이시 판은 불법취득된 것이에요. 누군가 그걸 훔쳐서 인터넷에 공개해놓은 거죠. 그래서 사람들이 휴 린 케이시 판을 접할 수 있게 된 겁니다. 여하튼 제가 궁금한 것은, 현재 제가 읽고 있는 〈기적수업〉 책자에 실린 내용이 나의 공부를 위해 제이가 '의도했던' 내용이 맞냐는 거예요.

예를 들면, 일부이긴 하지만, 〈기적수업〉을 공부하는 학생들 중에는 〈기적수업〉이 받아 적힌 후 켄네쓰 왑닉이 그것을 자신의 기호대로 뜯어고쳤다고 비난하는 사람들도 있습니다. 버지니아 주 페어팩스에 갔을 때, 그들 중 한 사람이 저에게 휴 린 케이시 판을 보여주면서, "자, 보세요. 이게 〈기적수업〉이 켄네쓰 왑닉의 손에 들어가서 바뀌기 전의 모습이에요"라고 말했어요. 그들은 휴 린 케이시 판에 있던 초기의 다섯 장들의 내용 중 25퍼센트가 '내면의 평화 재단'에서 펴낸 공식 출판본에는 빠져 있다고 말합니다. 또 그들은 얼텍스트Uutext에서 제이가 헬렌에게, 〈기적수업〉에 관련된 일의 책임자는 빌이 되어야 한다고 말한 것을 예로 들면서, 휴 린 케이시 판에는 빌의 견해가 반영되어 있지만 최종편집본은 빌의 자문을 받지 않았다고 말합니다. 그들은 그래서 〈수업〉의 의미가 변질되었다고 주장합니다. 또 휴 린 케이시 판에는 '신의 아들들(Sons of God)'이라는 표현이 많이 등장하는데, 이것은 신이 분리된 개체들을 '실제로' 창조했음을 보여주는 표현이라고 그들은 '이해하고' 있어요. 또 그들은 초기 원고에 있는 다음 구절을 예로 들면서, 〈수업〉은 우리에게 세상에서 어떤 특정한 일을 해야 한다고 가르치고 있다고 주장합니다. "내 음성에 귀를 기울여라. 오류를 지우는 법을 배우고, 오류를 바로잡을 일을 행하라." 이것에 대해서 〈기적수업〉 학생들과 저를 위해서 한 말씀 해주시겠어요? 저도 나름 견해가 있긴 하지만 당신들의 공식적인 말을 듣고 싶어요.

아턴: 이번 방문에서 퍼사는 제이의 말씀에 대해서 할 말이 많아요. 그러니 그건 퍼사가 대답해줄 거예요.

퍼사: 물론이죠. 그런데 질문이 뭐였죠? 농담이에요. 딱 잘라 말하건대, 헬렌의 승인을 받아 출판된 〈기적수업〉 책자●에 실린 내용이 당신이 공부하도록 되어 있는 바로 그 내용이 맞아요. 저기 놓인 당신의 저 파란 책이 바로 그 책이에요. 당신이 방금 언급했던 내용에 대해 간략하게 설명해줄게요. 그러면 당신이 승자에게 판돈을 걸고 있다는 걸 알게 될 거예요.

잘못된 정보를 바로잡는 일을 시작하기 전에, 우선 한 가지는 분명히 짚고 넘어가야겠어요. 1965년에 〈기적수업〉을 받아 적기 시작한 순간부터 〈기적수업〉이 처음 출판된 1976년에 이르기까지 〈기적수업〉의 편집자는 '단 한 사람', 바로 헬렌 슈크만이었어요. 빌 텟포드는 '결코' 〈기적수업〉의 편집자가 아니었어요. 켄 왑닉도 '결코' 〈기적수업〉의 편집자가 아니었고요. 헬렌은 '모든' 경우에 있어서, 심지어는 빌에게까지도, 〈수업〉을 훼손시키지 않기 위해 매우 방어적인 태도를 취했었고 이를 자신의 '필생의 사업'으로 여겼어요. 헬렌은 자신이 필사자이지 이 책의 저자가 아니라는 점을 잘 이해하고 있었어요. 헬렌은 완전히 수긍이 갈 만한 이야기를 듣고 예수 역시 그렇게 하라고 영감을 주고 있다고 느끼기 전에는 '결코 누구도' 〈수업〉에 손을 대도록 내버려두지 않았습니다. 지금까지 말한 내용은 이해하기 어

● 내면의 평화 재단에서 발행된 《A Course In Miracles》 원서를 가리킨다. 내면의 평화 재단이 펴낸 3판(third edition)에는 기존의 〈서문〉, 〈교재〉, 〈실습서〉, 〈지침서〉뿐만 아니라 〈용어해설〉, 〈심리치료〉, 〈기도의 노래〉까지 통권으로 실려 있다.

렵지 않으리라고 믿어요.

받아 적기가 시작되었던 초기에, 혹시 〈수업〉에 들어갈 내용에 관해서 헬렌과 빌 둘 사이에 의견 차이가 있을 경우에는 빌의 결정을 따르라고 제이가 말했던 것은 사실이에요. 하지만 빌이 실제로 그렇게 해야 할 일은 한 번도 생기지 않았습니다. 초기에, 그러니까 제이가 그 말을 했던 시기에는 사실 헬렌도 매우 두려움에 차 있었습니다. 그래서 제이가 그런 말을 했던 것이고요. 하지만 시간이 지나면서 점차 이 일에 익숙해지자 헬렌은 점점 더 편안해졌습니다. 해를 거듭할수록 〈수업〉은 헬렌을 통해서 더욱더 부드럽게 흘러나오기 시작했습니다. 그래서 약강5보격* 형식의 문장도 점점 더 많아졌고, 교재의 마지막 30장과 31장에서는 〈수업〉의 내용이 완전히 셰익스피어와 같은 무운시**의 형식을 취할 정도가 되었습니다.

전에 우리가 말했듯이, 빌은 〈수업〉의 의미를 이해하고 있었습니다. 그래서 빌은 〈수업〉을 '기독교의 베단타'라 불렀던 것이지요. 빌은 〈수업〉이 순수 비이원론에 입각한 가르침임을 이해하고 있었어요. 빌에 대해서는 좀 있다 더 말씀을 드릴게요.

켄 왑닉이 그들과 합류한 것은 〈기적수업〉을 이미 다 받아 적은 이후의 일입니다. 켄이 처음으로 읽었던 〈기적수업〉 판은 휴 린 케이시 판이었어요. 그렇다면 켄은 분명, 얼텍스트가 휴 린 케이시 판으로 편집되는 과정에

• 약강5보격(iambic pentameter) : 5개의 음보(音步)로 이루어진 시행. 16세기 말부터 5보격을 가장 많이 써온 영시에서는 약강5보격을 주로 썼다. 약강5보격으로 구성된 한 행은 총 열 개의 음절로 구성되어 있으며, 약강(弱强)의 패턴이 다섯 번 반복된다. 〈기적수업〉 원문에서 예를 들자면 이러하다. "God is / but Love, / and there / fore so / am I." (약강/약강/약강/약강/약강) — "신은 다만 사랑이시며, 따라서 나도 그렇다." (W329 / W.pⅠ.rvV.10:8)
•• 무운시(blank verse) : 각운(脚韻)이 없는 시로, 특히 스탄자(Stanza : 節·聯)로 나누어지지 않은 약강5보격의 시형(詩形)을 말한다.

서 가해진 변화에 대해서는 아무런 책임도 질 수 없지요. 물론 켄이 헬렌에게, 현재의 원고는 좀더 전문적으로 편집할 필요가 있고, 각 장의 제목과 각 장 속의 소제목을 다시 정해야 하고, 또 대문자 표기와 구두법을 더 일관성 있게 통일시켜야 한다는 등의 주장을 했던 것은 사실입니다. 켄의 제안은 이러했고, 동시에 헬렌은 예수가 말했던 내용 중에서 개인적인 내용에 가깝고 분명히 헬렌과 빌을 위해서만 말한 특정 부분들은 빼기를 원했습니다. 또 너무 전문적인 내용이라서 그 분야의 전문가들에게만 이해될 수 있는 내용도 빼기를 원했지요. 헬렌은 〈기적수업〉 서문에다가도 이렇게 자신이 뺀 내용에 대해서 분명히 언급했습니다.* 그것은 무엇을 숨기려는 시도가 결코 아니었습니다. 편집은 순수한 의도로 행해졌고 편집된 내용 중 〈수업〉의 의미를 바꿔놓을 만한 것은 하나도 없었습니다. 편집 작업을 하는 동안에도 헬렌은 예수로부터 영감을 받곤 했습니다. 어떻게 편집하라고 제이가 낱낱이 일러준 것은 아니지만 헬렌이 이 작업을 제이와 함께한 가운데 했다는 것은 분명합니다.

개리: 리차드 스몰리Richard Smoley라는 학자가 생각이 나는데, 그 사람은 〈기적수업〉의 특정한 단체에 관여하지 않았고, 따라서 무슨 꿍꿍이속이 있는 것도 아니었지요. 그는 〈기적수업〉의 세 판본의 차이점에 관한 보고서를 썼는데, 그가 한 말을 인용해서 결론을 말하자면 "매우 근소하다"였습니다. 사실 셋 다 똑같다는 말이죠.

퍼사: 맞아요. 이 근소한 차이들은 〈수업〉의 전반적인 의미를 조금도 바꿔놓지 않았습니다. 자 이젠, 〈기적수업〉을 배우는 데 시간을 보내려고 하기

---

* "아주 미미한 수정이 있었을 뿐입니다. 교과서에 각 장의 제목과 부제목을 달았고, 초기에 있었던 일부 지극히 개인적인 언급은 생략했습니다. 그 외에는 대체로 바꾼 것이 없습니다." — Preface viii /〈기적수업의 유래〉 중에서.

보다는 사람들에게 〈기적수업〉 출판본에 문제가 있음을 주장하는 데에 시간을 보내고 있는 이들이 하는 말들의 일부를 좀더 살펴보죠. 예를 들면 당신도 말했듯이, 그들은 교재의 1~5장 사이에서 25퍼센트에 해당하는 부분이 누락되었다고 합니다. 25퍼센트라, 상당히 많아 보이죠? 그런데 그것이 과연 정직한 계산일까요? 아니면 의도적인 속임수일까요? 〈기적수업〉 교재에는 다섯 개의 장이 아니라 서른한 개의 장이 있습니다. 교재 전체를 놓고 보자면, 헬렌은 25퍼센트가 아니라 3퍼센트만 생략한 것입니다. 초기 원고의 분량이 692쪽이었다면, 출판된 원고는 여전히 669쪽, 즉 97퍼센트가 남아 있지요. 게다가 교재는 〈수업〉의 한 부분일 뿐입니다.

실습서와 교사용 지침서까지 합치면 〈기적수업〉 전체는 1,248쪽입니다. 그러니 제대로 말하자면, 헬렌은 〈기적수업〉 전체에서 25퍼센트가 아니라 1.7퍼센트를 생략한 것입니다. 게다가 1.7퍼센트라는 수치 중 대부분은 교재의 1~5장에서 생략된 것입니다. 총 7년의 받아 적기 과정 중에서 처음 몇 달 동안에는 이 작업이 순탄하게 진행되지 못했던 것이죠. 교재의 첫 부분 다섯 장에 가해진 약간의 변화에 대해서 왜 일부 사람들이 그토록 물고 늘어지는 것일까요? 이렇게 함으로써 그들은 〈수업〉을 배울 필요가 없어지고 자신만의 '수업'을 만들어낼 수 있기 때문이 아닐까요? 이건 에고가 사람들을 진실로부터 떼어놓기 위해 고안해낸 주의분산 책략에 지나지 않습니다.

초기 원고의 교재 첫 부분 다섯 장에는 〈신의 아들들(Sons of God)〉이라는 용어가 자주 사용된다고 했었죠? 어떤 사람들은 이 부분을 읽고, 신이 개체적인 존재를 '실제로' 창조했다는 뜻으로 곧바로 '알아차린다'고 했었죠. 하지만 그들이 실제로 '알아차리고' 있는 것은 〈수업〉에 대한 초심자의 완전히 빗나간 해석입니다. 〈수업〉이 '신의 아들들'이라는 표현을 쓴다는 사실은 무슨 계시 같은 것이 아닙니다. 이 표현은 아들(Sonship)의 분열되어 있는 것처럼 보이는 부분들, 스스로 분리되어 있다고 '생각하는' 부분들을 가리키기 위한 것으로서, 사실 〈수업〉 전반에 걸쳐서 나오고 있습니다. 또〈수업〉은 〈신의 아들(Son of God)〉이라는 단수 표현도 사용하는데, 이것은 신과 완벽히 하나인 그리스도를 가리키는 것입니다. 이것이야말로 그들의 '진정한' 본성이지요. 〈기적수업〉은 교재, 실습서, 지침서, 이 세 권에 걸쳐서 일관성을 철저히 유지하고 있기 때문에 이 용어들에다 다른 의미를 부여한다는 것은, 딱 잘라 말하자면 서투른 짓입니다.

그리고 〈수업〉이 우리가 이 세상에서 뭔가 행동을 해야만 한다는 것을 가르치고 있다고 주장하는 사람들 이야기도 했었죠. 그에 관련되는 초기판의 글은 이렇습니다. **"내 음성에 귀를 기울이라. 오류를 지우는 법을 배우라. 그것을 바로잡기 위해 뭔가를 하라."** 글쎄요, 당신이 '해야 할' 일이란 오류를 성령에게 주는 것입니다. 그리고 성령은 마음 안에 있습니다. 이 세상에서 뭔가를 하라는 말이 '절대' 아닙니다. 절대로! 용서하고 나니 뭔가를 해야겠다는 영감을 받는다면, 그건 괜찮습니다. 하지만 그것이 〈수업〉의 '초점은' 결코 아닙니다. 사람들을 이와 다르게 가르친다면 완전히 틀린 거예요.

훌륭한 학자이자 〈기적수업〉의 가장 훌륭한 교사인 켄네쓰 왑닉은 1972년에 이 작업에 합류했어요. 헬렌과 빌이 이미 7년 동안 〈기적수업〉과 씨름을 하고 있던 때였지요. 그전에 켄이 〈기적수업〉에 손을 댈 기회는 전혀 없었어요. 게다가 켄은 그들보다 나이도 한참 어렸고, 직장에서도 그들보다 낮은 지위에 있었지요. 자, 그러니 상식적으로 생각해보세요. 켄이 〈기적수업〉을 마음대로 뜯어고치도록 헬렌과 빌이 허락했다는 것이 말이 됩니까? 무엇 때문에 그렇게 하겠어요? 켄이 그렇게 하도록 '내버려두지 않을' 이유는 열 가지라도 댈 수 있겠지만, 그렇게 하도록 '내버려둘' 이유를 한 가지라도 댈 수 있겠어요? 켄은 〈기적수업〉을 1973년에 처음 읽었고, 그 후 2년 동안 헬렌이 원고를 편집하는 일을 도왔지요. 헬렌은 출판될 원고의 글이 제대로 되었는지를 확인하기 위해 말 그대로 단어 하나하나를 모두 꼼꼼하게 직접 검토했어요. 그녀가 편집자이자 결정권자였지요.

자, 이번에는 빌 텟포드에 대해서 말해봅시다. 〈기적수업〉 출판본에 트집을 잡는 사람들은 늘 그의 이름을 들먹이더군요. 빌이 최종편집 작업에서 완전히 배제되었다는 것처럼 말이에요. 너그러운 마음으로 그들이 그렇게 말하는 이유가 뭘 속이기 위해서가 아니라 그저 잘 몰라서 그러는 것이라고 해봅시다. 하지만 교재에 실을 기적의 원리는 43개나 53개가 아니라 50개가 되어야 한다고 주장했던 사람은 다름 아닌 빌이었습니다. 빌이 타이핑했던 것을 헬렌이 두 번 더 타이핑하는 과정에서는 기적의 원리가 한번은 43개, 다른 한 번은 53개로 분류되었거든요. 이렇게 해서 빌의 주장대로 최종원고에는 기적의 원리가 50개로 실리게 된 것입니다. 하지만 이것을 맞추기 위해서 뭘 더하거나 빼는 일은 절대 없었습니다. 단순히 배치만 달리 한 것뿐이지요. 그리고 교재의 마지막 장 마지막 문단은 한 페이지에 다 실려야지 두 페이지에 걸쳐 나와서는 안 된다고 강력하게 주장했던 사람도 바로 빌이었습니다. 그래서 출판본에는 실제로 그렇게 인쇄되어 나왔지요.

그렇다면 빌이 정말로 편집과 관련해서 무슨 일이 일어나는지도 몰랐고, 의사결정 과정에서 배제됐고, 헬렌과 왑닉은 그에게 한 번도 자문을 구하지 않았고, 빌이 의견도 내지 못하게 막았다고 생각하나요? 아닙니다. 사실을 말하자면, 빌은 편집 작업이 요구하는 것처럼 아주 세부적인 사항에까지 관심을 쏟는 그런 유형의 사람이 아니었던 것뿐이에요. 하지만 켄과 헬렌은 문단의 위치가 바뀌는 등의 변화가 생길 때마다 그 부분을 빌에게 보여주곤 했습니다. 그리고 빌은 자신이 보기에 뭔가 중요하다 싶은 것이 있으면 지적을 하곤 했습니다. 실상은 이랬던 겁니다. 자, 그럼 이번에는 우리가, 〈수업〉을 배우려고 하지는 않고 정상적인 편집 과정에서 흠을 들춰내려고 애쓰는 이들에게 몇 가지 질문을 던져보도록 하겠습니다.

헬렌과 빌은 출판용 〈기적수업〉 최종 편집본에 매우 흡족해하지 않았던가요? 그들은 켄 왑닉과 쥬디 스컷치와 밥 스컷치와 함께 〈기적수업〉을 '내면의 평화 재단'이라는 비영리단체의 이름으로 내는 것에 흡족해하지 않았던가요? 이들이 초창기의 다섯 멤버가 아니었던가요? 캘리포니아에서 열렸던 〈기적수업〉 출판회에 헬렌도 빌과 켄과 쥬디와 함께 참석하지 않았던가요? 빌이 행사 때 카메라 앞에서 여러 번 정식 출판본에서 원문을 인용하지 않았던가요? 또 빌은 은퇴 후에 샌디에고 지역에서 운영되고 있던 공부모임에 나갈 때도 출판본을 손수 들고 다니지 않았던가요? 〈기적수업〉이 출판된 후 헬렌이 생존했던 5년 동안, 또 출판 후 빌이 생존했던 10년 동안, 최종적으로 출판된 판본의 〈기적수업〉이 사람들이 공부할 올바른 판이 아님을 주장하기 위해 그 둘이 어떤 말이나 행동을 '조금이라도' 한 적이 있던가요?

빌이 최종적으로 출판된 〈기적수업〉 책자의 편집 과정에서 철저히 배제되었다고 하는 것은, 좋게 말하자면 부정확한 설명이고 나쁘게 말하자면 정직하지 못한 말입니다. 만약 빌과 헬렌이 오늘 살아 있다면 그들도 이 말을 전적으로 지지해줄 것이라고 해도 나는 그게 과장이라고 생각지 않습니다. 자, 그럼 누구 말을 믿으시겠어요? 그때 그 자리에 있었던 사람들인가요? 아니면 뒤늦게 나타나서 자신들만의 〈기적수업〉을 갖기를 원했던 사람들, 그로써 〈수업〉을 공부하는 대신 자기들 멋대로 〈수업〉의 의미를 바꿔놓으려는 사람들인가요?

개리: 고마워요, 퍼사. 당신의 다분히 수사적인 질문이 맘에 들어요. 저한테는 정말 큰 도움이 됐어요. 다른 사람들은 각자가 알아서 판단하겠죠. 하지만 반론을 퍼뜨리고 다니는 사람들의 주장에 난 사실 단 한 번도 수긍해본 적이 없었어요. 그러니까, 성령은 늘 모든 것을 꿰뚫어보고 있다고 하는데, 헬렌과 빌에게 〈기적수업〉을 전해줄 때 제이가 일이 어떻게 돌아가는지도 모르고 있었다는 말을 나보고 믿으라는 거냔 말이죠. 그 사람들은 결국 제이가 켄과 쥬디가 무대에 등장하게 될 것도 몰랐다고 말하려는 것 아닌가요? 또 이들은 제이가 자신의 메시지가 자신이 원하는 방식대로 전해지지 않게 되리라는 것을 알면서도 헬렌과 함께 7년 동안 같이 작업을 하고, 작업을 하는 동안 그녀가 겪어야 했던 온갖 일들을 다 겪게 했다고 말하고 있는 것 아닌가요? 전혀 말이 안 돼요. 사실 똥 덩어리 같은 이야기죠. 아니, 김이 모락모락 나는 거대한 똥 더미 같은 이야기에요.

퍼사: 너무 나가지는 마세요. 중요한 것은, 지금 당신에게는 제대로 된 〈기적수업〉 책자가 있다는 것이에요. 그리고 분명 제이는 자신이 헬렌과 빌과 함께 일하기로 선택했을 때 일어나게 될 모든 일을 알고 있었어요. 그가 원하는 방식대로 〈수업〉이 세상에 나오지 못할 것을 알았다면 애초에 시작을 안 했겠죠. 〈수업〉도, "그는 이제껏 일어났던 모든 일들 또는 앞으로 일어나게 될 모든 일들을 시간의 끝으로부터 볼 수 있다"고 했어요.(W324 / W-p I.169.8:2) 그리고 또 그는, "나는 신의 통로를 잘못 택하지 않는다"고 말했지요.(T68 / T-4.VI.6:3) 인증된 판이 아닌 다른 판의 〈기적수업〉이 필요하다고 주장하는 사람들은 덫에 걸려들고 있는 겁니다. 이에 대해 제이는 〈수업〉에서 이렇게 말하지요. "논란거리를 찾는 이들은 그것을 찾아낼 것이다. 그러나 명확한 뜻을 구하는 이들은 또한 그것을 찾아낼 것이다. 하지만 그들은

논란이란 진실에 맞서는 지연술 형태의 방어책임을 알아차리고, 그것을 기꺼이 보아 넘길 것이다."(C77 / C-in. 2:1-3)

논란거리를 찾고 논쟁에서 이기는 사람들은 한 가지 일은 성취합니다. 딱 한 가지 — 그들이 안간힘으로 주의를 흩트려놓지 않았다면 〈기적수업〉을 '공부하게 되었을' 예비학생들로 하여금 숲 대신에 나무에 눈이 팔리게 하여 진리의 경험을 지연시키는 짓 말입니다. 그것이 그들이 바라던 소명이었다면 그들은 제대로 일을 한 것이겠죠.

진리는, 명확한 뜻을 찾고 용서의 기술을 기꺼이 활용하려는 이들의 눈에 띄기만을 기다리면서, 여전히 그 자리에 있습니다.

하지만 진리는, 명확한 뜻을 찾고 용서의 기술을 기꺼이 활용하려는 이들의 눈에 띄기만을 기다리면서, 여전히 그 자리에 있습니다. 그러면 그들은 용서에 수반되는 체험도 겪게 될 것인바, 바로 이 체험이 〈수업〉의 목적이지요.

아턴: 자, 이번에는 분열이라는 주제로 넘어갈까요. 분열, 에고가 늘 하는 일이 이것입니다. 죽음 하나만 놓고 보더라도, 이 세상의 모든 것이 결국은 죽음을 통해서라도 분리되고야 맙니다. 왜냐하면 여기에 있는 모든 것은 분리라는 생각의 상징물이기 때문이죠. 무서워하진 마세요. 어느 종류든 형상이 존재하는 것처럼 보이는 한, 그건 항상 일어날 겁니다. 그 어떤 교회도 영성단체도, 분열을 겪지 않은 곳은 한 군데도 없었어요. 대개는 나중보다는 세워진 직후에 분열되곤 하지요. 당신이 해야 할 일이란 분열을 용서하는 것입니다. 〈수업〉을 하는 것입니다. 〈기적수업〉을 공부하는 사람들 사이에 형상 수준의 분열이 있는 것처럼 보인다면, 거기서 빠져나오는 방법은 형상의 수준에 있지 '않고' 형상 수준에 대한 용서에 있다는 점을

이해하세요. 그리고 '용서는' 마음의 수준에서 이루어지는 것이고, 마음은 형상의 수준과는 '아무런' 관련도 없습니다.

칼 융이 죽을 때가 다가오자, 자신의 연구를 공부하는 학생들이 하고 있는 다양한 변종 연구들을 다 살펴보고 나서 뭐라 말했는지 기억하시죠? "하느님, 감사합니다. 내가 융 학파(Jungian)가 아니라 그냥 융이라서요." 교회든 철학이든 심리학이든 영성이든 또는 어떤 단체든 간에 모든 것이 분열되고 변화해간다면, 어떤 형태로 접근해가는 방법이 가장 정확할 것 같나요?

개리: 모르겠는데요. 뭐죠?

아턴: 생각해봐요, 개리. 만약 어떤 것이 분열을 겪었다면, 어떤 형태의 접근법이 가장 정확한 접근법이 될 것 같나요?

개리: 알았어요! 가장 정확한 접근법은 '첫 번째 분열이 일어나기 전에' 존재했던 접근법이에요.

아턴: 훌륭해요. 〈기적수업〉이 말하는 내용에 관해서 누구를 믿어야 할지 의심이 들거든 당신이 방금 말했던 사실을 기억하세요. 당신은 '내면의 평화 재단'을 세운 초대회원들을 알고 있습니다. 헬렌, 빌, 켄, 쥬디, 그리고 밥 말이에요. 그들은 첫 번째 분열이 일어나기 전에 거기에 있었습니다. 이 말인즉슨, 〈기적수업〉에 관련된 모든 일에서 그들의 관점이야말로 가장 정확하다는 뜻입니다.

그나저나, 켄과 쥬디와 밥은 지금도 서로 친구로 지내고 있다는 사실에 주목했으면 좋겠어요. 만약 헬렌과 빌이 지금도 살아 있다면, 그들 역시 재단의 초대회원들 모두와 서로 친하게 지냈을 것입니다. 영적인 단체의 초기 멤버들에게서는 찾아보기 드문 일이죠. 사실, 용서의 기회를 찾고 있다면 소위 영적인 사람들과 어울려보라고 권하고 싶어요. 그들에게서 용서 거리를 엄청나게 얻을 게 틀림없을 테니까요.

퍼사: 여기 한 가지 유추해볼 만한 게 있어요. 〈기적수업〉을 분열시키는 이들이 헬렌과 빌이 사용했던 〈수업〉의 판이 올바른 판이라는 사실을 아마도 결코 인정하지 않을 것과 마찬가지로, 교회도 도마복음이 다른 복음들보다 먼저 존재했다는 사실을 결코 인정하지 않을 것입니다. 하지만 도마복음은 제일 먼저 기록된 복음이고, 첫 번째 분열이 일어나기 전에 존재했던 접근법이 가장 정확한 접근법임을 보여주는 또 다른 훌륭한 본보기입니다.

> 용서의 기회를 찾고 있다면 소위 영적인 사람들과 어울려보라고 권하고 싶어요.

제이가 십자가형을 당한 후, 제자들 중 일부는 제이가 고통을 겪지 않았다는 사실에 고무되었어요. 스승이 가버렸다고 풀이 잔뜩 죽은 제자들도 있었지만요. 다대오와 나는 제이의 가르침에 근거한 분파를 세웠어요. 그리고 결국 우리는 나중에 '도마복음'이 될 내용으로 이루어진 두루마리를 몇 개 만들게 되었지요. 물론 그 당시에는 그것을 그저 간단히 '말씀(The Sayings)'이라 불렀지만요. 영어로 표현하자면 말이에요. 정확히 제이가 했던 말에 근거한 복음이 하나 더 있었어요. 당시에 그것은 '스승님의 말씀(Words of the Master)'이라 불렸습니다. 이것이 그 유명한 'Q 복음'이라는 것은 전에도 말했었죠? 소위 '공관복음'이라 불리는 마가, 마태, 누가복음은 모두 이 원전으로부터 빌려 온 내용으로 꾸며졌지요. 그들은 자신이 동의하지 않는 부분, 또 나중에 등장한 바울의 신학과 맞지 않는 부분들은 빼버렸습니다.

결국 '도마복음'과 '스승님의 말씀'은 다시는 눈에 띄지 않도록 교회가 싹 다 없애버렸습니다. 그런데 1945년에 나그함마디라는 지역에서 오늘날 당신네들이 갖고 있는 왜곡된 판의 도마복음이 발견된 것이지요. 전에 말씀드렸다시피, 오늘날 발견된 도마복음의 3분의 1가량은, 십자가형이 일어 난 때로부터 4세기 후에 그 복음이 땅에 묻힐 때까지의 3백 년 동안에 가필 된 것입니다. 유다복음은 사실 나중에 나온 영지주의 문헌으로, 진실을 그다지 드러내주지도 않고, 제이가 결코 말한 적이 없는 내용도 제이가 말한 것처럼 기술되어 있어요.

교회는 이 복음들과 다른 많은 복음들을 없애버렸을 뿐만 아니라, 제이의 메시지를 전한 최초의 교사들 중 일부도 교회사에서 제거하려고 애썼습니다. 그렇게 해서 초기 교사들 중 가장 훌륭한 교사들이 기독교인들뿐만 아니라 나머지 세상에도 제대로 알려지지 않게 되었습니다. 맞아요, 나는 그래도 알려진 편이지만요. 물론 이 '나'란 도마 사도를 가리킵니다. (당신도 나와 똑같이 도마이긴 하지만요, 개리.) 하지만 나는 의심 많은 도마로 알려졌어요. 내가 교회의 복음에 그렇게 기술된 까닭은 교회가 도마복음에 위협을 느꼈고 그래서 나에 대해 나쁜 인상을 심어주고 싶었기 때문이에요. 당시 나는 이미 너무 알려져 있어서 이름을 완전히 제거하기에는 곤란했고, 그래서 역사에 약간의 손질이 필요했던 거죠. 다른 교사들의 이야기는 거의 사라지다시피 했어요. 이렇게 잊힌 교사들 중 두 명에 대해서 말씀을 드릴게요. 이 둘은 제이의 메시지를 전한 가장 위대한 교사들 중 일부거든요.

먼저 스데반부터 이야기할게요. 그는 초기교회의 지도자이자 '스승님의 말씀'을 기록한 사람들 중 하나이기도 했습니다. 보수적인 성향의 사람들은 제이의 동생이었던 '의인 야고보(James the Just)'에게 끌렸던 반면, 신비주의에 더 끌렸던 이들은 — 물론 제이도 신비주의적이었지만 — 세 명의 교사들 중 하나와 같이 있고 싶어했습니다. 저도 그들 중 하나였지요.

스데반은 교사로서 나와 동등했으며, 그에게도 좋은 복음이 있었습니다. 물론 그 당시에는 그것들을 복음이라 부르지는 않았지만 말이죠. 그는 매우 유명했었는데, 제이가 방문했던 수많은 곳에다 제이를 따르는 무리를 형성시켰기 때문입니다. 그는 제이의 가르침을 올바로 해석하고 있었고, 제이가 십자가형을 당한 후 여러 해 동안 매우 큰 영향력을 미쳤습니다. 그러나 신약성경이 쓰여지고 여러 세기에 걸쳐 교회가 그것을 뜯어고치는 시점에 이르자, 스데반의 전체적인 입지는 상당히 축소됐습니다. 물론 그도 신약성경에 기록되어 있긴 합니다. 사도행전 6장과 7장은 그가 얼마나 위대한 교사였는지를 보여주는 단서입니다. 스데반의 역할에 비해서 그에게 할애된 공간은 터무니없이 적습니다. 그래도 그 대목을 사도행전에서 조금 인용해볼까 합니다. 스데반의 죽음에 관해 상당히 정확한 기술이거든요.

"스데반은 하느님의 은총과 성령의 힘을 가득히 받아 백성들 앞에서 놀라운 일들과 굉장한 기적들을 행하고 있었다. 그때 이른바 '자유인의 회당'에 소속된 키레네와 알렉산드리아 사람들과 길리기아와 아시아에서 온 사람들이 일어나 스데반과 논쟁을 벌였다. 그러나 그들은 지혜와 성령을 받아 말하는 스데반을 당해낼 도리가 없었다."(사도행전 6:8-10)

이야기는 이어져 스데반이 '불경스러운 말'을 했다는 이유로 그들이 그를 어떻게 죽였는지 묘사하고 있습니다. 놀랍게도, 후에 성 바울이라 불리게 될 사울도 그 자리에 있었고, 사도행전에서도 "사울은 그의 죽음에 찬동하고 있었다"고 직접 밝히고 있습니다. 기억하세요, 사울은 죄책감이 자신을 압도할 때까지 기독교인들을 박해했습니다. 또 성서에 기록된 그 사건은 제이의 십자가형이 일어난 뒤 족히 20년은 지나서 일어났고, 당시 사울은 제이의 사상을 받아들이지 않은 상태였습니다. 훗날 결국 사울은 그것을 신학으로 탈바꿈시켜버렸지만요. 스데반은 제이의 메시지를 사람들에게 전하는 능력이 탁월했습니다. 그러나 교회가 조직종교로 자리를 굳히는 시점에 이르자, 제이의 메시지는 세상과 그 속의 모든 것을 바라보는 새로운 방식이 아니라 일단의 신념체계로 변해버렸습니다. 내가 세상을 '바라보는' 방식이라고 표현한 것은 영적인 관점을 의미합니다. 이러한 관점에 대한 제이의 가르침을 말하자면, 세상을 '지나쳐서' 실재를 '보라는' 것입니다. 이것은 스데반의 메시지이기도 했지만, 교회로서는 아무짝에도 쓸데가 없는 말이었지요.

> 이러한 관점에 대한 제이의 가르침을 말하자면, 세상을 '지나쳐서' 실재를 '보라는' 것입니다.

역사에 의해서 배제되거나 각색된 훌륭한 교사들 중에서 막달라 마리아보다 위대한 교사는 없습니다. 《우주가 사라지다》와 관련해서 방문했던 기간에 우리는, 돌에 맞아 죽을 뻔한 위기에서 제이가 구해주었던 창녀와 막달라 마리아는 서로 다른 사람이라고 했습니다. 그런데 이 말을 이번 방문기간에도 반복해서 말하는 이유는, 아직도 이것을 제대로 이해하지 못한 사람들이 있기 때문입니다. 막달라 마리아는 제이의 아내였습니다. 유대교 랍비들은 미혼으로 지내지 않았습니다. 제이는 마리아와 자신을 동등하게 바라보았고, 우리도 그녀가 그렇지 않다고 여길 이유를 전혀 발견하지 못했습니다. 그 때문에 약간의 알력이 있었지요. 이것이 세상의 방식입니다. 그리고 제이의 제자들도 물론 인간이었고요. 물론 마리아는 '깨달았었지만' 말이죠.

'도마복음'과 마찬가지로 마리아복음도 완벽하지는 않습니다. 여러 세기를 거치면서 변질됐지요. 그래도 그것을 읽으면 제이와 마리아에 대해 약간의 단서를 얻을 수 있을 겁니다. 막달라 마리아는 아마도 제이의 메시지를 전한 교사들 중에서 가장 명석한 교사였을 거예요. 그를 개인적으로 너무나 잘 이해하고 있었기 때문이겠지요. 그녀는 마치 그와 하나가 된 듯했습니다. 흥미롭게도, 제이를 따르는 무리의 대부분은 여성들이었습니다.

2천 년 전 유대교 문화권에 살았던 여성들에게는 남성들처럼 자신을 영적으로 표현하는 것이 허락되지 않았습니다. 하지만 제이는 모든 이들을 똑같이 대했고, 여성들은 그와 함께 있을 때 자신이 환대받고 있음을 분명히 느꼈고, 이내 소문은 쫙 퍼졌지요. 여성들은 그의 일에 매우 중요한 역할을 했습니다. 여성들이 늘 앞장섰습니다. 먹을 음식을 준비하고 다른 여성들의 집에 쉴 곳을 마련하였지요. 반면에 남자들은 여기저기 다니면서 주는 대로 먹고 자곤 했지요.

십자가형 사건 후, 마리아는 제이가 아무렇지도 않다는 것을 알고 있었습니다. 그녀는 그 사건 후 제이가 육신으로 나타난 것을 본 첫 목격자였지요. 물론 이 일의 목적은 육신의 비실재성을 가르치기 위한 것이었습니다. 그리고 마리아는 이를 이해했습니다. 스데반과 다대오와 나도 이것을 어느 정도까지는 이해했지만 마리아만큼 깊이 이해하지는 못했었습니다. 다른 사도들은 이 가르침을 전혀 이해할 수 없을 정도였고, 그들 중 일부는 이 사건을 제이를 부활한 육신으로 받들어야 할 이유로 이용하기도 했습니다.

마리아는 제이의 가르침을 전하는 영광스러운 교사였습니다. 때때로 사람들은 그녀에게 귀를 맡기고 그저 입을 벌린 채 앉아 있곤 했습니다. 그녀의 집회에 참석했던 사람들도 하필 대부분이 여성이었습니다. 대체로 여성들은 항상 남성들보다 영적으로 앞서 있었습니다. 여성들이 남성들보다 성숙한 편이거든요. 그렇다고 해서 여성들만큼 앞서 있거나 혹은 그보다 더 앞서 있는 남성들이 없다는 뜻은 아닙니다. 다만 그 숫자가 그렇게 많지는 않다는 것이죠. 당시 유대교 문화에서, 여성들은 이제껏 들어왔고 영원히 반복될 것만 같았던 낡은 생각들을 듣는 것보

> 마리아는 제이의
> 가르침을 전하는
> 영광스러운
> 교사였습니다.

다는 마리아의 이야기를 듣는 것을 좋아했습니다.

내가 지금 마리아의 가르침이나 마리아복음에 대해 이야기하려는 건 아니에요. 사실 마리아의 가르침은 제이의 가르침이었지만요. 나는 도마복음에만 집중하고 싶어요. 도마복음은 내 개인의 경험에서 가장 큰 부분이었죠. 마리아에 대해서 이러쿵저러쿵하는 사람들은 지금도 있고 앞으로도 있을 거예요. 그래도 한 가지만큼은 바로 잡아주고 싶어요. 제이와 마리아에게는 아이가 없었어요. 설령 둘 사이에 아이가 있었다 하더라도 소위 핏줄이라는 개념은 제이에게 완전히 무의미했을 거예요. 그건 핵심을 완전히 벗어난 것이지요. 제이의 유전자를 물려받은 사람을 발견했다고 쳐봅시다. 그래서 뭐가 어쨌다는 거죠? 제이가 가르치려 했던 것은 육신의 '무의미함이었지' 그것을 찬양하려는 것이 아니었습니다. 유전자를 물려받았다고 해서 부모의 능력을 전부 물려받는 것은 아니듯이, 설령 제이의 후손이 있다 하더라도 제이의 영적인 능력까지 물려받지는 못할 것입니다.

초점은 언제나 용서의 과제를 다하고 집으로 가는 일에만 두어야 합니다. 형상과 육신의 수준에다 초점을 두지 마세요. 그것들은 영이 될 수가 '없습니다.' 사람들은 항상 대속代贖을 찾아다닙니다. 깨달은 자를 추종함으로써 자신도 깨닫게 되길 희망하죠. 하지만 일이 그런 식으로 되지는 않습니다. 게다가, 저 바깥에는 자신이 무슨 분야의 마스터라고 자칭하면서 당신에게 '비결'을 가르쳐주겠다는 사람들로 넘쳐납니다. 참 재미있는 일이죠. 하지만 만약 이 사람들의 손목에 못이 박힌다면 그들은 미친 듯이 몸부림을 치겠지요. 하지만 제이는 '진정한' 마스터였습니다. 죄책감 없는 마음은 괴로움을 당할 수 없기 때문에 그는 아무런 고통도 느낄 수가 없었습니다. 핏줄에 대해 다시 말하자면, 제이의 자손은 존재하지 않습니다. 있다고 해봤자 그건 사람들의 관심을 가서는 안 될 전혀 엉뚱한 곳으로 끌고 갈

뿐이죠.

개리: 근사하군요. 마리아, 스데반, 그리고 매우 겸손한 우리 도마님…
무슨 패거리 같군요. 당신네들은 서로 사이가 좋았나요? 농담이에요.

퍼사: 네, 잘 지냈죠. 당신 말이 농담인 줄도 알아요.《우주가 사라지다》
와 관련해서 마지막으로 방문했을 때, 당신에게 도마 사도였던 기억과 제
이와 함께 지냈던 기억이 꽤 많이 떠올랐다는 것도 알고 있거든요. 그렇죠?

개리: 당신도 잘 알잖아요. 관계자끼리 왜 이러세요.

퍼사: 그에 대해서는 나중에 좀더 이야기를 할 수 있을 것 같고요. 그 이
야기 말고도 당신이 지금 하고 싶은 다른 이야기가 있다는 걸 알아요.

개리: 네, 맞아요. 당신들한테서는 아무것도 숨길 수가 없군요. 읽고 싶
은 글이 하나 있는데, 〈기적수업〉과도 관계있고 도마복음과도 관계된 글이
에요. 이 글을 읽어봐도 괜찮을까요?

퍼사: 개리, 내 계획을 엉망진창으로 만들어놓는군요. 농담인 거 알죠?
하지만 농담부터 한 마디 해주세요. 농담 없이 진도만 빼면 좀 그렇죠. 당신
은 워크샵 때 사람들을 웃기곤 해요. 완벽해요. 말이 나온 김에 이야기하자
면, 〈수업〉에 관한 내용을 사람들과 마주하고 이야기할 때 당신의 말이 명
쾌한 것도 아주 좋아요.

개리: 선생님들을 잘 둔 덕분이죠. 항상 많은 도움을 받고 있고요. 고마
워요. 힘들 때마다 이 칭찬을 떠올릴게요. 자, 그럼 농담 좀 해볼까요. 2천
년 전에 예수는 길을 따라 걷고 있었습니다. 물론 그의 진짜 이름은 예수가
아니었지만, 이 농담에서는 그냥 예수라 부를게요. 그러다가 갑자기 그는
한 무리의 사람들을 마주치게 되는데, 그들은 한 창녀를 돌로 쳐죽일 참이
었죠. 당시의 율법에 따르면 창녀를 붙잡으면 돌로 쳐죽여야 했습니다. 설
령 한 시간 전엔 함께 있었다고 해도 말이죠. 그들은 예수가 오는 것을 보고

는 꾀를 냈습니다. 알다시피, 그들은 예수를 별로 좋아하지 않았어요. 예수는 일종의 변절한 랍비였지요. 그는 그들의 소중한 율법에 복종하지 않았죠. 그래서 그들은 그를 함정에 빠뜨려야겠다고 생각했습니다. 그들은 창녀에게 돌을 던져 죽여서는 안 된다는 말을 예수가 하지 않을 수 없게끔 몰고 가기로 했습니다. 당시에는 율법을 몸으로 따르는 것만으로는 충분하지 않았습니다. 입으로도 고백해야 했습니다. 만약 신의 율법 중 단 하나에라도 거스르는 말을 내뱉는다면 그것은 불경죄로 치부되었습니다. 그런 말을 하는 것은 율법 자체를 어긴 것과 똑같이 나쁜 짓이었죠. 여하튼 예수는 그들에게 다가왔고, 그들 중 하나가 예수에게 말합니다. "랍비, 여기 창녀가 있습니다. 그래서 우리는 돌을 던져 죽일 참입니다. 이게 우리가 해야 할 일이니까요. '맞죠?'"

그들은 늙은 예수 앞에 창녀 하나를 붙잡아오려고 꼭두새벽부터 참 바빴을 거예요. 하지만 예수는 그들을 그저 바라보고는 이렇게 말했습니다. "너희 중 죄 없는 자부터 돌을 던져라." 그러자 그들은 돌을 차례차례 모두 놓아버렸습니다. 그들은 자신들에게 죄가 없다고는 상상할 수가 없었거든요. 이렇게 예수는 창녀의 목숨도 구하고, 가르침도 주고, 자신이 돌에 맞아 죽을 뻔했던 위기에서도 벗어났습니다. "너희 중 죄 없는 자부터 돌을 던져라"고 말한 것은 완벽한 해결책이었죠.

그런데 난데없이 한 여자가 성큼성큼 걸어옵니다. 손에 아주 큰 돌덩이를 들고서 말이죠. 그러더니 그 창녀에게로 가서 돌로 머리를 내려쳤고 그러자 그 창녀는 쓰러졌습니다. 예수는 방금 그 일을 한 여자를 물끄러미 바라보고는 이렇게 말했습니다. "어머니! 절 좀 가만 내버려두세요!"

아턴: 재밌는 농담이군요. 영성을 신주단지 모시듯이 너무 진지하게만 받아들이지 않는 당신의 태도가 마음에 들어요. 당시 제이가 종종 하곤 했

던 뜬금없는 농담을 오늘날 사람들이 들었다면 대부분 질겁할 거예요. 자, 그러면 당신이 하고 싶다던 이야기로 넘어갈까요?

개리: 《우주가 사라지다》의 온라인 토론 모임이 있는데, 거기에 질문이 하나 올라온 적 있어요. 일단 그 질문부터 읽고, 그다음에 우리 회원 중 한 분이 올린 대답을 읽어볼게요. 이 대답을 여기서 함께 다루고 싶은 이유는, 제가 그 사람의 대답에 동의하기 때문만은 아니에요. 이 사람의 대답은 제이에 대한 세상의 인식이 많이 바뀌었다는 사실과, 제이를 바라보는 새로운 방식을 잘 보여주고 있기 때문이에요. 어쨌든 제이는 깨달은 존재였고, 이제 사람들은 〈기적수업〉과 천6백 년 동안 잃어버린 줄로만 알았던 도마복음으로부터 그의 새로운 가르침을 받아들이고 있어요. 제가 인용할 글은 세상을 바라보는 새로운 방식에 초점을 두고 말하고 있어요. 이 글은, 교회가 싹 쓸어버렸던 초기복음들에 표현되어 있던 사상들 중 많은 부분에 상응하는 현대적인 글이라고 봅니다. 당신들은 어떻게 생각하세요?

아턴: 계속 말씀하세요.

개리: 알겠습니다. 자 먼저, 《우주가 사라지다》 온라인 토론 모임에 기독교 신자 한 분이 익명으로 올린 글을 읽어보겠습니다. 이렇게 올라와 있습니다.

"예수 그리스도의 복음이 곧 진리입니다. 그 복음이란 예수께서 당신의 십자가 죽음과 부활을 통해서 세상을 구원하기 위해 세상에 왔다는 것입니다.

그리스도는 신성한 진리라든지 무슨 비밀을 우리에게 나눠주려고 오신 것이 아닙니다. 그분은 우리가 구원받아 하나님과 함께 영원을 나눌 수 있도록 우리의 죄를 대신해서 죽으러 오신 것입니다.

저는 갑론을박하려고 이 글을 여기에 올리는 것이 아닙니다. 친척 중 한 분이 저에게 《우주가 사라지다》를 소개해주면서 읽어볼 것을 권해주셨습니다. 그래서 이 게시판까지 오게 된 것입니다."

자, 이게 끝이에요.
이게 제이를 바라보는 전형적인 기독교인의 관점이에요. 이 글을 올린 사람은 사도신경의 일부도 인용했더라고요. 자, 그럼 이번에는 이 글에 대해 로지에 반 블리싱겐Rogier F. van Vlissingen이 올린 답변을 읽어보겠습니다. 그는 《영적 경로로서의 복음》(The Gospel as a Spiritual Path)이라는 책의 저자인 동시에, 잰 윌렘 카이저Jan Willem Kaiser라는 네덜란드 영성 작가의 작품을 번역출간하는 일도 했습니다. 그 영어 번역서는 오픈 필드 북스Open Field Books 출판사에서 출간되었지요.

제가 로지에를 처음 만난 것은 맨해튼에서 처음으로 워크샵을 진행할 때였어요. 지금 로지에는 그리스어 성서를 영역하고 마가복음을 소개하는 글을 쓰고 있습니다. 그가 올린 글을 읽을 때, 거기에는 예수라 적힌 것을 저는 그냥 제이라고 읽겠습니다. 그에게서 이 글을 인용해도 된다는 허락을 받았어요. 저는 이 글이 우리 책이 나온 이래로 제가 줄곧 목격해온 놀라운 변화에 대해 잘 설명하고 있다고 봅니다. 자, 그럼 로지에가 올린 글을 읽어보겠습니다.

"안녕하세요. 사람들은 제이를 여러 가지 방식으로 경험하곤 합니다. 기독교 신앙에서는 제이를 나름의 방식으로 제시하고 있고, 그 설명이 당신에게 도움이 된다면, 계속해서 그 신앙을 유지해야 할 것입니다. 하지만 그 설명이 먹히지 않는 사람들도 꽤 많이 있답니다. 그래서 제 부모님도 제가 두 살 반 되던 해에 교회를 떠나셨습니다. 제 부모님이 깨달았던 것 중 하나는 ─ 그건 19세기 중엽 이후로 개신교 신학에 널리 퍼진 관점이기도 했는데 ─ 기독교 신앙이라는 것이 실은 바울의 창작물이지 제이의 가르침을 표현하는 것은 아니라는 점이었습니다. 그래서 저는 제이가 제 삶 속에 살아서 임재한다는 느낌 속에서 자랐습니다. 말하자면 우리는 '하나님의 돕는 손'인 제이에게 도움을 요청할 수 있었지요. 제이가 우리의 죄를 위해 죽었다는 건 저에게는 가당치도 않은 생각이었어요. 그 생각은 제이의 가르침에 반하는, 제이에 관한 신학일 뿐이었습니다.

그러다 저는 〈기적수업〉을 만났고, 거기서 제이는 십자가형의 의미에 대해 자세히 설명하고 있었습니다. 십자가형의 참뜻은 하나님의 아들이 우리의 죄를 위해 희생한 것이 '아니라' 그저 무한한 사랑에 대한 가르침이었다는 것이었습니다. 나는 〈기적수업〉의 제이가 제가 평생 찾아다니던 제이라는 것을 알 수 있었습니다. 그 책에는 심오한 통찰이 서려 있었습니다. 저는 평생 성서를 매우 전문적으로 연구해왔습니다. 기존에 번역된 성서에 의존하지 않기 위해서 구약성서도 히브리어로 공부하고 신약성서도 그리스어로 공부했습니다. 그리고 저는 항상 제이의 말에만 초점을 두었지, 다른 이들의 해석, 즉 바울이나 다른 사도들의 해석에는 별 관심을 두지 않았습니다. 신약성서에서도 나오듯이, 사도들이 제이의 가르침을 이해하려고 애를 쓰고는 있지만 그 의미를 명확히 이해한 것은 절대 아니라는 점이 저에게는 분명해 보였습니다. 바울이 보여주는 확신과 외견상의 명료함은 오히려, 다마스쿠스로 가던 길에 겪었던 자신의 경험에 대한 그의 뿌리 깊은 몰이해를 숨기려는 가면처럼 보였습니다. 그래서 제게는 바울이 언제나 극도로 미덥지 못한 인물처럼 보였습니다. 물론 그는 아름다운 구절도 썼습니다. 하지만 그러한 글조차도, 제이가 우리 죄를 위해 십자가에서 죽었다는 그의 해석은 말할 것도 없지만, 죄와 죄책감에 대한 증오의 틀 속에서 써졌습니다.

짧게 이야기하자면, 저에게 제이의 가르침은 통했지만 바울의 가르침은 통하지 않았다는 겁니다. 그런데 저는 〈기적수업〉과, 나중에 등장한《우주가 사라지다》에서 훗날 제이를 둘러싸고 형성된 신학과 무관한 제이의 목소리를 발견했습니다. 또 저는 공부를 시작했던 초기에 도마복음에 관해서도 알게 되었습니다. 도마복음에서 제이는 너무나도 분명한 비이원론의 관점에서 말하고 있었습니다. 그래서 바울신학이 도마복음과 조화를 맞추기에는 큰 어려움이 있었을 것입니다. 다른 복음서들과는 도마복음을 어떻게 읽느냐에 따라서 이러한 어려움이 상대적으로 적다고 볼 수도 있겠지만 말이죠. 그래서 교회는 도마복음이 다른 복음서들보다 늦게 나온 것이라고 입장을 정리했지만, 많은 학자들은 도마복음 내의 증거들을 검토하고는 도마복음이 오히려 다른 복음들보다 앞서 나온 것이라고 믿게 됐습니다. 도마복음은 아마 기원 후 50년 정도나, 혹은 바울의 편지나 다른 복음서들이 기록되기도 이전에 나온 것이라고 말이죠. 둘 중 어느 경우이든 간에, 도마복음은 거기에 실린 제이의 가르침이 후대에 등장한 바울신학과는 무관함을 보여주는 흥미로운 증거들을 제시하고 있습니다.

저에게만 엄밀히 한정해서 말하자면, 이것은 그럴듯한 말입니다. 그리고 초기 기독교의 아주 용의주도하고 조직적인 왜곡의 역사에 비추어 봐도 너무나 잘 이해되지요. 이러한 맥락에서 보면, 제이에게는 종교단체 같은 것을 만들어낼 의도가 전혀 없었던 것이 분명합니다. 오히려 그는, 형식상으로는 유대교 사회에 출현했지만, 보편적인 가르침을 전하는 영적 교사였지요. 이러한 관점에서 보자면, 기독교는 (2천 년 동안 역사를 지배할 운명이긴 했어도) 단지 제이의 가르침을 조직종교의 틀에다 묶어놓으려는 하나의 시도에 불과했습니다. 이런 방식으로 바라보면 제이를 달리 이해할 수 있는 또 다른 여지가 생깁니다. 일찍이 억압받고 파괴되고, 결국은 잊혀져간 다양한 형태의 기독교 교파들이 그것입니다. 그리고 오늘날의 〈기적수업〉이라는 살아 있는 전통과 《우주가 사라지다》도 그것입니다. 그리고 그 밖에도 많은 다른 교파들이 있습니다.

대체로 가장 좋은 건 자신이 받아들일 수 있는 것을 붙잡고 사는 것일 겁니다. 〈기적수업〉이라는 모델은 저에게 잘 맞습니다. 그리고 〈기적수업〉이 《우주가 사라지다》의 주제입니다. 이 게시판에서는 이 주제를 다루고 있습니다. 이 내용에 흥미가 가거든, 한 번 죽 읽어보세요. 별 흥미가 없다 해도 괜찮습니다. 여기에 있는 사람들 중에서, 기독교 2천 년의 내분과 분열의 역사를 조금이라도 반복하고 싶어하는 사람은 없습니다. 우리는 다만 문제에 대한 대안적인 관점에 초점을 둘 뿐이고, 그 관점은 〈기적수업〉에서 다시 제시되고 있습니다.

그리고 《우주가 사라지다》는, 〈기적수업〉에서 현대화된 형식으로 제시되고 있는 제이의 가르침과 도마복음의 핵심 가르침을 이어주는 다리를 제공함으로써 이 관점에 힘을 실어주고 있습니다. 이 내용은 아주 흥미로울 것입니다. 도마복음은 분명 바울신학과 편하게 들어맞지 않아서, 기성신학에 중요한 쟁점을 제기하고 있기 때문입니다. 최소한, 도마복음이 전통 기독교가 형성시켜온 제이에 대한 이해에 대해 다른 관점을 제시하고 있다는 결론은 내리실 수 있을 것입니다."

개리: 이 글이 저한테는 충분히 공감이 가요.
퍼사: 형제여, 그는 핵심을 제대로 짚고 있어요. 그리고 그의 글은 오늘 제가 '당신을' 위해 준비한 깜짝 선물에 대한 좋은 소개가 되었던 것 같아요.

도마복음의 말씀 중에서 3분의 2 정도만이 진짜고 나머지 3분의 1은 후대에 덧붙여진 것이라고 말씀드렸죠? 도마복음의 현재 판본에는 114개의 구절이 실려 있습니다. 그중 44개의 구절은 제가 인도에서 처형을 당한 후부터 이집트에서 도마복음 사본이 묻힐 때까지 3백 년 동안에 덧붙여진 내용입니다. 이번에는 도마복음의 여러 판에 대해서 따로 설명하지 않겠습니다. 후대에 삽입된 44개의 구절은 생략하고, 본래 도마복음에 있었던 70개의 구절만을 영어로 정확히 옮겨서 말하도록 하겠습니다. 성령의 사고체계의 도움을 받으면 사람들도 도마복음의 의미를 스스로 해석할 수 있습니다. 게다가 《우주가 사라지다》와 관련해서 여러 번 방문하는 동안에 사람들이 엉뚱한 길로 새지 않도록 도마복음의 22개 구절에 대해 풀이를 해준 것도 있으니 그걸 참고해도 됩니다.

전에 22개의 구절을 소개했을 때와 마찬가지로, 제 나름의 기준을 적용해서 당시 제이가 말했던 내용의 흐름에 가깝게 구절들을 읊도록 하겠습니다. 이 22개의 구절은 물론 오늘도 말씀드릴 것이지만, 풀이는 생략하도록 하겠습니다. 하지만 기억하세요. 그때 소개해드린 22개의 구절이 그나마 당신네 문화와 연관성이 높았다는 사실을요. 다른 구절들 중 일부는 매우 동양적이어서 서양인들이 보기에는 다소 이상하게 들릴 수도 있어요. 그렇더라도 이제 여러분은 어떤 기록을 읽든 간에 성령을 인도자로 삼아서 결국은 자기가 자신의 성직자요 해설자가 되어야만 합니다. 사실 이것은 자신의 본성인 영에게로 돌아가는, 또는 다시 영이 되는 과정의 일부입니다.

여기에 실린 말을 당장에 다 이해할 필요는 없어요. 그리고 물론 《기적수업》의 세 권과 《우주가 사라지다》 시리즈를 더욱 깊이 정독하는 것은 언제나 강력히 권장합니다. 이것이 제이가 자신의 메시지를 전달해주는 '오늘날의' 방식이거든요. 기억하세요. 제이는 사람들이 이해할 수 있고 받아들일 수 있도록 그 시대의 말과 상징으로써 말해야만 한다는 것을요. 그가 도마복음에서 이야기했을 때에는 그렇게 말해야 했던 나름의 이유가 있었어요. 그리고 오늘날은 〈수업〉에서 말하는 방식으로 말하고 있고, 또 우리는 이런저런 이유로 《우주가 사라지다》 시리즈를 통해서 그를 돕고 있는 것입니다. 제이는 〈수업〉에서 이렇게 말합니다. "**성령의 임무는 에고가 만든 것을 지우는 것이다. 성령은 에고가 작용하는 그 수준에서 그것을 지우는데, 그래야만 마음은 그 변화를 이해할 수 있을 것이다.**"(T79/T-5.Ⅲ.5:5-6) 그러므로 메시지의 내용, 즉 성령의 사랑은 변하지 '않지만' 메시지의 형태는 '변하기' 마련입니다. 또 도마복음과 〈기적수업〉의 메시지는 순수 비이원론에 입각해 있기 때문에, 분리된 세상과 그것을 믿고 있는 자들을 묘사하기 위해 은유적 표현이 사용되더라도 항상 이 점을 염두에 두고 두 메시지를 바라봐야 합니다.

이것은 현재의 도마복음 중에서 제가 개인적으로 얼마든지 보증할 수 있는 70개의 정확한 말씀, 곧 로기아^{logia}* 입니다. 원한다면 이것을 나그함마디 판과 구별하기 위해서 '퍼사의 도마복음'이라 불러도 좋습니다. 이것이 2천 년 전의 이슈아** 입니다. 물론 당시의 언어는 아람어였기 때문에 제이의 말을 백 퍼센트 그대로 옮길 수는 없겠지만, 원문에 최대한 가까운 영어로 옮겨서 말하겠습니다. 잘 음미하시기를 바랍니다.

오늘날 들을 귀 있는 사람들이 제이의 말을 재음미하는 것을 지켜보는 것은 큰 즐거움입니다. 2천 년 전에는 이 말씀을 나누는 것이 쉬운 일이 아니었지요. 하지만 시간은 존재하지 않으니 그것도 중요한 문제가 아닙니다.

---

* 성경에는 수록되지 않았지만 예수의 말로 추정되는 말을 가리킨다.
** 제이(예수)의 본래 아람어식 이름.

본래 도마복음에는 번호가 매겨져 있지 않지만 혹시 사람들이 이 개정판을 다른 판본이나 번역본들과 비교해보고 싶어할 경우를 위해서, 오늘날 번호가 매겨져 있는 도마복음의 번호를 사용해서 말하겠습니다. 후대에 다른 이들에 의해 덧붙여진 구절들은 생략하고 건너뛰도록 하겠습니다. 혹시 이 70개의 구절에 다시 번호를 매기고 싶은 사람이 있다면 얼마든지 그렇게 해도 됩니다.

콥트어로 쓰인 나그함마디 판의 6번과 14번 구절은 합쳤습니다. 두 구절은 시간이 지나면서 다른 내용과 섞이긴 했지만 본래는 한 구절이었기 때문입니다. 13번 구절에서 사실 저는 일인칭으로 말하지 않았습니다. 당시 그 말을 할 때 제이는 저한테만 말한 것이 아니라 다른 사람들과 이야기하던 중이었거든요. 또 나그함마디 판에 실린 마지막 114번 구절에서는 여자를 남자로 만들어야만 여자가 왕국에 들어갈 수 있다고 말합니다. 분명히 밝히지만, 이 구절은 후대에 덧붙여진 내용이고 앞의 구절들과 극단적으로 상충되는 내용이기 때문에 이 말을 진짜인 줄로 알고 진지하게 받아들이는 사람은 없으리라 봅니다.

덧붙이자면, 오늘 밤 제가 영어로 일러드릴 이 도마복음을 아람어로 잘 옮기기만 한다면, 이 아람어 번역은 현존하는 복음 중에서 제이가 아람어로 실제로 했던 말만 간직한 유일하고도 완전한 복음이 될 것입니다. 이것은 그 당시 제이가 실제로 했던 말일 '뿐만 아니라' 도마복음 중에서도 진짜인 것들입니다. 제이가 육신 속에 있는 것처럼 보였던 마지막 몇 해 동안 제이가 했던 모든 유익한 말들을 이해하려면 더욱 많은 설명이 필요할 겁니다.

나는 도마복음에 실렸던 제이의 말을 나의 환생으로 하여금 정확히 기록하게 하는 이 일을 내 임무의 완수로 받아들입니다. 내가 2천 년 전에 기록했던 제이의 말을, 이제 당신이 다시 기록하는 겁니다. 이렇게 해서 이 복음은 바로잡혀서 본래의 형태대로 전해질 것입니다.

주: 아래의 제목은 내가 삽입한 것이다. 여기에 실린 70개의 구절은 모두 퍼사가 말한 것이며, 정확성을 기하기 위해 모든 내용은 녹음되었다.

퍼사의 도마복음

이것은 살아 있는 제이가 말했고, 디디무스 유다 도마가 기록한 숨겨진 말씀이다.

1. 그리고 그는 말했다. "이 말들의 의미를 깨닫는 자, 아무도 죽음을 맛보지 않을 것이다."

2. 제이는 말했다. "구하는 자는 찾을 때까지 구하기를 멈춰서는 안 된다. 그것을 찾으면 그들은 혼란스러울 것이다. 혼란해질 때 그들은 경탄할 것이요, 그들이 모든 것을 지배하게 될 것이다."

3. 제이는 말했다. "만약 네 교사들이 너에게, '보아라. 신의 신성한 법칙(God's Divine Rule)은 하늘에 있다'고 말한다면, 새들이 너를 앞설 것이다. 만

약 그들이 너에게 '신의 신성한 법칙은 바다에 있다'고 말한다면, 물고기들이 너를 앞설 것이다. 하지만 신의 신성한 법칙은 너의 내부에 있고 너는 모든 곳에 있다. 네가 너를 알 때, 너는 알려질 것이며, 우리가 하나임을 이해하게 될 것이다. 그러나 네가 너를 알지 못한다면, 너는 궁핍 속에 살고 있는 것이며, 네가 곧 궁핍이다."

4. 제이는 말했다. "오래 산 자라도 어린아이에게 생명의 의미를 묻기를 주저해서는 안 되며, 그러면 그는 살 것이다. 맨 앞의 많은 이들이 마지막 번이 되어, 그들은 단일한 하나가 될 것이므로."

5. 너의 면전에 있는 것을 알라. 그러면 너에게서 감추어진 것이 드러날 것이다. 감춰진 것 중에서 장차 드러나지 않을 것은 아무것도 없기 때문이다.

6. 제자들이 그에게 물었다. "당신은 저희가 단식하길 원하십니까? 기도는 어떻게 해야 합니까? 자선을 베풀어야 합니까? 어떤 식단을 준수해야 합니까?" 제이는 말했다. "어느 지역을 가든지 변두리로 가라. 그러면 사람들이 너를 안으로 들일 것이고, 그들이 대접하는 것을 먹어라. 아무리 해도 네 입으로 들어가는 것이 너를 더럽히지는 않는다. 오히려 네 입에서 나오는 것이 너를 드러낸다."

8. 제이는 말했다. "현명한 어부가 바다에 그물을 던졌다. 그물을 끌어올렸더니 그물은 작은 고기들로 가득했다. 그중에서 그는 커다랗고 맛좋은 고기를 발견했다. 그는 나머지 작은 고기들은 모두 바다로 도로 던지고 큰 고기만 남겨두었다. 누구든 귀가 멀쩡하다면 잘 새겨들어라."

9. 제이는 말했다. "보아라. 씨 뿌리는 자가 밖에 나가 씨앗을 한 줌 쥐어 흩뿌렸다. 어떤 것들은 길 위에 떨어졌고, 그러자 새들이 와서 그것들을 먹었다. 또 어떤 것들은 바위 위에 떨어져서 뿌리를 내리지 못했고, 알곡을 내지 못했다. 또 어떤 것들은 가시덤불 위에 떨어졌고, 가시덤불은 씨앗을 시들게 했고, 벌레들이 그 씨앗을 먹었다. 그런데 어떤 것들은 좋은 땅에 떨어져서 알곡을 풍성히 맺었다. 그것은 육십 배, 백이십 배나 수확을 냈다."

11. 죽은 자들은 살아 있지 않으며, 살아 있는 자들은 죽지 않을 것이다.

13. 제이는 제자들에게 말했다. "나를 뭔가에 견주어 내가 무엇과 같은지 말해보라." 시몬 베드로는 이렇게 말했다. "당신은 공평무사한 천사 같습니다." 마태오는 이렇게 말했다. "당신은 지혜의 교사 같습니다." 도마는 이렇게 말했다. "스승님, 제 입으로는 당신이 무엇과 같은지를 도저히 말할 수가 없습니다." 그러자 제이는 그를 데리고 물러나서 세 가지 이야기를 그에게 해주었다. 도마가 그의 친구들에게로 돌아오자 그들이 그에게 물었다. "제이가 너에게 뭐라고 말했는가?" 도마는 그들에게 말하였다. "그가 나에게 들려준 이야기 중 하나라도 너희에게 말한다면, 너희는 돌을 들어 나에게 던질 것인데, 그러면 그 돌로부터 불이 나와 너희를 몽땅 태워버릴 것이다."•

17. 제이는 말했다. "나는 너희에게, 어떤 눈도 본 적 없고 어떤 귀도 들은 적 없고 어떤 손도 만진 적 없고 사람의 가슴에서 일어난 적이 없는 것을

• 《우주가 사라지다》 2장에, 예수가 도마에게 따로 전한 세 가지 이야기가 나와 있다.

주겠다."

18. 추종자들이 제이에게 말했다. "우리의 끝이 어떠할지를 말씀해주십시오." 그는 이렇게 말했다. "너희가 끝을 찾고 있는 것을 보니 시작을 발견하였느냐? 시작이 있는 곳에 끝이 있을 것이기 때문이다. 시작에 서 있는 자 복되다. 그는 끝을 알 것이고 죽음을 맛보지 않을 것이다."

20. 제자들이 제이에게 말했다. "신의 신성한 법칙이 어떠한지를 말씀해주십시오." 그는 그들에게 이렇게 말했다. "그것은 겨자씨와 같다. 그것은 모든 씨 중에서 가장 작지만, 준비된 토양에 떨어지면 그것은 큰 나무로 자라나서 하늘의 새들에게 쉼터가 된다."

22. 네가 둘을 하나로 만들면, 그리하여 안을 밖과 같이, 밖을 안과 같이, 위를 아래와 같이 만들면, 그리고 남자와 여자를 하나로 만들어 남자가 남자가 아니고 여자가 여자가 아니게 만들면… 너는 왕국(Kingdom)에 들어서리라.

23. 나는 천으로부터 하나를, 만으로부터 둘을 골라 너희를 택할 것이요, 그러면 그들은 단 하나로서 서 있을 것이다.

24. 제자들이 말했다. "당신이 계신 곳을 우리가 찾아야 할 테니, 그곳이 어딘지 가르쳐주십시오." 그가 말했다. "들을 귀 있는 자는 잘 들어두어라! 빛의 사람 안에는 빛이 있어서 그것이 온 세상을 비춘다. 그것이 빛을 내지 않으면 어두울지니."

26. 너는 네 형제의 눈에 들어 있는 티끌은 보면서 네 눈에 들어 있는 홍두깨는 보지 못한다. 네 눈에서 홍두깨를 빼내면 네 형제의 눈에서 티끌을 빼내줄 만큼 눈이 밝아질 것이다.

28. 나는 세상 속에 서서 세상 모두가 취해 있는 것을 보았으나, 목말라 하는 자는 찾지 못했다. 그들은 빈손으로 세상에 왔고 빈손으로 세상을 떠나고자 한다. 하지만 그러는 내내 취해 있으니, 술을 떨쳐내면 그들도 눈을 뜨리라.

31. 예언자는 고향에서 인정받지 못하고 의사는 아는 이들을 치료해주지 못한다.

32. 제이는 말했다. "높은 산 위에 요새처럼 세워진 도시는 함락되지도 않고 숨겨지지도 않는다."

34. 제이는 말했다. "눈먼 이가 눈먼 이를 인도하면 둘 다 구덩이에 빠질 것이다."

36. 아침부터 밤까지, 밤부터 아침까지, 무엇을 입을지 걱정하지 말라. 백합들은 수고도 길쌈도 하지 않는다.

37. 네가 죄책감 없이 네 옷을 벗을 수 있다면, 그리고 그 옷을 네 발 아래에 두고 어린아이처럼 짓밟는다면, 그러면 너는 살아 계신 이의 아들을 볼 것이고, 너는 두렵지 않을 것이다.

40. 포도나무가 아버지(Father)의 바깥에 심어졌으나, 그것은 강하지 않기에 뿌리 뽑혀 사라질 것이다.

41. 제이는 말했다. "수중에 뭔가를 지닌 자는 누구든 더 받게 될 것이며, 아무것도 없는 자는 누구든 자신이 갖고 있는 얼마 안 되는 것조차 빼앗길 것이다."

42. 지나가는 자가 되어라.

45. 포도를 가시나무에서 수확할 수 없고, 무화과를 엉겅퀴에서 딸 수도 없다.

47. 한 사람이 동시에 두 마리의 말을 타거나 두 개의 활을 구부릴 수는 없다. 그리고 한 하인이 두 주인을 동시에 섬길 수 없으니, 그렇게 하면 그 하인은 한 주인은 존경하되 다른 주인은 공격할 것이다. 해묵은 포도주를 마신 이가 이내 새 포도주를 마시고 싶어하지는 않는다. 새 포도주를 오래된 부대에다 부어서는 안 될 것이니, 그러면 부대가 터질 수 있고, 오래된 포도주를 새로운 부대에다 부어서도 안 될 것이니, 그러면 오래된 포도주의 맛이 상할 것이다. 낡은 헝겊조각으로 새 옷을 기워서는 안 될 것이니, 그러면 그로 인해 옷이 찢어질 것이기 때문이다.

48. 제이는 말했다. "두 사람이 한 집 안에서 서로 평화를 이룩한다면, 그들이 산에게 '이리로 움직여라!'라고 말하면 과연 움직일 것이다."

49. 홀로 있는 자들과 선택된 자들은 복되나니, 너희는 왕국을 발견할 것이기 때문이다. 너희는 왕국에서 왔기에 다시 그리로 돌아갈 것이다.

51. 제자들이 그에게 말했다. "죽은 자들을 위한 안식이 언제 일어나겠습니까? 그리고 새로운 세상은 언제 오겠습니까?" 그는 이렇게 말했다. "너희가 고대하고 있는 그것은 이미 와 있으나, 너희가 모를 뿐이다."

52. 제자들이 그에게 말하였다. "스물네 명의 예언자들이 이스라엘에서 말하였는데, 그들 모두는 당신에 대해 말했습니다." 그는 그들에게 이렇게 말했다. "너희는 너희 안에 있는 살아 계신 이는 무시하면서 죽은 자들에 대해서만 말해왔다."

54. 가난한 자들은 복되나니, 아버지의 왕국이 너희 것이기 때문이다.

56. 이 세상을 이해하게 된 자는 그저 시체 한 구만을 발견했을 뿐이며, 그 시체를 발견한 자에게 세상은 더 이상 가치가 없다.

57. 신의 신성한 법칙은 좋은 종자를 갖고 있던 사람과도 같다. 그의 경쟁자가 밤새 와서는 좋은 씨앗 사이에 잡초 씨를 뿌렸다. 그러나 그는 일꾼들이 잡초를 뽑아내지 못하게 하며 이렇게 말했다. "그러지 말라. 잡초를 뽑다가 밀도 같이 뽑아버릴지도 모른다. 추수 날이 되면 잡초가 뚜렷하게 보일 테니 그때 뽑아내서 태워버릴 것이다."

58. 제이는 말했다. "용서하여 생명을 찾은 자는 축하받을지라."

59. 너는 살아 있는 동안 살아계신 이(the living One)에게 시선을 고정하라. 그러지 않으면 죽고 나서 살아계신 이를 보려고 애를 써도 볼 수 없을 것이다.

61. 나는 온전한 것으로부터 나온 자이다. 나는 내 아버지의 것들로부터 받았다. 그러므로 내 말하노니, 온전한 자는 빛으로 채워질 것이나, 분열된 자는 어둠으로 채워질 것이다.

62. 제이는 말했다. "나는 나의 비전秘傳을 볼 준비가 된 이들에게 내 비전을 보여준다. 네 오른손이 하고 있는 일을 네 왼손이 알게 하지 말라."

63. 돈이 많은 부자가 있었다. 그는 말했다. "씨 뿌리고 심고 거둬들여 내 창고를 수확물로 가득 채울 수 있도록 내 돈을 투자해야겠다. 그러면 나는 그 무엇도 부족함이 없으리라." 이것이 그가 품었던 생각이지만 그날 밤에 그는 죽어버렸다.

66. 제이는 말했다. "집 짓는 이들이 버린 돌을 보여다오. 그것이 주춧돌이니라."

67. 제이는 말했다. "모든 것을 알고 있으면서도 내면이 궁핍한 자들은 실로 궁핍하다."

70. 제이는 말했다. "네 안에 있는 것을 꺼내놓을 수 있다면 네가 가진 그것이 너를 구해주리라. 네 안에 그것이 없다면 네 안에 없는 그것이 너를 죽

이리라."

72. 한 사람이 그에게 말했다. "제 형제들에게 말해서 제 아버지의 재산을 저에게도 나누어주라고(divide) 하십시오." 그는 그 사람에게 말했다. "형제여, 누가 나를 분열시키는 자(divider)라 하더냐?" 그는 제자들을 향하더니 말했다. "나는 분열시키는 자가 아니다. 그렇지 않느냐?"

75. 제이는 말했다. "많은 사람이 문간에 서 있지만 혼자인 이들만이 신혼방에 들어갈 것이다."

76. 제이는 말했다. "신의 신성한 법칙은 많은 상품을 갖고 있는데 진주 한 알을 발견한 상인과도 같다. 그 상인은 신중했다. 그는 다른 물건은 팔고 그 진주 한 알은 사서 자기가 가졌다. 이는 너희에게도 마찬가지이니, 벌레도 파괴하지 못하고 나방이 먹으러 오지도 않는 곳에서 오래도록 상하지도 없어지지도 않는 보물을 찾으라."

79. 군중 속에서 한 여자가 그에게 말했다. "당신을 낳은 자궁과 당신을 젖먹인 가슴은 복도 많습니다." 제이는 그녀에게 말했다. "아버지의 말씀을 듣고 그것을 진실되게 지켜온 자들이 복되도다. 임신을 하지 않은 자궁과 젖을 주지 않은 가슴이 운이 좋다고 네가 말하게 될 때가 올 테니."

80. 제이는 말했다. "이 세상을 이해하게 된 이들은 모두가 육신을 발견했으니, 육신을 발견한 이들에게 세상은 더 이상 가치가 없다."

85. 제이는 말했다. "아담은 큰 권능과 큰 부로부터 나왔다. 그러나 그는 너만큼의 가치도 없었다. 그가 너만큼 가치가 있었다면 죽음을 맛보지 않았을 테니까."

86. 제이는 말했다. "여우도 자기 굴이 있고 새도 자기 둥지가 있지만, 인간은 누워 쉴 곳이 없다."

87. 제이는 말했다. "다른 육신에 의존하는 육신은 얼마나 비참한가. 그리고 이 두 가지에 의존하는 영혼은 또 얼마나 비참한가."

88. 제이는 말했다. "사자와 예언자들이 와서 너희에게 속한 것을 너희에게 줄 것이다. 너희는 그 답례로 너희가 갖고 있는 것을 그들에게 주고, 혼자 이렇게 말할 것이다. '그들은 자신들에게 속한 것을 언제 가지러 올 것인가?'"

89. 제이는 말했다. "왜 너희는 컵의 바깥쪽을 닦느냐? 안을 만든 이가 바깥도 만든 이라는 것을 알지 못하느냐?"

90. 제이는 말했다. "내게로 오라. 내 멍에는 편하고 내 주권은 온유하니, 너희 자신을 위한 안식을 발견할 것이다."

91. 그들은 그에게 말하였다. "당신이 누구인지를 말해주십시오. 우리가 당신을 믿을 수 있도록 말입니다." 그는 그들에게 이렇게 말하였다. "너희는 하늘과 땅의 표면은 살피면서 너희 존재 안에 있는 이는 알아보지 못했

다. 그리고 너희는 현재의 순간을 살피는 방법도 모르고 있다."

92. 제이는 말했다. "찾으라, 그리하면 발견할 것이다. 전에 너희가 내게 물었을 때 나는 그것을 말해주지 않았다. 이제는 내가 그것을 기꺼이 이야기하려 하나, 정작 너희는 그것을 찾고 있지 않다."

94. 제이는 말했다. "찾는 자는 발견할 것이다. 그리고 두드리는 자에게 그것은 열릴 것이다."

95. 제이는 말했다. "너에게 돈이 있거든, 이자를 불리기 위해 빌려주지 말라. 오히려, 그것을 갚지 못할 누군가에게 주어라."

96. 제이는 말했다. "신의 신성한 법칙은 한 여인과도 같다. 그녀는 누룩을 조금 가져다 반죽 속에 숨겼고, 그것을 커다란 빵 덩어리 여럿으로 만들었다. 누구든 귀가 멀쩡하다면 잘 새겨들어라."

97. 제이는 말했다. "신의 신성한 법칙은 곡식이 가득한 단지를 이고 가는 한 여인과 같다. 그녀가 먼 길을 걷는 동안 단지의 손잡이가 부러졌고, 곡식이 그녀 뒤로 길 위에 계속해서 새어나왔다. 그러나 그녀는 그것을 몰랐다. 그녀는 문제를 알아차리지 못했다. 그녀는 집에 도착해서 단지를 내려놓고서야 비로소 그것이 비어 있는 것을 발견했다."

99. 제자들이 그에게 말했다. "당신의 형제들과 어머니가 바깥에 서 있습니다." 그는 그들에게 이렇게 말했다. "내 아버지께서 바라는 일을 하는 여

기에 있는 이들이 내 형제들이고 내 어머니다. 이들이 아버지의 왕국에 들어갈 이들이다."

100. 그들은 제이에게 금전 한 닢을 보여주면서 말했다. "로마제국의 사람들이 우리에게 세금을 요구합니다." 그는 그들에게 이렇게 말했다. "황제에게 속한 것은 황제에게 주어라. 신에게 속해 있는 것은 신에게 주어라."

103. 제이는 말했다. "역모자들이 어디로 공격해올지를 아는 이들은 축하받을지니, 그들은 일에 착수하여 자신들의 신성한(Divine) 자원을 동원할 수 있으며, 만반의 태세로 역모자들을 기다릴 수 있다."

106. 제이는 말했다. "너희가 둘을 하나로 만들 때, 너희는 아담의 후예가 될 것이며, 그러면 너희가 '산이여, 여기서 물러나라'고 말하면 산이 움직일 것이다."

107. 제이는 말했다. "신의 신성한 법칙은 백 마리의 양을 갖고 있는 한 목자와 같다. 그들 중 하나, 가장 큰 양이 길을 잃었다. 그는 아흔아홉 마리는 남겨두고 그 한 마리를 발견할 때까지 찾아다녔다. 힘들여 찾아내고 나서, 그는 그 양에게 말했다 '나는 나머지 아흔아홉 마리보다 너를 더 사랑한단다.'"

108. 제이는 말했다. "내 입으로부터 마시는 자는 누구나 나처럼 될 것이다. 내가 몸소 그 사람이 될 것이며, 그러면 숨겨진 것들이 그 사람에게 드

러날 것이다."

109.　제이는 말했다. "신의 신성한 법칙은 자신의 밭에 보물이 숨겨져 있었으나 그것을 몰랐던 사람과도 같다. 그가 죽었을 때 그는 그것을 자신의 아들에게 남겨주었다. 아들 역시 보물에 대해 알지 못했다. 아들은 밭을 상속받아서는 그것을 팔아버렸다. 땅을 산 이가 쟁기질을 하다가 보물을 발견했고, 그는 자신이 원하는 누구에게나 이자를 받고 돈을 빌려주기 시작했다."

110.　제이는 말했다. "세상을 발견하고 부유해진 이로 하여금 세상을 단념하게 하라."

111.　제이는 말했다. "하늘들(the Heavens)과 땅이 너희 앞에서 둥그렇게 말릴 터이나, 살아계신 이와 함께 살고 있는 자는 누구든 죽음을 보지 않을 것이다. '자기 자신을 발견한 이에게 세상은 가치가 없다'고 내 말하지 않았더냐?"

113.　제자들이 그에게 물었다. "왕국이 언제 오겠습니까?" 그는 말했다. "노심초사 지켜본다고 해서 왕국이 오지는 않을 것이다. '여기를 보라' 또는 '저기를 보라'고 말하게 될 일도 없을 것이다. 아니, 아버지의 왕국은 땅 위에 퍼져 있으나 사람들이 그것을 보지 못한다."

주: 우리는 몇 분 동안 아무 말 없이 앉아 있었다. 모든 것을 초월한 기분이었다. 잠시 후에 내가 말문을 열었다.

개리: 와, 퍼사. 정말 대단했어요. 당신의 말은 내 가슴을 파고들어왔어요. 이제 이 모든 흐름이 훨씬 더 잘 이해가 돼요. 나는 제이가 그 말을 하고 있는 모습을 떠올릴 수 있었어요. 내가 제이의 음성(Voice)을 실제로 처음 들었을 때, 그는 당신이 거의 끝 부분인 110번 구절에서 했던 말을 해주었어요. 나중이 돼서야 그가 왜 그랬는지를 깨달을 수 있었어요. 그는 훨씬 더 깊은 수준에서 나에게 자신을 다시 소개하고 있었던 것이었어요.

질문이 있어요. 당신의 복음을 듣다가 당신의 복음이 좀 수정되었다는 것을 방금 알아차렸어요. 복음에 실린 구절의 일부가 좀더 짧아진 것처럼 들리던데요.

퍼사: 후대에 덧붙여진 구절이 있는가 하면 이미 있던 구절에 가필된 경우도 있었거든요. 그런 것들도 빼버렸지요. 그리고 오늘 들려준 구절 중 두 개는 지난번에 들려주었을 때보다 문장이 길었을 거예요. 나는 당신에게 말씀 전체를 '빼놓지 않고' 다 들려주었거든요.

개리: 그런데 왜 지난번에는 그러지 않으셨어요?

퍼사: 대개는 그렇게 했어요. 하지만 그때에는 도마복음의 분위기를 맛보게 하는 것이 목적이었고, 오늘의 목적은 본래의 도마복음 '전부를' 전해주는 것이었기 때문이죠.

개리: 아, 그렇군요. 고마워요.

퍼사: 이제 당신은 도마복음의 올바른 판을 '다시' 전해주어야겠군요. '그에 대해' 나도 고마움을 표하고 싶어요.

개리: 저도 좋은 일인데요, 뭐.

아턴: 자, 이쯤에서 잠시 사라지는 게 좋겠군요. 우리가 사라진 것처럼 보이는 동안 당신이 해야 할 일을 못 찾아 빈둥대는 일은 없겠죠?

개리: 그럼요, 뭐 하고 놀지는 이미 다 생각해뒀답니다.

아턴: 오늘부터 5일 후인 크리스마스 다음날에 끔찍한 자연재해가 일어날 거예요. 참고로, 방금 사용한 자연(natural)이란 말은 느슨한 의미로 사용한 겁니다. 이번에는 에고도 이 일이 크리스마스 날에 일어나게 할 만큼 못되게 굴지는 않을 겁니다. 그래서 그 다음날 일어날 거예요. 이 일로 영향을 받을 사람들은 대부분 기독교인이 아니지만, 기독교권 국가에서는 이 재해를 지켜보게 될 것입니다. 그래서 제가 굳이 크리스마스라는 휴일을 언급한 것이고요. 이 재해를 계기로 해서, 신은 이 세상과 아무 관련도 없다는 것을 가르치세요. 그리고 진정한 신은 두려움의 신이 아니라 사랑의 신이라는 것도요.

두 달 뒤에 다시 찾아올게요. 당신이 용서를 계속 연습해 나가리라는 것도 우린 잘 알고 있어요.

개리: 사랑해요.

퍼사: 우리도 당신을 사랑해요.

주: 다시 내 소파는 비워졌다. 닷새 후에 역사상 가장 강력한 지진 중 하나가 인도양에서 일어나 쓰나미를 일으켰고, 이로 인해 20만 내지 30만 명이 사망했다. 다른 자연재해들과 마찬가지로, 처음에는 이것이 얼마나 심각한 상황인지를 몰랐다. 하지만 시간이 지나면서 그 해안은 유명해졌다. 피해를 입게 될 대부분의 사람들이 기독교인은 아닐 거라는 아턴의 말을 듣자마자 다가올 자연재해에 대한 걱정을 내려놓는 내 모습은 흥미로웠다. 멀리 떨어진 곳에서 일어날 거라고 생

각하자 덜 위협적으로 느껴진 것이다. 미국에서 우리는 자국민의 목숨만을 '매우' 중요하게 헤아리곤 한다. 특정 육신이 다른 육신에 비해 갖고 있는 것처럼 보이는 '특별성'은 모든 종류의 사건과 상황과 인간관계에서 제 몫을 충분히 다하고 있었다.

그렇다고 해서 그 일이 일어난 후 내가 거기에 아무런 관심도 기울이지 않았다는 것은 아니다. 물론 그들이 '염려되었다.' 하지만 나는 이제껏 배워온 가르침 덕분에 내가 이번 쓰나미를 대부분의 사람들과는 다른 방식으로 경험하고 있음을 깨달았다. 그렇다고 해서 내가 사람들과 '다른 행동을' 했다는 것은 아니다. 구호금을 보내고 도와주는 것은 옳다고 느꼈다. 그러나 그렇게 하는 와중에도, 내가 보고 있는 것은 내가 투사하는 꿈임을 자각하고 있는 뚜렷한 나의 일부가 있었다. 세상이란 없었다. 오직 세상에 대한 꿈만 있었을 뿐이며, 나는 쓰나미의 덫에 걸린 사람들을 육신이 아니라 그들의 본모습인 완벽한 영으로 더욱 분명하게 인식할 수 있었다. 육신의 눈이 나에게 보여주는 듯한 모습은 분리의 꿈이었으며, 나는 자신이 거기에 있다고 생각하는 한 에고였다. 이것은 '나의' 꿈이었다. 그리고 이 꿈의 목적은 내가 육신이라고 생각하게 만들기 위한 것이었다. 쓰나미의 피해자들이 육신이라면 나 역시 육신일 것이기 때문이었다.

나는 이번 해는 지난해보다 훨씬 더 바빠지리라는 예감을 느끼면서 새해를 시작했다. 하지만 어쩐지 그건 별로 중요하게 느껴지지 않았다. 매번 달랐던 해들이 이제는 다 똑같아져버렸다. 그 해들은 모두 진짜가 아니었으며, 바로 그 깨달음 아래에 해방이, 자유가 있었다.

8
미래 들여다보기 — 2부·

에고는 위험을 당할 일이 없다. 왜냐하면 신은 그것을 창조하지 않았으므로.
영은 위험을 당할 일이 없다. 왜냐하면 그것은 신이 창조했으므로.

(T54 / T-4.I.7:8-9)

    2개월이 지나자 《우주가 사라지다》는 훨씬 더 많이 알려지게 되었다. 그리고 이제 나는 아침에 눈을 뜰 때부터 자리에 누울 때까지 갖가지 일정을 다 소화해야 했다. 일반인들은 유명한 작가들이 평소에 하는 일의 대부분을 거의 모른다는 점이 내게는 흥미로웠다. 일단 글쓰기는 기본이다. (내 경우에는 책에 대한 해설, 이런저런 기고문, 그리고 그 밖의 글들이 그것이다.) 그리고 이메일과 전화를 주고받고, 일정을 조율하고, 여행을 다니고, 강연을 하고, 책을 홍보하고, 잡지나 라디오에서 인터뷰를 하고(대부분은 녹음방송이다), 사람들을 만나고, 강연과 워크샵 준비를 하는 등등. 이것 말고도 다른 여러 가지 일들이 막후에서 이루어진다. 작가가 강연이나 워크샵이나 책 사인회나 대중매체 출연 등에 나설 때에야 비로소 사람들은 실제로 그를 보게 되는 것이다.

    이런 일정의 대부분은 즐거웠지만, 그 와중에도 용서의 기회는 언제나

• 《우주가 사라지다》 15장에 〈미래를 들여다보기〉 1부가 있다.

찾아오곤 했다. 여행을 다니다 보면 종종 사람들에게서 공격적인 발언을 듣게 된다. 그런데 그들이 책에 대해 하는 말을 들어보면 그들이 잘못 알고 있는 경우가 허다했다. 그렇다고 불만이었던 건 아니다. 좋은 일과 나쁜 일은 항상 함께 찾아오는 법이니까. 책이 성공하지 않았다면 칭찬이든 험담이든 책에 대해 이야기하는 사람조차 없었을 것이다. 하지만 사람들이 명백히 사실이 아닌 얘기를 할 때는 되받아주지 않고 지나치기가 힘들었다. 그들이 사람들에게 그릇된 정보를 알리는데, 나도 이에 맞서 정확한 정보를 제공해야만 하지 않는지 고민이 되기 시작했다. 특히 인터넷에서는 누구든 자기 멋대로 그릇된 정보를 제시하고 공론화시킬 수 있었기에 더욱 고민이 되었다.

이것은 처리하기 힘든 문제였다. 아턴은 나에게 인터넷에서 일어나는 일들을 용서하라고 이미 말했었지만, 우리의 책에 대한 거짓말이 사람들에게 사실인 양 제시되는 모습을 가만히 지켜보고 있기란 매우 어려운 일이었다. 그리고 아턴과 퍼사가 《우주가 사라지다》와 관련해서 방문한 기간 동안 그들이 말했던 내용에 관해서 내 신경을 박박 긁는 질문도 두어 가지 생겼다. 또 그것이 환영이든 어떻든 간에, 난 개인적으로 이 행성의 미래에 대해서도 더 알고 싶어졌다. 내 스승들이 나타났을 때, 난 이 주제들에 대해서 질문하기로 마음먹었다.

퍼사: 형제여, 잘 지냈어요?
개리: 너무 잘 지내 탈이죠. 이 누추한 곳까지 와주셔서 고맙습니다.
퍼사: 근사하기만 한데요 뭘.
아턴: 맞아요. 이번 책 제목 좀 생각해봤나요?
개리: 넵!

아턴: 속는 셈 치고 물어보죠. 뭐에요?

개리: 이번 책 제목은 《술은 답을 알고 있다》*로 하려고요.

아턴: 나쁘진 않네요. 하지만 그 제목은 아닙니다. 신과의 합일을 계속 유지하세요. 그러면 제목이 떠오를 거예요.

개리: 네. 첫 번째 질문이요. 어떤 사람이 인터넷에서, 저나 우리 책이나 우리의 작업과 관련된 것에 대해서 부정확한 정보를 사실인 양 떠들고 다닐 때, 저는 어떻게 해야 하죠? 그냥 수수방관해야 하나요?

아턴: 전에 말했듯이, 일단은 용서부터 하세요. 그런데 이젠 뭔가를 더 해야 할 시점이긴 해요. 하지만 '항상' 용서하라는 점만은 변함없어요. 용서를 하고 난 후에 어떤 조치가 필요하다고 느끼거든, 성령에게 혹시 당신이 해야 할 일이 있는지를 '항상' 물어보세요. 기억하세요. 성령은 이 세상에서 아무것도 하지 않습니다. '아무것도요.'

> 용서를 하고 난 후에 어떤 조치가 필요하다고 느끼거든, 성령에게 혹시 당신이 해야 할 일이 있는지를 '항상' 물어보세요.

하지만 당신이 해야 할 일에 관해서 성령이 당신에게 '영감을 줄 수는' 있습니다.

개리: 음. 주먹구구식으로 말하자면 성령이 당신을 위해서 주차공간을 만들어내지는 않지만 당신이 주차공간을 찾도록 '영감을 줄 수는' 있다는 말이군요.

아턴: 네, 표현력이 좋군요. 정확히 잘 말했어요. 중요한 것은 성령을 책

---

* 베스트셀러 《물은 답을 알고 있다》(The Hidden Messages in Water) 원제의 Water를 Beer로 패러디해서 말함.

임자로 세움으로써 당신은 분리의 생각을 강화시키는 것이 아니라 지우게 된다는 것이랍니다.

개리: 정리하면, "용서하라. 그리고 물어보라"는 거군요.

퍼사: 네, 그럴 여유가 될 때는 말이죠. 그런데 때로는 긴박한 상황이어서 도움을 청할 시간이 없을 수도 있습니다. 예를 들면, 한 여성이 누군가에게 성폭행을 당하는 위급한 상황이라면, 그때 그녀는 성령과 합일하고 인도를 청할 겨를이 없을 겁니다. 그럴 경우엔, 적합해 보이는 일이라면 무엇이든 해야 합니다. 지금은 **"나 자신을 방어하면 나는 공격받는다"**는 실습서의 주제를 적용할 때가 '아닙니다.' (W252/W-pI.135.22:4) 기억하세요. 〈수업〉은 마음의 수준에서 행하는 것이에요. 당신이 여자인데 누군가가 당신을 겁탈하려 한다면, 사타구니를 걷어차세요.

아턴: 고마워요, 퍼사. 경험의 목소리군요. 자, 누군가가 당신을 공격해 올 때 혹 시간을 낼 수 있거든 용서하세요. 용서한 후에, 딱히 반응해야 할 필요를 못 느끼거든 그냥 가만히 계세요. 반응해야 할 필요가 있다고 느껴지거든 성령을 책임자로 세우세요. 때로 성령의 인도는 "그냥 잊어버려. 아무것도 하지 마"가 될 수도 있고, 또 때로는 뭔가 조치를 취해야 한다는 것일 수도 있겠죠. 하지만 이 경우에는, 당신이 해야 할 일과 관련해서 어떤 영감을 받거나 지시를 받았다고 느끼기 전까지는 아무것도 하지 마세요. 아시겠어요?

개리: 네. 그럼 이번에는 당신이 예전에 말했던 것 중 두 가지에 대해서 묻고 싶어요. 영국 출신의 어떤 사람이 지적했는데, 셰익스피어가 백작이었다면 그는 왕족이 아니라 귀족이라는 것입니다. 그런데 당신은 그를 왕족이라고 했어요. 당신이 실수한 건가요?

아턴: 아니에요. 미안하지만, 당신이 실수한 거예요. 그때 우리는 엘리

자베스 1세 여왕을 가리킨 것이었어요. 당시 여왕은 연극, 특히 희극은 '귀족'의 위엄에 어울리지 않는 천박한 것이라고 생각했어요. 그런데 나중에 당신이 그걸 '왕족'으로 잘못 쓴 거예요. 귀족의 위엄에 어울리지 않으니 당연히 왕족의 위엄에도 어울리진 않겠지요. 그 부분에서는 녹음테이프 상태가 좋지 못해서 당신이 잘못 받아 적게 된 거예요. 심각하게 생각하진 마세요. 전반적으로 당신은 아주아주 잘해냈으니까요. 그리고 당신이 《우주가 사라지다》 서문에서도 밝혔듯이, 당신은 완벽하지 않아요.

개리: 네. 그 말을 명심하지요. 제퍼슨 바이블에 대해서도 한 말씀 해주세요. 당신은 제퍼슨 바이블이 이제 그것을 보기를 원하는 사람들에게 곧 공개가 될 것이라 말했었죠. 당신이 그 말을 하고 나서 얼마 지나지 않아 몬티첼로에서 제퍼슨 바이블 원본이 전시되었다는 건 사실이에요. 하지만 제퍼슨 바이블의 내용은 그전에도 이미 출판이 돼서 알려져 있더군요. 하실 말씀 없나요?

아턴: 무슨 말요?

개리: 틀리지 않았냐구요.

아턴: 아니에요. 바르게 이야기했어요. 실제로 우리가 그 말을 했을 때까지만 하더라도 제퍼슨 바이블은 사실상 거의 구해볼 수가 없었어요. 우리가 그 말을 하고 난 시점 이후에야 누구나 구해볼 수 있게 되었지요.

개리: 알겠어요. 그냥 질문해봤어요. 이 두 질문은 사실 그다지 중요한 질문은 아니었고요. 정말로 큰 문제가 되었던 것은, 인류가 지구에서 진화한 것이 아니라 화성에서 지구로 이주해왔다는 말에 대해서 당장이라도 멱살을 잡고 덤빌 것 같은 사람들이 둘 있었다는 거예요. 물론 우리 책을 읽은 대부분의 사람들은 사실 이 부분에 대해 아무렇지 않은 듯해 보이지만, 방금 말했던 두 사람은 상당히 화가 나 있었죠! 그들은 인간 DNA의 97퍼센

트가 유인원의 DNA와 똑같다는 사실을 지적했고, 화석을 봐도 우리가 유인원으로부터 진화했다는 것을 알 수 있다고 했어요. 이에 대해 한 말씀 해 주시죠.

아턴: 전에 말했던 내용과 달라질 것은 없어요. 인간의 생명은 머나먼 행성으로부터 화성으로 이주해왔어요. 결국 화성에서 지구로 다시 이주하게 되었지만 말이죠. 당신네들이 갖고 있는 화석은 증거물은 될 수 있을지 몰라도 그 자체로서 증명이 된 것은 아닙니다. 화석 기록은 불완전할 뿐만 아니라 사실 아무것도 증명해주지 못해요. 그건 단지 하나의 가능성을 제시하는 증거물이지만, 그 가능성마저도 사실은 잘못 짚었거든요. 인간과 유인원의 DNA가 97퍼센트 일치한다고 했죠. 그래서요? 그 사실이 인간이 유인원으로부터 진화했음을 증명해주는 것은 아닙니다! 로즈웰에서 그랬던 것처럼 외계인의 몇몇 종이 지구에 불시착한다면, 그래서 그들의 DNA를 조사해서 대중에게도 공개한다면, 결국 그들의 DNA도 당신네 DNA와 흡사하다는 결과를 얻게 될 거예요. 인간과 유사한 다른 생명체에게서 다른 어떤 결과를 기대하겠어요? 이런 결과가 나올 수밖에 없는 이유는 사실 당신네들이 이미 갖고 있는 다른 과학이론에 의해서도 설명되고 있습니다. 맞아요. 당신들이 어떻게 이 형상이라는 환영의 수준에 와 있는 것처럼 보이게 되었는지를 설명하는 데에는, 진화론이 유일한 과학이론은 아닙니다.

> 형상의 우주에서, 생명의 씨앗은 광활한 천구의 곳곳에 두루 퍼져 있어요.

형상의 우주에서, 생명의 씨앗은 광활한 천구의 곳곳에 두루 퍼져 있어요. RNA와 DNA는 사실 태양계 너머에서 파종된 것, 혹은 들여온 것입니다. 그것은 우주의 다른 곳들에도 동시에 존재하고 있었습니다. 이것을 설명하는 과학이론을 판스페르미아 panspermia

학설이라고 부릅니다. 하지만 이 이론이든 다른 어떤 이론이든 간에, 그것을 사람의 눈을 본론에서 돌려놓기 위한 구실로 이용하지는 마세요. 당신은 저 바깥의 우주를 살피는 대신 그 우주가 어떻게 생겨나게 되었는지를 기억해야만 합니다.

당신이 말한 사람들은 인간이 유인원으로부터 진화했다는 생각에 정말 자신을 바치고 있어요. 사실 그들의 이런 태도는, 몸을 자신의 정체로 생각하고 몸이 어디서 왔는지를 증명해냄으로써 몸이 실재함을 증명하고자 하는 의도로부터 나오는 것입니다.

개리: 네, 정말 많은 사람들이 진화론에 헌신하고 있지요. 진화론은 학교를 통해서 계속 전해져 내려왔고 사람들은 그걸 그냥 받아들입니다.

아턴: 애들은 보는 대로 따라하지요.**

퍼사: 잊지 말아야 할 것이 있어요. 한때 사실로 받아들여졌던 '모든 것이' 나중에 가서는 결국 다 거짓으로 판명이 났습니다. 올해의 과학적 사실이 다음 세기에는 엉터리 구식 이론으로 전락하고 말죠. 왜냐하면 모든 이론은 당근과 채찍의 한 부분이기 때문이죠. 모든 이론의 목적은 사람들이 원인이 아니라 결과만을 계속 바라보고 있게 만들려는 것이에요. 이 말을 심각하게 받아들이진 마세요. 과학이 꽤나 유용할 수 있다는 것도 물론 사실이니까요. 특히 물리학이 한 물체를 다른 무엇으로부터 정말로 분리시킨다는 것이 불가능하다는 것을 증명해줄 때는 말이죠. 사람들은 스스로의 힘으로 이러한 생각들을 받아들이고 적용해야만 해요. 과학자들 중에서는

- 19세기에 일반적으로 통용되던 이론으로서, 생명은 지구상의 무기물로부터 진화한 것이 아니라 머나먼 행성에서 날아온 포자 형태의 박테리아로부터 발생되었다고 본다.
- ** "Monkey see, monkey do." 본래는 "애들은 보는 대로 따라한다"는 뉘앙스인데, 여기서는 인간이 유인원에서 진화했다고 주장하는 사람들을 풍자하는 뉘앙스까지 추가되어 있다.

이런 생각을 기꺼이 받아들여 자신의 논리를 확장해가는 사람이 극히 드물기 때문이에요. 그들도 우주가 하나의 환영인 것을 알고 있지만 우주가 실재하지 않는다는 것을 사람들에게 말해줄 준비는 안 돼 있어요! 과학자로서 생계를 유지해야만 하게 될 때 일어나는 일이지요. 하지만 '당신은' 그럴 필요가 없으니, 단도직입적으로 말하세요.

아턴: 당신에게는 사람들과 나눠야 할 위대한 가르침이 있잖아요. 오늘날 많은 이들은 무감각 상태로 의기소침하게 살아갑니다. 〈기적수업〉과 같은 메시지는 이런 무감각증을 고쳐주는 치료법입니다.

개리: 네. 그런데 치료하는 방법은 있어도 아무도 관심을 기울이지 않으면 어떡하죠?

아턴: 관심을 가질 만한 사람은 눈길을 돌릴 것입니다. 당신은 세상 전체의 동의가 필요한 게 아니에요. 세상은 존재하지 않습니다. 그저 당신 마음의 외견상 분리되어 있는 측면들 중에서, 이 메시지에 준비가 되어 있는 부분들과 메시지를 나누세요.

개리: 그야 제가 그렇게 하고 있지요. 괜찮으시다면 미래에 대해서 몇 가지 질문을 하고 싶어요. 실제로는 아무것도 일어나지 않으니까 별로 중요한 문제는 아니란 걸 알지만, 예전에도 이런 얘길 해줬잖아요. 그래서 혹시 이 주제를 한 번 더 다룰 수 있을까 해서요.

퍼사: 개리. 우리는 항상 당신이 관심을 갖는 주제를 다룬답니다. 이것은 우리가 용서를 당신의 삶과 연관 짓게 만드는 방법 중 한 가지에요. 용서는 이론이 아닙니다. 용서는, 당신이 관심을 두고 있고 또 당신의 꿈에서 일어나고 있는 일이라면 무엇에든지 적용되어야 합니다. 이것이 바로 참된 용서의 방식이지요. 그건 실습서에 제시된 생각 과제를 적용하는 문제에 대해 〈수업〉이 하는 이 말과도 같지요. **"생각 과제의 의미가 다가오고, 그 생**

각이 진실임을 깨닫게 하는 것은 그 생각의 실질적인 적용이다."(W2 / W-in.8:6)

아턴: 그런 점에서, 무엇이든 물어보세요.

개리: 네. 많은 사람들이 마야력이 2012년에 끝난다고 말하더라고요. 그들은 이 말을 그즈음에 세상의 종말이 시작되는 의미로 보더군요. 그런데 《우주가 사라지다》와 관련해서 방문한 기간 동안 당신들은 이에 대해 언급한 적이 없었죠. 그래서 나는 혹시 당신들이 다음 세기에 대해 이야기할 때 세상의 종말에 대한 이야기를 의도적으로 빠뜨린 것이 아닌지 궁금해요.

아턴: 유감이지만 아니에요. 그즈음에 세상의 종말은 예정되어 있지 않습니다. 2012년은 한 주기의 끝이지, 인류의 끝은 아닙니다. 새로운 주기가 시작되면 그냥 새로운 국면이 시작될 뿐입니다. 우리가 이 주제를 다루지 않은 것은, 이것은 그냥 늘 돌고 도는 일, 주기와 관련된 일이었기 때문입니다. 주기란 말은 반복된다는 거죠. 돌고 도는 것, 이것이 주기의 본질입니다. 전에도 일어났던 일을 다른 형태로 접하는 것뿐입니다. 사실 이런 일들은 상황이 아무리 변할지라도 사람들은 더욱 요지부동이라는 사실을 증명해줄 뿐이지만, 사람들은 마치 그게 엄청난 사건이라도 되는 양 소동을 피우죠. 예전과 똑같은 일이 겉보기만 새롭고 다른 형태로 일어나고 있을 뿐인데 말이에요. 그래서 현자들은 "하늘 아래 새로울 것은 하나도 없다"고 했지요. 정말 옳은 말입니다.

개리: 그렇다면 세상의 종말도 없다는 거고, 또 지축이 갑자기 바뀌어서 사람들이 얼어 죽는 일 등도 없다는 말이군요.

아턴: 네, 그래요. 이 새로운 주기에 일어날 일을 말하자면, 온갖 좋은 일들과 온갖 나쁜 일들이 뒤섞여서 일어날 겁니다. 그게 바로 이원성이지요. 좋은 면을 보자면, 지구 온난화 문제를 해결하기 위해 미국이 점점 더

> 이 새로운 주기에
> 일어날 일을 말하자면,
> 온갖 좋은 일들과 온갖
> 나쁜 일들이 뒤섞여서
> 일어날 겁니다.

적극적으로 나서기 시작할 겁니다. 당신네 나라는 이 문제에 대해 나 몰라라 해왔어요. 그러는 동안에도 바닷물의 온도는 조금씩 계속 올라가고, 그로 인해 여러 가지 징후들이 나타나고 있어요. 올해 대서양에서는 명명되는 것만 따져도 스물일곱 개의 열대성 저기압과 허리케인이 일어날 겁니다. 바닷물의 온도가 섭씨 0.1도 올라갈 때마다 태풍도 늘어납니다. 물론 그 힘도 강력해지지요. 이런 일이 반복되다 보면, 당신네 나라도 결국에는 메시지를 받아들이게 될 겁니다.… 수뇌부가 한 번 싹 바뀐 다음에 말이죠.

또 과학자들은 해양으로 유입되는 담수의 양이 증가한다는 것을 알게 될 겁니다. 이는 빙하가 녹고 강수량이 예전보다 늘었기 때문입니다. 이 역시 어떤 결과를 가져오게 될 겁니다. 몇 년 안으로 환경에 대한 관심이 엄청나게 증폭되고 주류 과학자들의 경고가 수없이 이어지면서, 당신네 나라는 다수 인류의 선을 위해서 다른 나라와 협력조치를 취하게 될 겁니다. 이것은 지금껏 당신네 나라가 취해왔던, "소수의 선과 그들의 이익을 위해 나머지 세상에는 지옥을!"이라는 정책과 반대되는 것이지요. 아이들의 미래를 팔아먹는 대신 후손에게 쾌적한 지구를 물려주자는 생각이 정부 정책에 실제로 유행하게 될 겁니다.

사람들은 과학자들이 밝히는 견해에 계속 관심을 기울이게 될 겁니다. 화석연료에서 나오는 가스로 인해 온실효과가 발생하고 이로 인해 지구의 온도가 상승하는데, 이를 멈추지 않으면 만년설이 녹아내려 21세기 말에는 해수면이 약 1미터 가량 상승할 것이고, 그럼 해안 도시들이 잠기고, 훨씬 더 많은 홍수와 가뭄과 태풍이 일어날 것입니다. 결국에는 정부도 귀를 기울이게 될 겁니다. 이렇게 태도가 확 바뀌기까지는 시간이 좀 걸린다는 점을 기억하세요. 사람들은 양극단을 오가는 기후 때문에 계속 두려움에 떨 겁니다. 지구 온난화의 결과로 날씨는 여러모로 극단적인 양상을 띨 겁니다. 그래도 결국에는 전 지구적 협동이 날씨의 흐름을 바꿔놓을 것이고, 이 경험을 통해 사람들은 미래를 낙관적으로 전망하게 될 겁니다.

이 시점에서, 매일같이 뉴스에서 접하는 끔찍한 사건들에도 불구하고 인간이 그 어느 시대보다도 잘 살고 있다는 사실을 말해주는 것이 좋을 것 같네요. 100년 전만 하더라도 평균 수명은 49세였습니다. 그런데 지금은 75세지요. 21세기 말이 되면 평균수명이 100세를 넘을 것이고, 130세를 넘기는 것도 흔한 일이 될 겁니다. 체감하지 못할지 모르지만, 사실 사람들은 역사상 그 어느 때보다도 안전합니다. 그렇지 않으면 평균수명이 왜 이렇게 늘어나겠어요?

개리: 당신 말이 맞다는 것은 나도 인정해요. 하지만 권력을 얻는 손쉬운 방법은 사람들의 두려움을 이용하는 것이지요. 두려운 사람들은 자신들을 보호해줄 수 있는 정부에 자진해서 의존하겠죠. 정부의 정책이 합리적이지 않더라도 말이에요. 아, 이 말을 하다 보니 떠올릴 때마다 자지러지곤 하는 이야기가 생각나요. 지금부터 백여 년 전에 헨리 캐벗 로지Henry Cabot Lodge라는 매사추세츠 출신의 공화당 상원의원이 있었죠. 그리고 그 사람의 손자 역시 나중에 상원의원이 되었고 1960년에는 리차드 닉슨Richard Nixon의 러닝메이트로 해서 부통령으로 출마하기도 했지요. 백여 년 전 경제 위기가 크게 닥쳤을 때 로지 의원은 상원의원실에서 동료들에게 이렇게 말했다고 해요. "대체 뭘 해야 우리도 뭔가를 하는 것처럼 티를 낼 수 있을까?" 전 이 말이 너무 웃기더라고요.

퍼사: 네, 재미있네요. 물론 그도 텔레비전 시대에 태어났더라면, 자신

의 공적인 발언에 더 신중을 기했을 거예요. 다시 주제로 돌아가자면, 인류 역사상 가장 큰 경제팽창을 겪게 될 시점이 다가오고 있다고 우리가 말했던 것을 잊지 마세요. 우리는 이 말을 바꾼 적이 없습니다.

개리: 그러니까 당신들이 하는 말을 정리해보자면, 전반적으로 상황은 나아지고, 사람들의 수명도 훨씬 늘어나고, 물론 인류가 환경을 망쳐놓는 것도 사실이지만, 2012년을 기점으로 새로운 주기가 시작되면서 흐름이 바뀐다는 것이죠. 아직까지는 좋은 소식만 가득한 것 같군요. 자, 그러면 나쁜 소식은 뭐죠?

아턴: 일단 하나를 꼽자면, 올해는 이란의 새 지도자에 관한 이야기가 점점 더 많이 들려오기 시작할 겁니다. 형상의 수준에서 보자면, 이 사람이 곧 나쁜 소식이 될 것입니다. 이 사람이 바로, 노스트라다무스가 서방 도시들에게 가장 큰 위협이 될 것이라 예언했던 '실제' 인물입니다. 그는 극단주의자이지만 영악해서 가볍게 처리할 수 있는 상대가 아니에요. 사실 이 사람은 제정신이 아니에요.

개리: 전에 당신들이, 테러범들이 핵무기를 대도시에서 터뜨리는 데 성공하게 될 것이라 말했는데, 그가 이 일의 책임자인가요?

아턴: 그가 이 일에서 중요한 역할을 담당할 것이라는 점에서 본다면 맞습니다. 하지만 그를 콕 집어서 책임자라고 할 수는 없어요. 그래도 그 사람이 없었다면 그 일은 일어나지 않았을 테니 그 사람에게 책임이 있다고 봐야겠죠.

개리: 지난번에 제가 그 질문을 했을 때 옮겨 적은 공책을 읽다 보니, 그때 저는 '미국 도시'가 아니라 '대도시'라는 표현을 사용했더라고요. 그러니 꼭 미국 도시가 그 테러의 대상이라는 건 아니죠?

아턴: 구체적으로 어느 도시 혹은 어느 도시들인지는 밝히지 않겠어요.

다만 이스라엘의 텔아비브나 영국의 런던 같은 도시들도 미국의 뉴욕이나 로스앤젤레스와 마찬가지로 표적에서 배제될 수 없다는 점은 알려드릴게요. 방금 언급한 대도시들뿐만 아니라 다른 대도시들도 다가오는 세기에 문명사회에 닥칠 가장 큰 위협, 즉 핵 테러에 맞서 대비책을 마련해야 합니다. 몇몇 정부, 특히 이란 정부에서는 핵 테러를 아예 인가하게 될 겁니다.

개리: 아, 잠깐만요. 당신이 방금 말한 내용에 따르자면, 피해를 입을 도시가 하나 이상일 수도 있다는 것 같은데요.

아턴: 전에 그 질문을 했을 때, 당신은 대도시가 피해를 입게 될 것인지만 물었지 그 수에 관해서는 묻지 않았으니까요. 그때 우리는 그렇다고 말했고, 그것은 정확한 대답입니다. 당시에 우리는 세부사항까지 일부러 알려주고 싶지는 않았어요. 전에 우리가 미래에 관한 대화를 나눴던 마지막 부분 즈음에, 우리가 정말로 알려주고 싶었던 것은 이 제반 상황의 진정한 목적이었어요. 그 목적이란 용서이며, 다른 모든 것에도 이 목적만이 중요합니다.

개리: 네, 기억나요. 그런데 21세기 중반에 이르면 다우존스 산업평균지수*가 10만에 육박하리라고도 예언했잖아요. 핵 테러의 전운이 감돌고 있는데 어떻게 이런 일이 가능한 건가요?

아턴: 그 단서는 위기를 해소하는 방법 혹은 최소한 위기를 해소하는 것처럼 보이는 방법에 달려 있습니다. 사람들은 9.11 테러 이후 주식시장이 폭락할 줄 알았지만, 그것은 일시적인 현상이었어요. 시간이 좀 지나자 사람들은 그 회사들이 여전히 돌아가고 있다는 것을 알아차렸고, 그래서 다

---

* 미국의 다우존스(Dow Jones) 사가 뉴욕증권시장에 상장된 우량기업 주식 30개 종목을 표본으로 하여 시장가격을 평균하여 산출하는 세계적인 주가지수. (출처: 네이버 백과사전)

시 주식을 사들였죠. 핵 테러의 위협이 잘 해소되고 나면 — 참고로, 그 과정에서 미래의 그 핵 테러 사건과 관련된 국가들 중의 한 대도시가 똑같이 핵으로 파괴될 것입니다만 — 사람들은 안도의 한숨을 쉴 테고, 그러면 결국 경제는 그 어느 때보다 크게 팽창할 겁니다. 이것이 하룻밤 사이에 일어나는 것은 아니겠지만 결국에는 일어날 일입니다. 상업은 정말로 엄청난 규모로 팽창할 것이고 사람들은 향후 50년 동안 주식을 사들이기 위해 앞을 다툴 겁니다. 게다가, 외견상 해결된 것처럼 보이는 상황에 대해 안도감을 느끼기 시작하면 사람들은 정말로 지갑을 열곤 하죠.

개리: 맞아요. 9.11 테러가 일어난 후 2년 반에서 3년에 해당하는 시기인 작년에는 비행기에서 아이들을 찾아볼 수가 없었어요. 그런데 그 사건 이후 3년 반 정도가 지나자 비행기에 다시 아이들이 와글거리기 시작하더군요. 다시 가족끼리 비행기를 타고 여행을 다니게 된 거죠. 비행기 납치에 대한 두려움이 많이 줄어들었음을 보여주는 좋은 지표인 것 같아요. 당신의 말을 들어보면 진짜 위험은 비행기 납치가 아니라 다른 쪽에 있다는 것으로 들리는데요, 맞나요?

아턴: 진짜(real)라는 말은 사용하지 않겠어요. 기억하세요. 당신이 보고 있는 것 중 그 '무엇도' 사실이 아닙니다. 진정한 당신 자신, 그것만이 실재하며(real), 실재하는 것은 아무것도 위험받을 수 '없습니다.' 그렇다고 모든 항공기의 운항이 안전하리라는 것도 아닙니다. 제가 말하려는 것은, 테러범들의 수첩에는 더 큰 규모의 일거리가 적혀 있다는 겁니다.

개리: 음. 아까 당신이 말한 것을 들어보니까, 연합군이 이란의 테헤란에다 핵으로 보복할 것처럼 들리던데요?

아턴: 아까 서구의 도시들을 구체적으로 밝히지 않았던 것처럼, 이번에도 어느 도시가 보복 공격을 당할지는 구체적으로 밝히지 않겠어요.

개리: 슬픈 일이군요. 음. 그러니까 한 번 생각해보세요. 세상이 지난 60년 동안 핵무기를 만들기는 했지만 그래도 그걸 실제로 사용하지는 않았잖아요. 이것만큼은 그대로 유지되길 바라는 마음에서 해본 이야기였어요.

아턴: 만들어놓기만 하고 쓰지 않았던 무기가 있었던가요? 사용하길 원치 않는다면 애초에 만들지 말았어야 해요. 물론 히로시마와 나가사키 원폭 투하 이후, 지난 60년 동안 핵무기 사용금지 협정이 유지된 건 사실입니다. 하지만 이 평화를 영구적인 것으로 만들고 싶다면, 갈등이 실제로 존재하는 곳, 즉 마음속에서 갈등을 끝내야만 합니다.

퍼사: 전에 말했듯이 세상 사람들은, 모두가 다 내면의 평화를 누리기 전까지는 평화롭게 살 수 없을 겁니다. 문제는 결과의 수준이 아니라 원인의 수준에서 해결되어야 해요. 유명한 스승들 중 많은 이들이 — 마리안느 윌리암슨에서부터 데이비드 호킨스에 이르기까지 — 인간은 백지상태로 순진무구하게 태어난다고 가르칩니다. 출생 후 세상에 의해 더럽혀지는 것이란 거죠. '하지만 이는 사실이 아닙니다.' 사람들은 에고를 고스란히 지니고 태어납니다. 태어나고 나면 에고가 자신을 펼쳐내지요. 출생할 때부터 에고가 없었다면 그들은 애초에 이곳에 오지도 않았을 겁니다! 그렇긴 해도, 매 인생은 에고를 지우고 생사의 쳇바퀴를 부술 좋은 기회입니다. 이 일을 해나가는 동안 정녕 세상의 평화를 바란다면, 그것을 영구적으로 이뤄낼 수 있는 단 하나의 유의미한 방법은 여기에 있는 것처럼 보이는 사람들의 마음에 내면의 평화가 들어설 수 있는 조건을 마련하는 것입니다. 제이가 〈수업〉에서 말하듯이, 당신이 보고 있는 세상은 **"내면의 상태가 표출된 그림"**이기

> 사람들은 에고를 고스란히 지니고 태어납니다. 태어나고 나면 에고가 자신을 펼쳐내지요.

때문입니다.(T445/T-21.in.1:5)

최근에 미국정부 부서에 '평화국平和局'을 신설하자는 이야기가 활발히 논의되고 있어요. 근사한 생각이지요. 하지만 외교는 계속 뭔가를 시도할 뿐, 실제로 일을 해결해주지는 못해요. 국가연맹을 세우고 국제연합을 세우는 것은 좋은 생각이었습니다. 또 평화국을 신설하자는 것도 귀여운 생각이구요. 이게 뭐 잘못되었다는 건 아니에요. 다만 이것들이 정말로 어떤 효과를 가져오리라고 기대하지는 말라는 거예요. 세상에 평화를 가져오려는 '세상 속에서의' 시도는 기껏해야 일시적인 도움을 줄 뿐이에요. 왜냐하면 그것은 문제가 있는 본래의 곳이 아니라 문제가 있지 않은 곳에서 문제를 해결하겠노라고 덤비는 짓이기 때문입니다.

세상에 평화를 이룩해보겠다는 생각으로 마음이 분주해지거든, 〈수업〉에 나오는 이 단호한 구절을 기억하세요. 이것은 전쟁을 멈추는 일에 관한 수업이 아니라 그 원인을 멈추는 일에 관한 수업이기 때문입니다.

"휴전을 평화로, 타협을 갈등으로부터의 해방으로 착각하지 말라. 갈등에서 벗어난다는 것은 갈등이 끝났다는 뜻이다. 문이 열리고, 너는 싸움터를 떠났다. 너는 잠시 총성이 그치고 죽음의 골짜기를 서성이는 두려움이 눈에 띄지 않는다고 해서, 갈등이 돌아오지 않기만을 구차하게 빌면서 그곳에서 머뭇거리지 않았다. 싸움터에 안전이란 없다. 위에서라면 영향받지 않고 그곳을 안전하게 굽어볼 수 있으나, 싸움터 속에서는 안전을 구할 수 없다."(T496/T-23.Ⅲ.6:1-7)

그러니 사람들에게 세상이 그들에게 가하는 것처럼 보이는 일로 해서 상처 입지 않는 법을 가르치세요. 그러면 나머지 일은 저절로 풀릴 것입니다.

개리: 근사하군요. 직무유기를 하지 않으려면 미래의 일에 관해서 좀더 여쭤봐야겠어요. 예컨대 전에 수소전지가 미래 에너지를 선도할 거라고 하

셨는데, 그 말은 아직도 유효한가요?

아턴: 네, 그래요. 하지만 유럽과 미국의 입장이 크게 갈릴 겁니다. 향후 20년 동안 미국은 하이브리드 쪽에 치중할 겁니다. 사람들은 기름을 적게 먹는 차를 좋아하게 될 거고요. 반면 유럽에서는 수소에너지 개발에 더 주력할 겁니다. 그래서 장기적으로는 수소에너지 분야에서 유럽이 미국을 앞서게 될 거예요. 그리고 수소에너지는 다음 세기 동안 세계의 권력 분배에 중요한 역할을 하게 될 겁니다. 미국은 공학자들을 예전처럼 많이 육성하고 있지 않아요. 유럽연합과 중국은 수학이나 과학 같은 기초학문과 미래를 대비해 계획을 세우는 것이 중요하다는 점을 인식하고 있어요. 반면 미국은 온통 돈에만 관심이 쏠려 있지요. 단기적으로 봤을 때는 이것이 통할 수도 있겠지만, 장기적으로는 통하지 않을 거예요.

미래를 위해 계획을 세우고 바른 종류의 교육에 집중적으로 투자하지 않는다면 미국은 유럽연합에 서서히 뒤처져서, 유럽연합이 미래 경제의 중심이 될 것입니다. 중국도 발전하겠지만 다수 국민들을 위한 장려제도가 부족하다 보니 한계가 있습니다. 그리고 바로 여기서 유럽연합의 저력이 발휘됩니다. 유럽은 다양한 장려제도를 시행할 자본도 충분히 있고, 또 건강보험과 같은 영역을 공공부문으로 받아들일 만큼 사회주의적이기도 하거든요.

미국에서 사람들이 파산하는 가장 큰 이유는 의료비용 때문이에요. 그리고 현재 당신네 국회 사람들은 이렇게 의료비로 파산한 사람들을 더욱더 궁지로 몰아가고 은행과 병원과 신용카드 회사의 볼모로 만드는 조치를 취했습니다. 당신네 국회의 사람들은 기업을 위해서 일을 하고 있지요. 또 그들은 기업들이 장기근속자들의 연금을 속이는 술수를 부리는 것을 계속 공식적으로 방관할 것입니다.

하지만 유럽이나 캐나다 등 제대로 된 의료정책을 갖고 있는 나라에서는 사람들이 병에 걸려서 가산을 탕진하게 될까봐 걱정하지 않습니다. 그래서 일할 동력이 저하되는 것이 아니라 오히려 더욱 고양되지요. 현재 미국에는 지성도 없고, 연민의 마음도 없고, 미래지향적인 사고도 없고, 수학과 과학 교육에 대한 투자도 없고, 오로지 노골적인 탐욕만 남아 있습니다. 이것이 지속된다면 수십 년 안으로 당신네 나라는 유럽연합에게 경제 선두주자의 자리를 넘겨주게 될 것입니다. 얼마나 큰 아이러니입니까. 보수 세계에 대항하는 혁명적인 힘의 본보기로서 영국에 맞서 자유를 획득했던 나라가 이제는 시대에 뒤떨어지는 보수 국가로 변해서, 한때 자신이 맞서 저항했던 나라와 그 동맹국들에게 경쟁력을 잃고 뒤처지기 시작하고 있다는 게 말이에요.

개리: 그런데도 다우지수가 10만까지 치솟는다는 거예요?

아턴: 네, 이건 전 세계적인 호경기거든요. 유럽연합의 경제가 급격하게 성장하거든 시대의 변화가 시작되었다는 신호로 받아들이세요.

개리: 미래의 흐름에 대해 좀더 말씀해주시면 좋겠는데요?

아턴: 양자컴퓨터가 사람들의 마음을 들쑤셔놓을 거고, 우주 엘리베이터로 무거운 짐을 올려서 지구궤도에 올려놓을 수 있게 될 겁니다. 달나라 여행과 원격이동도 가능해집니다. 이 모든 일이 그리 멀지 않은 미래에 일어날 거예요.

개리: 원격이동요? 〈스타트렉〉 시리즈에 나왔던 것처럼 말이에요?

아턴: 공상과학에서 다뤄지던 소재들이 시간이 얼마 지나지 않았는데도 과학으로 현실화된 경우가 많지요. 〈스타트렉〉 원작 시리즈에서 서로 멀리서 이야기할 때 '통화기'를 사용하던 모습이 기억날 거예요. 그 당시에는 그것이 공상과학처럼 보였지요. 하지만 오늘날은 대부분의 사람들이 휴대

폰으로 통화를 하지요. 그런데 가만히 보면 지금의 휴대폰이 〈스타트렉〉 시리즈에 나왔던 기계와 비슷하게 생겼거든요.

개리: 맞아요. 아, 그런데 휴대폰을 쓰면 좋은 점이 있어요. 15, 20년쯤 전에는 혼잣말을 하며 돌아다니는 사람들이 있었던 걸 기억해요. 이젠 그들도 그럴 필요가 없어졌어요. 휴대폰에다 대고 말하면서 다니면 되거든요. 그러니까 휴대폰으로 통화를 하면서 걷는 사람들 중엔 상대방 없이 혼잣말을 하며 다니는 사람들이 있는 거죠.

아턴: 미래의 우주여행 방식에는 우주비행선만 있는 것이 아니에요. 멀리 떨어진 곳에 여행을 갈 때, 때로는 빔으로 사람들을 쏘아 보내기도 할 겁니다. 현재는 달까지 날아가려면 며칠이 걸리지만, 단 3초 만에 사람을 거기로 보내는 것도 가능해질 날이 머지않아 올 거란 말입니다. 다음 세기 너머까지 길게 내다보자면, 이것이 앞으로 성행할 우주여행의 형태입니다. 과학자들이 실험실에서 레이저빔을 양자전송하는 데 이미 성공한 것처럼, 이 기술은 거시적인 생물 수준에도 마침내 실용화되어서 사람들을 한 장소에서 다른 장소로 쏘아 보내는 것이 가능해질 거예요. 이 방식이 다른 방식의 우주여행보다 훨씬 더 낫지요.

퍼사: 친구여, 여기까지만 말할게요. 당신의 상상력을 '지나치게' 자극하고 싶진 않아요. 당신에겐 할 일도 많고요. 이 모든 것의 목적이 무엇인지만 기억하세요. 당신은 이 영화 시나리오의 작가요 감독이었지만 그것을 사실처럼 생생하게 경험해보려고 그 사실을 잊어버렸어요. 이 꿈의 영화 속을 걸어가는 동안, 당신이 지어낸 것들을 용서하고 신에게로 돌아가세요. 모든 이에게서 결백함을 보는 것이 그 결백함을 자신의 것으로 삼는 방법입니다. 이렇게 함으로써 당신에게 참된 지혜가 있다는 것을 증명해내세요. 앞으로의 두 달도 잘 지내구요.

아턴: 그럼, 재밌게 보내요!

개리: 친구들, 고마워요. 혹시 마음이 동하시거든 워크샵 할 때 잠깐 들러주셔도 뭐라고 안 할게요.

그들은 떠났고, 난 고요히 앉아서 그들이 말했던 모든 내용을 생각해보았다. 이제껏 배운 내용을 바탕으로 생각해볼 때, 세상을 살아가는 단 하나의 실용적인 방식이란, 무슨 일이 벌어지든 다 용서하겠노라는 태세를 갖추는 것이었다. 그러면 무슨 일이 일어나든 문제가 되지 않을 것이다. 나는 관찰자가 된 느낌으로 제이와 함께 하루하루가 가는 것을 지켜봤다. 내 친구들이 가르쳐준 모든 것들에 감사하면서. 나는 느리긴 하지만 꾸준히, 이번 형태의 생을 졸업하고 더 높은 형태의 생으로 옮아갈 준비를 하고 있었다. 그런 한편으로 이번 생이 제공하는 즐거움들도 죄책감 없이 즐기고 있었다.

9
누가 아턴인가?

성령의 음성(Voice)은 오만할 수 없기에 명령하지 않으며,
통제하려 하지 않기에 요구하지 않으며, 공격하지 않기에 이기지 않는다.
성령의 음성은 다만 상기시킬 뿐이다.
성령의 음성에 끌리지 않을 수 없는 것은 그것이 일깨우는 기억 때문이다.

(T76 / T-5.II.7:1-5)

이후 두 달은 만만치 않았다. 《우주가 사라지다》의 새 출판사인 헤이하우스Hay House가 후원하는 대규모 회합에 참석하느라 라스베이거스Las Vegas에도 다녀왔다. 라스베이거스는 궁극의 환영이라 할 만하다. 거리 맞은편에 있던 호텔 이름은 아예 '신기루'였다. 그 유명한 루이스 헤이Louise Hay●가 기조강연 중 하나를 하는 동안 나도 청중으로 듣고 있었는데, 그녀가 그 많은 청중 앞에서 내가 그녀의 새 '멘토' 중 하나라고 말하는 것을 듣고는 깜짝 놀랐다. 그리고 그녀는 《우주가 사라지다》를 읽고는 항상 용서를 연습해야겠다는 결심도 세웠다고 말했다. 나로서는 매우 큰 영광이었다.

나도 유타 주 솔트레이크 시티에서 개최되었던 〈기적수업〉 국제회의에

● 심리적, 영적 문제를 다루는 저명한 강사이자 교사이며 베스트셀러 작가이며, 영성과 자기계발서 분야의 책과 비디오를 출판하는 헤이하우스의 설립자이자 발행인이기도 하다.

서 기조강연을 맡았었다. 두 시간의 연설을 마쳤을 때 기립박수를 받았다. 청중 앞에 나서기 이전보다 용서를 실천하는 나의 능력이 많이 향상된 듯 느꼈다. 내 스승들이 지도해준 내용들은 큰 도움이 되었고, 안내에 맞춰 연습해나감에 따라 세상의 구식 용서에 대비되는 진정한 용서야말로 실생활 속에서 매우 구체적으로 적용할 수 있는 것임을 깨달았다.

이 꿈은 이원성의 꿈이어서, 성공의 흥분은 실망도 함께 가져오기 마련이다. 예를 들자면, 뉴욕타임즈 New York Times에서는 《우주가 사라지다》의 판매부수가 베스트셀러 4위에 들기에는 충분했으나 베스트셀러 목록에는 포함시키지 않기로 결정했다. 그들의 말에 따르자면, 서점 판매에 비해 온라인 판매 비중이 너무 높은 것이 그 이유라고 했다. 그냥 삼키기에는 너무 쓴 약과도 같았다. 이 책이 그 목록에 실리지 못함으로써 사람들에게 더 많이 알려질 기회가 막혔기 때문이다. 또 이로 인해 나는 '뉴욕타임즈가 선정한 베스트셀러 작가'에 들 기회도 잃은 셈이었다. 출판업계에서 내로라하는 어떤 분은 나에게 "당신은 이제 쫑 난 거야"라고 말할 정도였으니까. 이 일을 핑계 삼아 희생양 놀이를 할 수도 있었겠지만 당시 난 너무 바빴다. 그래서 용서하기로 결심하고 계속 나아갔다. 게다가 나는 뉴욕타임즈의 목록에만 포함이 안 되었을 뿐 다른 조사나 목록에서는 여전히 '베스트셀러 작가'였다.

그러고 난 후, 또 다른 사건이 일어났다. 미국 전역에 방송되고 5백만 명이 청취하는 라디오 프로그램에 나갔다가 생긴 일이었다. 정말 쉽지 않은 일이었지만 그 결과는 말 그대로 기적이었다. 프로그램 진행자와 인터뷰를 하던 중이었는데, 그 사람은 《우주가 사라지다》의 영적인 메시지보다는 이 책의 자극적인 측면들만을 다루고 싶어했다. 그런데 난데없이 그가 고함을 지르기 시작했다! 당시 나는 우리 모두의 일체성(Oneness)이라는 주제에 대해 말하고 있었는데, 그가 "'일체성'이라는 말을 한 번만 더 입에 올리면 가만히 안 놔둘 거야!"라고 고함을 지른 것이다. 그의 무례하고 공격적인 태도는 너무나 노골적이어서 라디오를 청취하는 수백만 명의 사람들도 분명 이를 알아차렸을 것이다. 그때 나는 '오 맙소사. 이 사람이 나를 이렇게 싫어하니 이 방송의 청취자들도 나를 싫어하겠구나'라는 걱정이 들었다. 그런 후 나는 습관적으로, 마음속으로 제이를 향해서 '제가 지금 뭘 어떻게 해야 할까요?'라고 물었다. 그러자 그 즉시 나는 어떤 생각을 들을 수 있었다. '네 생각은 어때?'

이 말을 듣고 나자, 대답은 분명해졌다. 나는 그 사회자를 용서했고 그러자 평화를 느꼈다. 나는 차분함을 유지했고, 그와 똑같은 방식으로 반응하지 않았다. 나는 차분하게 말을 계속하고 그의 질문에 대답해나갔다. 본래는 세 시간 동안 인터뷰를 하기로 되어 있었던 것을 두 시간 만에 해치우고 날 내보내긴 했지만, 결국 그도 침착을 되찾았다. 당시 나는 내가 기회를 잡았다가 놓친 줄로만 여겼다. 난 최선을 다했지만 상황이 도와주지 않는 듯했다. 미국 전역에 널리 홍보할 수 있는 기회였지만 난 초짜였기에 결국 실패한 거라고, 아마도 작가로서의 생명은 다 끝난 거라고 생각했다.

그런데 그게 아니었다. 오히려 책의 판매량이 크게 증가했으며, 이보다 더 놀라운 사실은 매주 사람들이 나에게 다가와 다들 매우 비슷한 말을 해주곤 한다는 것이었다. "안녕하세요, 지난번 라디오에서 당신의 인터뷰를 들었는데, 정말 '대단했어요!' 당신이 용서에 대해 말하던 중에 사회자가 당신을 공격했잖아요. 그런데 당신은 자신이 말하고 있던 내용을 그대로 실천했어요. 이 사람이 용서를 말로만 떠드는 것이 아니라는 것을 느꼈어요. 당신은 정말로 용서를 실천하며 살고 있어요!" 방송 당시, 청취자들 대부분은 〈기적수업〉이나 《우주가 사라지다》나 개리라는 사람을 처음 접했었는데, 그때의 그 일은 용서를 실천하는 살아 있는 본보기가 되었던 것이다. 그리고 이 사건으로 인해 이 가르침에 대해 관심을 갖는 사람들도 생겼다. 나는 용서를 하면 뜻하지 않은 소득이 많이 생길 수 있다는 것을 깨달았다. 그리고 예기치 못했던 이 즐거운 결말에 감사의 마음이 절로 우러났다.

봄이 돌아왔다. 내 승천한 현자들이 방문할 시점이었다. 수년 동안 날 근지럽혀온 의문이 하나 있었는데, 이번에는 다른 주제로 쏠리기 전에 꼭 물어봐야겠다고 결심했다. 미래의 퍼사가 2천 년 전에는 도마 사도였다는 것은 앞서 이미 밝혀졌다. 그리고 나는 도마의 환생이며 다음 생에는 퍼사가 되리라는 것도 알고 있었다. 미래의 아턴은 2천 년 전에는 다대오 사도였다. 여기까지는 괜찮은데, 그렇다면 이번 생에서 아턴은 누구인가에 대해서는 한 마디 언급도 없었고 추측조차 할 수 없었다.

개리: 자, 친구들. 오늘은 항상 나를 근지럽혀왔던 질문을 하나 해볼까 해요. 그동안 이것에 대해 온갖 추측을 다 해봤지만 쉽지 않네요.

퍼사: 무슨 질문인지 알지만 그래도 한 번 말해보셔요.

개리: 아턴, 이번 생에 당신은 누구인지를 물어봐도 괜찮을까요?

아턴: 물론이죠. 내가 대답하지 않아도 괜찮으시다면 질문해도 괜찮아요.

개리: 아, 그러지 좀 마세요. 아무리 생각해봐도 도저히 모르겠어요. 물론 퍼사가 이번 생에 내가 당신을 알고 있다고 말은 해줬지만, 내가 당신을 정말로 잘 아는 것인지, 아니면 아주 조금만 알고 있다는 뜻인지는 모르겠어요. 때로 퍼사는 홀로그램처럼 시간을 무시하고 말을 하다 보니, 내가 '이미' 당신을 알고 있는 것인지 아니면 아직 당신을 만나기 전인 것인지도 모르겠고요. 최소한 단서라도 줘야죠!

아턴: 알았어요, 친구. 당신의 수사망을 조금 좁혀드리도록 하지요. 이

시간의 끈 위에서 벌어지는 것처럼 보이는 생애에서, 나는 여자예요.

개리: 네, 무척 도움되는군요. 이번 생엔 아가씨라 이거죠?

아턴: 이번 생애는 여자로 사는 것이 이치에 맞지요. 확률로 생각해봐도 그래요. 2천 년 전에 나는 남자였죠. 그리고 이번 세기의 후반부부터 다음 세기에 이르기까지 우리의 마지막 생 동안에도 나는 남자였죠. 당신은 내가 '항상' 남자이리라고 생각했나요? 우리가 이야기하고 있는 지금 이 순간에 나는 여자로 살고 있어요. 참고로, 난 매력적이기도(fetching) 하지요.

개리: 우리 집 개 누피도 물건을 물어올 때 참 매력적이에요.●

아턴: 흠, 아무도 지옥에 가지 않는다는 말에 첫 예외를 두어야겠어요.

개리: 그리고 우리의 마지막 생애가 21세기 말에 일어난다고 말씀하셨죠?

퍼사: 이 양반은 뭐 하나도 그냥 지나치는 법이 없군요. 21세기 후반 초에서 시작해서 22세기까지 계속된다는 정도로만 정리할게요. 그리고 우리의 가장 큰 용서의 과제는 22세기 초에 일어납니다.

아턴: 자, 이번 생에서 내가 누구인지를 밝혀내는 일에 도움을 주고는 싶지만, 분명 당신은 이미 모든 일이 일어나 있다는 사실도 잘 알고 있을 거예요. 우리가 정보를 주면 당신은 그녀를 만나기로 예정된 때가 차기도 전에 엉뚱한 사람을 찾아 헤매고 다닐 테니, 우리로서는 알려주지 않는 것이 바르게 처신하는 거랍니다.

개리: 방금 단서를 또 하나 흘리신 거 같은데요. 내가 아직 그 여자를⋯ 그러니까 당신을 아직 만나지는 않았다는 거죠?

아턴: 내가 주지 말아야 할 정보를 실수로 발설한 건 아니에요. 이미 내

● fetching은 '매력적'이라는 뜻도 있고, 물건을 던지면 개가 물어 오는 놀이를 뜻하기도 한다.

가 말한 내용을 바탕으로 당신이 직접 결론을 끌어낼 수도 있었겠지만, 그냥 당신을 대신해서 '정리해준' 것뿐이에요. 이 일을 마음에 담아두지 마세요. 사실 이 일에 관해서 당신이 할 수 있는 최선이란 그냥 잊어버리는 것뿐입니다. 일이 일어나기로 되어 있는 방식대로 일어나도록 그냥 맡겨두세요.

개리: 그래도 좀더 알고 나니까 기분이 좋네요. 지금 내가 이렇게 이 정보를 접하게 된 것도 일어나기로 되어 있던 방식이었겠죠? 당신이 사용했던 표현 중에 매력적(fetching)이라는 표현을 섹시하다는 뜻으로 받아들여도 될까요?

퍼사: 자, 이제 다른 주제로 넘어갈 때인 것 같군요.

아턴: 네, 맞아요. 이제 우리가 말할 내용은 오로지 도움을 주기 위한 것임을 기억해주세요. 모든 이들이 완벽히 순진무구하고, 최선을 다해 자신이 진지하게 믿고 있는 철학이나 방법들을 더 깊이 파고든다는 점을 우리는 잘 알고 있고, 또 그들을 존중합니다. 이 점을 충분히 인지한 것으로 여기고 말을 시작해보자면, 영적 교사라는 이들 중에는 실제로는 그렇지 못한데도 〈기적수업〉과 일치한다고 스스로 주장하는 자기만의 교수법으로써 〈수업〉의 메시지를 희석시키는 이들이 많이 있습니다.

이것은 학생들로 하여금 〈수업〉이 실제로 가르치고 있는 내용이 아닌 다른 것으로 관심을 돌리게 함으로써 그들을 혼란에 빠트리지요. 게다가 이렇게 가르치는 교사들은 심지어 자신이 〈수업〉이 아니라 엉뚱한 것을 가르치고 있다는 사실조차 모르고 있답니다. 그렇지 않다면 자신들의 가르침을 뒷받침하기 위해 〈기적수업〉의 특정 구절을 맥락에서 도려내어 인용하면서 그 둘이 같은 것이라고 주장하지도 않았겠죠.

개리: 아직 조금밖에 말하지 않았을 테지만 무슨 말을 하시는지 잘 알아요. 이런 현상을 저도 늘 목격하곤 하거든요. 〈기적수업〉 학생들 중에는, 〈수

업〉을 가르치기보다 〈수업〉으로부터 자신만의 뭔가를 만들어내고는 〈수업〉에서 특정 구절을 인용해서 자신의 가르침이 〈수업〉의 가르침과 똑같다고 주장하는 사람들이 있어요. 실제로는 전혀 그렇지 않은데 말이죠. 그중에는 아주 유명한 사람도 있습니다.

아턴: 정확히 잘 짚었습니다. 이러한 좋은 예를 하나 들자면, '지금 속에' 머물러야 한다고 가르치는 것입니다. 과거나 미래보다는 지금에 초점을 맞추는 일에 어떤 유익함이 있을 수 있다는 생각에 무슨 잘못이 있다고 말하려는 것은 아니에요. 이렇게 하면 삶의 질이 향상되기도 할 겁니다. 그런데 우리가 말하려는 것은, 이렇게 하는 것만으로는 신과의 태초의 분리에 대해 품고 있는 무의식적 죄책감을 '제거할 수는 없다는' 것입니다. 이 죄책감은 마음의 깊은 골짜기에 여전히 숨겨져 있지요. 바로 이 때문에, 지금 속에 머물려는 경험은 그 자체의 정의 때문에 한시적인 것으로 끝날 수밖에 없어요. 이 시도는 그 경험이 영원으로 확장되는 것을 가로막고 있는 장애물을 제거하는 데 실패하기 때문입니다. 이 모든 것을 요약하자면, 《지금 이 순간을 살아라》*의 접근법과 〈기적수업〉의 진정한 힘(real power)의 차이는 결코 미미한 것이 아닙니다. 이 차이는 환영의 지금 속에 잠시 거하느냐, 아니면 실재의 '현존' 속에 영구적으로 거하느냐의 차이인 것입니다.

> '모든' 죄책감이 마음에서 제거되지 않는다면, 또 제거되기 전까지는, 끝없는 현재에 항구적으로 머무를 수 없다는 것을 꼭 기억해야만 합니다.

'모든' 죄책감이 마음에서 제거되지 않는다면, 또 제거되기 전까지는, 끝없는 현

---

* 《The Power of Now》, 에크하르트 톨레의 저서.

재에 항구적으로 머무를 수 없다는 것을 꼭 기억해야만 합니다. 정녕 그렇습니다. 참된 용서의 작업 없이 지금 속에 머무르려는 시도는 죄다 실패하기 마련입니다. 당신이 만들어냈고 당신 바깥으로 투사해놓은 것들을 완전히 용서할 때까지, 당신은 당신의 무의식적 마음속에서 용서받지 못한 것이며, 용서받을 때까지 생사의 쳇바퀴는 계속 돌아갈 것입니다. 지금 속에 깨어 있는 것만으로는 무의식 속의 죄책감을 치유하지도, 에고를 지우지도 '못합니다.' 반면 참된 용서는, 당신의 본래 존재 상태인 사랑의 현존을 자각하지 못하게 가로막는 장애물들을 제거하고, 영원한 '항상(always)' 속에 머무르는 것을 가능하게 해줍니다. 이것이 가능한 이유는 단순합니다. 장애물을 제거하고 나면 남는 것은 그것밖에 없기 때문입니다. 이 중요한 주제에 대해 제이는 〈수업〉에서 이렇게 말합니다.

"너는 죄가 없으므로 상처받을 수 없다. 너는 죄책감을 통해서만 과거에 붙들릴 수 있다. 죄책감은 과거의 행적으로 미래에 처벌받는다고 설정함으로써 과거에서 미래로 진행하는 일차원적인 시간에 의존한다. 이것을 믿으면 '항상(always)'의 의미를 이해할 수 없으니, 결국 죄책감은 네게서 영원에 대한 바른 인식(appreciation)을 앗아가 버린다. 너는 영원하기에 죽지 않으며 '항상'은 지금일 수밖에 없다. 그러므로 죄책감은 에고의 연속성을 확보하기 위해 너의 마음속에 과거와 미래를 붙잡아두는 수단이다. 과거의 행적으로 미래에 벌을 받는다면 에고의 연속성은 보장되기 때문이다. 그러나 너의 연속성은 에고가 아니라 신께서 보장한다. 불멸성은 시간의 반대이다. 시간은 지나가 버리지만, 불멸성은 끊임없이 지속되기 때문이다."(T238-239/T-13. I.8:1-9)

이야기를 계속하기 전에, 마음에 무의식적 죄책감이 조금이라도 남아있는 한, 영원에 닿으려는 시도는 애초부터 실패한 것임을 기억하세요. 과거나 미래로부터 해방되어 영구히 머물고자 한다면 '그에 앞서' 죄책감이

'반드시' 치유되어야 합니다. 죄책감을 무시하는 방법으로는 그것을 지울 수가 없습니다. 과거나 미래를 차단시키고 부정할 때, 당신은 죄책감을 무시하고 있는 것입니다. 미래에 대한 염려와 과거를 '용서할' 때라야 그것이 지워지고 끝없는 현재를 진정으로 누릴 수 있게 됩니다. 이 용서는 언제나 '지금' 일어납니다. 기억하세요. 전에 말했듯이, 분리가 일어나는 것처럼 보였던 태초의 그 순간에 그것을 용서하든지, 지금 그것을 용서하든지 아무런 차이가 없습니다. 그 둘은 하나이고 똑같은 것이기 때문입니다. 자, 계속해서 이에 관한 제이의 말을 인용해보겠습니다. 개리, 참고로 제가 인용하는 내용 중에 보상補償(expiation)●이란 말이 나올 텐데, 이 말은 '달랜다, 보충한다'는 뜻이에요.

개리: 에이, 설마 모를까 봐요.

아턴: "**속죄를 받아들이면, 불멸이 무엇인지를 배우게 된다. 너의 죄없음을 받아들임으로써, 과거는 결코 없었고 미래는 필요 없으며, 존재하지 않을 것임을 배우기 때문이다. 시간 속의 미래는 언제나 죄의 보상**補償**과 관련되며, 오직 죄책감만이 죄의 보상이 필요하다는 느낌을 일으킨다. 신의 아들의 죄없음을 너의 죄없음으로 받아들이는 것은 네게 신의 아들과 그의 실제 본성을 기억시키는 신의 방법이다. 신은 결코 그를 정죄한 적이 없으며, 그는 죄가 없기에 영원하다.**"(T239/T-13.I.9:1-4)

개리: 무의식적 죄책감에서 자신을 해방시키는 것이 최우선 과제라는 사실에서 벗어날 도리가 없겠군요. 무의식적 죄책감에서 자신을 해방시킨다는 것은 곧 '모든 것으로부터' 자신을 해방시키는 것이에요. 이를 해내기

● 일반적인 의미로는 남에게 끼친 손해를 갚는다는 뜻이지만, 심리학적인 의미로는 정신적·신체적 결점이나 약점을 의식할 때, 다른 면의 일을 해냄으로써 그것을 보충하려는 마음의 작용을 가리킨다.

위해서는, 늦든 빠르든 간에 자신이 맺고 있는 관계를 용서하는 문제를 대면해야만 합니다.

아턴: 말씀 잘 하셨어요. 〈수업〉은 이렇게 말합니다. "성령은, 너는 언제나 너 자신을 만나며, 네가 거룩하기에 그 만남 또한 거룩하다고 가르친다. 에고는, 너는 언제나 너의 과거를 만나며, 너의 꿈이 거룩하지 않았기에 미래도 거룩할 수 없고, 현재는 아무런 의미가 없다고 가르친다."(T246 / T-13.IV.6:9-10)

마음속에 죄책감이 남아 있는 동안 현재는 무의미합니다. 그러나 죄책감에서 자유로워지면 끝없는 현재와, 신과의 일체성이 당신 앞에 열립니다. 그리고 한 가지 더 덧붙이자면, 미안하지만 신을 무시하는 것으로는 신과의 분리를 해제시킬 수 없습니다. 당신의 근원(Source)을 인정하지 않고서 어찌 그 근원과의 분리감을 지울 수 있겠습니까? 인정하지 않는 이유를 어떻게 지어내든, 그 진짜 이유는 죄책감 때문이요, 또 그로 인해 생기는 신에 대한 두려움 때문입니다.

개리: 네, 무슨 말인지 알아요. 난 신을 무시하지 않아요. 신이 없었더라면 내가 우러러볼 사람도 없었을 테니까요.

아턴: 농담은 농담이고, 제가 지금 무슨 말을 하는지는 알겠죠?

개리: 네, 알아요. 용서가 핵심이에요. 자신의 생각과 판단을 지켜보라는 것이 아니에요. 자신의 생각과 판단을 지켜보는 것과 그것을 용서하는 것은 다른 일이거든요. 에고를 회유하고 친구 삼음으로써 그것을 고스란히 유지시키라는 것도 아니에요. 에고를 지우고 다시 온전해지라는 것, 이것이 핵심이에요. 제이는 〈기적수업〉

> 에고를 회유하고 친구 삼음으로써 그것을 고스란히 유지시키라는 것도 아니에요.

뿐만 아니라 도마복음에서도 줄곧 이 이야기만 계속하고 있지요. 그래도 아직 질문할 것이 좀 있어요. 그럼 단순히 '판단하지 않기'는요? 판단하지 않기와 용서는 같은 것인가요?

퍼사: 훌륭한 질문이에요. 판단 없이는 에고도 살아남을 수가 없는 것이 사실입니다. 그러므로 '만약' 누군가가 '정말로' 전혀 판단하지 않을 수 있게 된다면 이 접근법은 결국에는 에고를 지워버릴 거예요. 붓다가 그랬던 것처럼 말이죠. 그런데 사실 그는 그러고 나서도 할 일이 좀 남아 있었어요. 그래서 그조차도 세상에 한 번 더 와야 했지요. 그런데 판단하지 않는 방식으로 접근하는 것은 제이의 방식보다 시간이 더 오래 걸린다는 문제가 있어요. 사실 이것은 제이의 방식보다 더 어렵습니다. 하지만 에고가 만들어 놓은 사고체계를 '대체할 수 있는' 성령의 사고체계를 가지고 접근하면 훨씬 일이 쉬워집니다. 제이는 판단하지 않기만 연습했던 것이 아니라 만물을 바라보는 자신의 방식을 바꾸기 위해 진취적인 형태의 용서도 활용했습니다. 이렇게 해서 해제의 과정을 상당히 가속시켰지요. 이것이 바로 제이가 그의 〈수업〉이 시간을 절약해준다고 강조하는 이유입니다. 제이는 유대 신비주의와 불교, 이 둘 모두를 자신의 배경으로 삼았습니다. 이로써 제이는 에고를 지우는 동시에 에고의 사고체계를 성령의 사고체계로 실질적으로 대체시킬 수 있었고, 이런 방법으로 제이는 더 신속한 버전의 구원책을 마련한 것입니다.

아턴: 이렇게 해서 우리는 또 다른 주제에 다다랐습니다. 다시 한 번 강조하건대, 우리는 그저 도움이 되기를 바라는 마음에서 이 주제를 다루는 것입니다. 이제 우리가 언급할 이 사람을 우리는 그저 존중할 뿐입니다. 그는 〈기적수업〉의 초창기 학생 중 한 명이었고, 직업은 의사입니다. 바로 이 때문에 그에게는 사물이나 현상을 과학적인 관점에서 설명하려고 하는 경

향이 있지요. 초심자들에게 이것은 상당히 인상적으로 보일 수 있습니다. 그가 하고 있는 일들 중 한 가지는 운동역학, 다른 말로는 근력테스트를 이용하여 진술의 진실성을 측정하는 것입니다. 이 의사의 연구로 인해 일부 사람들은 그가 이 측정법을 완전무결하게 완성시킨 것으로 오해하게 되었습니다. 하지만 사실 그는 환영을 사용해서 환영을 측정하고 있는 것일 뿐이고, 그러니 원천적으로 그의 측정방법은 결함이 있는 것입니다. 그는 진실을 측정하겠다며 육신을 사용하고 있는 것입니다! 그러나 〈수업〉이 분명하게 가르치고 있듯이, 변하거나 변화될 수 있는 것은 실재하는 것이 아닙니다. 그렇다면 〈기적수업〉 학생으로서 어떻게 이것을 신뢰할 수가 있겠습니까?

개리: 네, 저도 당신이 말하고 있는 의사를 알아요. 제 척추교정사도 22년 전에 근력테스트의 형태로 저에게 운동역학을 사용했어요. 그는 대단했죠. 그리고 대부분의 경우 자신이 도출해낸 결론도 맞았지요. 하지만 항상 맞는 건 아니었어요. 완벽한 것은 아무것도 없어요. 게다가 근력테스트도 다른 기술과 마찬가지로 사람에 따라 실력이 제각각이에요.

아턴: 그래요. 이 의사는 이제 근력테스트를 이용해서 일종의 거짓말 탐지기를 만들어 냈고, 진술의 진실성 정도를 측정하는 방법으로 발전시켰지요. 형상의 수준에서는 완전히 신뢰할 만한 것이 아무것도 없고, 참인 것을 참이 아닌 것이라고 딱지 붙이는 오류를 저지를 수 있다는 점은 차치하고도, 여기에는 더 큰 문제점이 있습니다. 여기에 숨어 있는 에고의 미끼로 인해, 이제 학생들의 관심은 엉뚱한 곳에 놓이게 되는 것입니다. 환영의 세계 속에서 환영인 어떤 것을 측정하는 테스트(이 또한 환영)에 관심이 쏠리게 되는 것이죠. 하지만 학생들이 마땅히 주의를 기울여야 할 곳은, 세상을 용서하고 이 시스템을 '몽땅' 뒤로 하고 떠나겠다는 마음속의 결심입니다. 바

로 '이것이' 〈기적수업〉의 초점입니다.

개리: 제가 알기로, 이 사람은 여러 가르침들을 1~1000까지의 다양한 수준으로 측정하고 있어요. 사람들은 이것을 '너무나도 좋아하지요.' 그런데 그가 〈기적수업〉의 초창기 학생들 중 하나였다면, 그가 왜 〈수업〉의 가르침에 좀더 주의를 기울이지 않았는지가 궁금하네요.

아턴: 전에 우리가 인용한 적이 있는 내용 같은 것을 이야기하는 거죠? **"분리가 온갖 측면들과 정도^{程度}와 간극을 만들어내기 전에는 지각이 존재하지 않았다. 영**$^{(spirit)}$**에는 수준**$^{(level)}$**이 존재하지 않는다. 모든 갈등은 수준이라는 개념으로부터 일어난다."**(T42/T-3.IV.1:5-6)

개리: 맞아요. 〈수업〉은, 선택지는 사실 '두 개밖에 없다는' 사실에 학생들이 주의를 쏟게끔 초점을 맞추고 있어요. 이 둘 중 오직 '하나만이' 실재하고, 그 선택지란 바로 영이요, 온전함$^{(wholeness)}$을 선택하는 것입니다.

아턴: 정확해요. 깨달음에는 어떤 수준도 '없어요.' 당신은 온전하든가 온전하지 않든가, 이 둘 뿐입니다. 그러니 측정이나 점수 같은 것은 학생들을 미혹하여 환영을 진실에게로 데려가는 대신 자신들의 환영에 진실성을 부여하게 만듭니다. 게다가 학생이 뭔가를 그런 방식으로 측정했는데 잘못된 결과를 얻을 경우, 사실은 그에게 이로울 수 있는 것에서 눈을 돌리게 만들 수도 있는 것입니다.

> 깨달음에는 어떤 수준도 '없어요.' 당신은 온전하든가 온전하지 않든가, 이 둘 뿐입니다.

개리: 예, 맞아요. 그 의사는 언제나 공화당은 정직한 것으로 측정하는 것 같더군요. 그는 월마트를 영적으로 깨인 기업으로 측정하기도 했지요. 하지만 유감스럽게도, 이 회사는 직원들을 속여 점심시간을 빼앗은 것으로

캘리포니아 주에서 유죄 선고를 받았어요. 그 의사 '본인이' 얻어내는 결론이 이럴진대, 그보다 더 정확하지 못할 것이 뻔한 그의 학생들은 대체 어떤 결론을 얻을까요? 그리고 만약 그가 자신의 편견을 걸러내지 못한다면 다른 사람들은 얼마나 잘 할 수 있을까요?

아턴: 환영은 당신이 여기에 계속 갇혀 있기를 바란다는 것만 기억하세요. 그리고 어떤 경우에는, 비교하기를 장려하고 가르침들에 점수를 매겨 분류하여 이 모든 것을 실재로 만들어버리면 이제 초점은 '원인'이 아니라 '결과'에, 즉 마음이 아니라 환영에 맞춰지게 됩니다. 그러면 당신이 직접 알아보기도 전에, 그들이 사람들의 진술을 측정하고, 그들을 거짓말쟁이라 부릅니다. 물론 아주 근사하고 공손하고 영적인 태도로 말이죠. 하지만 이것이 실제로 가져주는 결과란 엄청난 시간 낭비일 뿐이에요. 부지불식간에 에고를 찬양하는 대신 에고를 지우는 데 사용될 수 있었던 엄청난 시간을 말이에요.

개리: 사실 사람들을 혹하는 것은 일부 영적 스승들이 이뤄낸 과학적 업적만이 아닙니다. 어떤 경우엔 스승의 목소리나 인격, 눈길 등에 혹하기도 하죠. 사실 이런 것은 아무것도 아닌데, 사람들은 그걸 보고 그가 깨달았다고 착각하죠. 오늘날 스스로 깨달았노라고 주장하거나, 최소한 '다른 이들이' 자기를 보고 깨달았다고 말하는 것을 말리지 않는 스승들이 이토록 많다는 건 참 놀라운 일이에요. 하지만 그들이 정말로 제이와 같던가요? 병자를 치유하고 죽은 사람을 살릴 수 있던가요? 죄책감 없는 마음은 고통을 느낄 수 없는데, 손목에 대못을 박아도 그들은 정말로 아무런 고통을 느끼지 않을 수 있을까요? 이런 사람들 중에서 제이의 경지에 이른 사람을 나는 한 번도 보질 못했어요.

아턴: 측정과 관련해서 한 가지 문제점을 더 이야기하자면, 예를 들어

"신은 사랑이다"처럼 간단하고 참된 형이상학적 진술을 하면, 1000에 가까운 수치가 나옵니다. 그런데 이 수치는 아무도 집으로 데려다주지 못해요. 그런데도 1000이나 1000에 근접한 수치가 나옵니다. 사람들이 집에 훨씬 더 빨리 도착하도록 '정말' 도와주고 싶다면, 당신은 에고에 대해 말하고 그것에 관해 기술해야 합니다. 그들이 맞서고 있는 상대가 무엇인지 알려줘야 하고, 그것을 지우는 법을 가르쳐야 합니다. 하지만 이런 경우, 에고에 대해 말하고 있다는 이유만으로 그 가르침은 낮게 측정이 됩니다!

개리: 네, 빛이라든지 달콤한 것만 이야기하면 1000을 육박하는 수치는 얻을 수 있겠죠. 하지만 그럴 경우 당신은, 에고를 노출시키고 그것을 이해하고 용서하고 지우는 것에 비해 훨씬 더 많은 생 동안 이곳에 갇혀 있게 될 겁니다. 하지만 에고를 지우기 위해서는 먼저 에고에 대해 배워야만 합니다. 당신을 훨씬 더 빠르게 집에 데려다줄 방법을 보여주는 교사는 저급하게 측정이 되지만, 당신을 그처럼 빠르게 데려다주지 못하는 두루뭉술한 교사는 수준 높게 측정이 됩니다.

아턴: 제대로 이해하고 있군요. 그 모든 것에다 거짓말 탐지기 테스트까지 더하면, 그것만으로도 최소한 한 생애는 더 허비해야 할 겁니다. 그 대신 집으로 돌아가도록 마음을 훈련시킬 수 있을 텐데 말이죠.

개리: 음, 운동역학이 용서 공부보다 쉬울 것 같긴 해요. 하지만 그쪽엔 별 관심 없어요. 난 집에 가고 싶으니까요.

아턴: 그렇게 될 겁니다. 똑똑한 양반. 〈수업〉을 가르치지는 않고 〈수업〉에서 뭘 퍼가기에 바쁜 사람들 때문에 낙담하지는 말아요. 심지어는 〈기적수업〉을 당최 이해할 수가 없다고 자포자기한 사람들만을 상대로 과외수업을 하는 이들도 있는 걸요. 그들은 자기만의 방식으로 〈수업〉을 해석할 수 있다고 생각합니다. 그러나 정말 그런 게 있다면, 그 '수업'은 무용지물일

것입니다. 〈기적수업〉이 다른 것은, 〈수업〉의 내용은 해석을 허용하지 '않는다는' 점입니다. 〈수업〉은 세상이란 존재하지 않으며 오직 신만이 실재한다고 말합니다. 그리고 죽음의 꿈에서 깨어나는 방법은 타협을 모르는 전적인 용서로써 사람들을 용서하는 것입니다. 사실 그들은 아무 짓도 하지 않았기 때문이죠. 바로 이것이 자기 자신을 용서하는 방법입니다. 〈수업〉을 이와 달리 해석하는 것은 어리석은 일이지요. 그런데 〈기적수업〉 교사들 중에는 성령을, 〈수업〉에서는 존재하지도 않는다고 말하는 세상에서 당신의 이익을 대변해서 일해주는 실재 인물처럼 만들어놓는 이들이 있어요. 이렇게 되면 학생들의 관심은 곧장 원인이 아닌 결과로 쏠립니다. 그들이 마땅히 관심을 두어야 할 곳은 원인인데 말이죠. 이로 인해 학생들의 공부는 진도가 늦춰지게 됩니다. 게다가 그들의 가르침은 미끄러운 비탈길과도 같아서, 세상을 실재로 만들어놓는 일로부터 시작해서 결국에는 패트 로버트슨*과 같이 이 환영의 세상에서 어떻게 행동해야 하는지를 낱낱이 시시콜콜 일러주는 것으로 끝을 맺곤 하지요.

> 타협하지 마세요.
> 〈수업〉을 팔아먹지 마세요. 사람들이 당신을 어떻게 여길지에 대해서도 걱정하지 마세요.

이런 덫에 절대로 빠지지 마세요. 〈수업〉의 내용을 존중하세요. 사람들에게 〈기적수업〉의 유래와 〈기적수업〉의 내용에 관한 진실을 전해줌으로써 헬렌과 빌을 기념하고 경의를 표하세요. 타협하지 마세요. 〈수업〉을 팔아먹지 마세요. 사람들이 당신을 어떻게 여길지에 대해서도 걱정하지 마세요. 그들이 정말로 똑똑했다면 애초에 자신들이

● 미국에서 텔레비전에 자주 출연하는 복음 설교자.

여기에 있다고 생각하지도 않았을 테니까요.

개리: 그럼 영매한테 가서 날 어떻게 생각하는지 물어볼까요? 농담이에요. 또 다른 환영일 뿐이죠. 하지만 〈수업〉에 따르면, 빠져나가는 길은 분명해요.

아턴: 맞아요. 그렇다고 해서 〈수업〉이 유일한 길이라는 건 아니에요. 우리가 말하고 싶은 것은, 〈수업〉을 하려거든 〈수업〉을 하라는 겁니다. 다른 것을 하면서 그것을 '〈수업〉이라 부르지는' 말라는 겁니다. 〈기적수업〉은 사람들의 시간을 절약해주기 위해 주어진 것이에요. 사람들이 그러기로 선택하기만 하면 말이죠. 사람들이 그것을 선택하지 않는다고 해도 문제될 건 없어요. 시간은 실재하지 않기 때문이죠. 그러나 생사의 쳇바퀴 속에 얼마나 더 오래 붙잡혀 있을 것인가는 자신에게 달린 일이에요.

퍼사: 그와 관련해서, 떠나기 전에, 당신을 위해 모든 것을 명확하게 밝혀줄 〈수업〉의 한 구절을 선물해주고 싶어요. 일이 막 꼬일 때, 비행기가 결항될 때, 누군가가 무례하게 굴 때, 늦어서 뛰고 있는데 앞에 사람들이 길게 줄을 서서 기다리고 있을 때, 한 번 더 용서하고 싶은 기분이 들지 않을 때, 참과 거짓을 가려줄 시금석이 '정말로' 필요할 때, 제이의 다음 말을 기억하세요. "신께서 창조하신 대로 너는 불변하니, 지나가는 것들은 원래가 헛것이다. 모든 감정 변화, 심신의 상태 변화, 의식상태와 반응의 온갖 변화도 그 일부다. 거짓으로부터 진실을 떼어놓아 거짓이 — 원래 그래야 하듯이 — 진실에 범접하지 못하게 하는 이것이 바로 총체적 포괄성이다."(W281/W-pI.152.5:1-3)

홀로 앉아 있는 동안 내 친구들이 전해준 가르침에 충실해야겠다는 결심이 그 어느 때보다도 강하게 들었다. 그것이 쉽지는 않겠지만, 매사가 쉽기만을 바랐다면 애초에 이 별난 영적 행로에 발을 들여놓지도 않았으리라.

10
지상의 초라한 장난감

이곳에서 분리라는 꿈은 희미해져 사라져가기 시작한다. 이곳에서는, 실재하지 않는 간극이 네가 지어낸 공포라는 장난감 없이 지각되기 시작하기 때문이다. 이 이상은 요구하는 것이 없다. 실로 구원이 요구하는 바는 너무나 작고 대단치 않으니, 기뻐하라. 실재에서는 구원은 아무것도 요구하지 않는다. 환영 속에서조차 구원은 단지 두려움을 용서로 대치할 것만을 요구할 뿐이다. 그것이 행복한 꿈을 위한 유일한 규칙이다.

(T635 / T-30.IV.8:1-7)

구원이 이토록 간단하다지만 또 그토록 어렵다는 것은 내게 역설이었다. 분명 진리는 단순하다. 하지만 그렇다고 쉬운 것은 아니었다. 설령 진리를 이해했다 하더라도, 진리를 이해하는 것과 진리를 일관되게 적용하도록 자신을 훈련시키는 것에는 큰 차이가 있었다. 그래도 조금씩은 나아지는 듯했다. 이것은 연습의 결과였다. 많이 연습할수록 용서는 더욱 자연스러워지고, 반면에 세상은 더욱 부자연스러워졌다. 비록 이곳은 내 집이 아니었지만, 좋은 시간을 보낼 수 있을 때는 물론 그렇게 보낼 수 있는 곳이었다. 그리고 그러면서도 동시에 나는 세상을 달리 봄으로써 집으로 돌아갈 수 있다.

〈기적수업〉을 읽는 동안 많이 위로받고 힘을 길어올리곤 했다. 어디를 펴서 읽든, 아턴과 퍼사가 〈수업〉에 관해 이야기했던 모든 것이 사실임을 확인할 수 있었다. 〈수업〉의 핵심 주제는 계속 강화되고, 에고는 지워지고 있었다. 예를 들면 교재의 뒷부분에서 제이는 이렇게 말하고 있다.

"용서하는 꿈들은 오래도록 지속될 필요가 거의 없다. 그것들은 마음을 마음이 생각하는 그것으로부터 떼놓기 위해서 만들어진 것이 아니다. 그것들은 꿈이 다른 누군가에 의해 꾸어지고 있음을 증명하려는 것이 아니다."(T623 /T-29.IX.8:1-3)

바로 앞에는 이런 내용도 있다.

"… 너는 꿈을 꾸고 있을 뿐이며, 우상은 네가 꿈속에서 가지고 노는 장난감이다. 아이가 아니고서야 누가 장난감을 원하겠는가? 아이들은 세상을 다스리는 놀이를 하며 장난감에게 자신을 대변하여 돌아다니며 이야기하고 생각하고 느끼고 말할 수 있도록 능력을 부여한다. 그러나 장난감이 하는 것처럼 보이는 모든 행위는 장난감을 가지고 노는 아이의 마음속에서 일어난다. 그러나 아이는 장난감이 실재가 되는 꿈을 자신이 지어냈다는 것을 잊어버리기를 간절히 원하며, 그것이 자신의 염원이었다는 것을 인정하려고도 하지 않는다.

악몽은 유치한 꿈이다. 자신이 장난감을 진짜가 되게 해줬다고 생각하고 있는 아이에게, 장난감이 대적해온 것이다. 하지만 꿈이 공격해올 수도 있는 걸까? 또 장난감이 자라서 위험하고 난폭해질 수도 있는 걸까? 아이들은 실제로 그렇게 믿는다. 왜냐하면 아이는 자신의 그런 생각이 무서워서 그것을 장난감에게 줘버렸기 때문이다. 아이에게는 장난감이 진짜가 된다. 왜냐하면 그것이 아이를 자신의 생각으로부터 구해주는 것처럼 보이므로. 그러나 장난감은 아이의 생각을 생생한 현실로 유지시킨다. 다만 그것은 아이의 배신에 대적할 수 있도록 아이의 밖에서 보인다. 아이는 자기 생각을 실재라고 여기므로, 자기 생각에서 탈출하려면 장난감이 필요하다고 생각한다. 그리하여 아이는 뭐든지 장난감으로 만들어 자기 세계가 외부에 있고 자신은 다만 그 세상의 일부일 뿐인 그런 놀이를 한다.

어린 시절과 영원히 작별을 고해야만 할 때가 있다. 아이였을 적의 장난감을 지키려고 애쓰지 말라. 그건 모두 버려라. 너는 그런 것이 더 이상 필요하지 않다."(T622-623/T-29.IX.4:4~6:3)

때로는 가지를 얼기설기 뻗어 나갔다가도 다시 단순한 형태로 돌아오는, 〈수업〉의 단순한 아름다움이 나로 하여금 그 길을 나아갈수록 더욱더 〈수업〉을 즐기게 만들었다. 나는 자신을 〈기적수업〉의 '교사'로 생각해본 적이 없고 단지 한 사람의 학생으로만 여겼다. 나는 내가 말 그대로 적당한 때에 적당한 장소에 있었고, 나의 경험들을 전할 수 있는 행운을 가지게 된 것처럼 느꼈다. 나는 내가 작가라고 느껴본 적도 없다. 두 권의 글쓰기 작업은 더디게 진행됐고 점점 더 느려지는 듯했다. 아침에 일어나서 그날 하고픈 일을 열 가지 꼽으라 해도, 글쓰기는 아예 목록에서 제외될 정도였으니까. 이야기 줄거리를 좀 풀어내고 글 중간중간에 개인적인 소견을 집어넣는 일에 대해서만 책임을 지면 된다는 것이 너무 다행스러웠다. 책에 이런 부분도 있기에 내 개인적인 경험도 일부 나누고, 이것이 내가 직접 겪은 일이라는 것도 전해줄 수 있었다. 내가 이 책에 기여한 것은 이게 전부다. 아턴과 퍼사와 함께 나눈 토론을 정리하는 작업은 말 그대로 거저먹기였다. 이 토론에 함께 끼는 것은 즐거운 일이었고, 난 그냥 이 토론을 그냥 옮겨 적기만 하면 되었다. 그런데 나는 이 작업조차도 굼벵이같이 진행하곤 했다.

5월이 돌아와서, 내 친구들이 방문하겠다고 예고한 날로부터 2주 전 즈음에 나는 워크샵을 위해서 난생처음으로 세인트루이스에 가보게 되었다. 그 유명한 세인트루이스 아치 관문의 꼭대기에도 올라가 봤고, 또 난생처음 내셔널리그 야구게임에도 가봤다. 그런데 사실 나에게는 다른 속셈이 있었다. 바로 이 경기장에서 레드삭스가 월드시리즈 우승을 했던 것이다. 이번 시즌이 끝나면 여기를 허물고 새로 짓는다기에 그전에 꼭 가보고 싶었던 것이다. 아름다운 하루였다. 관중은 카디날 팀의 승리에 열광했다. 1회에만 11점을 득점했던 것이다. 이날 카디날의 상대가 레드삭스가 아니었던 것이 천만다행이었다.

워크샵 진행요원들의 친구 중에 피어스라는 사내가 있었는데 그는 《우주가 사라지다》를 읽어본 적이 있었고, 나를 카호키아로 데려가 위대한 태양의 통치 기간 중 내가 원주민으로서 살았던 곳을 구경할 수 있게 해주겠다고 나섰다. 이렇게 해서 내가 세인트루이스에서 지내는 며칠 동안 피어스는 안내자 겸 친구가 되어주었다. 그리고 칼이라는 사내도 우리와 함께 카호키아에 갔다. 칼의 소개를 받자마자 오랫동안 헤어진 형제를 만난 듯 친근감을 느꼈다. 주차장으로 다가갈 때 나는 기분이 이상해졌다. 그리고 주차장 안으로 들어서는 순간, 나는 전에 아턴과 퍼사와 함께 이곳에 와서 경험했던 그 일이 '그대로' 일어나고 있음을 깨달았다. 이 책의 앞부분에 나오듯이, 아턴과 퍼사는 내가 미래에 방문하게 될 곳을 보여주겠다며 나를 이곳으로 '전송해' 보냈었다. 비슷한 정도가 아니었다. 완전히 똑같았다. 내 몸의 소소한 움직임마저 똑같았다. 주고받은 말이라든지, 토루土壘까지 걸어가는 모양새라든지, 토루 위에 올라가는 장면까지도 지난번과 동일했다. 참으로 놀라운 경험이었다. 이 일은 '지금' 일어나고 있는 것처럼 보이지만 '예전에' 이미 일어난 것임이 분명했다. 이번에는 아턴과 퍼사가 보이지 않았다는 점만 빼고는 아무런 차이도 없었다.

심지어는 토루 꼭대기에 섰을 때 나는 천 년 전 카호키아의 환시를 다시 몇 초가량 보았는데, 이것마저도 지난번과 똑같았다. 게다가 나는 그 짧은 몇 초 동안에도 지난번과 똑같은 방향을 바라보고 있었으며, 이번에도 위대한 태양이 토루 위에 있었다는 것을 감지는 했으나 제대로 보지는 못한 상태에서 그렇게 지난번과 똑같은 영상을 보고 있었다.

이 일의 각본은 미리 '쓰여' 있었고 이런 식으로 일어날 '수밖에 없었다는' 사실에 난 얼떨떨했다. 이 일에 관해 내가 할 수 있는 일은 아무것도 없었다. 만약 내가 어딘가에 있어야만 할 운명이라면 나는 거기에 가게 될 수밖에 없다. 달리 원한다고 해도 이를 막을 수 있는 방법은 없다. 또 내가 어딘가에 있지 말아야 할 운명이라면, 나는 무슨 수를 쓰더라도 거기에 갈 수 없다. 이것은 예정된 일이며, 사실이기 이전에 다 끝낸 거래였다. 움직임 하나하나, 말 하나하나, 친구 하나하나, 원수 하나하나 등등에 이르기까지…. 이것은 내가 참여하기로 동의해야만 했던 각본이었다. 이제 나는 여기서 그 일을 처음 겪는 것처럼 보인다. 하지만 이 영화의 필름은 사전에 다 찍어놓은 것이며, 이제 나는 관찰자로서 우주적 규모의 가상현실 게임 속에서 내 역할을 해나가면서 이 일을 순차적으로 겪어 나가는 것처럼 보인다. 그러나 실제로는 나는 결코 여기에 있지 않다. 나는 여태까지 내 인생이 계속 이런 식으로 흘러왔다는 것을 깨달았다. 그렇다면 내가 보고 경험하는 일에 대해 염려하거나 언짢아질 이유는 전혀 없다. 애초에 이 모든 것을 지어낸 자는 바로 나이고, 이 모든 것은 다 사실이 아니기 때문이다.

흥미롭게도, 이 일과 관련해서 상실감이 들지는 않았다. 오히려 깊은 해방감이 느껴졌다. 이제 나는 일이 일어나도록 애쓰지 않고 그냥 일어나도록 내버려둘 수 있게 된 것이다. 나는 심판하는 대신 용서할 수 있었다. 나는 내가 보고 있는 세상에 대해 책임이 있으니, 내 생각들이 내 안이 아니라 내 바깥에 있는 것처럼 보기 위해 내가 세상을 지어냈기 때문이다. 나는 내 생각을 두려워했고 그래서 그것이 바깥에 있기를 원했다. 그러나 이 두려움은 잘못된 생각에서 비롯된 것이었다. 이제는 그것을 두려워할 필요가 없었다. 다만 그것을 용서하고 떠나보내기만 하면 되고, 이 과정에서 사실상 나는 나 자신을 해방시키는 것이다. 나는 내 각본에 저항하기를 포기했다. 대신 이 각본의 목적을 달리 바라보았다. 한때 나를 죄수로 가두었던 이 각본은 이제 집으로 돌아가는 차표가 되었다. 카호키아와 세인트루이스의 나머지 방문 일정은 본래의 각본대로 정확히 일어났고, 각본과 다르게 일어날 수는 없다고 느꼈다.

6월 말 토론토에서 막 돌아왔을 때, 아턴과 퍼사가 이번 방문 기간 중 열 번째로 나타났다.

퍼사: 카호키아를 두 번째로 방문한 소감이 어때요?

개리: 결과는 당신이 이미 알고 있던 바로 그대로겠죠? 이번에는 당신과 당신의 그 멋진 옷차림을 볼 수 없어 아쉬워어요.

퍼사: 개리, 이 세상에는 완벽한 것이 아무것도 없어요.

아턴: 형제, 이번과 다음번 마지막 대화는 짧게 진행될 거예요. 오늘은 그동안의 내용을 정리하고, 당신을 격려해주고, 혹시 질문이 남았다면 대답해주러 온 거예요.

개리: 마지막이라고요? 아, 별로 듣고 싶은 말은 아닌데요.

아턴: 물론 천국에서는 끝이 없습니다. 그러니 이곳에서의 시작과 끝에 연연하지 마세요. 그것들은 모두 사라질 것이고, 그러면 당신의 실재만이 남아 있는 전부가 될 겁니다. 그렇게 될 때까지는, 다른 이들과 이 메시지를 나누세요. 이것이 당신이 바랄 수 있는 최선의 일입니다. 그리고 당

> 이곳에서의
> 시작과 끝에
> 연연하지 마세요.

신도 스스로가 얼마나 행운아인지를 잘 알리라고 생각합니다.

개리: 물론 잘 알고 있어요.

퍼사: 한동안 농담을 너무 안 했네요. 짧은 농담 하나 해주세요.

개리: 알았어요. 지옥에 간 세 남자 이야기를 말하는 거죠? 세 남자가 아주 뜨거운 지옥불에서 꽤 오랫동안 있었어요. 얼마 후 그중 한 사람이 자기들은 앞으로도 영원히 그곳에 머물러야 한다는 것을 알게 됐어요. 그래서 서로 통성명이라도 하는 게 낫지 않겠냐고 제안했지요. 그 남자가 먼저, "안녕하세요. 제 이름은 애릭이에요. 랍비이고 마누라도 있었는데 바람을 피워서 여기에 오게 됐어요"라고 말했어요. 그러자 두 번째 남자가, "안녕하세요. 제 이름은 존입니다. 천주교 신부인데 마누라가 '있어서' 지옥에 오게 됐습니다"라고 말했어요. 마지막으로 세 번째 남자가 이렇게 말을 했습니다. "안녕하세요. 저는 알렉스에요. 저는 〈기적수업〉 학생인데 저는 이곳에 있지 않아요."

퍼사: 귀엽네요. 맞아요. 잘 기억하세요. 당신은 여기에 있지 '않아요.' 여기에 있다고 생각했을 뿐이죠. 당신은 당신을 여기서 빠져나오게 해줄 수 있는 제이가 있어서 운이 좋은 거예요. 그는 〈수업〉에서 다음과 같이 상기시켜주지요.

> 당신은 여기에 있지 '않아요.' 여기에 있다고 생각했을 뿐이죠.

"'내가 너희와 항상 함께 있으리라'고 말했을 때, 나는 문자 그대로를 뜻했다. 나는 모든 상황에서 누구와도 함께 한다. 내가 너와 항상 함께 있기에 '너는' 길이요 진리요 생명이다."(T116/T-7.Ⅲ.1:7-9)

당신이 자기 역할을 기꺼이 하려고만 한다면, 제이는 당신을 집에 데려갈 방법을 명확히 보여줍니다. "생명은 곧 신이므로, 생명의 반대는 존재하지 않는다. 생명과 죽음이 반대처럼 보이는 것은 네가 죽음이 생명을 끝낸다고 판결했기 때문이다. 세상을 용서하라, 그러면 너는 신이 창조한 것에는 끝이 있을 수 없고, 신이 창조하지 않은 것은 실재가 아니라는 것을 이해하리라. 이 한 문장 속에 우리의 〈수업〉이 설명되어 있다. 이 한 문장 속에 한 방향만이 주어진 우리의 연습이 있다. 이 한 문장 속에 성령의 전체 교육 과정이 정확하게 그대로 명기되어 있다."(M52/M-20.5:5-10)

당신이 깨어날 수 있는 방법이란 세상을 용서하는 것입니다. 당신이 결코 천국을 떠난 적이 없다는 것을, 그리고 신이 당신을 창조하신 그대로, 즉 완벽한 영으로 그대로 남아 있다는 것을 깨닫는 방법이란 바로 세상을 용서하는 것입니다. 제이는 〈수업〉에서 그의 가르침이 단순하고 시종일관하다는 것을 다음과 같이 다시 한 번 상기시켜줍니다. "너는 신이 창조한 그대로이다. 이 한 가지를 제외한 나머지를 믿는 것은 어리석다. 이 하나의 생각으로써 모두가 해방된다. 이 하나의 진리 속에서 모든 환영은 사라진다. 이 하나의 사실에서 죄없음이 모든 것의 영원한 일부이며, 그 존재의 핵심이며 불멸성의 보증임이 선포된다."(W363/W-pI.191.4:2-6)

> 이러한 경험으로 인도해주는 용서는 결과의 수준이 아니라 원인의 수준에서 행해야 한다는 것을 항상 기억하세요.

하지만 이러한 경험으로 인도해주는 용서는 결과의 수준이 아니라 원인의 수준에서 행해야 한다는 것을 항상 기억하세요. 이에 대해 제이는 교재에 들어가자마자 1~5장 사이에서 이렇게 말하고 있습니다. "너는 행위를 바꿀 게 아니라 마음을 바꿔야 하며, 그것은 용의(willingness)의 문제이다. 마음의 수준 이외의 인도는 필요가 없다. 바로잡음은 오직 변화가 가능한 수준에서만 유의미하다. 변화가 먹히지 않는 증상의 수준에서는 변화란 것이 아무런 의미도 없다."(T29/T-2.VI.3:4-7)

개리: 면도날처럼 예리한 말이네요, 퍼사. 이 모든 일에 참여할 수 있게 된 것에 대해 정말 행운이라 느껴요. 이 점을 알아주셨으면 해요.

아턴: 운이란 것에 대해서도 좀 말씀드릴게요. 얼마 전에 당신도 극적으로 경험했듯이 모든 것이 이미 정해져 있는 것이라면, 운이라는 것도 사실 존재하지 않는 것입니다. 물론 세상에 있는 동안 운이 좋아 '보일' 때도 있고 나빠 '보일' 때도 있는 것은 사실입니다. 하지만 이것은 그냥 이원성일 뿐입니다. 그렇다고 해서 아무것도 하지 '말라거나', 당신의 역할을 행하지 '말라는' 뜻은 아닙니다. 평범함과 친절이라는 주제와 관련해서 우리가 말했던 모든 것을 기억하세요. 세상에서 할 일을 해나가더라도 결과가 아니라 원인에 초점을 두는 것, 이것이 가장 중요한 일입니다. 이것은 눈에 보이지 않는 변화이지만 우주에서 가장 큰 변화요, 실질적인 효과를 가져오는 유일한 변화입니다.

퍼사: 당신의 일과 역할에 관해서 말씀인데, 당신의 워크샵에는 남자들의 참석 비율이 꽤 높더군요.

주: 토론토에 갔을 때, 워크샵을 주최한 이가 말해주기를, 보통은 자신들이 이런 행사를 개최하면 참석인원의 85퍼센트는 여성이었다고 한다. 사실 이것은 다른 영성 모임들에서도 오랫동안 일반적인 현상이었다. 그런데 내가 워크샵을 진행할 때 여성의 비율은 55퍼센트, 남성의 비율은 45퍼센트였다. 이런 일은 '결코 없었다고' 한다.

개리: 네, 맞아요. 그리고 저 역시 우리 책이 여성들뿐만 아니라 남성들에게도 잘 통한다는 것을 알아차렸어요. 참으로 근사한 일이죠. 또 2~30대 젊은 사람들도 남녀 가릴 것 없이 많이 오더라고요. 보통 그 나이에는 다

른 영성 모임은 물론이고 〈기적수업〉에도 무관심한데 말이죠. 그들 중 많은 이들이 우리의 책을 대형서점에서 고르곤 하더군요. 사실 그들은 이 책이 무슨 내용인지도 모르지만 책 제목과 표지의 설명이 관심을 끄는가 봐요. 우리 책은 젊은이들에게 〈수업〉에 관한 모든 것을 잘 소개해주고 있는 듯해요. 당신네들은 진작부터 이럴 줄 알았던 거죠?

퍼사: 개리, 성령이 에고의 각본을 바로잡기로 결정했을 때 성령에게는 엄청나게 유리한 점이 있었어요. 그는 시간이 끝난 지점으로부터 모든 것을 되돌아보고 있기 때문에 결코 실수할 수가 없는 거죠.

개리: 여론조사를 보니까 이제 사람들은 대부분 스스로를 종교적이라기보다는 영성적이라고 소개하더라고요. 주목할 만한 변화인 것 같아요.

퍼사: 네, 맞아요. 앞으로도 이런 추세는 계속될 것입니다. 세상은 이 메시지에 목말라 하고 있어요. 세상에 이 메시지를 계속 전해주세요. 사람들은 전통종교에서 주고자 하는 것보다 훨씬 더 많은 것을 받아들일 준비가 돼 있어요. 그리고 당신의 경우에도 마찬가지지만, 사람들은 또 대부분의 대안 영성들이 줄 수 있는 것보다 훨씬 더 많은 것을 받아들일 준비가 돼 있습니다!

아턴: 우리는 또 당신이 계속 즐겁게 살기를 바라요. 여행을 즐기세요. 당신은 높은 꼭대기에 올라가는 걸 꽤나 좋아하죠. 그것을 신을 넘어서겠다는 상징으로 삼지 않고, 용서할 수만 있다면 괜찮아요. 그렇게만 한다면 가볍게 즐기고 그 경험을 신께 '선물로' 바치지 못할 이유가 어딨겠어요?

개리: 네, 그럴게요. 이제까지 제가 가본 데를 한 번 생각나는 대로 말해볼게요. 뉴햄프셔 주에 있는 워싱턴 산 정상, 버몬트 주에 있는 맨스필드 산, 보스턴 시에 있는 프루덴셜 센터와 핸콕 타워, 뉴욕 시에 있는 엠파이어 스테이트 빌딩, 세인트루이스 아치 관문, 카호키아에 있는 수도사의 언덕

(Monk's Mound), 팜 스프링스에 있는 샌 재신토 산, LA 선셋 스트립에 있는 하얏트 리젠시도 가봤죠. 특히 그곳에서 내려다보는 로스앤젤레스의 경관은 기가 막혀요. 그리고 내 첫 번째 출판사 사장님인 패트릭 밀러의 호의로 샌프란시스코의 전망이 끝내주는 버클리 힐즈에도 가봤죠. 시애틀에 있는 스페이스 니들, 하와이 오아후 섬에 있는 다이아몬드 헤드, 마우이 섬에 있는 할레아칼라 산, 토론토에 있는 CN 타워, 라스베이거스에 있는 스트라토스피어 호텔, 케네디 우주센터에 있는 전망대, 텍사스 주 댈러스에 있는 텍사스 학교 도서보관소(Texas School Book Depository) 6층*에도 가봤어요. (지금은 박물관으로 바뀌었다.) 이것 말고도 분명히 몇 군데 더 가봤는데 기억이 가물가물하네요.

아턴: 이번 가을에 런던에 가게 되면 런던 아이London Eye의 꼭대기에도 올라가보게 될 거예요. 경치가 정말 근사하죠. 그리고 결국에는 시카고 시의 윌리스 타워Willis Tower**에도 올라갈 겁니다.

개리: 와, 좋은데요. 시드니에 있는 그 유명한 다리*** 꼭대기에도 한 번 올라가보고 싶어요. 거긴 올라가는 게 허락된대요. 오페라 하우스 가는 길에 그 다리를 위로도 통과해보고 아래로도 배를 타고 지나가봤어요. 하지만 다리 꼭대기에도 올라가보면 근사할 거예요. 물론 그 아래로 배를 타고 지나가는 것도 근사하죠. 금문교(Golden Gate Bridge) 아래로도 배를 타고 지나가본 적이 있는데 그때도 참 좋았어요. 아, 제가 왜 이 이야기를 꺼내게 했는지 이제 알겠어요. 이 모든 근사한 경험들을 하는 것에 대해 죄책감을 느끼지 말라는 거죠? 그러니까, 이것들 중 그 무엇도 사실이 아니라면, 죄

---

* 이 건물의 6층으로부터 존 F. 케네디 대통령이 저격당했다.
** 윌리스 타워(Willis Tower) 혹은 시어스 타워(Sears Tower)라 불린다.
*** 하버 브릿지를 가리킨다.

책감을 느낄 필요는 전혀 없는 거죠.

아턴: 맞아요. 성공을 즐기세요. 우리는 당신이 행복하기를 바라요. 필요하다 싶을 때마다 용서하세요. 그러면 괜찮아질 겁니다.

개리: 고마워요. 게다가, 사실 난 정상에는 아무것도 없다는 것도 벌써 알아차렸어요. 그건 어떤 장소의 꼭대기뿐만 아니라 일이나 성공에 있어서도 마찬가지예요. 사람들은 꼭대기에 오르기 위해 평생을 허비하곤 합니다. 그래서 결국 꼭대기에 이르지만 소문과는 완전 딴판이죠. 그냥 골머리 썩을 일만 새로 잔뜩 생긴 거예요. 이런 자신들이 바보 같다고 느끼지만 이걸 누구에게도 말하지는 않아요. 그 자리가 좋은 척 연기하죠. 실은 새로운 문제가 시작된 것뿐인데 말이에요.

아턴: 형제여, 뛰어난 관찰력이에요. 물론 당신이 그 사실을 사람들에게 말해줘도 그들은 꼭 자기가 직접 확인해보고 싶어할 테지만요! 돈은 행복을 가져다주지 않는다고 사람들에게 말해주는 것과 똑같은 일이죠. 사람들은 자신이 직접 돈을 벌어서 확인해보길 원할 겁니다. 이 사고체계와 깡그리 결별하고 떠날 준비가 되기 전까지는 말이죠.

꿈속에서 반짝거리는
모든 것은
일시적이라는 사실을
기억해두세요.

개리: 돈이 행복을 가져다주지는 않지만, 크고 멋진 보트를 사주기는 해요. 그럼 그 옆에서 유유히 수영도 할 수 있고 말이죠. 그냥 농담 한 번 해봤어요. 그런데 우리 부모님이 병으로 고생하다 돌아가신 것을 봐서 그런지, 이 환영의 세상 속에서 가장 실용적이고 소중한 선물을 고르라고 한다면, 저는 돈이 아니라 건강을 선택할 거예요.

퍼사: 네, 맞아요. 건강을 놓고 보자면 당신은 계속 운이 좋았죠. 건강도 상당히 좋은 편이고 꽤 젊어 보이기도 해요. 하지만 이쯤에서, 꿈속에서 반

짝거리는 모든 것은 일시적이라는 사실을 기억해두세요. 아무리 값진 무엇이 당신을 잡아끌더라도, 천국의 거룩하고 장려한 영속성에 비하면 그 덧없는 본성은 애처로울 정도로 빛이 바래버립니다. 모조품 세상에 만족하지 말고 진짜를 얻으러 나아가세요. 그것이 가장 현명한 결정입니다.

아턴: 헬렌 슈크만은 아름다운 시도 좀 썼어요. '내면의 평화 재단'에서는 그녀가 죽은 뒤에 그녀를 기리고자 이를 묶어서 시집으로 출판했습니다. 헬렌이 말하기를, 여기에 있는 시들은 〈기적수업〉처럼 제이가 불러주는 말을 받아 적은 것이 아니라 영감을 받아 쓴 것이라고 했어요. 재단에서는 그녀의 이 시집에다 《신의 선물》(The Gifts of God)이라는 제목을 붙였습니다. 이 여행의 각본을 마음으로 회고해나가는 동안, 우리가 들려줄 이 시집의 한 구절을 기억하세요. 당신을 위해 세상보다 훨씬 더 나은 것이 마련되어 있음을 깨닫고 용기를 내세요. 아름다운 무엇이, 영구한 무엇이, 이번 생에서 당신이 상상할 수 있는 가장 좋은 것마저도 볼품없는 것으로 보이게 할 무엇이 당신을 위해 마련되어 있습니다. 실재에 비하자면 정말 그렇습니다.

> 네가 원하고 네게 필요한 모든 것이,
> 지상의 초라한 장난감들 사이에서 찾기를 희망했던 모든 것이
> 여기 내 손에 있나니.
> 너에게서 그 모든 것을 받고 나면 그것들은 사라지누나.
> 한때 그것들이 서 있던 자리에
> 또 다른 세상으로 통하는 문이 빛나고 있으니,
> 우리는 신의 이름으로 그 문을 들어가누나.•

• 《The Gifts of God》, Helen Schucman, 119쪽.

11
그대 불멸의 본성

하지만 시간은 아직도 줄 선물을 하나 가지고 있다.
그 안에서 참 지식은 너무나 정확히 반영되어
그 상(image)조차 그 보이지 않는 거룩함을 전해주고,
그 닮음은 불멸의 사랑으로 빛난다.

(W299 / W-pⅠ.158.11:2)

여행을 계속하는 동안, 나는 세상의 이원성에 크게 놀랐다. 하와이 카우아이 섬에서 헬리콥터 여행을 하는 기쁨으로부터 오클라호마* 시의 국립기념관을 방문하는 슬픔에 이르기까지 말이다. 미국 곳곳을 여행할수록 느끼는 것이지만, 미국은 실로 다양성의 나라라고 할 만하다. 아마도 이것이 미국의 진정한 힘이었으리라. 바로 이것이 미국을 위대하게 지켜줄 비장의 카드가 될 것이다.

아턴과 퍼사와 토론을 나눈 이후 나는 내 꿈에서 몸이 차지하는 엄청난 비중을 절감하게 되었다. 몸과 연결되지 않은 것은 아무것도 없었다. 〈수업〉은 이렇게 말한다. **"몸을 너의 실재로 지각하는 한 너는 자신을 박탈당한 외**

---
* 1995년 4월 19일 오전 9시 5분, 미국 중부 오클라호마 주의 주도 오클라호마 시 중심가에 있는 알프레드 머라 빌딩에서 폭탄 테러 사건이 일어났었다.

로운 존재로 지각할 것이요, 자신을 희생의 제물로 지각하고 타인을 희생시키는 것을 정당하게 여길 것이다. 희생당하고 상실한 느낌이 없다면 그 누가 천국(Heaven)과 그 창조주(Creator)를 밀쳐내겠는가 말이다. 또 희생과 상실감에 시달리면서 회복을 도모하지 않을 자가 누가 있겠는가? 하지만 너의 도모가 그 박탈이 실재라는 믿음에 근거한다면 그것을 어떻게 이룰 수 있겠는가? 공격을 정당시하는 믿음인 박탈은 공격을 부르니, 박탈감을 품고 있는 한 공격이 구원이 되고 희생이 사랑이 된다."(T328/T-15.XI.5:1-7)

그러나 몸은 나의 실재가 아니었으며, 거기서 빠져나갈 방법도 있었다. 이 방법에 대해 〈수업〉은 다음과 같이 분명하게 조언해주었다. "**신의 아들이 하지 않은 일들을 기꺼이 용서하라.**"(T354/T-17.III.1:5)

이 방법의 열쇠는 기억해내는 데에 있다. 누군가가 나를 뚜껑 열리게 하는 것처럼 보일 때, 사실 거기에는 어떤 목적이 감춰져 있다. 천국, 곧 모든 것을 버린 대가로 무無, 곧 죽음밖에 못 얻은 어리석음을 내 안에서가 아니라 상대방에게서 찾아내려는 것이 그 목적인 것이다. 나는 이 사실을 기억해내는 데에 점점 능숙해지고 있었다. 내가 그에 반응하기를 멈추고 내 형제나 자매가 하지 않은 일에 대해 그들을 용서하는 순간이 앞당겨질수록 내 괴로움도 그만큼 빨리 멈췄다. 이것만으로도 용서는 할 만한 가치가 있는 일이었다. 어떤 상황이 닥치더라도, 일이 아무리 급작스럽게 전개되더라도 이 진실을 '기억해내는' 연습을 계속하는 것이 나에게 얼마나 중요한 일인지를 깨달았다. 결국 용서의 최대수혜자는 나이며, 그로 인해 내 삶이 변화되기 때문이다.

내면의 평화에 젖어들고 모든 것이 명쾌하게 보이는 순간들이 계속 늘어갔다. 또 내가 신 안에서 깨어나고 있다는 앎(knowledge)이 점점 더 확고해졌다. 나는 실재의 본향으로 돌아가기를, 항상 그곳에 머물기를 원했다. 한 생애를 더 이곳으로 돌아와야 하든 말든, 그건 중요하지 않았다. 용서를 실천할수록 꿈은 더욱더 행복한 꿈으로 바뀐다는 것을 배웠다. 13년 전에 이 매혹적인 영적 행로에 들어선 이후로 바뀌어온 내 삶의 길에 고마움의 눈물이 왈칵 쏟아지는 일도 종종 있었다.

아턴과 퍼사의 이번 방문에 대해서는 만감이 교차했다. 이번이 이 책과 관련한 마지막 방문이라는 것은 알고 있었지만, 이후에도 이와 같은 일련의 방문이 '또' 일어날지는 미지수였다. 좋은 일은 세 번씩 일어난다는 속담도 있지만, 이 모든 것을 당연하게 여기기에는 이제 나도 철이 제법 들어 있었다. 그러므로 내가 취할 태도는 지금을 최대한 활용하고 미래에 대해 염려하지 않는 것이었다.

두 달은 정말 빨리 지나갔다. 나의 사랑하는 아턴과 퍼사가 내 거실에 다시 한 번 나타났다.

퍼사: 형제여, 잘 지냈어요? 이번 겨울에 하와이에서 워크샵을 한 번 더 하기로 했다면서요? 축하해요!

개리: 이봐요, 나는 그냥 마카다미아 초콜릿 볼이 먹고 싶어서 가는 것뿐이에요. 맛이 아주 죽여줘요! 네, 물론 저는 하와이 자체를 좋아하기도 하지요. 언젠가는 거기 가서 눌러살 거예요. 나를 떼어내려면 여러 명이 달라붙어야 할 걸요.

아턴: 형제여, 그럴 필요까진 없어요. 때가 되면 그냥 사라져버리면 되니까요.

개리: 아, 만만치 않은 질문이 있어요. 제 질문은 아니고, 다른 사람들이 한 질문이에요.

아턴: 성령의 사고체계는 한 톨의 의문도 내버려두지 않지요. 어서 해보

세요.

개리: 신이 당신의 자녀가 이렇게 악몽을 꾸도록 내버려두는 것은 사랑이 아니니 당장 아이를 깨워야 하는 것이 아니냐고 따지는 사람들이 둘 있었어요. 또 신이 **"아주 작은 미친 생각**(a tiny, mad idea)"이 존재하도록 내버려 둔 것 역시 사랑이 아니냐고요.(T586 / T-27.Ⅷ.6:2) 어떻게 생각하세요?

아턴: 이 질문은 〈수업〉이 가르치는 내용을 간과하고 있어요. 그리고 그들은 신이 작고 미친 생각에 대해서 알고 있고, 당신 자녀의 꿈에 대해 알고 있다고 말하고 싶어하지만, 정작 신은 이를 알지 못합니다. 만약 '알았다면' 그것이야말로 그걸 사실로 굳혀놓을 거예요. 하지만 〈수업〉은 온통 그것이 사실이 아니라는 이야기뿐입니다. 그러니까 간단히 알기 쉽게 말하자면, 당신은 잠에 빠져서 꿈을 꾸기 시작한 것입니다. 에고에게 귀를 기울이는 대신 신에 대한 기억, 즉 성령에 귀를 기울임으로써 깨어날 준비가 되었을 때, 당신은 깨어날 것입니다. 그 꿈은 '당신의' 꿈이기 때문에 당신을 꿈에서 깨울 수 있는 자는 '당신밖에' 없습니다. 성령이란 사실은 당신의 상위 자아(Higher Self)입니다. 신이 성령을 보낸 것이 아니라는 점을 기억하세요. 그는 항상 당신과 함께 있었어요. 진실은 부인할 수는 있을지언정 잃어버릴 수는 없기 때문이죠. 다시 한 번 말하지만, 꿈을 신이 창조했고 또 신이 당신을 꿈에서 깨울 수 있었다고 한다면, 꿈은 사실이 되어버리겠죠. 외부의 힘에 의해서 '당신에게' 가해지는 어떤 현실이 되어버렸을 것입니다. 그런데 사실은 그렇지 않아요. 신은 여전히 완벽한 사랑이고, 당신이 해야 할 일이란 깨어나서 당신이 정말로 있는 그곳을 자각하는 것입니다.

> 성령이란 사실은 당신의 상위 자아입니다.

개리: 납득이 가요. 그런데 어떻게 해서 완벽함 안에 작고 미친 생각이 '존재할' 수 있었던 것인지에 대해서는 아직 답을 받지 못한 것 같아요. 이는 완벽함에 흠이 있었다는 얘기가 아닌가요?

아턴: 불완전에 대한 꿈이 진짜 불완전은 아니기 때문입니다. 꿈은 꿈일 뿐, 실재의 결함이 '아닙니다.' 신은 꿈을 창조하지 않았습니다. 당신은 자신의 꿈속에다 자신을 지어냈습니다. 그러고 나면 당신에게 꿈은 사실처럼 보이기 때문에, 이제 당신은 "신은 왜 이 꿈을 만들었지? 왜 신은 내가 이런 꿈을 꾸게 하지?"라고 묻는 것입니다. 이 둘에 대해 답하자면, 신은 그런 적이 없다는 것이고, 꿈은 실제로 일어나는 일이 아니라는 것입니다. 그러므로 어떻게 해서 꿈이 존재하게 되었는지를 묻는 것은 부질없는 일입니다. 꿈은 존재한 적이 없기 때문입니다! 그저 꿈은 존재하지 않을 뿐입니다. 망상에서 깨어나면, 망상은 그저 사라지고, 당신은 본래의 삶, 진정한 생명을 계속 이어갑니다. 이에 대해 제이는 이렇게 말합니다. "**신의 아들은 용서받은 세상으로부터 자신의 집으로 쉽게 들어 올려진다. 거기서 그는 자신이 항상 그 자리에서 평화 속에 안식하고 있었음을 안다.**"(T354/T-17.II.7:1-2)

> 망상에서 깨어나면,
> 망상은 그저 사라지고,
> 당신은 본래의 삶,
> 진정한 생명을 계속
> 이어갑니다.

개리: 이해하는 데 큰 도움이 되었어요. 고마워요. 다른 일에 대해서도 고맙다는 말씀을 드리고 싶어요. 지난달에 일주일에 걸쳐 워크샵을 진행했었는데, 베트남전 참전용사도 한 사람 참석했더라고요. 그는 자신이 베트남에서 목격했던 것들 중 일부를 지난 35년 동안 용서할 수 없었다고 했어요. 하지만 우리 책을 읽고 나서는 그때의 경험들을 용서할 수 있게 되었다고 하더군요. 그는 다른 베트남 참전용사들에게도 우리의 책을 소개하고

있어요. 정말 고마워요. 우리의 책이 어떤 사람들에게는 정말로 큰 의미를 가지는 것 같아요.

아턴: 우리에게도 기쁜 일이죠. 하지만 당신이 나서서 이 메시지를 전하지 않았다면 많은 사람들이 아직도 모르고 있었을 겁니다. 그러니 당신도 중요한 역할을 맡고 있는 것입니다. '꼭 해야만' 하는 것은 아니지만, 즐길 수 있는 한 계속하세요.

퍼사: 〈수업〉은 이렇게 말하지요. **"너는 형제를 발견하였고, 너희는 서로의 길을 밝혀줄 것이다. 이 빛으로부터 큰 빛줄기(Great Rays)가 뒤로는 어둠 속으로 퍼져가고 앞으로는 신께로 퍼져 나가 과거를 밝혀 몰아내고 신께서 영원히 임재할 자리를 만드니, 그 안에서 모든 것은 빛 속에 눈부시다."**(T380/T-18.III.8:6-7)

개리: 퍼사, 아름다운 구절이군요. 당신들도 알겠지만, 제가 정말로 묻고 싶은 질문은… 오늘밤이 지나도 당신들을 다시 볼 수 있을까요?

퍼사: 그거 알아요? 우리는 '당신이' 그것을 결정하길 원해요. 물론 성령과 함께 말이죠. 하지만 지금 당장 결정하지는 마세요. 잠시 시간을 두고 지켜보세요. 당장에는 당신이 해야 할 일도 잔뜩 있으니까요. 지금으로부터 1년 뒤에, 지금 당신의 삶이 당신이 정말로 원하는 삶인지를 자신에게 물어보세요. 작가로서의 삶을 계속하고 싶은지, 강연 여행을 계속하고 싶은지 말이죠. 지금으로부터 1년 뒤에 이 모든 것에 대해 당신이 어떻게 느끼고 있는지를 살펴보세요. 우리가 돌아오기를 당신이 정말로 원한다면 우리도 그것을 알게 될 겁니다. 정말로 원하지 않는다면 우리도 나타나지 않을 것이고요.

개리: 네. 하지만 당신들은 앞으로 벌어질 일을 이미 알고 있잖아요! 난 모르는데.

아턴: 달라질 것은 없어요. 알려주는 것보다 당신이 직접 결정하는 것이 나아요. 그동안 당신은 자신의 사생활도 포기했고 많은 이들의 투사의 대상이 되어왔죠. 내년에 상황을 새롭게 바라보고, 무엇을 해야 할지를 성령에게 물어보세요. 그러면 틀림없이 알게 될 거예요.

그동안에는 부단히 용서하세요! 제이도 당신에 대해 매우 흡족해한답니다. 그가 말하듯이, 그가 청하는 작은 선물들을 그에게 계속 주세요. "**그리하여 네게 아버지에 대한 기억을 가리는 먹구름은 한 점도 남지 않으리니, 너는 불멸하기에 죽지 않은, 신의 죄 없는 아들을 기억할 것이기 때문이다.**" (T241/T-13.II.9:3)

퍼사: 용서의 공부를 마치고 나면 당신의 무의식적 마음 안에는 죄책감의 흔적이 하나도 남아 있지 않을 겁니다. 바로 이 지점에서 당신은 생사의 쳇바퀴를 깨부수고, 다시는 육신 속으로 들어가는 꿈을 꾸지 않게 될 것입니다. 이것이 윤회의 끝입니다. 당신의 경우에는, 언제 이 일이 일어날지도 알고 있지요. 하지만 그건 중요하지 않아요. 눈앞에서 어떤 일이 벌어지더라도 굴하지 말고 계속 용서를 해나가야 합니다. 이것이 구원의 작업이요, 자기가 자신을 위해 할 수 있는 가장 중요한 일입니다.

> 당신의 무의식적 마음 안에는 죄책감의 흔적이 하나도 남아 있지 않을 겁니다. 바로 이 지점에서 당신은 생사의 쳇바퀴를 깨부수고, 다시는 육신 속으로 들어가는 꿈을 꾸지 않게 될 것입니다.

당신의 임무를 즐겁게 해나가세요. 실제로는 아주 보수적이지만 정작 자신은 상당히 진보적이라고 착각하는 교사들이나 영성의 주류에 속한 사람들의 비위를 맞추는 일엔 신경 쓰지 마세요. 제이가 했던 말 중 가장 짧은 말 기억나죠?

개리: 물론이죠! 지나가는 자가 되어라.

> 지나가는 자가 되어라.

퍼사: 좋았어요. 개리, 그렇다면 지나가는 자가 되세요. 사람들은 당신이 어느 영성 단체에 부합하느냐고 물어볼 거예요. 사실대로 대답하세요. 당신이 가르치고 있는 내용을 보자면, 당신은 어디에도 맞지 '않아요.' 당신이 말하는 내용은 다른 이들이 말하는 내용과 같은 것이 아닙니다. 그러니 자신을 맞추려고는 시도조차 하지 마세요. 그냥 당신답게 말하세요.

아턴: 진실을 알고 나누는 것은 즐거운 일이죠. 용서하는 법을 계속 사람들에게 가르치세요. 이렇게 해서 그들은 살 것입니다. **"생명을 지닌 것은 불멸하기 때문"**입니다.(W473/W-pⅡ.13.5:4)

퍼사: 우리는 당신이 잠시 우리와 영으로서 결합해 있기를 원해요. 당신도 정말 좋아할 거예요. 몇 분 뒤에는 다시 당신 몸으로 돌아오겠지만, 그 경외감이 사그라지려면 몇 시간은 지나야 할 겁니다. 자, 와서 우리와 함께 사랑이 되세요.

갑자기, 몸의 중력이 사라지면서 몸도 사라졌다. 보이는 것은 아무것도 없었고, 완전한 앎(total awareness)의 경험만이 있었다. 그 경험의 환희로움은 결코 묘사할 수 없는 무엇이었다. 그것은 계시의 경험이었다. 전에도 이를 경험하기는 했으나, 이번에는 내 몸에 대한 인식(awareness)이 돌아오지 않았다. 이 희열을 내가 과연 감당해낼 수 있을지도 몰랐다. 이 경험의 전체성 속에, 이제껏 내가 사랑했던 모든 이들이 다 있었다. 몸이나 분리된 무엇으로서가 아니었다. 완벽한 일체성에 대한 내 앎(awareness) 속에 다 있었다. 바곁에 남아 있는 것은 아무것도, 아무도 없었다. 내 부모님, 친구들, 친척들, 애인들까지 다 있었다. 이제껏 내가 사랑했던 동물들도 다 거기에 있었다. 우리는 하나였으므로. 나는 야턴과 퍼사를 사랑했다. 이 경험이 끝나더라도 나는 그들을 그리워하지 않을 것이다. 우리가 결코 떨어질 수 없다는 것을 온전히 이해했기 때문이다. 우리의 사랑은 영원 속으로 펼쳐졌다. 우리의 사랑에는 아무런 한계가 없었으며, 실재로서 존재하는 이 희열은 진정 모든 예상을 뛰어넘는 무엇이었다. 모든 것을 포괄하는 신의 경이로움 속에서, 생각할 필요도 전혀 없었다. 오직 사랑으로서, 진정한 나 자신으로서 존재하기만 하면 되었다.

시간을 넘어선 이 경험이 지나고, 나는 다시 외견상 몸 안에, 의자 위에 앉아 있었다. 그러자 가득하고 온전한 성령의 음성이 들렸다. 나는 이것이 내 음성이요, 야턴과 퍼사의 음성이요, 제이와 붓다의 음성이요, 하나 안에 있는 모두의 음성(the Voice of All in One)임을 알았다. 이 메시지에 귀를 기울이면서, 주변을 바라볼 필요를 전혀 못 느꼈기에 그저 눈을 감았다. 피곤한 것은 아니었다. 단지 나는 육신이 아니었을 뿐이다. 영의 말은 곧 나의 말이었다. (이때 내가 들은 말은 다음과 같았다.)

용서하는 날마다 날마다, 세상의 모든 과실過失이 활활 타는 불 위에 떨어지는 눈처럼 녹아 없어진다. 더 이상 아무런 죄책감도, 어떤 카르마도, 앞일에 대한 두려움도 없으리라. 너는 자신을 만나 너의 순진무구함을 선언하였으니, 그에 이어지는 모든 것은 신처럼 자연스럽기 때문이다.

더 이상 태어남도 해묵은 죽음도 없으리라. 그것은 그저 생각이었을 뿐. 좀더 많은 이들이 길을 찾도록 돕기 위해 다시 오게 된다면, 그렇게 되게 하라. 그러나 너는 몸이 아니요 사랑이니, 사랑이 어디에 있는 것처럼 보이든 그것은 중요하지 않으리라. 사랑은 사랑이기에 어긋날 수 없으니.

고통이 존재할 수 없는 날이, 사랑이 모든 곳에 충만할 날이, 진리만이 존재하는 모든 것인 그런 날이 오리라. 너는 이날을 영원히 열망해왔다. 흔히는 침묵 속에서 의식도 못한 채. 이제 네 본성에 대한 앎(knowledge)은 더 분명해졌으니, 사랑은 그 누구도 잊은 적이 없다.

진리를 대변하는 음성(Voice)을 가리는 구슬픈 곡조 대신 영의 노래를 세상이 부를 날이 오리라. 용서할 것이 아무것도 남아 있지 않을 날이, 네 형제자매와 함께 마땅히 축하해야 할 그날이 오리라.

그런 후 더 이상 날이 필요하지 않을 날이 오리니. 그러면 너는 네 불멸의 본성의 거룩함 속에서 하나로서 영원히 살리라.

PURSAH'S GOSPEL OF THOMAS

〈퍼사의 도마복음〉 원문

These are the hidden sayings that the living J spoke and Didymus Judas Thomas recorded:

1. And he said, "Whoever discovers the interpretation of these sayings will not taste death."

2. J said, "Those who seek should not stop seeking until they find. When they find, they will be disturbed. When they are disturbed, they will marvel, and they will reign over all."

3. J said, "If your teachers say to you, 'Look, God's Divine Rule is in the sky,' then the birds will precede you. If they say to you, 'It's in the sea,' then the fish will precede you. Rather, God's Divine Rule is within you and you are everywhere. When you know yourself, you will be known, and you will understand that we are one. But if you don't know yourself, you live in poverty, and you are the poverty."

4. J said, "The person old in days should not hesitate to ask a little child the meaning of life, and that person will live. For many of the first will be last, and they will become a single one."

5. Know what is in front of your face, and what is hidden from you will be disclosed to you. For there is nothing hidden that will not be revealed.

6. The disciples asked him, "Do you want us to fast? How should we pray? Should we give to charity? What diet should we observe?" J said, "When you go into any region and walk in the countryside, and people take you in, eat what they serve you. After all, what goes into your mouth will not defile you; rather, It's what comes out of your mouth that will reveal you."

8. J said, "A wise fisherman cast his net into the sea. When he drew it up it was full of little fish. Among them he discovered a large, fine fish. He threw all the little fish back into the sea, and he chose the large fish. Anyone here with two good ears should listen."

9. J said, "Look, the sower went out, took a handful of seeds, and scattered them. Some fell on the road, and the birds came and ate them. Others fell on the rocks, and they didn't take root and didn't produce grain. Others fell on the thorns, and they choked the seed and the worms ate them. And others fell on good soil, and it produced a good crop; it yielded sixty per measure and one hundred twenty per measure."

11. The dead are not alive, and the living will not die.

13. J said to the disciples, "Compare me to something and tell me what I'm like." Simon Peter said to him, "You are like a just angel." Matthew said to him, "You are like a wisdom teacher." Thomas said to him, "Master, my mouth is utterly unable to say what you are like." And he took him, and withdrew, and spoke three sayings to him. When Thomas came back to his friends, they asked him, "What did J say to you?" Thomas said to them, "If I tell you one of the sayings he spoke to me, you will pick up rocks and stone me, and fire will come from the rocks and consume you."

17. J said, "I will give you what no eye has seen, what no ear has heard, what no hand has touched, and what has not arisen in the human heart."

18. The followers said to J, "Tell us how our end will be." He said, "Have you discovered the beginning, then, so that you are seeking the end? For where the beginning is, the end will be. Fortunate is the one who stands at the beginning: That one will know the end and will not taste death."

20. The disciples said to J, "Tell us what God's Divine Rule is like." He said to them, "It's like a mustard seed. It's the smallest of all seeds, but when it falls on prepared soil, it produces a large plant and becomes a shelter for birds of the sky."

22. When you make the two into one, and when you make the inner like the outer and the outer like the inner, and the upper like the lower, and when you make male and female into a single one, so the male will not be male and the female will not be female ... then you will enter the Kingdom.

23. I shall choose you, one from a thousand and two from ten thousand, and they shall stand as a single one.

24. The disciples said, "Show us the place where you are, for we must seek it." He said to them, "Anyone here with two ears had better listen! There is light within a person of light, and it shines on the whole world. If it does not shine, it is dark."

26. You see the speck that is in your brother's eye, but you do not see the log that is in your own eye. When you take the log out of your own eye, then you will see clearly enough to take the speck out of your brother's eye.

28. I stood in the world and found them all drunk, and I did not find any of them thirsty. They came into the world empty, and they seek to leave the world empty. But meanwhile they are drunk. When they shake off their wine, they will open their eyes.

31. A prophet is not acceptable in his own town. A doctor does not heal those who know him.

32. J said, "A city built on a high hill and fortified cannot fall, nor can it be hidden."

34. J said, "If a blind person leads a blind person, both of them will fall into a hole."

36. Do not worry, from morning to night and from night until morning, about what you will wear. The lilies neither toil nor spin.

37. When you take your clothes off without guilt, and you put them under your feet like little children and trample them, then you will see the son of the living one and you will not be afraid.

40. A grapevine has been planted outside of the Father, but since it is not strong, it will be pulled up by its roots and shall pass away.

41. J said, "Whoever has something in hand will be given more, and whoever has nothing will be deprived of even the little they have."

42. Be passersby.

45. Grapes are not harvested from thorn trees, nor are figs gathered from thistles.

47. A person cannot mount two horses or bend two bows. And a servant cannot serve two masters, or that servant will honor the one and offend the other. Nobody drinks aged wine and immediately wants to drink young wine. Young wine is not poured into old wineskins, or they might break, and aged wine is not poured into new wineskins, or it might spoil. An old patch is not sewn onto a new garment, since it would create a tear.

48. J said, "If two make peace with each other in a single house, they will say to the mountain, 'Move over here!' and it will move."

49. Fortunate are those who are alone and chosen, for you will find the Kingdom. For you have come from it, and you will return there again.

51. The disciples said to him, "When will the rest for the dead take place, and when will the new world come?" He said to them, "What you are looking forward to has come, but you don't know it."

52. The disciples said to him, "Twenty-four prophets have spoken in

Israel, and they all spoke of you." He said to them, "You have disregarded the living one who is in your presence, and have spoken of the dead."

54. Fortunate are the poor, for yours is the Father's Kingdom.

56. Whoever has come to understand this world has found merely a corpse, and whoever has discovered the corpse, of that one the world is no longer worthy.

57. God's Divine Rule is like a person who had good seed. His rival came during the night and sowed weeds among the good seed. The person did not let the workers pull up the weeds, but said to them, "No, otherwise you might go to pull up the weeds and pull up the wheat along with them." For on the day of the harvest the weeds will be conspicuous, and will be pulled up and burned."

58. J said, "Congratulations to the person who has forgiven and has found life."

59. Look to the living One as long as you live. Otherwise, when you die and then try to see the living One, you will be unable to see.

61. I am the one who comes from what is whole. I was given from the things of my Father. Therefore, I say that if one is whole, one will be filled with light, but if one is divided, one will be filled with darkness.

62. J said, "I disclose my mysteries to those who are ready for my

mysteries. Do not let your left hand know what your right hand is doing."

63. There was a rich person who had a great deal of money. He said, "I shall invest my money so that I may sow, reap, plant, and fill my storehouses with produce, that I may lack nothing." These were the things he was thinking in his heart, but that very night he died.

66. J said, "Show me the stone that the builders rejected. That is the keystone."

67. J said, "Those who know all, but are lacking in themselves, are completely lacking."

70. J said, "If you bring forth what is within you, what you have will save you. If you do not have that within you, what you do not have within you will kill you."

72. A person said to him, "Tell my brothers to divide my father's possessions with me." He said to the person, "Brother, who made me a divider?" He turned to his disciples and said to them, "I'm not a divider, am I?"

75. J said, "There are many standing at the door, but those who are alone will enter the bridal suite."

76. J said, "God's Divine Rule is like a merchant who had a supply of merchandise and then found a pearl. That merchant was prudent; he

sold the merchandise and bought the single pearl for himself. So also with you, seek the treasure that is unfailing, that is enduring, where no moth comes to eat and no worm destroys."

79. A woman in the crowd said to him, "Lucky are the womb that bore you and the breasts that fed you." He said to her, "Lucky are those who have heard the word of the Father and have truly kept it. For there will be days when you will say, "Lucky are the womb that has not conceived and the breasts that have not given milk."

80. J said, "Whoever has come to know the world has discovered the body, and whoever has discovered the body, of that one the world is not worthy."

85. J said, "Adam came from great power and great wealth, but he was not worthy of you. For had he been worthy, he would not have tasted death."

86. J said, "Foxes have their dens and birds have their nests, but human beings have no place to lay down and rest."

87. J said, "How miserable is the body that depends on a body, and how miserable is the soul that depends on these two."

88. J said, "The messengers and the prophets will come to you and give you what belongs to you. You, in turn, give them what you have, and say to yourselves, 'When will they come and take what belongs to them?' "

89. J said, "Why do you wash the outside of the cup? Don't you understand that the one who made the inside is also the one who made the outside?"

90. J said, "Come to me, for my yoke is comfortable and my lordship is gentle, and you will find rest for yourselves."

91. They said to him, "Tell us who you are so that we may believe in you." He said to them, "You examine the face of Heaven and earth, but you have not come to know the one who is in your presence, and you do not know how to examine the present moment."

92. J said, "Seek and you will find. In the past, however, I did not tell you the things about which you asked me then. Now I am willing to tell them, but you are not seeking them."

94. J said, "One who seeks will find. And for one who knocks, it shall be opened."

95. J said, "If you have money, do not lend it at interest. Rather, give it to someone who will not pay you back."

96. J said, "God's Divine Rule is like a woman. She took a little leaven, hid it in dough, and made it into large loaves of bread. Anyone here with two ears had better listen!"

97. J said, "God's Divine Rule is like a woman who was carrying a jar full of meal. While she was walking along a distant road, the handle of

the jar broke, and the meal spilled behind her along the road. She didn't know it; she hadn't noticed a problem. When she reached her house, she put the jar down and discovered that it was empty."

99. The disciples said to him, "Your brothers and your mother are standing outside." He said to them, "Those here who do what my Father wants are my brothers and my mother. They are the ones who will enter the Father's Kingdom."

100. They showed J a gold coin and said to him, "The Roman Emperor's people demand taxes from us." He said to them, "Give the Emperor what belongs to the Emperor. Give God what belongs to God."

103. J said, "Congratulations to those who know where the rebels are going to attack. They can get going, collect their Divine resources, and be prepared before the rebels arrive."

106. J said, "When you make the two into one, you will become children of Adam, and when you say, 'Mountain, move from here!' it will move."

107. J said, "God's Divine Rule is like a shepherd who had a hundred sheep. One of them, the largest, went astray. He left the ninety-nine and looked for the one until he found it. After he had toiled, he said to the sheep, 'I love you more than the ninety-nine.'"

108. J said, "Whoever drinks from my mouth shall become like me. I myself shall become that person, and the hidden things will be revealed

to that person."

109. J said, "God's Divine Rule is like a person who had a treasure hidden in his field but did not know it. And when he died he left it to his son. The son did not know about it either. He took over the field and sold it. The buyer went plowing, discovered the treasure, and began to lend money at interest to whomever he wished."

110. J said, "Let one who has found the world, and has become wealthy, renounce the world."

111. J said, "The Heavens and the earth will roll up in your presence, and whoever is living with the living one will not see death. Did not I say, 'Those who have found themselves, of them the world is not worthy?'"

113. The disciples said to him, "When will the Kingdom come?" He said, "It will not come by watching for it. It will not be said, 'Behold here,' or 'Behold there.' Rather, the Kingdom of the Father is spread out upon the earth, and people do not see it."

순금의 정신으로 빚어내는
천금의 감동이 있는 곳

정신세계사는 홈페이지와 인터넷 카페를 통해
열린 마음으로 독자 여러분들과 깊은 교감을 나누고자 합니다.
홈페이지(www.mindbook.co.kr) 또는 인터넷 카페(cafe.naver.com/mindbooky)의
회원으로 가입해주시면

1. 신간 및 관련 행사 소식을 이메일로 받아보실 수 있습니다.
2. 신간 도서의 앞부분(30쪽 가량)을 미리 읽어보실 수 있습니다.
3. 지금까지 출간된 도서들의 정보를 한눈에 검색하고 열람하실 수 있습니다.
4. 품절·절판 도서의 대여 서비스를 이용하실 수 있습니다.(카페 안내문 참고)
5. 자유게시판, 독자 서평, 출간 제안 등의 기능을 활용하실 수 있습니다.
6. 정신세계의 핫이슈에 대한 정보와 의견들을 자유롭게 나누고
   교류하실 수 있습니다.
7. 책이 출간되기까지의 재밌는 뒷이야기들을 들으실 수 있습니다.

일상의 깨달음에서 심오한 가르침에 이르기까지,
그 모든 정신의 도전을 책 속에 담아온 정신세계사의 가족이 되어주세요.

정신세계사의 주요 출간 분야

겨레 밝히는 책들 / 몸과 마음의 건강서 / 수행의 시대 / 정신과학 / 티벳 시리즈 / 잠재의식과
직관 / 자연과 생명 / 점성·주역·풍수 / 종교·신화·철학 / 환생·예언·채널링 / 동화와 우화
영혼의 스승들 / 비종서(소설 및 비소설)

정신세계사의 책들

홈페이지(www.mindbook.co.kr)에서 더 상세한 도서 정보를 보실 수 있습니다.

【잠재의식과 직관】

당신의 소원을 이루십시오
대공황기의 미국인들에게 희망과 성공을 안겨 준 20세기 신사고 운동의 필독서/존 맥도널드 지음/최인원 옮김

리얼리티 트랜서핑 시리즈
(총 4권, 타로카드 세트)
더 많은 행복과 풍요가 넘실대는 인생의 파도로 옮겨타는 과학적인 성공비결/바딤 젤란드 지음/박인수 옮김

나는 왜 하는 일마다 잘 되지?
꿈을 실현시키는 긍정의 힘, 확언! 그 비밀을 밝힌 국내 최초의 확언전문서/최인원 지음/EFT KOREA 감수

오픈포커스 브레인
뇌와 마음의 긴장을 풀어 새로운 삶을 창조한다(오디오CD 포함)/레스 페미 지음/이재석 옮김

초감각의 세계
초감각의 실제 체험으로 이끄는 과학적인 지침서/W.E. 버틀러 지음/유기천 옮김

감응력
진동 수준을 높이고 조율하여 참된 자아가 보내주는 직관의 실마리를 얻는다/페니 피어스 지음/김우종 옮김

자각몽
영화보다 재미있고 심리분석보다 유익한 창조적 꿈꾸기/로버트 웨거너 지음/허지상 옮김

왓칭
세계 최고의 과학자들이 증명해낸 관찰자 효과의 놀라운 비밀/김상운 지음

에니어그램을 넘어 데카그램으로
최초로 밝혀지는 에니어그램의 원형과 비전/이병창 지음

나쁜 기억 지우기
결정적 순간마다 발목을 잡는 나쁜 기억을 감쪽같이 지워주는 마법 같은 책/이진희, 송원섭 지음

자각몽, 또다른 현실의 문
상상초월의 자각몽과 또다른 현실로의 여행/카를로스 카스타네다 지음/추미란 옮김

【정신과학】

宇宙·心과 정신물리학
우주, 물질, 의식의 해명을 시도하는 혁명적 시각을 읽는다/이차크 벤토프 지음/류시화·이상무 공역

현대물리학이 발견한 창조주
새로운 우주상을 제시한 현대물리학과 종교의 만남/폴 데이비스 지음/류시화 옮김

신과학이 세상을 바꾼다
공학박사가 밝히는 사상운동으로서의 신과학, 실제적 연구성과가 담긴 교양과학서/방건웅 지음

I

홀로그램 우주
홀로그램 모델로 인간, 삶, 우주의 신비를 밝힌다/마이클 탤보트 지음/이균형 옮김

환각과 우연을 넘어서
인간의 한계를 넘어서는 경이로운 의식체험의 기록들/스타니슬라프 그로프 지음/유기천 옮김

코스믹 게임
인간이 변성의식 상태에서 겪는 놀라운 체험들의 보고서/스타니슬라프 그로프 지음/김우종 옮김

【영성/생태/자연】

식물의 정신세계
식물의 사고력, 감각와 정서, 초감각적 지각의 세계/피터 톰킨스 외 지음/황정민 외 옮김

장미의 부름
시를 쓰고 우주와 교신하는 식물의 신비로운 세계/다그니 케르너 외 지음/송지연 옮김

무탄트 메시지
호주 원주민 참사람 부족이 '돌연변이' 문명인들에게 보내는 자연과 생명과 영성에 대한 메시지/말로 모건 지음/류시화 옮김

초인들의 삶과 가르침을 찾아서
인류에게 진리의 빛을 던져주는 불멸의 초인들, 그들이 펼치는 기적의 초인생활/베어드 T. 스폴딩 지음/정창영·정진성 옮김

초인들의 삶과 가르침을 찾아서 2(남겨진 이야기들)
초인생활의 저자가 남긴 마지막 자료들을 발굴하여 엮은 책/베어드 T. 스폴딩 지음/정진성 옮김

말리도마
문명에 납치된 아프리카 청년 말리도마가 태초의 지혜를 되찾아간 생생한 기록/말리도마 파트리스 소메 지음/박윤정 옮김

기적으로 이끄는 수업
세계의 영성가들에게 무한한 영감을 선사해온 《기적수업》의 국내 최초 해설서 / 강구영 엮고 지음

우주가 사라지다
승천한 스승들에게 들은 궁극적인 진실을 아홉 해 동안 듣고 써내려간 영적 대화록/개리 레너드 지음/이균형 옮김

【수행의 시대】

명상의 세계
명상의 개념과 역사, 명상가들의 일화를 소개한 명상학 입문서/정태혁 지음

박희선 박사의 생활참선
과학자가 터득한 참선의 비결과 효과. 심신강화의 탁월한 텍스트/박희선 지음

붓다의 호흡과 명상(전2권)
불교 호흡 명상의 근본 교전 《安般守意經》과 《大念處經》 번역 해설/정태혁 역해

보면 사라진다
수행인들의 생생한 체험을 통해 만나는 붓다의 위빠사나/김열권 지음

하타요가와 명상
동식물과 자연을 표현한 요가 동작의 깊은 의미와 목적을 명상상태에 대한 비유로 해설한 책/스와미 시바난다 라다 지음/최정음 옮김

호흡수련과 氣의 세계(전3권)
한 공직자가 실사구시의 관점으로 밝혀낸 호흡수련의 구체적인 방법과 효과, 꼼꼼한 체험기록/전영광 지음

요가 우파니샤드
국내 최초의 요가 수행자가 전하는 정통 요가의 모든 것/정태혁 지음

달라이 라마의 자비명상법
나 스스로 관세음보살이 되는 가장 쉽고 빠른 길/라마 예세 툽텐 해설/박윤정 옮김

실버 요가
노인의, 노인에 의한, 노인을 위한 국내 최초의 요가 실천서/정태혁 지음

신에 이르는 길
서양의 구루 람 다스가 바가바드 기타를 통해 펼쳐내는 영적 지혜와 깨달음의 과정/람 다스 지음/이균형 옮김

한 발짝 밖에 자유가 있다
당신의 내면에서 한시도 쉬지 않고 지껄이는 소리를 멈추는 마음의 기술/마이클 A. 싱어 지음/이균형 옮김

치유명상
지금 이 순간의 의미를 찾아 치유와 행복을 이루는 범종교적 명상수행의 핵심입문서/윤종모 지음

깨어남에서 깨달음까지
영적 여정의 굴곡을 지혜롭게 넘어가기/아디야 샨티 지음/성성채 옮김

【티베트 시리즈】

티벳 死者의 書
죽음의 순간에 단 한 번 듣는 것만으로 해탈에 이른다/파드마삼바바 지음/류시화 옮김

티벳의 위대한 요기 밀라레파
단 한 생애 동안에 부처가 된 위대한 성인의 전기/라마 카지 다와삼둡 영역/유기천 옮김

티벳 밀교 요가
위대한 길의 지혜가 담긴 티벳 밀교 수행법의 정수/라마 카지 다와삼둡 영역/유기천 옮김

티벳 해탈의 서
마음을 깨쳐 이 몸 이대로 해탈에 이르게 하는 티벳 최고의 경전/파드마삼바바 지음/유기천 옮김

사진이 있는 티벳 사자의 서
두려움 없는 죽음을 위하여 반드시 명상해야 할 책/스티븐 호지·마틴 부드 편저/유기천 옮김

달라이 라마 자서전
신적인 존재로 추앙받으며 자라온 달라이 라마의 어린 시절에서 망명정부의 지도자로서 티베트 해방을 위해 부심하는 오늘에 이르기까지의 고뇌 어린 발자취/텐진 갸초 지음/심재룡 옮김

티베트 문화산책
우리 안의 티베트를 찾아 떠나는 티베트 문화여행기/다정 김규현 지음

마음에 빛을 주는 티벳 사자의 서
(오디오북 3CD)
불교방송 DJ 정목 스님의 맑고 따뜻한 음성으로 전해 듣는 궁극의 경전/파드마삼바바 지음/정목 낭송

【인물/구도기】

요가난다 (상하 전2권)
20세기 최고의 수행자 요가난다의 감동적인 자서전/파라마한사 요가난다 지음/김정우 옮김

라마크리슈나
노벨문학상에 빛나는 로맹 롤랑이 집필한 인도의 대성자 라마크리슈나 일대기/로맹 롤랑 지음/박임, 박종택 옮김

지중해의 성자 다스칼로스 1~3
세기를 살다간 사랑의 신유가 다스칼로스의 영적인 가르침/키리아코스 C.마르키데스 지음/이균형·김효선 옮김

자유를 위한 변명
구도의 춤꾼 홍신자의 자유롭고 파격적인 삶의 이야기/홍신자 지음

또 하나의 나를 보자
45년간 물만 먹고 살아오며 그 고통을 사랑으로 승화시킨 여인 양애란의 삶과 그 뜻/양애란 구술/박광수 엮음

풀 한 포기 다치지 않기를
베트남전에 참전한 후로 마약과 섹스와 알코올 중독자이자 노숙자로 전전했던 청년이 십수 년에 걸쳐 평화순례를 이끄는 선승禪僧으로 변해가는 감동적이고 가슴 아픈 이야기/클로드 안쉰 토머스 지음/황학구 옮김

청산선사
우리 시대의 대도인 청산이 남긴 비화와 예언, 후천시대의 참모습/고남준 지음

도를 닦는다는 것
중국 화산파 23대 장문인 곽종인 대사의 선도 이야기/곽종인 지음

【종교/철학】

달마
오쇼가 특유의 날카로운 시각으로 강의해설한 달마어록/오쇼 강의/류시화 옮김

성서 속의 붓다
세계적인 비교종교학자 로이 아모르가 명쾌하게 밝혀낸 불교와 기독교의 본질과 상호 영향 관계/로이 아모르 지음/류시화 옮김

성서 밖의 복음서
이단 사냥꾼과 박해자들의 손을 용케 피하며 천6백 년의 세월을 견뎌온 소중한 영지주의 경전들의 해석과 풀이/이재길 지음

법구경 인연담
마음이 흔들릴 때마다 곁에 두고 읽는 진리의 말씀/정태혁 엮음

법구경과 바가바드 기타
인도의 정신문화가 수천 년에 걸쳐 피워낸 진리의 두 경전을 함께 읽는다/정태혁 엮고지음

42장경 (전2권)
붓다의 심원한 가르침인 〈42장경〉을 오쇼의 우주적 농담, 재치 있는 예화들과 함께 읽어나가는 강연록/오쇼 강의/이경옥 옮김

선의 단맛을 보라
선의 진수를 맛보게 하는 공안 수십 가지를 가려 참구하다/정태혁 지음

제3의 이브
성서의 행간을 파고든 놀라운 통찰과 상상력, 하느님의 실체를 밝히기 위한 전대미문의 법정극/김사라 지음